权威·前沿·原创

皮书系列为

“十二五”“十三五”“十四五”时期国家重点出版物出版专项规划项目

智库成果出版与传播平台

中国社会科学院边疆安全与发展研究中心学术成果
中国社会科学院学科建设“登峰战略”资助计划资助
重点学科“中国边疆安全学”（DF2023ZD06）阶段性成果

中国与周边国家关系发展报告（2024）

DEVELOPMENT REPORT ON THE RELATIONS BETWEEN CHINA AND NEIGHBORING COUNTRIES (2024)

组织编写／中国社会科学院中国边疆研究所

社会科学文献出版社
SOCIAL SCIENCES ACADEMIC PRESS (CHINA)

图书在版编目(CIP)数据

中国与周边国家关系发展报告 . 2024 / 中国社会科学院中国边疆研究所组织编写 . -- 北京：社会科学文献出版社，2025. 3. --（中国周边关系蓝皮书）. -- ISBN 978-7-5228-5103-7

Ⅰ. D822

中国国家版本馆 CIP 数据核字第 2025UZ3144 号

中国周边关系蓝皮书
中国与周边国家关系发展报告（2024）

组织编写 / 中国社会科学院中国边疆研究所

出 版 人 / 冀祥德
责任编辑 / 郭白歌　宋浩敏　许玉燕
责任印制 / 岳　阳

出　　版 / 社会科学文献出版社 · 区域国别学分社（010）59367078
地址：北京市北三环中路甲 29 号院华龙大厦　邮编：100029
网址：www. ssap. com. cn
发　　行 / 社会科学文献出版社（010）59367028
印　　装 / 天津千鹤文化传播有限公司

规　　格 / 开 本：787mm × 1092mm　1/16
印 张：26. 25　字 数：395 千字
版　　次 / 2025 年 3 月第 1 版　2025 年 3 月第 1 次印刷
书　　号 / ISBN 978-7-5228-5103-7
定　　价 / 138. 00 元

读者服务电话：4008918866

中国周边关系蓝皮书
编　委　会

主要编撰者简介

邢广程 法学博士，第十四届全国人大代表、外事委员会委员，中国社会科学院学部委员、一级研究员。中国社会科学院中国边疆研究所（中国历史研究院中国边疆研究所）原所长，博士后合作导师。中国社会科学院大学历史学院中国边疆历史系教授、博士研究生导师。入选文化名家暨“四个一批”人才，享受国务院政府特殊津贴。2013 年获俄罗斯“普希金”奖章，2020 年被授予俄罗斯科学院远东分院“荣誉博士”称号。主要研究方向为苏联历史、俄罗斯及中亚问题、周边国际问题和中国边疆问题等。代表性专著有《苏联高层决策 70 年》《同盟、冲突和关系正常化：中苏关系演化轨迹》《新型伙伴关系范式：对中俄关系的多向解读》《苏联外交战略和政策研究》等。

摘　要

2023年，全球经济复苏动力依然不足，地缘冲突加速震荡，局部热点动荡不安，地区形势复杂多变、冲突频发，全球人道主义危机持续恶化，变乱交织的世界面临新的选择。面对世界之变、时代之变、历史之变，2023年10月18日中国国家主席习近平在第三届“一带一路”国际合作高峰论坛上提出“我们要有乱云飞渡仍从容的定力，本着对历史、对人民、对世界负责的态度，携手应对各种全球性风险和挑战，为子孙后代创造和平、发展、合作、共赢的美好未来”，为推动全球和平与发展发出了中国声音。

2023年是共建“一带一路”倡议提出10周年。在新的起点上，中国与周边国家不断深化战略互信，加深经贸合作，推动地区治理和文明交流互鉴。政治合作方面，中国与周边国家强化战略引领，开展多层次政治外交沟通，推进地区关系健康稳定发展。经济合作方面，中国成为多数周边国家最大贸易伙伴，并与多个周边国家签署高质量共建“一带一路”合作文件，推进区域经济一体化。安全合作方面，中国秉持共同安全理念，推动双多边安全合作，积极妥善处理地区热点问题，维护地区安全稳定。人文交流方面，中国与周边国家在文化、科教和旅游等领域加强交流合作。此外，面对气候变化、环境保护和数字经济等新兴议题，中国与周边国家积极探索区域治理新路径。

2023年是周边外交工作座谈会10周年，也是中国提出亲诚惠容周边外交理念10周年。10年来，中国高度重视周边外交，始终将周边放在中国特色大国外交全局的首要位置，践行亲诚惠容外交理念。10月24日，中国发布《新时代中国的周边外交政策展望》白皮书，以正式文件的方式确认中国将继续与周边国家共建命运共同体，携手打造和平安宁、繁荣美丽、友好共生的亚洲家园。

展望2024年，中国周边外交工作将在以下五个方面予以着力。一是践行系列国际创新理念和国际合作倡议，二是全面拓展周边外交布局，三是在区域治理和国际事务中勇挑大国责任，四是进一步增强并扩展中华文明影响力，五是坚决有力维护国家利益。

关键词： 中国　周边国家　高质量共建“一带一路”　亲诚惠容周边外交理念　周边命运共同体

目录

I 总报告

II 区域篇

III 双边篇

Ⅳ 专题篇

皮书数据库阅读使用指南

总 报 告

B.1 2023年中国与周边国家关系评估与展望

“中国与周边国家关系发展报告（2024）”课题组*

摘　要： 十年来，命运共同体理念在亚洲落地生根，引领中国与周边国家关系发展走深走实。2023 年，在全球经济复苏不确定性增长和地缘政治动荡的背景下，中国与周边国家关系持续深化。政治合作方面，中国与周边国家共同推动对话交流，加强战略沟通，引领地区关系友好发展。经济合作方面，中国成为多数周边国家的最大贸易伙伴，并与周边多个国家签署高质量共建“一带一路”合作文件，推动区域经济一体化。安全合作方面，中国与周边国家以全球安全倡议核心理念为指引，共同推动双多边安全合作，妥善处理地区热点问题，维护地区安全与稳定。人文交流方面，中国与周边国

* 课题组组长：邢广程，中国社会科学院学部委员、一级研究员，中国社会科学院中国边疆研究所（中国历史研究院中国边疆研究所）原所长，博士后合作导师，主要研究方向为苏联历史、俄罗斯及中亚问题、周边国际问题和中国边疆问题等。课题组成员：李欣，中国社会科学院中国边疆研究所（中国历史研究院中国边疆研究所）海疆研究室副主任、副研究员，研究方向为中国海疆问题及周边国际环境；刘静烨，中国社会科学院中国边疆研究所（中国历史研究院中国边疆研究所）助理研究员，研究方向为中国海疆问题、中国与东南亚国家关系；彭世卿，中国社会科学院中国边疆研究所（中国历史研究院中国边疆研究所）助理研究员，研究方向为涉海国际问题。

家不断推动文化、科教和旅游等多领域交流合作。此外，面对气候变化、环境保护和数字经济等新兴全球性议题，中国与周边国家共同探索区域治理创新路径。尽管存在外部势力的持续干扰，中国与周边国家关系总体上展现出韧性与活力，力争妥善应对地区热点问题。展望未来，中国将继续与周边国家携手合作，构建一个和平安宁、繁荣美丽、友好共生的亚洲命运共同体。

关键词： 中国　周边国家　亲诚惠容周边外交理念　周边命运共同体　“一带一路”　地区治理

2023 年，全球经济复苏动力依然不足，地缘冲突加速震荡，局部热点动荡不安，地区形势复杂多变、冲突频发，全球人道主义危机持续恶化，变乱交织的世界面临新的选择。面对世界之变、时代之变、历史之变，10 月 18 日中国国家主席习近平在第三届“一带一路”国际合作高峰论坛上提出：“我们要有乱云飞渡仍从容的定力，本着对历史、对人民、对世界负责的态度，携手应对各种全球性风险和挑战，为子孙后代创造和平、发展、合作、共赢的美好未来”,① 为推动全球和平与发展发出了中国声音，得到了国际社会的热烈响应和支持。周边是中国安身立命之所，发展繁荣之基。② 中国与周边国家山水相连，人文相通，利益相融，命运与共，共同构成一个相互链接融合的共生区域，有着共享的利益。此外，亚太地区国家众多、地缘环境复杂，长期受到国际格局和大国博弈的影响塑造，这使得中国的周边环境又具有突变性和不稳定性等特征。2023 年是中国提出亲诚惠容周边外交理念 10 周年，也是共建“一带一路”倡议提出 10 周年。中国与周边国家在新的起

① 《为子孙后代创造和平、发展、合作、共赢的美好未来——习近平主席在第三届“一带一路”国际合作高峰论坛开幕式上的主旨演讲在社会各界引发热烈反响》，中国共产党新闻网，2023 年 10 月 19 日，http://cpc.people.com.cn/n1/2023/1019/c64387-40098622.html，最后访问时间：2023 年 12 月 2 日。

② 《新时代中国的周边外交政策展望（全文）》，中国政府网，2023 年 10 月 24 日，https://www.gov.cn/yaowen/liebiao/202310/content_6911402.htm，最后访问时间：2023 年 12 月 9 日。

点上，不断深化战略互信，加深经贸合作，共同推动地区治理和文明交流互鉴。

一　2023年中国与周边国家关系发展态势评估

2023 年，面对变乱交织的国际环境，中国与周边国家克服多重挑战，继续发展友好合作关系，不断提升战略互信，强化经贸联系，加强安全合作，深化文明交流互鉴，推动区域治理合作，不断开创地区关系发展新局面。

（一）政治关系紧密互动

2023 年，国际政治阵营对抗加剧，美国在亚太地区主导的双边、三边及各种“小多边”同盟关系对中国与周边国家政治外交关系产生消极影响。但中国顶住外部压力，利用首脑外交、双边对话、多边国际等场合，与周边国家共同深化对话交流，加强战略沟通，推动地区关系友好发展。

第一，元首外交领航双边关系发展。2023 年习近平主席的首次出访选择了俄罗斯，并在年内与俄罗斯总统普京进行了两次会晤。3 月 20~22 日，习近平主席对俄罗斯进行国事访问，双方签署《中华人民共和国和俄罗斯联邦关于深化新时代全面战略协作伙伴关系的联合声明》,[①] 进一步推动中俄新时代全面战略协作伙伴关系和中俄务实合作。10 月 18 日，在第三届“一带一路”国际合作高峰论坛期间，习近平主席再次与俄罗斯总统普京举行会谈，强调“发展永久睦邻友好、全面战略协作、互利合作共赢的中俄关系不是权宜之策，而是长久之计”。[②] 12 月，习近平主席对越南进行国事访问。其间，两国发布《中华人民共和国和越南社会主义共和国关于进一

① 《中华人民共和国主席和俄罗斯联邦总统关于 2030 年前中俄经济合作重点方向发展规划的联合声明》，中国政府网，2023 年 3 月 22 日，https：//www. gov. cn/xinwen/2023－03/22/content_5747725. htm，最后访问时间：2023 年 12 月 20 日。

② 《习近平同俄罗斯总统普京会谈》，中国政府网，2023 年 10 月 18 日，https：//www. gov. cn/yaowen/liebiao/202310/content_6910004. htm，最后访问时间：2023 年 12 月 20 日。

步深化和提升全面战略合作伙伴关系、构建具有战略意义的中越命运共同体的联合声明》,[①] 并签署数十份合作文件。此外，2023 年中国充分发挥主场外交优势，以元首外交为牵引，强化中国与周边国家的战略互信。5 月，在中国-中亚峰会期间，习近平主席与到访的中亚五国总统分别举行会谈。7 月，在举办第 31 届世界大学生夏季运动会期间，习近平主席会见了参加开幕式并访华的印度尼西亚总统佐科，双方提出进一步加强战略合作，并在多领域深化双边务实合作。[②] 9 月，在第 19 届亚洲运动会期间，习近平主席先后会见了柬埔寨国王西哈莫尼、东帝汶总理夏纳纳、韩国总理韩德洙、尼泊尔总理普拉昌达。10 月，在第三届“一带一路”国际合作高峰论坛期间，习近平主席先后会见印度尼西亚总统佐科，柬埔寨首相洪玛奈，蒙古国总统呼日勒苏赫，土库曼斯坦民族领袖、人民委员会主席别尔德穆哈梅多夫，泰国总理赛塔，越南国家主席武文赏，老挝人民革命党中央总书记、国家主席通伦。2023 年，习近平主席还与多位到访北京进行国事访问的周边国家领导人进行会谈。在元首外交的引领下，中国与周边国家加强了战略沟通，推动双边关系不断提质升级。

第二，多边机制建设结出丰硕果实。2023 年 5 月，中国与中亚国家首场线下峰会在西安举办，为中国-中亚命运共同体构建搭建了新的平台。峰会确立成立中国-中亚元首会晤机制，建立中国-中亚能源发展伙伴关系，并在多个领域加强合作[③]。中国与西亚国家领导人加强沟通与交流，不断增强政治联系，在重大政治问题上相互支持，共同维护公正合理的国际秩序，不断推进落实首届中阿、中海、中沙峰会成果。2023 年是中国加入《东南

① 《中华人民共和国和越南社会主义共和国关于进一步深化和提升全面战略合作伙伴关系、构建具有战略意义的中越命运共同体的联合声明》，中国外交部网站，2023 年 12 月 13 日，https：//www. mfa. gov. cn/web/ziliao_ 674904/1179_ 674909/202312/t20231213_ 11201756. shtml，最后访问时间：2023 年 12 月 20 日。

② 《习近平会见印度尼西亚总统佐科》，中国外交部网站，2023 年 7 月 27 日，https：//www. mfa. gov. cn/web/zyxw/202307/t20230727_11118774. shtml，最后访问时间：2023 年 12 月 20 日。

③ 《中国-中亚峰会成果清单（全文）》，中国政府网，2023 年 5 月 19 日，https：//www. gov. cn/yaowen/liebiao/202305/content_6875140. htm，最后访问时间：2023 年 12 月 20 日。

亚友好合作条约》20周年，中国与东盟全面战略伙伴关系也不断加强，双方在多边框架下的合作持续深化。[①] 2023年，中国与太平洋岛国关系总体平稳向好，六大合作平台全部启用，并成功举办了多场重要会议和论坛。

第三，周边命运共同体走深走实。在人类命运共同体理念提出十周年之际，周边命运共同体建设加速推进。2023年，中越关系提升为具有战略意义的中越命运共同体[②]；中国和土库曼斯坦宣布在双边层面践行命运共同体[③]；中国与吉尔吉斯斯坦宣布构建睦邻友好、共享繁荣的命运共同体[④]；中国与塔吉克斯坦宣布构建世代友好、休戚与共、互利共赢的命运共同体[⑤]。2023年，经过中国与周边国家的共同努力，人类命运共同体构建在中南半岛和中亚地区实现了全覆盖，周边命运共同体构建辐射范围越来越广，构建力度也越走越实。2023年中国与老挝[⑥]、柬埔寨[⑦]分别签署新一轮构建命运共同体五年行动计划。澜湄命运共同体和更为紧密的中国-东盟命运共

① 《中国-东盟关于纪念中国加入〈东南亚友好合作条约〉20周年的联合声明》，中国外交部网站，2023年7月14日，https：//www. mfa. gov. cn/web/gjhdq_676201/gjhdqzz_681964/lhg_682518/zywj_682530/202307/t20230714_11113546. shtml，最后访问时间：2023年12月22日。

② 《中华人民共和国和越南社会主义共和国关于进一步深化和提升全面战略合作伙伴关系、构建具有战略意义的中越命运共同体的联合声明》，中国外交部网站，2023年12月13日，https：//www. mfa. gov. cn/web/ziliao_674904/1179_674909/202312/t20231213_11201756. shtml，最后访问时间：2023年12月20日。

③ 《中华人民共和国和土库曼斯坦联合声明（全文）》，中国政府网，2023年1月6日，https：//www. gov. cn/xinwen/2023-01/06/content_5735360. htm，最后访问时间：2023年12月20日。

④ 《中华人民共和国和吉尔吉斯共和国关于建立新时代全面战略伙伴关系的联合宣言（全文）》，中国政府网，2023年5月18日，https：//www. gov. cn/yaowen/liebiao/202305/content_6874796. htm，最后访问时间：2023年12月20日。

⑤ 《中华人民共和国和塔吉克斯坦共和国联合声明（全文）》，中国政府网，2023年5月18日，https：//www. gov. cn/yaowen/liebiao/202305/content_6874764. htm，最后访问时间：2023年12月20日。

⑥ 《中国共产党和老挝人民革命党关于构建中老命运共同体行动计划（2024—2028年）（全文）》，中国政府网，2023年10月21日，https：//www. gov. cn/yaowen/liebiao/202310/content_6910701. htm，最后访问时间：2023年12月20日。

⑦ 《中华人民共和国政府和柬埔寨王国政府联合公报（全文）》，中国政府网，2023年9月16日，https：//www. gov. cn/yaowen/liebiao/202309/content_6904397. htm，最后访问时间：2023年12月20日。

同体不断扎实推进。

当然在东北亚方向，中国与周边国家关系发展仍然受到消极干扰，但中国为构建友好协作关系做出了自身努力。2023 年是《中日和平友好条约》缔结 45 周年，在中日领导人旧金山会晤中，双方重申全面推进中日战略互惠关系的重要性，致力于构建契合新时代要求的建设性、稳定的中日关系。[①] 中韩关系方面，由于尹锡悦政府片面追随美国对华战略，特别是在台湾问题上发表错误言论，两国关系受到影响，但仍保持了政治、外交联系。

（二）经贸关系高质量发展

中国周边地区经济发展面临许多不确定性。中国与周边国家坚持协调包容发展，共同推动地区经济可持续和更加平衡地发展。

第一，经贸合作不断推进。周边地区是中国对外贸易的重点地区。由于受产业结构调整等因素影响，2023 年中国与周边国家贸易呈现地区差异（见图 1）。2023 年中国对周边国家出口总额达到 9.7056 万亿元，同比增长 5.8%，占中国出口总额的 40.8%。中国从周边国家进口总额为 7.9991 万亿元，同比下降 3.51%，占中国进口总额的 44.4%。2023 年中国同 RCEP 其他 14 个成员国进出口总额达 12.6 万亿元，较协定生效前的 2021 年增长 5.3%[②]。从地区来看，中国与中亚国家进出口总额约 6296.6 亿元，增速达 34.9%。中国与西亚国家进出口总额达 3.03 万亿元，其中中国对西亚国家出口达 1.43 万亿元，增速达 12.35%。中国与东盟国家贸易保持增长趋势，东盟已连续 4 年保持中国最大贸易伙伴地位，2023 年双边贸易总额达到 6.41 万亿元。在东北亚地区，中国与蒙古国、中国与俄罗斯的贸易额都有较大的增长，增幅分别达到 42% 和 29%。而日韩两国在经贸上加大了与美

---

① 《习近平会见日本首相岸田文雄》，中国政府网，2023 年 11 月 17 日，https：//www.gov.cn/yaowen/liebiao/202311/content_6915827.htm，最后访问时间：2023 年 12 月 20 日。

② 《2023 年中国与东盟、RCEP 成员国及“一带一路”沿线国家贸易情况》，中国商务部网站，2024 年 1 月 12 日，http：//asean.mofcom.gov.cn/article/zthdt/rcep/202401/20240103468608.shtml，最后访问时间：2024 年 1 月 20 日。

国的合作，呈现“去中国化”的趋势，这在一定程度上影响了与中国的贸易关系。在投资层面，我国企业在共建“一带一路”国家非金融类直接投资达2240.9亿元，同比增长28.4%。①

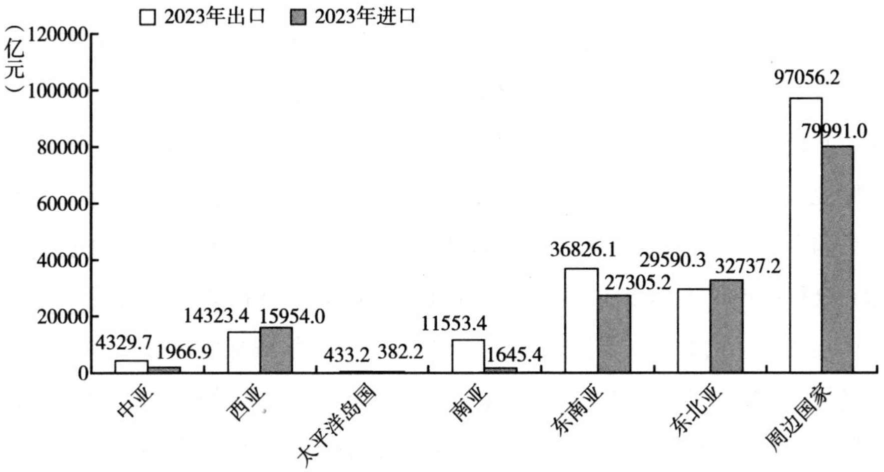

图1　2023年中国与周边国家进出口贸易情况

数据来源：中国海关总署。

第二，共建“一带一路”向更高质量发展。中国周边国家是共建“一带一路”的重要伙伴。共建“一带一路”十年来，中国与周边国家互联互通网络不断加深。2023年3月，中俄两国联合声明指出，针对中蒙俄经济走廊建设，要深化三方一揽子合作，推动新建中蒙俄天然气管道项目研究及磋商相关工作。②在首届中国-中亚峰会上，各方也提到加快中国-中亚交通走廊建设，发展中国—中亚—南亚、中国—中亚—中东、中国—中亚—欧洲多式联运③。中

① 《2023年我国对外投资合作平稳发展》，中国政府网，2024年2月4日，https://www.gov.cn/zhengce/jiedu/tujie/202402/content_6930198.htm，最后访问时间：2024年3月28日。

② 《中华人民共和国和俄罗斯联邦关于深化新时代全面战略协作伙伴关系的联合声明》，中国政府网，2023年3月22日，https://www.gov.cn/xinwen/2023-03/22/content_5747726.htm，最后访问时间：2023年12月20日。

③ 《中国-中亚峰会西安宣言（全文）》，中国政府网，2023年5月19日，https://www.gov.cn/yaowen/liebiao/202305/content_6875138.htm，最后访问时间：2023年12月20日。

巴经济走廊启动十年来，已经形成“1+4”合作布局，即以走廊建设为中心，以港口交通、能源、基础设施和产业合作为重点布局。中老铁路开通两年来，每月旅客发送量已增至1100万人次，中老铁路“澜湄快线”国际货物列车累计达400列。[①] 2023年10月17日，雅万高铁正式开通运营，截至12月24日累计发送旅客突破100万人次。[②] 此外，中国与周边国家不断加强数字经济合作，挖掘经济增长新动能。在周边地区，中国与俄罗斯、哈萨克斯坦、乌兹别克斯坦、泰国、老挝、新加坡、柬埔寨、越南、萨摩亚、瓦努阿图等国已经签署了电子商务合作备忘录。2023年，中国先后与菲律宾[③]、印尼[④]签订电子商务合作备忘录，与东盟发布了加强电子商务合作的倡议[⑤]。同时，中国与周边国家在数字基础设施、数字治理等方面也加强了合作。中国与中亚国家在数字经济领域加强合作，推动数字基础设施建设，加大5G网络和人工智能等新兴产业领域合作。中国移动国际有限公司和华为云等企业助力西亚国家数字基础设施升级和数字经济发展。在中国-东盟信息港下，3条围绕东盟国家建设的国际通信海缆、12条跨境国际陆路通信光缆已建成。[⑥]

---

① 《中老铁路开通运营两年来为区域经济社会发展注入新活力》，中国政府网，2023年12月2日，https：//www. gov. cn/yaowen/liebiao/202312/content _ 6918197. htm，最后访问时间：2023年12月20日。

② 《雅万高铁累计发送旅客突破100万人次》，新华网，2023年12月15日，http：//www. xinhuanet. com/fortune/20231225/3aa81e4f4aae400184754de99181a333/c. html，最后访问时间：2023年12月20日。

③ 《中国与菲律宾签署电子商务合作谅解备忘录》，中国服务贸易指南网，2023年1月9日，http：//tradeinservices. mofcom. gov. cn/article/news/gjxw/202301/144559. html，最后访问时间：2023年12月20日。

④ 《中国和印度尼西亚签署〈中华人民共和国商务部和印度尼西亚共和国经济统筹部关于电子商务合作的谅解备忘录〉》，中国商务部网站，2023年9月8日，http：//m. mofcom. gov. cn/article/xwfb/xwbldhd/202309/202309 03438919. shtml，最后访问时间：2023年12月20日。

⑤ 《中国-东盟关于加强电子商务合作的倡议》，中国商务部网站，2023年9月14日，http：//asean. mofcom. gov. cn/article/ztdy/202309/20230903440347. shtml，最后访问时间：2023年12月20日。

⑥ 《携手共建“数字丝绸之路”——中国-东盟信息港助力中国与东盟区域合作提速增效》，广西南宁外事办网站，2023年12月14日，https：//www. nanning. gov. cn/ywzx/nnyw/2023nzwdt/t5794224. html，最后访问时间：2023年12月20日。

第三，区域一体化持续推进。2023 年中国-东盟自贸区 3.0 版升级谈判有序进行，年内开展了 4 轮谈判，双方就数字经济和绿色经济等领域开展谈判，共同打造更加包容、现代、全面和互利的中国-东盟自贸区。[①] 2023 年 12 月，中国与新加坡签署了两国关于进一步升级《自由贸易协定》的议定书，两国以负面清单的方式推动服务贸易和投资自由化，议定书的签署有利于进一步推动中新经贸合作，尤其是推动双方在数字经济等领域的合作。[②] 2022 年 1 月正式生效的中国-柬埔寨自由贸易协定为双方经贸发展带来了实际效果。2023 年 6 月，双方举办了中国-柬埔寨自贸协定联委会首次会议，并就货物贸易、服务贸易、海关程序与贸易便利化等内容进行深入磋商。[③] 2023 年 12 月，中韩自由贸易协定第五次联委会会议举办，双方同意将深化产业链供应链合作，加快第二阶段谈判，并同意就中韩自贸协定进一步升级开展联合研究。[④] 在区域层面，2023 年 1 月，《区域全面经济伙伴关系协定》（RCEP）对印尼正式生效；6 月，RCEP 对菲律宾正式生效。至此，RCEP 对 15 个签署国全面生效。8 月，RCEP 第二次部长级会议在印尼三宝垄举办。会议通过了《RCEP 秘书机构职责范围》和《RCEP 秘书机构筹资安排》，秘书机构将于 2024 年开始运作。[⑤]

---

① 《中国-东盟自贸区 3.0 版第四轮谈判在印尼万隆举行》，中国自由贸易区服务网，2023 年 11 月 1 日，http：//fta. mofcom. gov. cn/article/chinadongmengupgrade/chinadongmengupgradenews/202311/54767_1. html，最后访问时间：2023 年 12 月 20 日。

② 《中国与新加坡签署中新自由贸易协定进一步升级议定书》，中国自由贸易区服务网，2023 年 12 月 8 日，http：//fta. mofcom. gov. cn/article/chinasingaporeupgrade/chinasingaporeupgradenews/202312/54903_1. html，最后访问时间：2023 年 12 月 20 日。

③ 《中国-柬埔寨自贸协定联委会首次会议在京成功举行》，中国自由贸易区服务网，2023 年 6 月 19 日，http：//fta. mofcom. gov. cn/article/chinacambodia/chinacambodiaxwfb/202306/54107_1. html，最后访问时间：2023 年 12 月 20 日。

④ 《中韩自贸协定第五次联委会会议在京举行》，中国自由贸易区服务网，2023 年 12 月 5 日，http：//fta. mofcom. gov. cn/article/chinakorea/koreanews/202312/54898_1. html，最后访问时间：2023 年 12 月 20 日。

⑤ 《〈区域全面经济伙伴关系协定〉（RCEP）第二次部长级会议联合新闻声明》，中国自由贸易区服务网，2023 年 8 月 31 日，http：//fta. mofcom. gov. cn/article/rcep/rcepnews/202308/54462_1. html，最后访问时间：2023 年 12 月 20 日。

（三）安全合作持续深化

2022 年，习近平主席提出以“六个坚持”为核心理念的全球安全倡议，得到周边国家的积极响应。2023 年 2 月，中国发布《全球安全倡议概念文件》，提出二十个重点合作方向。中国与周边国家以全球安全倡议核心理念为指引，共同推动双多边安全合作，妥善处理地区热点问题，维护地区安全与稳定。

第一，深化安全合作机制与平台建设。2023 年，中国与周边国家加强安全合作，提升军事互信。在双边层面，中国与周边国家先后举办中柬“金龙-2023”联演、中新“合作-2023”海上联合演习、中老“友谊盾牌-2023”联合演习、中俄“北部·联合-2023”演习、中泰“蓝色突击-2023”海军联合训练、中柬“和平天使-2023”联演、中沙“蓝剑-2023”海军特战联训、中蒙“边防合作-2023”联合演练、中巴“海洋卫士-3”等。中国海军“戚继光舰”访问印尼、巴新与斐济，开展专业交流和友好访问。[①] 在多边层面，“和平-23”多国海上联演、“科莫多-2023”、2023 年欧亚反恐联演、“和平友谊-2023”多国联合演习等在周边地区先后展开。其中，“和平友谊-2023”联演首次有 6 个国家参与，在强化联合反恐行动、联合兵力运用等方面取得新的突破，[②] 深化了中国与周边国家的军事交流与合作。在地区层面，中国积极推动深化和完善地区安全合作机制，维护地区安全与稳定。中国与中亚国家通过《中国-中亚峰会西安宣言》，强调维护国家安全、政治稳定和宪法制度的重要性，反对干涉他国内政，共同打击恐怖主义、分裂主义和极端主义。[③] 上海合作组织是推动地区安全合作的重要

---

① 聂宏杰、汪飞：《戚继光舰完成远海实习访问任务凯旋》，中国军网，2023 年 10 月 24 日，http：//www.81.cn/hj_208557/16261507.html，最后访问时间：2023 年 12 月 20 日。

② 陈典宏、陈晓杰：《为友谊而来 为和平而来——“和平友谊-2023”多国联合演习见闻》，中国军网，2023 年 11 月 15 日，http：//www.81.cn/yw_208727/16266771.html，最后访问时间：2023 年 12 月 20 日。

③《中国-中亚峰会西安宣言（全文）》，中国政府网，2023 年 5 月 19 日，https：//www.gov.cn/yaowen/liebiao/202305/content_6875138.htm，最后访问时间：2023 年 12 月 20 日。

平台，2023 年举办了上海合作组织成员国国防部长会议专家工作组第十八次会议①、上海合作组织成员国举行毒品前体管制专家工作组会议②等多次安全合作活动，发布《上海合作组织成员国元首理事会关于打击引发恐怖主义、分裂主义和极端主义的极端化合作的声明》，强调为统筹应对传统安全和非传统安全威胁，要深化执法安全合作。③

第二，强化周边海上安全合作。中国致力于将南海建设成和平之海、合作之海。2023 年 6 月，国务院总理李强与越南国家总理范明政举行会谈并发表联合新闻公报，指出将严格落实两党两国领导人达成的有关重要共识和《关于指导解决中越海上问题基本原则协议》，妥善管控海上分歧，加强海上合作，维护南海和平稳定。④ 在多边层面，2023 年 5 月 17 日，中国与东盟国家在越南下龙市举办《南海各方行为宣言》第 20 次高官会，各方达成“加快磋商、年内完成案文第二轮审读”的共识。⑤ 10 月 26 日，落实《南海各方行为宣言》第 21 次高官会在北京举行，各方宣布正式启动“南海行为准则”案文三读，落实好中国东盟外长会通过的加快达成“准则”指针。⑥ 此外，中国继续在亚丁湾海域执行护航任务，派出多个护航编队，成功展开多次海外利益保护和军事外交活动。自 2008 年起，中国在亚丁湾海

---

① 《上海合作组织成员国国防部长会议专家工作组第十八次会议在阿斯塔纳举行》，上海合作组织网站，2023 年 12 月 8 日，https：//chn. sectsco. org/20231208/1209291. html，最后访问时间：2023 年 12 月 20 日。

② 《上海合作组织成员国举行毒品前体管制专家工作组会议》，上海合作组织网站，2023 年 1 月 20 日，https：//chn. sectsco. org/20230120/928039. html，最后访问时间：2023 年 12 月 20 日。

③ 《上合组织成员国元首理事会第二十三次会议发表两项声明》，中国政府网，2023 年 7 月 5 日，https：//www. gov. cn/yaowen/liebiao/202307/content _ 6889958. htm，最后访问时间：2023 年 12 月 20 日。

④ 《中华人民共和国和越南社会主义共和国联合新闻公报（全文）》，中国政府网，2023 年 6 月 30 日，https：//www. gov. cn/yaowen/liebiao/202306/content _ 6889109. htm，最后访问时间：2023 年 12 月 22 日。

⑤ 《落实〈南海各方行为宣言〉第 20 次高官会在越南下龙市举行》，中国外交部网站，2023 年 5 月 17 日，https：//www. mfa. gov. cn/wjdt _ 674879/sjxw _ 674887/202305/t20230517 _ 11078848. shtml，最后访问时间：2023 年 12 月 20 日。

⑥ 《落实〈南海各方行为宣言〉第 21 次高官会在北京举行》，中国外交部网站，2023 年 10 月 26 日，https：//www. fmprc. gov. cn/wjdt _ 674879/sjxw _ 674887/202310/t20231026 _ 11169020. shtml，最后访问时间：2023 年 12 月 22 日。

域护航行动已有 15 年，中国海军护航编队保障了中外船舶的安全，并提供了相关医疗救护和装备维修，主动为维护国际海上通道安全担起了大国责任。①

第三，积极斡旋化解热点问题风险。2023 年 3 月 6～10 日在中方的支持下，沙特和伊朗在北京举行对话会。3 月 10 日，中国、沙特和伊朗发布三方联合声明，共同宣布沙特和伊朗达成一份协议，同意恢复外交关系。② 沙特和伊朗的和解，是中国与周边国家共同推动通过和平途径解决争端的范例。2023 年，朝鲜半岛局势仍然紧张，中国支持半岛南北双方推进和解合作，主张维护半岛和平稳定，并致力于劝和促谈。4 月 17 日，安理会举行朝核问题公开会，中国常驻联合国代表张军在会上两次发言阐明中方对朝核问题以及核不扩散问题的立场，提出坚持政治解决的正确方向，避免采取可能进一步加剧紧张、导致误判的行动。③ 针对阿富汗和平重建，4 月 12 日中国发布《关于阿富汗问题的中国立场》，包含坚持“三个尊重”“三个从不”，支持阿富汗和平重建，支持阿富汗温和稳健施政等十一条内容④。2023 年中国与周边国家先后举办第二次中俄巴伊四国外长阿富汗问题非正式会议、第四次阿富汗邻国外长会、第五次中阿巴三方外长对话、第五次阿富汗问题“莫斯科模式”会议。相关各方支持阿富汗建立一个真正包容性政府，支持阿富汗和平重建进程。2023 年缅甸国内发生暴力事件，东盟致力推动缅甸局势缓和，中国尊重东盟斡旋努力，推动落实东盟“五点共识”。

---

① 《接力护航挺进深蓝！中国海军亚丁湾护航 15 年展大国担当》，央广网，2023 年 12 月 26 日，http://news.cnr.cn/native/gd/20231226/t20231226_526534322.shtml，最后访问时间：2023 年 12 月 31 日。

② 《中华人民共和国、沙特阿拉伯王国、伊朗伊斯兰共和国三方联合声明》，中国外交部网站，2023 年 3 月 10 日，https://www.mfa.gov.cn/web/zyxw/202303/t20230310_11039137.shtml，最后访问时间：2023 年 12 月 20 日。

③ 《安理会举行朝核问题公开会 中国代表两次发言阐明立场》，光明网，2023 年 4 月 18 日，https://mil.gmw.cn/2023-04/18/content_36503289.htm，最后访问时间：2023 年 12 月 20 日。

④ 《关于阿富汗问题的中国立场》，中国外交部网站，2023 年 4 月 12 日，https://www.mfa.gov.cn/web/zyxw/202304/t20230412_11057782.shtml，最后访问时间：2023 年 12 月 20 日。

（四）人文交流包容互鉴

2019 年 5 月 15 日，习近平主席在亚洲文明对话大会开幕式上的主旨演讲中讲道："深化人文交流互鉴是消除隔阂和误解、促进民心相知相通的重要途径。"① 2023 年 3 月 15 日，中共中央总书记、国家主席习近平在中国共产党与世界政党高层对话会上首次提出"全球文明倡议"，用四个"共同倡导"为推动文明交流互鉴指明方向。其中就包括"共同倡导加强国际人文交流合作"，促进各国人民相知相亲。② 2023 年，中国与周边国家坚持共同推动人文交流，构建人文交流合作新格局，促进民众相知相亲。

第一，共同推动文明对话。2023 年 4 月，亚洲文化遗产保护联盟大会在中国西安召开，会上成立了"亚洲文化遗产保护联盟"，并启动了"亚洲文化遗产保护基金"。③ 这一合作机制对深化亚洲文明交流，推动国际文化遗产合作具有重要引领作用。会上成立的"丝绸之路考古合作研究中心"为中国与西亚国家在文化遗产保护和考古领域开辟了新的交流渠道，加深了世界文明间的交流互鉴。4 月，广西南宁举办了首届中国-东盟（南宁）"非物质文化遗产周"，来自中国和东盟国家的 150 多项非物质文化遗产参与展出和交流，大大丰富了中国与东盟国家之间的文化交流内涵。④ 11 月，第十二届中国-南亚国际文化论坛在云南昆明成功举办，各方共同发布《昆明倡议》，进一步加强中国与南亚国家间文化交流与互利合作。⑤

① 《习近平在亚洲文明对话大会开幕式上的主旨演讲》，中国政府网，2019 年 5 月 15 日，https：//www. gov. cn/xinwen/2019-05/15/content_5391787. htm，最后访问时间：2023 年 12 月 22 日。

② 《习近平在中国共产党与世界政党高层对话会上的主旨讲话（全文）》，中国政府网，2023 年 3 月 15 日，https：//www. gov. cn/xinwen/2023-03/15/content_5746950. htm，最后访问时间：2023 年 12 月 22 日。

③ 《这个联盟，守护亚洲文明之光》，新华网，2023 年 4 月 26 日，http：//www. xinhuanet. com/world/2023-04/26/c_1129565006. htm，最后访问时间：2023 年 12 月 22 日。

④ 《首届中国-东盟（南宁）非物质文化遗产周炫彩启幕》，广西壮族自治区政府网，2023 年 4 月 23 日，http：//www. gxzf. gov. cn/gxydm/whjl_29790/t16357485. shtml，最后访问时间：2023 年 12 月 22 日。

⑤ 《第十二届中国-南亚国际文化论坛在昆举行》，昆明市政府网站，2023 年 11 月 30 日，https：//www. km. gov. cn/c/2023-11-30/4806583. shtml，最后访问时间：2023 年 12 月 22 日。

第二，不断丰富人文交流。2023 年，中国与周边国家共同推动形成多层级、多主体的交往交流格局。在教育领域，中国与周边国家在继续开展常规教育交流合作的基础上，不断拓宽教育交流合作的内容和形式。8 月，主题为“教育合作新愿景·‘一带一路’共繁荣”的中国-东盟教育交流周如期举办，其间共开展了 122 项活动，① 揭牌挂牌了 5 个研究中心、7 个合作联盟和 5 个合作中心；发布合作成果和联合项目 17 项，形成学术论文集 5 部。② 此外，中国与东盟国家还持续深化数字教育合作、职业教育合作以及中外青少年人文交流合作。中国与太平洋岛国教育交流与合作取得新进展。11 月，首届中国-太平洋岛国教育部长会在法国巴黎召开，会议通过了《中国-太平洋岛国教育部长会联合声明》，建立起中国与太平洋岛国间教育合作的机制化平台。③ 在媒体及出版领域，中国与周边国家积极推进媒体交流与合作。5 月，中国-中亚通讯社论坛在北京举办，通过了《中国-中亚通讯社论坛北京共识》。④ 中国与西亚国家在广播电视领域加强合作，12 月举办了第六届中国-阿拉伯国家广播电视合作论坛，推动联合制作播出作品，弘扬中阿友谊。中国与西亚国家在图书出版领域取得成果，6 月举办了“中阿典籍互译出版工程”成果发布会，促进了中阿民心相通和世界文明多样发展。在旅游交流领域，中国与周边国家不断创新旅游合作模式，推动旅游交往合作发展。中国-东盟中心联合举办的“文明互鉴、携行致远”文化之旅活动在新加坡、马来西亚成功举办，展示了双方在文化交流方面的积极努力。这些活动不仅增进了人民相知相亲，还为促进国际友好城市

---

① 《2023 年中国-东盟教育交流周开幕式》，中国日报网，2023 年 8 月 29 日，https：//cn.chinadaily.com.cn/a/202308/29/WS64ed40a5a3109d7585e4b321.html，最后访问时间：2023 年 12 月 22 日。

② 《中国-东盟教育交流周开幕》，《人民日报》2023 年 8 月 30 日，第 11 版。

③ 《怀进鹏出席首届中国-太平洋岛国教育部长会》，中国教育部网站，2023 年 11 月 9 日，https：//moe.gov.cn/jyb_xwfb/gzdt/moe_1485/202311/t20231109_1089864.html，最后访问时间：2023 年 12 月 22 日。

④ 《中国-中亚通讯社论坛：嘉宾热议构建中国-中亚命运共同体》，新华网，2023 年 5 月 24 日，http：//www.xinhuanet.com/world/2023-05/24/c_1129640816.htm，最后访问时间：2023 年 12 月 22 日。

交流铺路架桥。[①] 此外，中国十分重视与周边国家推动青年间的交往，促进青年之间的友谊。11 月，举办了首届中阿青年发展论坛，启动科技创新国际青年交流计划。2023 年中国-东盟青少年文化艺术交流周期间，举办了艺术工作坊、东盟舞蹈艺术交流讲座、联欢晚会等形式多样的线下交流活动，增进了中国与东盟各国青少年间的文化艺术交流。[②]

第三，务实强化民生领域合作。中国在与周边国家的社会人文交往中注重民生发展，并从多个领域助力周边国家民生建设。乌兹别克斯坦积极推广中国减贫模式，双方在机制建设、人员培训、经验交流等方面取得积极成果。中巴经济走廊框架下的民生援助项目瓜达尔港海水淡化厂和中巴友谊医院竣工仪式，12 月 4 日在巴基斯坦西南部俾路支省瓜达尔举行。[③] 中国向太平洋岛国提供民生援助，如修复海底光缆、运送抗疫物资、捐赠木工工具及设备、援助太阳能路灯等。"送医上岛"项目在医疗卫生领域开展务实交流与合作，包括"光明行"和"泌尿外科微创行"等。中国海军医院船"和平方舟"访问太平洋岛国，提供人道主义医疗服务。中国与巴新续签派遣医疗队议定书，继续提供医疗援助。2023 年 3 月 22 日，中国-太平洋岛国菌草技术示范中心在斐济正式启用。该中心依托中国援斐济菌草技术示范中心运行，旨在提升太平洋岛国的农业生产能力和粮食安全。[④]

（五）区域治理模式创新发展

当前，亚洲区域治理面临着诸多挑战。一方面，气候变化、自然灾害等

---

① 《"艺"熠生辉，闪耀"新马"：中国-东盟中心携手中国国家大剧院成功举办新加坡、马来西亚文化之旅活动》，中国-东盟中心网站，2023 年 12 月 19 日，http：//www. asean-china-center. org/news/xwdt/2023-12/13082. html，最后访问时间：2023 年 12 月 30 日。

② 《2023 年中国-东盟青少年文化艺术交流周开幕》，新华网，2023 年 9 月 18 日，http：//www. gx. xinhuanet. com/20230918/3499702c61234445ad2edae61985d03f/c. html，最后访问时间：2023 年 12 月 22 日。

③ 唐斌辉、王欢：《中巴经济走廊框架下的两个项目举行竣工仪式》，中国一带一路网，https：//www. yidaiyilu. gov. cn/p/0AFRMKT5. html。

④ 《中国-太平洋岛国菌草技术示范中心在斐济揭牌启用》，中国政府网，2023 年 3 月 22 日，https：//www. gov. cn/xinwen/2023-03/22/content_5747919. htm，最后访问时间：2023 年 12 月 22 日。

自然风险深刻影响亚洲国家和人民的生存和福祉；另一方面，数字全球化发展不均衡问题日益凸显，数字基础设施鸿沟仍在扩大，人工智能技术在全球范围内迅速发展还带来了许多伦理和安全问题；此外，2023 年 8 月 24 日，日本政府正式启动核污染水排海，对本地区乃至全球海洋环境治理带来新的威胁和挑战。[①] 为了推动共同安全，消除区域治理赤字，中国与周边国家加强区域治理务实合作，在环境治理、气候合作和新兴领域展开一系列探索。

第一，加强环境保护合作。2023 年中国在与周边国家的环保合作中取得了显著进展，通过举办环境合作论坛、签署双边合作协议和实施绿色能源项目等多种方式，推动区域环境保护平台建设和合作展开。5 月在中国-中亚峰会期间，中国与中亚 5 国达成系列环境合作共识，包括发起“中国-中亚绿色低碳发展行动”，推动在荒漠化土地和盐碱地治理开发、节水灌溉等领域开展技术与人才交流合作，深化绿色发展和应对气候变化领域的合作。[②] 9 月 15~16 日，中国-东盟环境合作论坛在广西南宁举行。与会各方围绕中国与东盟气候合作和生物多样性合作进行了深入交流与探讨。10 月在第三届“一带一路”国际合作高峰论坛上，中国推动建立“一带一路”低碳服务伙伴关系，中国-东盟红树林保护伙伴关系，以及中亚区域绿色科技发展行动计划等。[③] 在双边层面，中国分别与白俄罗斯、伊朗、巴基斯坦等国签署了环境保护、可持续发展和应对气候变化的合作文件。这些合作文件涵盖了广泛的环保领域，进一步推动了区域内的环保合作。[④] 中蒙两国在环境保护和生态文明建设方面开展了合作，如防治荒漠化合作，这体现了双

① 《刚刚，日本核污水正式排海!》，环球网，2023 年 8 月 24 日，https：//world. huanqiu. com/article/4EFn27sjHxf，最后访问时间：2023 年 12 月 22 日。

② 《中国-中亚峰会成果清单（全文）》，中国政府网，2023 年 5 月 19 日，https：//www. gov. cn/yaowen/liebiao/202305/content_6875140. htm，最后访问时间：2023 年 12 月 22 日。

③ 《第三届“一带一路”国际合作高峰论坛多边合作成果文件清单（附件一全文）》，中国政府网，2023 年 10 月 19 日，https：//www. gov. cn/yaowen/liebiao/202310/content_ 6910131. htm，最后访问时间：2023 年 12 月 22 日。

④ 《第三届“一带一路”国际合作高峰论坛务实合作项目清单（附件二全文）》，中国政府网，2023 年 10 月 19 日，https：//www. gov. cn/yaowen/liebiao/202310/content_ 6910130. htm，最后访问时间：2023 年 12 月 22 日。

方对可持续发展和环境保护的共同关注。

第二，深化应对气候变化合作。中国与太平洋岛国加强了气候变化务实合作发展。2023 年 2 月 23 日，中国-太平洋岛国防灾减灾合作中心正式启用，成为中国与太平洋岛国在防灾减灾领域的第一个多边合作平台。这一中心致力于推进中国与太平洋岛国间的海洋防灾减灾合作，提升各方应对能力。[①] 10 月，由中国海洋大学海洋碳中和中心主办的“2023 太平洋岛国应对气候变化国际学术论坛”在青岛召开。与会专家讨论了太平洋岛国应对气候变化的策略，共同为促进太平洋岛国可持续发展出谋划策。12 月，“2023 携手太平洋岛国应对气候变化对话会”在山东聊城召开。会议聚焦太平洋岛国应对气候变化的挑战和行动，并探讨进一步深化双方在气候变化领域的合作。11 月在福建平潭召开的中国-太平洋岛国海洋防灾减灾合作研讨会上，中国-太平洋岛国防灾减灾合作中心海洋防灾减灾合作分中心（以下简称海洋分中心）正式启用，为中国与太平洋岛国在海洋防灾减灾领域技术交流和合作搭建起新的平台。[②] 此外，中国与周边国家不断加强减碳合作。2 月，第二届中日韩碳中和论坛召开，探讨如何推动区域合作。9 月，中国与东盟国家召开“迈向 COP28：中国-东盟应对气候变化与生态环境对话——全球气候适应行动中的区域贡献”，[③] 发布《中国-东盟气候适应社区支持倡议》，并承诺共同开展中国-东盟红树林研究。在高质量共建“一带一路”框架下，第三届“一带一路”能源合作伙伴关系论坛召开。会上，中国与俄罗斯、印度尼西亚、新加坡等 14 个国家签署绿色发展投

① 戴越：《中国与太平洋岛国携手应对灾害，防灾减灾合作中心在广东启用》，澎湃新闻网，2023 年 2 月 23 日，https：//www. thepaper. cn/newsDetail_ forward_ 22049167，最后访问时间：2023 年 12 月 22 日。

② 《中国-太平洋岛国防灾减灾合作中心海洋防灾减灾合作分中心启用》，央广网，2023 年 11 月 9 日，https：//www. cnr. cn/fj/jdt/20231109/t20231109_ 526480584. shtml，最后访问时间：2023 年 12 月 22 日。

③ 《2023 中国-东盟环境合作论坛平行论坛：迈向 COP28：中国-东盟应对气候变化与生态环境对话——全球气候适应行动中的区域贡献顺利举办》，中国生态环境部网站，2023 年 9 月 19 日，http：//www. fecomee. org. cn/dwhz/qyhzjz/xmyl/202309/t20230919_ 1041296. html，最后访问时间：2023 年 12 月 22 日。

资合作谅解备忘录。[①]

第三，推动新兴领域治理合作。2023 年 10 月 18 日，习近平主席在第三届“一带一路”国际合作高峰论坛开幕式主旨演讲中宣布中国将提出《全球人工智能治理倡议》，表明中国同各方就全球人工智能治理开展沟通交流和务实合作，共同推动人工智能技术造福全人类的意愿。[②] 该倡议提出“以人为本”，尊重他国主权，坚持“智能向善”和防范风险等基本理念。[③] 具体在数字技术合作领域，5 月 23 日，上海合作组织各成员国搭建的中国-上海合作组织大数据合作中心正式启用，旨在推进成员国在人工智能、大数据、云计算、区块链等数字技术领域的合作。[④] 10 月 31 日，中俄数字经济高峰论坛分论坛——中俄跨境数据流通标准与协同治理论坛举办。双方同意加强两国跨境数据合作，构建数据跨境流通规则，强化协同治理。[⑤] 针对人工智能治理合作，7 月 13 日，在第 11 届中国-东盟技术转移与创新合作大会上，中国与东盟国家在加强人工智能治理合作上达成共识。中国科学技术部在会上发布了《面向东盟的人工智能发展合作倡议》，提出将推动中国-东盟人工智能领域科技合作；充分尊重各国人工智能治理原则和实践，健全具有广泛共识的治理框架和标准规范，发展负责任的人工智能等。[⑥]

---

① 《绿色丝绸之路发展报告（2023）》，中国一带一路网，2023 年 12 月 15 日，https：//www.yidaiyilu. gov. cn/a/icmp/2023/12/15/20231215179983118/473d4e9a0695477b9896cae244751b9d.pdf，最后访问时间：2023 年 12 月 22 日。

② 《外交部发言人就〈全球人工智能治理倡议〉答记者问》，中国外交部网站，2023 年 10 月 18 日，https：//www. gov. cn/lianbo/fabu/202310/content _ 6910006. htm，最后访问时间：2023 年 12 月 22 日。

③ 张力：《让理性与智慧之光照亮人工智能的星辰大海——〈全球人工智能治理倡议〉述评》，中国日报网，2023 年 10 月 26 日，https：//cn. chinadaily. com. cn/a/202310/26/WS653a3603a310d5acd876c04d. html，最后访问时间：2023 年 12 月 22 日。

④ 《中国-上海合作组织大数据合作中心启用》，人民网，2023 年 5 月 24 日，http：//finance.people. com. cn/n1/2023/0524/c1004-32693435. html，最后访问时间：2023 年 12 月 22 日。

⑤ 《中俄跨境数据流通标准与协同治理论坛在哈尔滨成功举办》，黑龙江网，2023 年 11 月 1 日，https：//www. chinahlj. cn/news/764284. html，最后访问时间：2023 年 12 月 22 日。

⑥ 《科技部发布面向东盟的人工智能发展合作倡议》，中国新闻网，2023 年 7 月 13 日，https：//www. chinanews. com. cn/gn/2023/07-13/10042371. shtml，最后访问时间：2023 年 12 月 22 日。

二　2023年中国周边热点问题评估

亚洲地区安全形势由地区安全结构、地区安全机制与文化、历史遗留的地区热点问题等共同塑造。总体上说，亚洲地区安全仍处于二战后国际体系格局的框架之下，美国作为一个域外国家对亚洲安全，特别是东亚安全影响巨大。当前，美国政府视中国为“唯一有能力在经济、安全、技术等领域挑战其全球主导地位的国家”①，并将塑造中国的周边战略环境作为战略目标之一。2023 年，美国持续推进所谓“印太战略”，采取种种措施整合其盟友和伙伴关系体系，进一步密织在中国周边的“制华”力量网络。在打造英美澳三边安全合作机制的基础上，美国国务卿布林肯在 7 月访问南太平洋多国期间向新西兰发出加入“奥库斯”的邀请。同时，美国持续推进所谓“小多边”安全合作机制化，在东北亚地区和中国南海周边地区分别强化美日韩三边合作机制和美菲澳同盟，进一步强化美军及其盟友的军事协同布局。总体上说，大国竞争持续升温、国际局势动荡发酵及地区冲突外溢等因素交织在一起，使得 2023 年中国周边环境面临更加复杂的形势，中国周边热点问题也呈现一些新的紧张态势。

（一）朝鲜半岛局势紧张升级

2023 年，朝鲜半岛紧张局势加剧，除延续美日韩与朝鲜之间敌意对立外，朝韩双方的双边对立再度加码升级。同时，美国在亚太地区积极扩充军备，拉拢韩、日展开联合军演，持续插手朝鲜半岛事务，鼓噪加剧半岛紧张氛围。朝鲜半岛由此呈现强硬对强硬的“敌意螺旋”，整体局势急转直下。

第一，韩国尹锡悦政府的外交底色进一步显露，成为朝鲜半岛紧张局势的直接推手。在半岛问题的立场上，尹锡悦政府一改文在寅政府的执政理

① “Interim National Security Strategy Guidance,” The White House, March 3, 2021, p. 8, https://www.whitehouse.gov/wp-content/uploads/2021/03/NSC-1v2.pdf, accessed: 2023-12-20.

念，执意淡化“斡旋美朝关系”和“促进朝韩对话”的方针，韩国坚持多年的“四强外交”对外关系主轴逐渐产生偏离，取而代之的是“价值观外交”和以所谓“全球枢纽国家”为主的全球政治愿景。尹锡悦政府以“自由民主价值观和以规则为基础的国际秩序”为名，片面加强与美同盟关系，打破相对平衡的外交传统，使朝韩关系大幅度倒退，给已然恶化的半岛局势再添波澜。在对朝具体行动中，尹锡悦进一步推行反朝政策，发表对朝刺激性言论，积极强化美韩军事同盟，主张缓和对日关系，对朝敌意尽显。2月，韩国国防部发布的《国防白皮书》中时隔6年重添朝鲜政权和朝军为“敌”的表述。① 4月，韩国总统尹锡悦访美，美韩发表《华盛顿宣言》，指出美方将扩大朝鲜半岛周边美战略资产等，进一步升级对朝鲜的“延伸威慑”。② 11月，韩国终止《〈板门店宣言〉军事领域履行协议》部分条款的效力，恢复在朝韩军事分界线一带的对朝侦查和监视活动，并加强了对朝军事目标的应对态势。③

第二，美韩在朝鲜半岛频繁军演，加剧半岛紧张局势。2023年开始，美韩两国约定每年要举行两次“自由盾牌”演习。2月上旬，美韩在朝鲜半岛西部海域上空密集举行联合军事演习。④ 3月20日，美韩开启“2023双龙演习”，同期韩美陆军还举行大规模的“科学化作战演习”。⑤ 5月25日起，美韩两国在朝鲜半岛南北军事分界线附近启动了两国最大规模的实弹演

① 《韩媒：尹锡悦政府发布首份〈国防白皮书〉》，参考消息，2023年2月16日，https://www.cankaoxiaoxi.com/#/detailsPage/%20/5781f62e8f164efa9930541e741ec6ca/1/2023-02-16%2015:31?childrenAlias=undefined，最后访问时间：2024年3月20日。

② 张江平：《果然，韩防长吹捧〈华盛顿宣言〉：可被视为第二个〈韩美相互防卫条约〉》，环球网，2023年5月1日，https://world.huanqiu.com/article/4CiSXa6eBi8，最后访问时间：2023年12月21日。

③ 《韩国宣布中止〈《板门店宣言》军事领域履行协议〉的部分效力》，人民政协网，2023年11月22日，https://www.rmzxb.com.cn/c/2023-11-22/3447563.shtml，最后访问时间：2023年12月21日。

④ 《美韩战机在半岛上空密集军演》，人民网，2023年2月13日，http://military.people.com.cn/n1/2023/0213/c1011-32622693.html，最后访问时间：2023年12月21日。

⑤ 《美韩演习投入“闪电”航母等战略武器，韩媒：与以往相比有很大不同》，新华网，2023年3月21日，http://www.xinhuanet.com/mil/2023-03/21/c_1211739777.htm，最后访问时间：2023年12月20日。

习，其间包含五轮“联合协同火力剿敌”实弹演习。[①] 7月和12月，美韩举行了两次“核磋商小组”会议，宣布2024年将制定、策划和运用核战略指南。10月，美日韩时隔7年，重启了海上联合军演。美国“罗纳德·里根”号核动力航母则参与了美日韩针对朝鲜进行的海洋拦截与反海盗演习。[②] 12月，韩美日启动“朝鲜导弹预警信息实时共享体系”，以实现对朝鲜发射导弹情报的实时共享与协同应对。[③] 韩美日的上述做法充斥着冷战思维，蓄意挑动阵营对抗，有意破坏核不扩散体系，加剧半岛紧张局势，破坏地区和平与稳定。为此，朝鲜予以强烈反应和回击。3月16日，朝鲜进行洲际弹道导弹发射训练。朝鲜最高领导人金正恩重申朝方“以核制核，以正面对抗回答正面对抗”的立场，并强调保持战略武装力量的迅速应对能力，以遏制任何武装冲突和战争。[④] 8月30日，在美韩“乙支自由之盾”联合军演之际，朝鲜进行模拟战术核打击训练，回应美韩对朝联合军演。[⑤]

第三，朝韩两国有关政治外交表态均趋向强硬。韩国在加强美韩关系的同时不断发表对朝刺激性言论，如“终结朝鲜政权”“朝鲜是敌人”等，韩美还在2023年12月的第55次韩美安保会议（SCM）上，明确将朝鲜定性为“最根本且迫切的威胁”，且韩方将在“有事时”为美国核作战提供支援。朝鲜也在2023年底再次将韩国定位为“敌人”。12月，在朝鲜劳动党第八届中央委员会第九次全体会议上，朝鲜劳动党总书记金正恩指出，朝韩

---

① 《美韩在三八线附近启动“最大规模”实弹演习》，新华网，2023年5月26日，http：//www. news. cn/world/2023-05/26/c_1212192510. htm，最后访问时间：2023年12月21日。

② 《朝中社：美国不断向朝鲜半岛部署战略核资产系严重军事挑衅》，中国军网，2023年10月13日，http：//www. 81. cn/ss_208539/16258416. html，最后访问时间：2023年12月21日。

③ 《韩媒：韩美日启动朝鲜导弹预警信息共享体系》，参考消息网，2023年12月19日，https：//www. cankaoxiaoxi. com/#/detailsPage/%20/56582297cca34af7bd70004e90411346/1/2023-12-19%2011：01？childrenAlias=undefined，最后访问时间：2023年12月21日。

④ 《朝鲜进行洲际弹道导弹发射训练对美韩军演再发警告》，新华网，2023年3月17日，http：//www. news. cn/world/2023-03/17/c_1129439445. htm，最后访问时间：2023年12月21日。

⑤ 《朝鲜进行模拟战术核打击训练回应美韩军演》，新华网，8月31日，http：//www. news. cn/world/2023-08/31/c_1129837990. htm，最后访问时间：2023年12月21日。

关系“再也不是同族关系”，而是完全敌对关系，并强调“要重新确定对北南关系和统一政策的立场”。①

综上，尹锡悦单方面配合美国推进所谓“印太战略”、插手亚太事务，并寻求美国在“有事时”的支持和帮助，实质上是配合美日在亚太积极扩充军备、将韩与美日捆绑的伴生品，为此宁可破坏朝韩民族感情、制造两国间紧张局势，激发民众焦虑。覆巢之下无完卵，半岛局势恶化的受害者既包括朝鲜也包括韩国，中方一贯支持以对话协商解决半岛问题，排除外部势力，保持冷静和克制，避免进一步升级紧张局势，尽最大努力维护半岛局势和平稳定。王毅外长在答记者问时就表达了这一鲜明的态度：“中方在半岛问题上的立场是一贯的，所有努力集中到一点就是致力于半岛地区的和平稳定和长治久安。当务之急是停止威慑施压，摆脱轮番升级的对抗螺旋。根本之道是重启对话谈判，解决各方尤其是朝鲜方面的合理安全关切，推动半岛问题的政治解决进程。”②

（二）美国加大干涉台湾问题力度

2023年，台湾民进党当局受“台独”意识形态驱动，大肆渲染“一边一国”“一中一台”和“去中国化”，使两岸关系进一步遭受破坏。同时，美国加大打“台湾牌”的力度，与民进党唱和勾连，并不断加大对台军售力度，公然违反一个中国原则和中美三个联合公报，特别是“八·一七”公报。民进党当局和美国的做法不仅严重伤害了两岸同胞的感情、严重侵犯中国主权和安全利益，还对台海和平和地区稳定造成了损害，给台海局势增加了不稳定性。

第一，民进党当局与美加强勾连，对美尽显谄媚。4月，台所谓“外交

① 《新闻背景丨近期朝鲜涉半岛局势大事记》，新华网，2024年1月19日，http://www.xinhuanet.com/20240119/2b4d9a88332146bbb77d1a99986a8818/c.html，最后访问时间：2024年1月31日。

② 《中共中央政治局委员、外交部长王毅就中国外交政策和对外关系回答中外记者提问》，中国政府网，2024年3月7日，https://www.gov.cn/yaowen/liebiao/202403/content_6937732.htm，最后访问时间：2024年3月18日。

部”公开表示美国的“与台湾关系法”是“台海和平稳定的重要基础”，敦促美国政府恪守“与台湾关系法”的“六项保证”，落实对台湾的安全承诺。同月，蔡英文借“过境”之名窜美，公然与美国政府第三号人物、众议长麦卡锡会见，并与其他美方官员和国会议员接触。8月，赖清德“访问”巴拉圭途中“过境”美国，台所谓“外交部”认为美方依循惯例为赖清德的“过境”提供了各项协助，在此过程中台美紧密勾结。

第二，美国对华打“台湾牌”力度空前，与民进党当局唱和勾连。一是美国官员接连窜台，公然干涉中国内政。6月和7月，美众议院军事委员会团组和众议员凯文·赫恩（Kevin Hern）组团窜台，以体现美对台湾的“坚定支持”。8月、9月和11月，美国会开启密集窜台进程。二是美国持续推进对台军售、武装台湾进程，旨在直接提升台湾武装力量的联合作战体系与能力，这不仅对台海安全造成损害，也对中美关系造成破坏性影响。三是篡改法理依据，推进恢复台湾“国际地位”进程。7月27日，美国众议院通过所谓“台湾国际团结法案（TISA）”，试图错误扭曲联合国大会第2758号决议，妄称该决议“仅处理了中国在联合国的代表权问题，而并未涉及台湾”。[①] 针对再次炒作所谓“台湾参与联合国”，要求“重新解释联大第2758号决议”的行径，中国常驻联合国代表张军大使表示：“这是‘台独’分裂势力和部分反华势力借第78届联大开幕‘蹭热度’的又一波政治闹剧，其实质是借台湾所谓‘国际参与’问题搞政治操弄，目的是服务民进党岛内选情、服务一些外部势力‘以台制华’战略。”[②] 1971年10月，联合国大会第二十六届会议通过第2758号决议，决定“恢复中华人民共和国的一切权利，承认她的政府的代表为中国在联合国组织的唯一合法代表并立即把蒋介石的代表从它在联合国组织及其所属一切机构中所非法占据

① 《美众议院通过涉台恶法，挑衅联大2758号决议》，环球网，2023年7月27日，https://taiwan.huanqiu.com/article/4DsHSrZLf1Z，最后访问时间：2023年12月7日。

② 《常驻联合国代表张军大使针对台湾当局近期炒作所谓“参与联合国诉求”、曲解联大第2758号决议等行为发表谈话》，中国外交部网站，2023年9月14日，https://www.mfa.gov.cn/web/zwbd_673032/wjzs/202309/t20230918_11144465.shtml，最后访问时间：2024年1月22日。

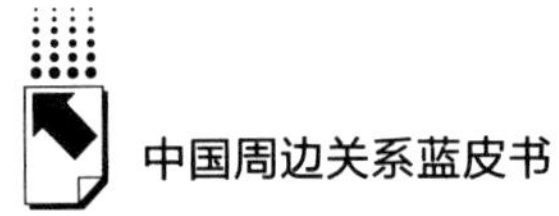

的席位上驱逐出去”。[①] 这就是说，中国在联合国只有一个席位，不存在“两个中国”“一中一台”的任何空间。因此，无论从历史事实、国际法基础还是国际实践的角度，一个中国原则早已成为公认的国际关系准则，曲解联大第 2758 号决议，是对国际法的严重违反，也是对战后国际秩序的挑战。

第三，美国及其盟友公然干涉台湾问题，推动台湾问题走向国际化。在多边层面，2023 年 5 月，七国集团广岛峰会发布联合公报，妄谈台湾局势，炒作涉华议题。8 月，在戴维营峰会上，美日韩三国再次公然强调所谓“台湾海峡和平与稳定的重要性”。在国别层面，2023 年英国发布的《安全、防务、发展与外交政策综合评估报告》首次提及台湾问题。[②] 在亚洲地区，2023 年日本自民党与台湾民进党举办了两次所谓的“安全保障对话”，多名日本官员及政客窜台。4 月，韩国总统尹锡悦在访美出发之前接受采访中表示，台海局势紧张系由“中国试图以实力单方面改变现状导致”，声称坚决反对以实力改变现状，并公然将台湾问题与朝鲜半岛问题相提并论，视其为全球性问题。中国外交部副部长孙卫东就此言论提出严正交涉，指出，解决台湾问题是中国人自己的事情，绝不允许任何势力插手干涉。[③] 同时，2023 年扩大版的美菲《强化防务合作协议》将美国在菲可使用军事基地扩展到 9 个。新选定的 4 个基地中，有 3 个位于吕宋岛北部卡加延省和伊莎贝拉省，直接面向中国台湾，这是菲律宾配合美国布局“两海联动”的实质性举措。

中国对“台独”及外部干涉势力的态度是明确的。台湾问题是中国内政，绝不容许任何外来干涉。台湾的安全取决于两岸关系和平发展，“台独”与台海和平水火不容。任何鼓吹加强美台军事联系、对台军售的言行，

---

① 《联合国大会第 2758 号决议（1971 年 10 月 25 日）》，中国政府网，2006 年 2 月 28 日，https：//www. gov. cn/test/2006-02/28/content_ 213294. htm，最后访问时间：2023 年 12 月 9 日。

② 《英国报告渲染“中国挑战”海外网友：荒谬可笑》，光明网，2023 年 3 月 22 日，https：//world. gmw. cn/2023-03/22/content_ 36447077. htm，最后访问时间：2023 年 12 月 9 日。

③ 《外交部副部长孙卫东就韩国领导人涉台湾问题错误言论向韩国驻华大使提出严正交涉》，中国外交部网站，2023 年 4 月 23 日，http：//new. fmprc. gov. cn/web/wjbxw_ new/202304/t20230423_ 11063780. shtml，最后访问时间：2023 年 12 月 20 日。

只会推高台海紧张形势和冲突对抗风险，本质是在害台、毁台。“台独”和外部干涉是台海和平稳定的最大威胁，是台湾民众利益福祉的最大祸患。①

（三）南海区域热点升温

2023 年，中国在南海地区坚持以维护地区安全稳定、发展与南海周边国家的友好关系为原则，避免激化矛盾，克制应对有关国家单方面的行动。在中国和南海周边国家的共同努力下，南海形势总体稳定可控，也为各自发展提供了良好的环境。② 2023 年中国积极推动“南海行为准则”磋商，切实有效管控分歧，努力维护南海和平与稳定。7 月，在中国-东盟（10+1）外长会上“南海行为准则”完成二读。10 月，在北京举行的落实《南海各方行为宣言》第 21 次高官会上，“南海行为准则”启动三读。③ 完成二读和启动三读，这是“南海行为准则”磋商启动以来的里程碑事件。然而，随着美国不断介入南海问题、搅浑南海局势，以及菲律宾在南海单方面激化矛盾，2023 年的南海局势风险上升，南海进入了“多事之秋”。

第一，美国升级介入南海争端，纠集对华施压联盟体系。2023 年，美国不但通过外交表态和军事前沿存在的方式干涉南海，对华施压，还以美菲同盟为抓手，加快在南海周边地区构建双边或多边对抗体系，严重侵犯中国的主权和领土完整，成为影响南海局势进一步动荡的主要原因。首先，从外交表态上看，美国国务院、美国总统及其幕僚在台海问题上持续发表错误言论并对华施压、激化矛盾。2 月和 4 月，美国国务院分别针对所谓仁爱礁“激光事件”“中国海警侵犯南海航行自由”发表访谈“美国在南海支持菲律宾”的声明，并一再重申对菲律宾武装部队、

① 《“台独”与台海和平水火不容　解放军坚决捍卫国家主权和领土完整》，中国国防部网站，2023 年 7 月 27 日，http：//www. mod. gov. cn/gfbw/xwfyr/fyrth/16240962. html，最后访问时间：2023 年 12 月 1 日。

② 详见《王毅谈当前南海地区局势》，中国外交部网站，2023 年 8 月 12 日，https：//www. mfa. gov. cn/web/wjbzhd/202308/t20230812_11126090. shtml，最后访问时间：2023 年 12 月 1 日。

③ 详见《外交部：中国和东盟国家正在推动制定“南海行为准则”》，环球网，2024 年 1 月 11 日，https：//world. huanqiu. com/article/4G8FjrN6Keb，最后访问时间：2024 年 1 月 15 日。

公共船只或飞机，包括南海海岸警卫队的武装袭击将援引《美菲共同防御条约》的承诺。7月，美国国防部长奥斯汀在澳大利亚渲染“中国威胁”，声称美国在“印太地区”看到“令人不安的中国胁迫”，将支持盟友免受“欺凌”。[①] 8月，美国海军第7舰队司令在菲律宾称，中国在南海的“挑衅行径”必须得到挑战和遏制。[②] 其次，从军事活动上看，据《2023年美军南海军事活动不完全报告》，美军继续加强对华军事威慑，在南海及周边地区维系着高强度的抵近侦察、穿越台湾海峡、前沿存在、战略巡航、演习演训和战场建设等行动，极大推高了中美发生海空摩擦冲突的风险。[③] 2023年，美军在南海及周边地区的军事行动仍有增无减，部分行动甚至迫近中国大陆海岸线，且无人平台开始大规模应用。4月举行的“肩并肩”军演是美菲史上最大的联合军演，除了海上安全任务和两栖作战行动等传统科目之外，模拟防御台湾以南近300公里的菲律宾小岛也被纳入演习项目。此外，2023年美国数次在南海实施所谓“航行自由行动”，制造地区紧张局势。

第二，菲律宾极力配合美国，挑动南海局势升级。菲律宾小马科斯政府通过对华强硬外交不断挑起、升级海上争端，如强行补给坐滩军舰、冲撞中国执法船只、鼓噪国际舆论、威胁再启国际仲裁及引入域外国海警海军联合军演等方式直接导致南海局势危机频现及其烈度升级，给南海安全稳定造成严重负面影响。2月，菲律宾1艘海警船未经中方允许，擅自闯入仁爱礁邻近海域，中国海警船不得不依法采取措施，对其进行喊话警告。4月，菲律宾2艘海警船擅闯仁爱礁邻近海域，并逼近中方海警船只，险些造成碰撞。8月，菲2艘运补船和2艘海警船未经中国批准非法闯入仁爱礁邻近海域，

---

① 《美防长抵澳渲染“中国胁迫”，称将支持盟友免受“欺凌”，中方此前已驳斥》，环球网，2023年7月28日，https://3w.huanqiu.com/a/c36dc8/4DtWZ5Id8iJ，最后访问时间：2023年12月9日。

② 《美第七舰队司令在菲律宾谈南海“挑衅行径”中方：歪曲事实、挑拨离间》，中国新闻网，2023年8月28日，https://www.chinanews.com/gn/2023/08-28/10068406.shtml，最后访问时间：2023年12月9日。

③ 《2023年美军南海军事活动不完全报告》，南海战略态势感知计划，2024年3月22日，http://www.scspi.org/sites/default/files/reports/2023nian_mei_jun_nan_hai_jun_shi_huo_dong_bu_wan_quan_bao_gao_.pdf，最后访问时间：2024年3月25日。

中国海警依法实施必要管控，对非搭载违规建材的船只进行拦阻。10 月，菲律宾 2 艘运补船和 2 艘海警船再次擅闯仁爱礁邻近海域，向非法坐滩军舰运送违规建筑物资，菲方船只无视中方海警警告，碰撞中方执法船只。11 月，菲律宾 2 艘小型运输船和 3 艘海警船未经中国政府允许，擅自进入中国南沙群岛仁爱礁邻近海域。12 月，菲发言人还表示要在仁爱礁“建造永久性建筑”。中国外交部发言人毛宁对此表示：“仁爱礁是中国南沙群岛的一部分，中国对包括仁爱礁在内的南沙群岛及其附近海域拥有无可争辩的主权，这是在长期历史进程中形成并确立的，符合包括《联合国宪章》在内的国际法。菲律宾依据非法无效的‘南海仲裁案’所谓‘裁决’，主张仁爱礁属于菲律宾的‘专属经济区’和大陆架，否定中国对仁爱礁的领土主权，违反国际法原则，在法律上站不住脚。”①

第三，“美菲+”合谋推动南海问题走向军事化、国际化。据不完全统计，2023 年菲律宾拉拢西方国家在南海开展军演和军事活动高达 34 次。② 3 月 20 日，法国“牧月”号护卫舰与菲律宾海岸警卫队“加布尼斯”号巡逻舰在南海进行航行演习。6 月 1~7 日，菲律宾、美国和日本三国海岸警卫队在南海举行首次三边海上联合演习。③ 6 月 9 日，美国、法国、加拿大、日本四国海军在菲律宾海开展综合海上联合演习。6 月 24 日，法国“洛林”号护卫舰访问菲律宾马尼拉港。7 月 4 日，美国“里根”号航母打击群进入南海活动。7 月 8 日，意大利海军“莫罗西尼”号巡逻舰访问菲律宾马尼拉。8 月 14~31 日，菲律宾、澳大利亚和美国举行“波浪”联合军演。8 月 24 日，美国、日本、菲律宾、澳大利亚在南海举行海上联合演习。8 月 25~31 日，日本“出云”号直升机航母和“五月雨”号驱逐舰访问菲律宾马尼拉。8 月 25 日，澳大利亚和菲律宾宣布南海联合巡逻计划。8 月 26~27 日，美日菲澳四国军方

① 《菲武装部队发言人称要在仁爱礁建造永久性民用建筑　中方回应》，光明网，2023 年 12 月 29 日，https：//m. gmw. cn/2023-12/29/content_1303616061. htm，最后访问时间：2024 年 1 月 9 日。

② 笔者依据海内外报道不完全统计。

③ 《警惕！美日菲海上执法船首次联演，企图全面介入南海》，环球网，2023 年 6 月 2 日，https：//mil. huanqiu. com/article/4D8chXvPePo，最后访问时间：2023 年 12 月 9 日。

高官在菲律宾马尼拉会晤，并飞越南海。8 月 27 日，美国的“美利坚”号两栖攻击舰和澳大利亚的“堪培拉”号两栖攻击舰访问菲律宾马尼拉。9 月 4 日，日本“出云”号直升机航母与“五月雨”号驱逐舰在南海进行反潜战演习；美国海军“约翰逊”号驱逐舰与菲律宾海军“何塞·黎刹”号护卫舰在南海联合巡航。9 月 6~12 日，美国和加拿大在南海举行“高贵金刚狼”联合演习。9 月 9 日，美国海军“约翰逊”号驱逐舰和加拿大“渥太华”号护卫舰过航台湾海峡。9 月 14 日，加拿大“渥太华”号护卫舰访问菲律宾苏比克湾。9 月 16 日，加拿大“阿斯特里克斯”号补给舰访问菲律宾。9 月 17 日，美国海岸警卫队“门罗”号巡逻舰与英国海军“斯佩”号巡逻舰在南海联合演习。9 月 21 日，菲律宾、加拿大舰只在南海进行联合巡航和联合演习。9 月 30 日，加拿大“温哥华”号护卫舰访问菲律宾，准备参加联合军事演习。10 月 2~13 日，美菲在菲律宾吕宋岛举行“齐心协力”联合军演。10 月 16~18 日，美国“杜威”号驱逐舰等在南海进行战术演习。10 月 21 日，美国“杜威”号驱逐舰与菲律宾“格雷戈里奥·德尔·皮拉尔”号巡逻舰在南海联合航行。10 月 23~28 日，多国在南海进行“高贵驯鹿”演习。10 月 28 日至 11 月 1 日，美国“里根”号航母战斗群访问菲律宾马尼拉。10 月 29 日，加拿大“渥太华”号护卫舰舰载直升机逼近中国西沙群岛领空。10 月 30 日，美国海军补给船与加拿大海军护卫舰在南海实施海上航行补给演练。11 月 1 日，美国“佩拉尔塔”号驱逐舰与加拿大“渥太华”号护卫舰过航台湾海峡。11 月 1 日，新西兰“奋进”号补给舰与菲律宾护卫舰在马尼拉湾外演习。11 月 12~22 日，美国海军陆战队和菲律宾军队举行“海上勇士合作”演习。11 月 21~23 日，美国与菲律宾在南海进行“海空合作行动”海空联合巡逻。11 月 25~27 日，澳大利亚和菲律宾在南海开展海空联合巡逻。12 月 13 日，印度和菲律宾在南海举行海上伙伴关系演习。12 月 14 日，印度“卡德马特”号护卫舰访问菲律宾马尼拉。对于菲律宾联合域外势力不断涉足南海的行为，中国国防部新闻局局长、国防部新闻发言人吴谦大校表示：“解决南海问题要有大智慧，引进域外势力和非当事方，只会令事态复杂难解。中方一向倡导共同、综合、合作、可持续的安全观，主张通过域内国家间的对话协商妥善解决分歧，反对域外势力介入，反对在南海炫耀武力、寻衅滋事，反对搞拉帮结派、阵营对抗那一套。中国军队密切关注相关动向，将采取有力有效措施予以坚决应对，决不允许其搞乱南海。”①

（四）缅甸局势动荡升级

2023 年，缅甸国内冲突不断，对外关系也面临挑战，缅甸问题仍是影响地区稳定的重要问题。

其一，缅甸仍在为和平与稳定的选举做准备。2023 年 2 月 1 日和 7 月 31 日，缅甸国防和安全委员会发布公告，继续延长国家紧急状态 6 个月，直至 2024 年 2 月 1 日。② 8 月，缅甸国家管理委员会宣布改组联邦政府。改组后委员会委员由 20 人减到 18 人，并宣布由敏昂莱继续担任国家管理委员会主席。③ 9 月，敏昂莱表示，将在 2024 年人口普查后举行选举。④

其二，缅甸和平进程仍然面临挑战。2022 年 12 月 31 日，缅甸国防军发布公告表述，为了推动缅甸和平进程，将于 2023 年 1 月 1 日至 12 月 31 日，继续对缅甸民族地方武装（民地武）组织停火。⑤ 10 月 15 日，缅甸全国停火协议签署八周年纪念活动在内比都举行。来自缅甸国家管理委员会、国防军、联邦政府、民族地方武装、缅甸政党及外交官代表等出席活动。各方呼吁停止武装冲突、通过对话推动和平进程。⑥ 根据缅甸国家管理委员会

---

① 《国防部：反对域外势力介入　反对在南海炫耀武力》，中国国防部网站，2024 年 4 月 25 日，http：//www. mod. gov. cn/gfbw/xwfyr/lhzb/lxjzhzb/2024njzh/2024n4y_ 247068/16303590. html，最后访问时间：2024 年 4 月 27 日。

② 《缅甸继续延长国家紧急状态至 2024 年 2 月 1 日》，央视网，2023 年 7 月 31 日，https：//content-static. cctvnews. cctv. com/snow-book/index. html? item_ id = 6643093836827488404，最后访问时间：2023 年 12 月 22 日。

③ 《缅甸国家管理委员会改组联邦政府　敏昂莱继续担任国家总理》，新华社，2023 年 8 月 4 日，http：//www. xinhuanet. com/2023-08/04/c_1129785487. htm，最后访问时间：2023 年 12 月 22 日。

④ 《缅甸国家管理委员会承诺将在 2024 年完成人口普查后举行选举》，光明网，2023 年 9 月 10 日，https：//m. gmw. cn/2023-09/10/content_1303510612. htm，最后访问时间：2023 年 12 月 22 日。

⑤ 《缅甸国防军宣布延长对民地武停火至 2023 年年底》，新华网，2023 年 1 月 1 日，http：//www. xinhuanet. com/2023-01/01/c_1129248898. htm，最后访问时间：2023 年 12 月 22 日。

⑥ 《缅甸举行全国停火协议签署 8 周年纪念活动》，央视网，2023 年 10 月 15 日，https：//content-static. cctvnews. cctv. com/snow-book/index. html? item_ id = 13959949206285389933，最后访问时间：2023 年 12 月 22 日。

的声明，2021 年 3 月至 2023 年 7 月 27 日，共举行了 119 次和谈。其中，与《全国停火协议》签署方举行了 71 次和平会议，与非签署方举行了 25 次会议，与包括政党在内的利益攸关方和宗教领袖举行了 23 次会议。此外，2023 年 6 月 26 日至 28 日，在国家团结与建立和平中心国家管理委员会与 5 个《全国停火协议》签署方举行了为期三天的和平会谈。这 5 个民族武装组织是和平进程指导小组的成员，即签署了《全国停火协议》的若开解放党、民主克伦仁爱军、克伦民族联盟/克伦民族解放军-和平委员会、拉祜民主联盟和勃欧民族解放组织。国家管理委员会在 2023 年上半年进行了 22 次和平谈判。[①] 但 10 月 27 日，缅甸国防军在掸邦北部多个地区遭到缅甸民族民主同盟军、德昂民族解放军和若开军袭击。至 11 月 3 日，清水河、捧线、九谷三个政府控制区失守。[②]

其三，缅甸对外关系面临挑战。东盟方面一直致力于推动落实五点共识，关切缅甸局势，但缅甸军方和东盟的关系并未得到改善。2023 年 9 月 5 日，在第 43 届东盟峰会上通过的《东盟领导人关于落实五点共识的审议和决定》，提出由菲律宾代替缅甸担任 2026 年东盟轮值主席国。且在本届峰会上，东盟领导人还发表声明强烈谴责缅甸境内针对平民的暴力和袭击。[③] 11 月 24 日，东盟外长发表针对缅甸北部冲突升级的声明，呼吁各方保持克制，停止所有形式的暴力，并且重申一个和平统一的缅甸符合东盟的利益。[④] 印尼作为 2023 年东盟轮值主席国，采用“静默外交”的方式与缅甸问题各利益相关方接触。中国方面则是一贯坚定支持缅北和平进程。缅北“10. 27”

---

① Ministry of Information of the Republic of the Union of Myanmar, “Over 100 Peace Talks Held over Two-year Period,” August 23, 2023, https://www.moi.gov.mm/moi%3Aeng/news/11341, accessed: 2023-12-22.

② 《缅甸掸邦北部发生冲突　三个政府控制区失守》，新华网，2023 年 11 月 3 日，http://www.xinhuanet.com/2023-11/03/c_1129955828.htm，最后访问时间：2023 年 12 月 22 日。

③ 《缅甸：亚细安声明片面不客观》，联合早报网，2023 年 9 月 6 日，https://www.zaobao.com/news/sea/story20230906-1431015，最后访问时间：2023 年 12 月 22 日。

④ ASEAN, “ASEAN Foreign Ministers' Statement on the Escalation of Conflict in the Northern Shan State, Myanmar,” November 24, 2023, https://asean.org/wp-content/uploads/2023/11/FINAL-ASEAN-Statement-on-the-Escalation-of-the-Conflict-in-the-Northern-Shan-State.pdf, accessed: 2023-12-22.

战事爆发以来，中国坚持为缅相关方止战促谈做工作。12 月，缅军方和果敢、德昂、若开军在中国境内举行了和谈，就临时停火和保持对话等达成协议。[①] 以美国为首的西方国家则继续扩大对缅的制裁。2023 年美国发布了针对缅甸的 4 项制裁，涉及石油、天然气和金融等领域。[②] 英国和加拿大则是配合美国，在对缅甸的制裁上与美国协调一致，使缅甸外交形势更加严峻。

三 十年与共：周边命运共同体行稳致远

2013 年 10 月 24 日，中国召开了首次周边外交工作座谈会，习近平主席提出“坚持与邻为善、以邻为伴，坚持睦邻、安邻、富邻，突出体现亲、诚、惠、容的理念”。[③] 2023 年是周边外交工作座谈会十周年。10 年来，中国一直高度重视周边外交，始终将周边置于外交全局的首要地位，践行亲诚惠容的周边外交理念。2023 年 10 月 24 日，中国发布《新时代中国的周边外交政策展望》。该文件指出，中国将继续与周边国家共建命运共同体，携手打造和平安宁、繁荣美丽、友好共生的亚洲家园。[④] 同日，中国举办纪念亲诚惠容周边外交理念 10 周年国际研讨会。习近平主席在对研讨会的书面致辞中提出，我们“将赋予亲诚惠容理念新的内涵，弘扬以和平、合作、包容、融合为核心的亚洲价值观，为地区团结、开放和进步提供新的助力”。[⑤] 在亲诚惠容周边外交理念指引下，中国与周边国家一道应对经济、

---

① 《外交部：在中方斡旋促推下，缅北冲突各方在中国境内举行和谈》，新京报，2023 年 12 月 14 日，https：//www. bjnews. com. cn/detail/1702549061129078. html，最后访问时间：2023 年 12 月 22 日。

② 参见美国国务院网站，“Burma Sanctions”，https：//www. state. gov/burma-sanctions/，最后访问时间：2023 年 12 月 22 日。

③ 《习近平：让命运共同体意识在周边国家落地生根》，中国政府网，2023 年 11 月 25 日，https：//www. gov. cn/ldhd/2013-10/25/content_2515764. htm，最后访问时间：2023 年 12 月 28 日。

④ 《新时代中国的周边外交政策展望》，中国政府网，2023 年 10 月 24 日，https：//www. gov. cn/yaowen/liebiao/202310/content_6911402. htm，最后访问时间：2023 年 12 月 28 日。

⑤ 《习近平向纪念亲诚惠容周边外交理念提出 10 周年国际研讨会发表书面致辞》，《人民日报》2023 年 10 月 25 日，第 1 版。

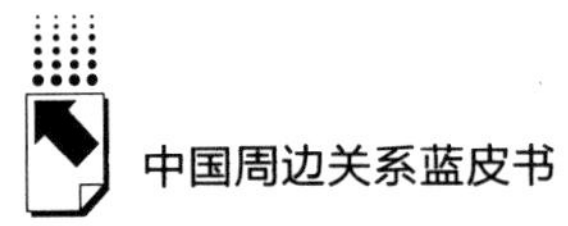

安全和地区治理领域的挑战，共同推动地区经济繁荣发展，维护地区稳定和平，推动周边命运共同体走深走实。

十年来，周边命运共同体落地生根，推动中国与周边国家关系友好发展。2013 年 10 月，在周边外交工作座谈会上，习近平主席强调让命运共同体意识在周边国家落地生根。中国与周边国家构建了多个“双边命运共同体”，为深化双边关系，深化政治互信奠定了坚实基础。在次区域和地区层面，中国-中亚命运共同体、中阿命运共同体、澜湄命运共同体、中国-东盟命运共同体，再到亚太命运共同体，“人类命运共同体”理念在中国周边地区不断走深走实。总结十年建设经验，中国与周边命运共同体从六大方面着力，取得六大丰硕果实。

十年来，区域经济合作走深走实，助力中国与周边国家经济繁荣发展。周边地区是共建“一带一路”倡议的首提地，也是共建“一带一路”的重要合作伙伴。中国与周边 24 国签署了共建“一带一路”合作文件。中国是周边 18 国的最大贸易伙伴。2022 年中国与周边国家进出口商品总额达 2.17 万亿美元，较 2012 年增长 78%。[①] 十年来，中国与周边国家互联互通也不断加强。“六廊六路多国多港”基本成形，一批重点项目为推动地区联通发展提供助力，如中国-中亚天然气管道、中老铁路、雅万高铁等。2022 年 1 月《区域全面经济伙伴关系》（RCEP）正式生效，RCEP 成为全球经贸规模最大、覆盖人口最多的自由贸易协定。两年来，RCEP 成员国间经贸联系不断加强，贸易成本不断降低，为地区经济一体化注入新动力。2021 年习近平主席提出了“全球发展倡议”，得到周边国家的积极响应，在该倡议下，中国与周边国家共同推动全球发展迈向平衡协调包容新阶段。

十年来，坚持共同安全理念，推动中国与周边国家共享地区和平稳定。中国与周边国家共同倡导和平共处五项原则，中国坚持共同、综合、合作、可持续的安全观，与周边国家共同维护地区和平稳定。中国积极参与周边地

① 《新时代中国的周边外交政策展望（全文）》，中国政府网，2023 年 10 月 24 日，https：//www.gov.cn/yaowen/liebiao/202310/content_6911402.htm，最后访问时间：2023 年 12 月 28 日。

区多边安全合作机制，与周边国家推动安全领域务实合作。在上海合作组织框架下，中国与各成员国一道在打击恐怖主义、分裂主义、极端主义方面开展有效合作。上海合作组织还成立了多个常设机构，更好地应对地区安全威胁和挑战。中国还积极参与东盟主导的地区安全合作机制，在执法合作、联合打击犯罪、非传统安全合作等方面都取得了积极成效。中国与周边国家共同管控地区热点，维护地区安宁与稳定。

十年来，地区治理务实推进，中国与周边国家共促地区可持续发展。在高质量共建“一带一路”中，中国与周边国家对绿色丝绸之路理念的共识不断加深，在环境保护、气候变化等方面的务实合作也不断加强，绿色基建、绿色金融、绿色能源等推动共建“一带一路”项目可持续发展。中国与周边国家积极开展环境治理合作，如中、俄、韩、蒙四国参与的“东北亚防治荒漠化、土地退化与干旱网络”、中蒙荒漠化防治合作中心，共同应对东北亚荒漠化和土地退化等问题；中国参与“咸海生态治理”项目。中国与周边国家在高效节水农业和粮食安全、水资源可持续利用、生物多样性保护等领域加强合作和技术交流，共同应对气候变化、生态退化等环境问题。中国与周边国家共同建立低碳示范区，推动地区绿色发展。中国还积极举办相关培训与研修，帮助周边国家提升环境管理能力，包括水污染治理、应对气候变化风险、海洋保护等培训。

十年来，促进人文交流多元互动，推动中国与周边国家人文相亲。中国与周边国家不断深化人文交流合作，促进民心相通。首先，民间交往推动中国与周边国家民众相交相知。友好城市、地方交往、边境人员交往项目推动中国与周边国家民众日常交往。“丝路一家亲”，中国与周边国家的民间组织合作伙伴不断扩展，如丝路民间组织合作网络、中国国际民间组织合作促进会不断扩大与周边国家民间组织合作朋友圈。其次，文化、艺术和体育领域的人文交流推动中国与周边国家民众对彼此文化的了解和尊重。中国与周边国家共同举办文化年、艺术节、图书展、音乐节、电影节等，共同参与国际体育赛事等活动，在文化活动中不断增强民众间的交流和相互了解。再次，民生项目拉进中国与周边国家民众相交相亲。中国与周边国家在教育领域不断加强合作，助力周边国家可持续发展。中国开设政府奖学金，通过境外办学、国际合作联合实验室等加强与周边国家人才培养和科研合作。以农业技术合作、“鲁班工坊”等项目助力周边国家技术发展。最后，媒体、智库、旅游等多领域交流助推中国与周边国家社会人文全方位交流。中国与共建“一带一路”国家共同成立了“一带一路”新闻合作联盟、“一带一路”国际智库合作委员会，更好地推动相关领域的交流与合作。在旅游领域，形式多样的合作与交流推动着中国与周边国家旅游合作，如丝绸之路国际博物馆联盟、上海合作组织国际博物馆联盟、亚洲国家博物馆联合会、中日韩国家博物馆馆长会议等合作平台，推动中国与周边国家民众对不同文化的理解与包容。

在中国与周边国家的共同努力下，周边命运共同体走深走实。中国与周边国家“硬联通”“软联通”不断加强，地区繁荣稳定发展，安全合作不断加深，人文交流不断深入。面对百年未有之大变局，站在新的起点上，中国与周边国家关系发展也面临着前所未有的机遇和挑战。中国周边地区总体保持稳定，经济增长潜力大，中国与周边国家有共同发展与加强合作的需求。但是中国周边地区也面临着多重风险，如全球治理赤字、单边主义、保守主义等挑战。2023 年，在亲诚惠容周边外交理念提出十周年之际，习近平主席进一步倡导和平、合作、包容、融合的亚洲价值观，中国与周边国家也将在新的十年为擘画和平安宁、繁荣美丽、友好共生的亚洲家园新愿景而努力。

四　2024年中国与周边国家关系发展展望

当前及未来一段时期，世界百年未有之大变局深刻演进，世界之变、时代之变、历史之变将以前所未有的方式展开。中美关系正在迈入一个重要时期，成为亚太地区格局乃至世界政治格局演变的一大决定性因素。中国是不确定世界的确定力量，发展是中国的第一要务。2022 年 10 月，中国共产党第二十次全国代表大会提出，“从现在起，中国共产党的中心任务就是团结带领全国各族人民全面建成社会主义现代化强国、实现第二个百年奋斗目标，以中国式现代化全面推进中华民族伟大复兴”。对于推进中国式现代化的战略目标，报告进一步明确，“全面建成社会主义现代化强国，总的战略安排是分两步走：从二〇二〇年到二〇三五年基本实现社会主义现代化；从二〇三五年到本世纪中叶把我国建成富强民主文明和谐美丽的社会主义现代化强国”。[①] 因此，未来十年，在中国的历史方位上，正处于全面建成社会主义现代化强国战略安排的第一步，即基本实现社会主义现代化第一步战略目标的最后阶段，处于中华民族伟大复兴历史进程的关键时期。

中国的发展战略与和平发展道路，是为实现以上战略安排和复兴梦想服务的。中国的外交政策宗旨，就是维护世界和平、促进共同发展，致力于推动构建人类命运共同体。[②] 作为亚洲地区负责任大国，中国始终高度重视周边外交，将周边置于外交全局的首要位置。展望2024年，中国周边外交工作将在以下五个方面予以着力。

第一，践行系列国际创新理念和国际合作倡议。中国共产党第十八次全国代表大会以来，习近平主席从地区乃至全球的高度思考新时代中国的责任与担当，提出构建人类命运共同体、共建“一带一路”、让命运共同体意识在周边国家落地生根等新思想、新倡议、新理念，为推进经济发展和文明进步提出中国方案，贡献中国智慧。中国在中亚和东南亚首提共建“一带一路”重大倡议，重点推动与周边国家发展战略的对接，以“五通”建设为行动路径，推动构建中国与周边区域经济一体化新格局。近年来，中国又相继提出全球发展倡议、全球安全倡议和全球文明倡议，并积极推动“三大倡议”在周边落地生根，推进构建中国与周边命运共同体。

---

① 《习近平：高举中国特色社会主义伟大旗帜 为全面建设社会主义现代化国家而团结奋斗——在中国共产党第二十次全国代表大会上的报告》，中国政府网，2022年10月25日，https：//www.gov.cn/xinwen/2022-10/25/content_5721685.htm，最后访问时间：2023年12月29日。

② 《习近平：高举中国特色社会主义伟大旗帜 为全面建设社会主义现代化国家而团结奋斗——在中国共产党第二十次全国代表大会上的报告》，中国政府网，2022年10月25日，https：//www.gov.cn/xinwen/2022-10/25/content_5721685.htm，最后访问时间：2023年12月29日。

第二，全面拓展周边外交布局。中国将继续推进完善大国关系、地区双边和地区多边层面总体外交布局。中国积极推进中俄新时代全面战略协作伙伴关系更加成熟、坚韧，并为中美关系指出一条相互尊重、和平共处、合作共赢的正确道路。以中美战略稳定和中俄战略协作为基础，维护好亚洲地区安全与繁荣，为中国与周边国家和平发展创造平稳国际环境。在地区双边和多边层面上，中国将坚持亲诚惠容和与邻为善、以邻为伴周边外交方针，积极提升与周边国家关系发展，深化同周边国家友好互信和利益融合，继续推进构建双边和地区不同层面中国周边命运共同体。

第三，在区域治理和国际事务中勇挑大国责任。亚洲区域治理仍然存在规则、机制缺位问题，特别是在贸易、投资、金融、气候变化、网络安全、核不扩散等领域面临新的挑战。中国将继续利用不同国际场合，坚定支持和践行真正的多边主义，继续积极参与地区气候治理，推动全球发展倡议在周边地区落地生根，为区域治理体系变革贡献更多中国智慧、注入更多中国能量。在国际和地区有关事务中，中国按照事情本身的是非曲直决定自身立场，将持续积极推动朝鲜半岛核问题、伊朗核问题、巴勒斯坦问题、阿富汗问题等地区热点问题的政治解决。

第四，增强并扩展中华文明影响力。在大国综合国力竞争中，文化是一种重要的战略资源。中国历史文化资源丰富，要挖掘、宣传、阐释、保护好中华优秀传统文化，向世界展示中华文明突出的连续性、创新性、统一性、包容性、和平性魅力。坚定文化自信，创新建设中华文明现代文明，提升中国话语的传播力和影响力。中国将重视文化产业发展和文化交流国际平台建设，加强优秀传统文化与活力现代文化成果输出。

第五，坚决有力维护国家利益。中国将坚决有力维护国家利益。中国始终保持战略定力，坚决反对并反制任何侵犯国家主权、安全和发展利益的行径，牢牢掌握住自身的战略自主性和发展主动权。特别是在涉台、涉疆、涉海、涉港、涉藏、涉人权等事务上，反对外部势力干涉和种种攻击抹黑，反对并有力应对以以上问题煽风挑动的各种“中国威胁论”。

区域篇

B.2 2023年中国与东北亚地区关系分析与展望

钟飞腾*

摘　要： 2023 年东北亚地区安全形势变化有三大特点，即阵营对抗加剧、美国企图推进美日韩三边同盟以及北约亚太化。这既是中国发展与东北亚诸国关系的大背景，也是理解其他国家与中国关系发生变化的原因之一。从经济上看，总体趋势是日韩加速“去中国化”，较大幅度减少对华贸易，而中国与俄罗斯、蒙古国和朝鲜的经贸关系发展迅速，且在政治上也有良好的高层往来。相比之下，中国与日本、韩国的政治关系要弱一些，且领导人并未实现互访，尤其是中韩关系下降更快。在中日领导人旧金山会晤后，双方重新确认全面推进中日战略互惠关系。中美尽管实现了元首会晤，但彼此之间的结构性矛盾并未消除，反而因地区局势紧张而进一步固化。从未来发展态势看，东北亚的地区局势恐更加复杂和紧张。

* 钟飞腾，中国社会科学院亚太与全球战略研究院研究员、大国关系研究室主任，研究方向为国际政治经济学、国际战略、中国外交、美国与东亚等。

关键词： 东北亚 美日韩三边关系 戴维营原则

美国在中国周边地区仍在进一步完善对华包围、遏制和打压的战略布局，这构成了中国与东北亚国家开展双边关系和多边合作的大背景。与以往相比，近年来美西方国家加大了经贸议题的政治化、武器化和泛安全化，理解安全关系的变化成为理解东北亚相关国家的战略定位和对外政策逻辑的重要前提。2023 年上半年，美国在东亚地区的突出举动是驱动美日和美韩同盟的三边化，并实质性推进北约的亚太化。在 10 月发生巴以冲突之后，美国面临欧洲、中东和东亚“三线作战”的风险，北约亚太化步伐有所减缓。11 月，中美元首旧金山会晤后，中美双边关系有所缓和，但美方并未改变视中国为最大竞争对手的定位。但总体看，中美关系止跌企稳，进入相对缓和期。中美元首会晤的积极成效之一是有利于调动第三方关系，从而为 2024 年中国外交拓展空间。

中国与东北亚地区的关系是周边外交的重要组成部分。2023 年最容易观察到的是经贸布局的显著变化，中国与俄罗斯、蒙古国、朝鲜的经贸关系增势良好，但与韩日贸易额有所下降。这种下降既受世界经济形势恶化的影响，也无法排除中美博弈加剧后，出于维护同盟体系的战略性考虑，日韩选择更多与美国进行贸易所致。经济既是观察政治动向的重要指标，同时也是政治发生深层次变革的结果。2023 年中俄领导人实现互访，强调了共同维护以联合国为中心的国际秩序的决心，蒙古国领导人访问中国，俄蒙领导人均参加在中国主办的重要外交活动，而韩日两国领导人多次缺席，这表明中韩、中日政治关系不如以往。2023 年是中日缔结和平友好条约 45 周年，11 月，习近平主席与日本领导人在美国旧金山会晤，双边关系重回健康轨道的良好势头显现。

未来一段时间，不排除东北亚的地区紧张局势进一步加剧。朝鲜半岛局势仍不稳定，日本积极推动多样化军事合作，包括年底的美国大选牵引各方势力等，都将给中国与东北亚地区关系造成巨大影响。

一　2023年东北亚地区安全局势的阵营对抗加剧

（一）东北亚地区安全最突出的特征，是美国企图逐步组建包围、遏制和打压中国的美日韩三边合作体系

美日韩三边关系的进展是近年来东北亚安全局势的一个重大变化。一定程度上，在美国拜登政府的鼓动下，2022 年 12 月韩国发布了“印太战略”，几乎同一时间日本政府批准了《国家安全战略》《国防战略》《国防能力提升计划》，预示着两国的安全观以及美国盟友体系的布局将有大的调整。2023 年 3 月，韩国总统尹锡悦访问日本，并与日本首相岸田文雄会面，这是两国 12 年来首次举行首脑会谈。在日韩关系改善的同时，美国也加速提升美日同盟的威慑能力。2023 年 5 月，利用在日本举行七国集团峰会之际，美国总统拜登在东京会晤日本首相岸田文雄，将美日同盟从一个主要侧重于传统安全的同盟转向囊括经济安全的深层次同盟，美日在战略矿产、半导体出口管制、电动汽车和供应链安全方面达成了新的协议。有评论认为，此举标志着日方所强调的“综合安全”与美国军方强调的“综合威慑”进一步融合。[①] 6 月，美日两国的外交和国防部门在美国密苏里州的怀特曼空军基地举行了“延伸威慑对话”（EDD）。美日声称审查了有助于地区威慑的常规和美国核能力，美国重申继续致力于提高美国在该地区战略资产的可见度。双方还承诺改善协调，加强北约应对导弹威胁的能力，并讨论了三方和多边合作对加强威慑的重要性。[②]

2023 年 8 月，美日韩在美国举行了三国元首戴维营会晤，达成了系列合作协议，三方在原则声明中将此次会晤达成的原则称为“戴维营原则”，

---

① Richard Weitz, “How to Enhance US-Japan Integrated Security Cooperation,” The Hill, June 26, 2023, https://thehill.com/opinion/national-security/4059754-how-to-enhance-us-japan-integrated-security-cooperation/, accessed: 2023-07-20.

② “Joint Statement on U.S.-Japan Extended Deterrence Dialogue,” U.S. Department of Defense, June 27, 2023, https://www.defense.gov/News/Releases/Release/Article/3441646/joint-statement-on-us-japan-extended-deterrence-dialogue/, accessed: 2023-07-20.

并进一步强调该原则“将在未来几年继续指导三边伙伴关系”。[①] 美日韩三国在戴维营举行元首会晤是史无前例的，由于历史上在戴维营举行的领导人会晤多曾对国际安全产生重大影响，拜登的国家安全事务助理杰克·沙利文甚至表示，美日韩戴维营会晤标志着三国关系进入新时代。[②] 美日韩三方在戴维营会晤中达成的防务合作的内容尤为引人注目，三方同意建立一条新的热线，以便在危机期间迅速进行磋商。韩国仍计划深入参与美日的弹道导弹防御合作，美国支持日韩的国防现代化努力，特别是日本将获得远程打击能力，日本明确针对朝鲜提升反击能力，给美韩军事规划带来复杂的影响。

（二）俄乌冲突的外溢效应波及东北亚，朝鲜半岛的安全困境进一步加剧

在美日“延伸威慑对话”和美日韩戴维营会晤间隙，俄罗斯国防部长时隔 10 年访问朝鲜，参加 7 月 27 日在朝鲜首都平壤举行的朝鲜战争停战 70 周年纪念活动。美日韩三方戴维营会议后三边结盟态势日益凸显，美方加速用先进的进攻性武器提升日韩国防力，包括 7 月中旬美国“肯塔基”号战略核潜艇时隔 42 年首次到访韩国，而韩国总统尹锡悦也成为首位登上美国弹道导弹核潜艇的韩国总统，这些举措进一步刺激朝鲜加强军备，特别是促使朝鲜进一步加强和俄罗斯的军事合作。9 月，朝鲜领导人金正恩访问俄罗斯，分别与普京总统、俄国防部长绍伊古举行会谈，显著加强了两国的军事合作和安全领域的战略战术协同合作。[③]

俄朝军事合作又引起美方和日韩的高度关注，导致东北亚地区安全局势

---

① “Camp David Principles,” The White House, August 18, 2023, https://www.whitehouse.gov/briefing-room/statements-releases/2023/08/18/camp-david-principles/, accessed: 2024-03-10.

② Andrew Harnik, “How Biden Used Camp David to Elevate a Summit with Japan and South Korea,” NPR, August 18, 2023, https://www.npr.org/2023/08/18/1194220556/camp-david-biden-japan-korea, accessed: 2024-03-10.

③ 《普京与金正恩举行会谈》，新华网，2023 年 9 月 13 日，http://www.news.cn/world/2023-09/13/c_1129861869.htm，最后访问时间：2024 年 1 月 3 日；《朝中社：金正恩会晤俄防长绍伊古》，新华网，2023 年 9 月 17 日，http://www.news.cn/2023-09/17/c_1129867885.htm，最后访问时间：2024 年 1 月 3 日。

陷入恶性循环。10月初，日美防长一致同意将日本采购美制“战斧”巡航导弹的时间提前到2025年。美方很快正式批准了这一计划，此举将使日本拥有能够从敌方导弹射程之外发动攻击的防区外防御能力。11月13日，美韩双方在韩国发布《韩美同盟国防愿景》，将朝鲜定性为“最根本且最迫切的威胁”。[①] 该愿景寻求在戴维营峰会的基础上，进一步描绘两国未来几十年的安全和防务道路，美国承诺加强延伸威慑和联合防御架构，并重申按照《戴维营原则》的规定，加强与日本的三边安全关系。11月16日，在赴美国出席APEC峰会期间，日本首相岸田文雄与韩国总统尹锡悦举行年内第七次首脑会晤，双方讨论了朝核问题、俄乌冲突和巴以冲突等政治问题。两国领导人还强调，日韩双方均要致力于维护和加强印太地区自由开放的秩序。[②] 11月21日，朝鲜成功将“万里镜-1”军事侦察卫星送入轨道，使朝鲜的导弹拥有了精准打击能力。韩国声称，这次发射使用了与朝鲜的洲际弹道导弹计划直接相关的技术，并认为得到了俄罗斯的帮助。不过，俄罗斯和朝鲜均否认有此合作。[③] 为此，美国表示，将提供以“核保护伞”为核心的延伸威慑，并计划通过三国联合军事训练来发挥威慑力。朝鲜的军事技术发展，进一步刺激韩国在朝韩关系上倒退，恢复在前线地区展开对朝侦察。朝鲜也随之退出《九一九军事协议》，并立即恢复因该协议停止的所有陆海空军事措施。在朝鲜展示导弹精确打击能力之后，美日韩不仅加强了军事威慑，而且显示出为积极介入地区武装冲突做准备的迹象。日本大幅放宽向第三方提供武器弹药的限制，在当前美西方担忧支持乌克兰军事援助的武器供

① “Defense Vision of the U. S. -ROK Alliance,” U. S. Department of Defence, November 13, 2023, https://www.defense.gov/News/Releases/Release/Article/3586528/defense-vision-of-the-us-rok-alliance/, accessed: 2023-12-11.

② “Japan-ROK Summit Meeting,” Ministry of Foreign Affairs of Japan, November 16, 2023, https://www.mofa.go.jp/a_o/na/kr/page1e_000810.html, accessed: 2024-01-20.

③ “North Korea Received Russian Aid for Satellite Launch -South Korea Lawmakers,” Reuters, November 22, 2023, https://www.usnews.com/news/world/articles/2023-11-22/north-korea-received-russian-aid-for-satellite-launch-south-korea-lawmakers, accessed: 2023-12-11; Hyung-Jin Kim, “South Korea Says Russian Support Likely Enabled North Korea to Successfully Launch a Spy Satellite,” AP News, November 23, 2023, https://apnews.com/article/north-korea-spy-satellite-russia-assistance-6461d7216fa5bd3fa0945efeb06530c6, accessed: 2023-12-11.

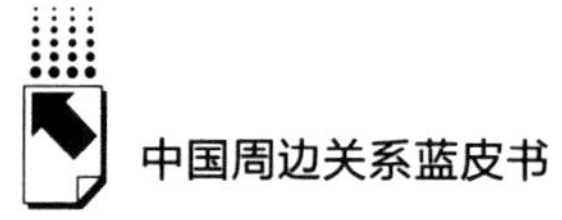

应不足的背景下，一旦日本的武器出现在欧洲战场，那么将进一步恶化东北亚地区的战略环境。

（三）美国积极推动北约亚太化，促使其盟友寻求安全关系的多样化和网络化

2023年1月底，北约秘书长延斯·斯托尔滕贝格访问韩国和日本。斯托尔滕贝格和日本首相岸田文雄进行会谈，并发表了联合声明，认为“世界正处于二战结束以来最严峻、最复杂的安全环境的历史转折点”，“跨大西洋安全和印太安全是紧密相连的”；北约和日本高度关切，“俄罗斯与中国日益增长的军事合作，包括通过在日本附近的联合行动和演习”；“今天发生在欧洲的事情明天可能在东亚发生”，并宣称双方的伙伴关系将提升到“新高度”。[①] 自1949年北约成立后，其关注点一直聚焦于大西洋两岸，特别是冷战时期应对苏联的威胁，并不介入全球其他地区的安全挑战，北约的新动向构成了美国全球安全战略调整的重要部分。

被西方称为“印太四国”的日韩澳新于7月第二次出席北约峰会。在立陶宛维尔纽斯举行的此次峰会上，日韩与北约签署“个别针对性伙伴关系计划”（ITPP），从以往的2年度合作机制延伸为4年度的合作机制。双方将合作重点放在了国防研发和突破性技术领域的合作上，包括人工智能、量子技术和将这些技术用于军事目的，并且加强了有关中国的情报共享。北约亚太化背后的主要推手是美国，是美国打压、围堵和遏制中国这一战略的组成部分，对中国的安全环境造成严重威胁。北约秘书长斯托尔滕贝格声称，“欧洲发生的事情对亚洲和印太地区都很重要，而亚洲和印太地区发生的事情对欧洲至关重要”，为北约介入亚太热点问题提供舆论支持。[②]

---

① “Joint Statement: Issued on the Occasion of the Meeting Between H. E. Mr Jens Stoltenberg, NATO Secretary General and H. E. Mr Kishida Fumio, Prime Minister of Japan,” NATO, February 1, 2023, https://www.nato.int/cps/en/natohq/opinions_211294.htm, accessed: 2024-02-10.

② Mirna Galic, “What's Behind NATO's Tightening Ties with Its Indo-Pacific Partners?” The United States Institute of Peace, July 6, 2023, https://www.usip.org/publications/2023/07/whats-behind-natos-tightening-ties-its-indo-pacific-partners, accessed: 2024-02-10.

在美国的支持下，日本强化和美国亚太盟友之间的双边和多边军事安全合作。2023 年 7 月下旬，美日等 13 个国家参加在澳大利亚举行的“护身军刀 2023”多边联合演习。在日本与澳大利亚的反舰作战训练中，日本陆上自卫队发射了射程超过 100 公里的地对舰导弹，这是该类型导弹首次在美国境外进行发射训练。8 月，日本和澳大利亚之间的《互惠准入协定》生效，两架日本航空自卫队的 F35A 隐形战斗机首次着陆澳大利亚。10月中旬，日本新任防卫大臣木原稔在东京会见澳大利亚副总理兼国防部长理查德·马尔斯，双方确认了包括美国在内的三边合作的重要性。11 月初，日本首相岸田文雄访问菲律宾，双方签署《互惠准入协定》，为日菲联合军演打开了大门。11 月中旬，日美加澳四国大规模联合军演在日本周边举行，菲律宾海军高级官员以观察员身份参加军演。11 月下旬，菲律宾军队分别与美军和澳大利亚军队在南海等地进行了联合巡逻。11 月底，澳大利亚士兵首次赴日本参加美日联军进行了约 40 年的“山樱”联合演习。

美国高官访问亚太地区，持续扩大在亚太地区的安全影响力。2023 年 2 月，美国国防部部长奥斯汀访问菲律宾，此行主要目的是促使菲律宾批准美国要求的开放四个新军事基地，这使得美国在菲律宾的基地多达 9 个。尽管美方没有公布这些新基地的具体地点，但媒体在奥斯汀举行的记者会上曾猜测其位置靠近中国台湾地区和南沙群岛。[①] 2023 年 11 月 8 日，美国国防部部长奥斯汀对印太地区进行上任以来的第九次访问，这也是他年内第四次访问该地区，行程包括印度、韩国和印度尼西亚，访问韩国的主要目的是重申美国对韩国的延伸威慑承诺。[②] 同一时间，美国国务卿布林肯访问了日本和韩国。考虑到布林肯是在访问中东处理巴以冲突之后立即到访

① “Secretary of Defense Lloyd J. Austin III Joint Press Briefing with Philippine Secretary of National Defense Carlito Galvez in Manila, Philippines,” February 2, 2023, https://www.defense.gov/News/Transcripts/Transcript/Article/3286626/secretary-of-defense-lloyd-j-austin-iii-joint-press-briefing-with-philippine-se/, accessed: 2024-02-10.

② “Fact Sheet: Secretary Austin's Ninth Trip to the Indo-Pacific Region,” U. S. Department of Defense, November 7, 2023, https://www.defense.gov/News/Releases/Release/Article/3582059/fact-sheet-secretary-austins-ninth-trip-to-the-indo-pacific-region/, accessed: 2024-02-10.

日韩，进一步证实美国的战略重心是在印太地区，特别是东北亚的局势长久吸引美国的关注。美国国务卿在行程如此紧张的情况下，仍要跨越重洋速访日韩，其重要目的是在俄朝军事合作加深背景下，安抚日韩两国，减轻其担忧。①

二 中国与东北亚地区的经贸关系出现分化，但政治关系总体上稳中有进

（一）东北亚国家与中国的贸易出现了较大分化，日韩在经贸上加大了与美国的合作，“去中国化”趋势明显，而其他国家则加强了对华贸易

近年来，中韩贸易在韩国国内引起极大关注，原因是韩国对华贸易下降，且出现大额对华贸易赤字。据英国《金融时报》报道，2021～2022 年，韩国对中国的商品出口下降了近 10%，至 1220 亿美元。相比之下，同期对美国的商品出口增长了 22%以上，达到 1390 亿美元。因而，2022 年也成为自 2004 年以来对美国出口的商品首次超过对华出口的年份。② 按照韩方的说法，2023 年是自 1992 年中韩建交以来首次出现全年的对华贸易赤字。韩方将其原因归结于中国制造业竞争力和中间材料自给自足能力不断增强，中国企业在化妆品、液晶显示器、智能手机和电动汽车等韩国传统的优势领域取得进展。③ 尤其需要引起重视的是，在韩国对华出口品中，半导体占 20%以上，韩国半导体出口额下降是韩国出现贸易赤字及其对华贸易赤字

① “Blinken Visits South Korea as North Korea, Russia Deepen Ties,” Reuters, November 7, 2023, https://www.usnews.com/news/world/articles/2023-11-07/blinken-visits-south-korea-as-north-korea-russia-deepen-ties, accessed: 2024-02-10.

② Christian Davies, “US Overtakes China as Market for South Korean Goods,” *Financial Times*, June 22, 2023, https://www.ft.com/content/8073cd37-bbf1-46f0-ad31-43ef88283393, accessed: 2024-02-10.

③ Yinru Pan, “South Korea Has First Trade Deficit with China in 31 Years,” Yical Global, January 15, 2024, https://www.yicaiglobal.com/news/south-korea-logs-trade-deficit-with-china-for-first-time-in-31-years, accessed: 2024-02-10.

的重要原因。[①] 有观察人士指出，在贸易问题背后，特别是对华贸易逆差、对美贸易顺差，体现的是政治逻辑推动的国家战略变化，未来韩国更愿意和美国站在一起，协助美国对华竞争。[②]

中日贸易的变化虽不如中韩贸易那样引人关注，但同样出现了对美贸易加强、对华贸易弱化的态势。据日本财务省公布的数据，2023 年日本对美国出口额为 20.3 万亿日元，进口额为 11.5 万亿日元，日本获得贸易顺差 8.7 万亿日元，同年日本对华出口额为 17.8 万亿日元，进口额为 24.4 万亿日元，日本对华贸易赤字为 6.7 万亿日元。[③] 与 2022 年相比，日本对华出口减少 6.5%、进口减少 1.7%，而对美出口增长 11.0%、进口减少 1.9%。尽管中国仍是日本最大贸易伙伴，但就其变化态势来看，日本采取的策略和韩国是一样的，即增加与美国的经贸联系，减少与中国的经贸联系。

2023 年中国与东北亚其他三国的贸易有显著增长。中国海关数据显示，以人民币计价，2023 年中国同俄罗斯、朝鲜和蒙古国的贸易额分别为 16915.9 亿元、161.7 亿元和 1168.0 亿元，同比分别增长 32.7%、148.4% 和 42.3%。其中，中国对俄罗斯、朝鲜和蒙古国的出口额同比增长分别为 53.9%、27.6% 和 151.9%。相比之下，2023 年中国对日韩的贸易增幅同比分别只有-5.7% 和-8.7%，显著低于中国贸易增长 0.2% 的平均水平。[④] 考虑到日韩均为美国的盟友，而中国与俄罗斯、朝鲜的关系发展良好，政治和安全因素对双方贸易关系的影响要比以往更甚。

---

① 韩联社：《得益于半导体市场回暖和对华出口改善，韩 10 月出口有望实现正增长》，中国驻韩国大使馆经商处网站，2023 年 10 月 31 日，http：//kr.mofcom.gov.cn/article/jmxw/202310/20231003450122.shtml，最后访问时间：2024 年 2 月 10 日。

② "South Korea's Trade with China Goes from Record Surplus to Record Deficit," Korea PRO, March 29, 2023, https：//koreapro.org/2023/03/south-koreas-trade-with-china-goes-from-record-surplus-to-record-deficit/, accessed：2024-02-10.

③ 数据来自日本财务省网站，https：//www.customs.go.jp/toukei/srch/index.htm，最后访问时间：2024 年 2 月 10 日。

④《2023 年 12 月进出口商品国别（地区）总值表（人民币）》，中国海关总署网站，2024 年 1 月 18 日，http：//www.customs.gov.cn/customs/302249/zfxxgk/2799825/302274/302277/302276/5637013/index.html，最后访问时间：2024 年 2 月 10 日。

（二）中国与东北亚诸国经济合作领域的差别，也同时体现在双边政治关系上，中国与日韩领导人会晤次数显著下降，但与俄罗斯、蒙古国和朝鲜保持了高水平的政治互信

2023年中俄保持高水平合作，两国领导人实现了互访。2023年3月，习近平主席在再度当选国家主席之后，立即对俄罗斯进行国事访问，两国发表《关于深化新时代全面战略协作伙伴关系的联合声明》。该声明指出，中俄关系不是类似冷战时期的军事政治同盟，而是超越该种国家关系模式，具有不结盟、不对抗、不针对第三国的性质。双方保持密切外交协调，开展紧密多边协作，坚决捍卫公平正义，推动构建新型国际关系。从该声明中可以看到，中俄双方在东北亚地区的合作涵盖多个方面、多种类型的双多边机制：一是双方高度重视中蒙俄三方一揽子合作；二是双方将加强在中俄印、中俄蒙以及东亚峰会、东盟地区论坛、东盟防长扩大会等平台的协作；三是双方重申“核战争打不赢也打不得”，所有核武器国家都不应在境外部署核武器并应撤出在境外部署的核武器；四是双方对日本计划2023年向海洋排放福岛核电站事故放射性污染水表示严重关切，强调日本必须与周边邻国等利益攸关方及有关国际机构展开透明充分协商；五是中俄敦促美国停止为维持自身单方面军事优势而破坏国际和地区安全和全球战略稳定；六是双方认为，维护东北亚地区和平稳定符合相关各方利益，美方应以实际行动回应朝方正当合理关切，为重启对话创造条件。① 10月18日，国家主席习近平在同来华出席第三届“一带一路”国际合作高峰论坛的俄罗斯总统普京举行会谈时指出，发展永久睦邻友好、全面战略协作、互利合作共赢的中俄关系不是权宜之策，而是长久之计。普京表示，自3月习近平主席对俄进行成功国事访问后，双方就许多重大问题达成的共识正在得到认真落实。②

在习近平主席和普京总统战略引领下，中俄“东北-远东”合作取得积

① 《中华人民共和国和俄罗斯联邦关于深化新时代全面战略协作伙伴关系的联合声明》，《人民日报》2023年3月22日，第2版。

② 《习近平同俄罗斯总统普京会谈》，《人民日报》2023年10月19日，第1版。

极进展。12 月 15 日，中共中央政治局委员、国务院副总理张国清在北京与俄罗斯副总理兼总统驻远东联邦区全权代表特鲁特涅夫举行会晤，讨论了中国东北地区和俄罗斯远东及贝加尔地区政府间合作委员会事务。同日，中共中央政治局常委、国务院副总理丁薛祥在北京同俄罗斯副总理诺瓦克共同主持中俄能源合作委员会第二十次会议。12 月 19 日，国务院总理李强在北京同俄罗斯总理米舒斯京共同主持中俄总理第二十八次定期会晤。李强表示，中俄关系持续高水平运行，树立了新型大国关系典范。米舒斯京表示，俄中关系处于历史最高水平并保持快速发展势头，成为国际关系的压舱石和稳定器。①

中蒙两国元首年内实现会晤，中朝两国虽未进行元首会晤，但两国政治互动水平仍很高。2023 年 3 月，蒙古国副总理兼经济发展部部长呼日勒巴特尔参加在海南举行的博鳌亚洲论坛。6 月，习近平主席在会见访华的蒙古国总理奥云额尔登时指出，中方将继续秉持亲诚惠容理念同蒙方开展合作，加强两国互联互通，推进中蒙俄经济走廊建设，高质量共建“一带一路”。习近平主席还表示，中方积极推进全球环境治理，愿同蒙方开展防治荒漠化合作，继续支持蒙方“种植十亿棵树”计划。② 10 月 19 日，习近平主席在会见来华出席第三届“一带一路”国际合作高峰论坛的蒙古国总统呼日勒苏赫时指出，中方将一如既往帮助蒙古国振兴经济，有序推进相关口岸建设，开辟两国互联互通新通道。已成立中蒙荒漠化防治合作中心，中方愿继续支持蒙方“种植十亿棵树”计划，携手开展生态文明建设。中方愿拓展中蒙俄三方合作，稳步推进三国经济走廊建设。③ 中朝之间关系发展顺利，2023 年 3 月，金正恩向习近平发来贺电，热烈祝贺他当选中华人民共和国主席。9 月 10 日，习近平就朝鲜国庆 75 周年向金正恩致贺电。习近平指出，维护好、巩固好、发展好中朝传统友好合作关系始终是中国党和政府坚

① 《李强同俄罗斯总理米舒斯京共同主持中俄总理第二十八次定期会晤》，《人民日报》2023 年 12 月 20 日，第 1 版。

② 《习近平会见蒙古国总理奥云额尔登》，《人民日报》2023 年 6 月 28 日，第 1 版。

③ 《习近平会见蒙古国总统呼日勒苏赫》，《人民日报》2023 年 10 月 20 日，第 1 版。

定不移的立场。中方愿同朝方一道，加强战略沟通，深化务实合作，推动中朝关系与时俱进，取得更大发展，更好造福两国人民，为维护地区和平稳定与发展繁荣作出更大贡献。[①] 9月8~10日，国务院副总理刘国中率中国党政代表团应邀出席朝鲜国庆75周年活动并访问朝鲜。刘国中表示，中方高度重视中朝传统友谊，愿推动中朝关系不断巩固和发展。农业和医疗卫生是重要民生事业，中方愿同朝方深化在上述领域的交流合作，造福两国人民。[②]

相对而言，中韩政治关系发展要略滞后于中日政治关系。首先，日本和韩国的现任国家领导人均未出席或派代表参加博鳌亚洲论坛2023年年会和第三届“一带一路”国际合作高峰论坛。与以往相比这是很大的变化，例如，2021年4月20日，韩国总统文在寅曾出席博鳌亚洲论坛2021年年会。在第一届和第二届“一带一路”国际合作高峰论坛举办时，韩国曾分别派遣以前国会副议长朴炳锡和时任经济副总理洪楠基为团长的代表团出席。[③] 到第三届“一带一路”国际合作高峰论坛时，韩国政府临时决定派出海洋水产部长官赵承焕出席论坛的海洋合作专题论坛。[④] 日本参加第一届和第二届“一带一路”国际合作高峰论坛的代表是日本首相特使、自民党干事长二阶俊博。[⑤] 按照日本自民党的传统，干事长在自民党内属于第二号人物，由此可见当时日本参与“一带一路”还是积极的。岸田文雄担任自民党总裁后，于2021年10月任命了甘利明担任自民党新干事长。到了第三届峰会，日本并未派员参加。应邀来华参加第三届“一带一路”国际合作高峰论坛智库交流专题论坛的日本前首相鸠山由纪夫则表示，日本政府既没有参

① 《习近平就朝鲜国庆75周年向朝鲜最高领导人金正恩致贺电》，《人民日报》2023年9月10日，第1版。

② 《朝鲜劳动党总书记、国务委员长金正恩会见刘国中》，《人民日报》2023年9月11日，第3版。

③ 《杨洁篪会见联合国秘书长、韩国政府代表团团长》，《人民日报》2017年5月16日，第4版；《胡春华会见俄罗斯和韩国客人》，《人民日报》2019年4月27日，第4版。

④ 韩联社：《韩海洋水产部长官出席第三届“一带一路”国际合作高峰论坛分论坛》，中国驻韩国大使馆经商处网站，2023年10月20日，http://kr.mofcom.gov.cn/article/jmxw/202310/20231003447376.shtml，最后访问时间：2024年2月10日。

⑤ 《习近平会见日本自民党干事长二阶俊博》，《人民日报》2017年5月17日，第2版；《胡春华会见日本首相特使二阶俊博》，《人民日报》2019年4月29日，第5版。

与“一带一路”框架，也没有表现出对“一带一路”框架的支持，这是令人遗憾的。①

其次，从双边领导人会晤看，中韩和中日之间并未实现领导人互访，但在第三国有短暂会晤，特别是中日元首在旧金山会晤，开启了中日关系重回健康轨道的新阶段。2023 年 9 月，李强总理在雅加达出席东亚合作领导人系列会议期间，会见了韩国总统尹锡悦。李强指出，双方应坚持睦邻友好大方向，继续深化各领域交流合作，携手应对困难挑战。同时，中方希望韩国尊重彼此核心利益和重大关切，维护中韩关系大局。② 在中韩关系历史上，由中方提出“维护中韩关系大局”这一说法是很少见的。2022 年 2 月，时任全国人大常委会委员长栗战书在会见韩国国会议长朴炳锡时首次提及，“妥善处理敏感问题，共同维护中韩关系大局和长远利益”。③ 中日双方领导人会晤要比中韩频繁。2023 年 4 月，李强总理会见来华访问的日本外相林芳正时指出，2023 年是中日和平友好条约缔结 45 周年。双方要重温和恪守条约精神，着眼大局和长远，坚定致力于发展两国间持久的和平友好关系。历史、台湾等重大原则问题事关两国关系政治基础，应该以诚相待、以信相交、妥善处之。林芳正则表示，日中在广泛领域拥有巨大合作潜力，日方致力于推进对华合作，不会采取“去中国化”的做法。④ 但从上文有关中日经贸的实际进展看，日本已经出现了“去中国化”趋势。同年 4 月，中日两国还在东京举行了中日海洋事务高级别磋商机制第十五轮磋商，期望推动妥善管控矛盾分歧，促进海洋务实合作。7 月，李强总理会见了日本国际贸易促进协会会长河野洋平率领的访华团，希望日方将“互为合作伙伴、互不

① 《鸠山由纪夫：日本应该加入“一带一路”倡议和亚投行》，京报网，2023 年 10 月 19 日，https：//wap. bjd. com. cn/news/2023/10/19/10596479. shtml，最后访问时间：2024 年 2 月 10 日。

② 《李强会见韩国总统尹锡悦》，《人民日报》2023 年 9 月 8 日，第 3 版。

③ 《栗战书同韩国国会议长朴炳锡举行会谈》，《人民日报》2022 年 2 月 6 日，第 4 版。

④ 《李强会见日本外相林芳正》，《人民日报》2023 年 4 月 3 日，第 1 版。

构成威胁”的政治共识落到实处。[①] 8 月下旬，由于日本政府无视国际社会的强烈质疑和反对，单方面强行启动福岛核事故污染水排海，中方对日方的这种行为进行了坚决反对和强烈谴责。10 月，李强同岸田文雄就中日和平友好条约缔结 45 周年互致贺电，表示要致力于构建契合新时代要求的中日关系。同月，国家副主席韩正在北京会见日本前首相福田康夫时指出，双方应深化各领域务实合作，实现互学互鉴、互利共赢。11 月 16 日，习近平在旧金山会见日本首相岸田文雄。两国领导人重申恪守中日四个政治文件的原则和共识，重新确认全面推进战略互惠关系的两国关系定位，致力于构建契合新时代要求的建设性、稳定的中日关系。[②] 此后，重新确认全面推进中日战略互惠关系，推动中日关系重回健康发展轨道，成为中日关系发展状况的新表述。

（三）中国通过运筹对美关系调动了其他多种双边关系，中国与日韩的政治关系继续保持稳定

在 2023 年 2 月中美出现“飞艇”事件之后，美国政府改变策略，派遣四批高官访问中国，谋求改善对华关系。这些访问分别是 6 月 18~19 日美国国务卿布林肯访华、7 月 6~9 日美国财长耶伦访华、7 月 16~19 日美国总统气候问题特使克里访华和 8 月 27~30 日美国商务部部长雷蒙多访华。美国向全世界传达的信息是缓和局势，反复强调其政策不是对华“脱钩”，而是“去风险”。一定程度而言，美国此举也是受到其盟友的压力，特别是其欧洲盟友并不希望在经济上对华“脱钩”。这种立场的转变最明显的体现是 2023 年 5 月在日本东京举行七国集团领导人峰会之后，美西方的共识从“脱钩”转向“去风险”。《G7 广岛领导人公报》指出，成员国将“协调彼此的经济韧性和经济安全方式，以多样化和深化伙伴关系为基础，去风险，

① 《李强会见河野洋平率领的日本国际贸易促进协会访华团》，《人民日报》2023 年 7 月 6 日，第 1 版。

② 《习近平会见日本首相岸田文雄》，《人民日报》2023 年 11 月 18 日，第 2 版。

而不是脱钩”，并强调，成员国的政策方针“并非旨在损害中国，也不寻求阻碍中国的经济进步和发展……经济韧性需要去风险和多样化，将减少对关键供应链的过度依赖”。[①] 这种调整反映出美欧政策协调中的矛盾性和两面性：一方面，美西方试图就全球性挑战和共同关心的领域与中国合作；另一方面，美西方又污蔑中国存在经济胁迫、非法技术转让等行为。鉴于七国集团是美西方最为重要的国际政策协调机制，在其公报中载入“去风险”一词，并将其与对华政策联系在一起，预示着美西方对华方略的相关表述和方式发生重大的转变。

世界上多数国家希望中美关系稳定，不愿意被迫选边站，因而多数国家在中美关系改善，特别是中美元首会晤这一前景的驱动下，纷纷调整了立场。其中最为典型的是 11 月 4~7 日澳大利亚总理安东尼·阿尔巴尼斯访问中国，阿尔巴尼斯访华后发表的成果声明中指出，双方“再次确认支持中澳全面战略伙伴关系，重申稳定、建设性双边关系的重要性”。[②] 澳大利亚调整对华政策的原因之一是中美达成了一些合作性议题，稳住了双边关系下降的态势。澳大利亚的外交调整也进一步表明，美国的盟友在美国政治进入大选之年时，为避免陷入战略被动和遭受重大的经济损失等，仍有进一步调整的空间。

（四）中美元首会晤后，两国关系进入了“脆弱的稳定期”，但结构性矛盾依然进一步彰显

中美关系对东北亚地区局势有重大影响，2023 年中美关系从低潮转向高潮。6~8 月，美国高官接连访华，释放缓和中美关系的积极信号。中美关系的年度高潮是 11 月习近平主席应邀出席在美国旧金山举行的 APEC 峰

① “G7 Hiroshima Leaders' Communiqué,” The White House, May 20, 2023, https://www.whitehouse.gov/briefing-room/statements-releases/2023/05/20/g7-hiroshima-leaders-communique/, accessed: 2023-05-20.

② 新华社：《中澳总理年度会晤联合成果声明》，中国政府网，2023 年 11 月 7 日，https://www.gov.cn/yaowen/liebiao/202311/content_6914025.htm，最后访问时间：2024 年 3 月 10 日。

会，并与美国总统拜登举行元首会晤。此轮会晤，美方是主动的一方，原因是美方认为经济下行有可能刺激中国在地区进行武力扩张，因而希望与中国领导人进行面对面的交流，以此缓和对华关系。美方认为中国经济增长已出现颓势，炒作“中国经济顶峰论”。按照国际货币基金组织（IMF）2023 年 10 月提供的数据，中国经济总量占美国经济总量的比重将从 2021 年的 76.2%下降至 2023 年的 65.7%，而 4 月预测 2023 年中国经济总量占美国经济总量的比重为 72.1%，半年内该比重增加了 6.4 个百分点。[①] 不过，需要注意的是，IMF 给出的是中美两国的名义 GDP，即实际经济增长率+物价上涨情况，而美国 2023 年的通胀率较高，美国商务部公布的是 2023 年美国经济名义增长率为 6.3%。[②] 因此，如果按照各自实际的经济增长率算，那么 2023 年中国占美国经济的比重将达到 70%。

对于短期的中美实力差距扩大这一变化，不少美国的亚太盟友是乐见的。例如，前安倍内阁负责安保的官房副长官、日本同志社大学教授兼原信克在美国亚洲研究局（NBR）网站发布的一则评论中表示，虽然当前七国集团的经济产出占全球的比重，要比冷战结束初期时下降约 20 个百分点，但仍是中国经济总量的两倍以上，西方国家在军事、经济和文化领域的综合实力，远大于中国。[③]

地区争端导致美国国内矛盾激化，拜登政府为了 2024 年总统大选而被迫缓和中美关系。目前，对华政策仍是美国两党政治博弈的热点问题，不排除再度发生引发两国激烈碰撞的外交事件。2023 年 11 月举行中美元

---

① 数据参见国际货币基金组织《世界经济展望》数据库，2023 年 10 月，https：//www.imf.org/en/Publications/WEO/weo-database/2023/October，最后访问时间：2023 年 10 月 20 日。

② 2024 年 2 月 28 日，美商务部指出，2023 年美国名义 GDP 为 27.36 万亿美元，2022 年和 2023 年美国实际 GDP 增速分别为 1.9%和 2.5%，但加上通胀后，2022 年和 2023 年的名义 GDP 增速分别为 9.1%和 6.3%。“Gross Domestic Product, Fourth Quarter and Year 2023 (Second Estimate),” Bureau of Economic Analysis, February 28, 2024, https://www.bea.gov/news/2024/gross-domestic-product-fourth-quarter-and-year-2023-second-estimate, accessed: 2024-03-10.

③ Nobukatsu Kanehara, “Japan and the Expansion of the Liberal International Order,” The National Bureau of Asian Research, March 14, 2023, https://www.nbr.org/publication/japan-and-the-expansion-of-the-liberal-international-order/, accessed: 2024-03-15.

首会晤后，中美并没有发布联合声明或者公报，而是各自表述成果，且互有侧重。美方最关注的是恢复中美军事交流机制以及中国承诺管控对美芬太尼出口①，中方最关注的是有关中美关系的指导原则上达成的共识以及拜登政府对台湾问题的承诺。美国白宫预计中美元首面对面的会晤不会导致两国关系发生重大变化。② 美国国会两党议员也认为，元首会晤并不意味着两国关系回暖，也不代表美国将改变对华政策。③ 国际舆论也普遍认为，中美元首会晤并不改变中美结构性矛盾，但中美元首会晤释放的强烈信号是中美之间仍有巨大的合作空间，双方均不愿意发生激烈冲突。④

三　2024年影响中国与东北亚地区关系的外部环境研判

（一）2024年将是最近若干年中世界经济最为困难的一年，又是全球大选年，需高度重视“黑天鹅”和“灰犀牛”事件

首先，世界经济持续低迷，各主要机构对 2024 年世界经济的预测均不太乐观。2013 年 10 月中旬，IMF 预测，2024 年世界经济增长将从 2023 年

① Evelyn Cheng and Rebecca Picciotto, “U. S. and China Agree to Resume Military Talks. Takeaways from the Biden-Xi Summit,” CNBC, November 15, 2023, https：//www. cnbc. com/2023/11/16/xi－biden－takeaways－from－us－china－summittaiwan－military－talks－fentanyl. html, accessed：2024－03－10.

② Aamer Madhani and Colleen Long, “Biden-Xi Meeting in San Francisco Still on Track but No Major Breakthroughs Expected,” The Associate Press, November 8, 2023, https：//apnews. com/article/biden－xi－china－economic－summit－d17d68456306568ac9c3b37b69e7f8b2, accessed：2023－11－10.

③ Evelyn Cheng, “U. S. －China Relations Are Now More about Crisis Prevention,” CNBC, November 13, 2023, https：//www. cnbc. com/2023/11/14/us－china－relations－are－now－more－about－crisis－prevention. html, accessed：2023－11－20.

④ Demetri Sevastopulo, “Joe Biden and Xi Jinping Meet in Effort to Stabilise Relations,” *Financial Times*, November 15, 2023, https：//www. ft. com/content/6a9cf310 － 8270 － 4cfd － b294 － d327d86c59ed, accessed：2023－11－20.

的3%下降至2.9%，比7月下调了0.1个百分点。2023年11月底，经合组织预测，2023年全球经济增速预计可达到2.9%，但2024年全球经济增速将进一步放缓至2.7%，为自2020年以来全球经济增速最低的一年。经合组织还强调，全球经济增长仍将继续依赖于亚洲快速增长的经济体。① 2023年12月中旬，联合国贸发会议预测，2023年全球贸易萎缩近5%，东亚地区下降尤其明显。尽管联合国贸发会议认为东亚在2023年第三季度的贸易有所恢复，但从数据看，情况仍不乐观，第三季度中国、日本的进出口下降5%~7%不等，韩国进出口均下降接近10%，俄罗斯出口大幅度萎缩24%，但进口增长10%。相比之下，北美地区的地区内贸易增长迅速。展望2024年，联合国贸发会议认为，全球经济前景仍高度不确定且总体较为悲观，由于持续的地区冲突和地缘政治紧张局势，大宗商品行业将面临持续的不确定性。对能源转型至关重要的关键矿物的需求日益增长，预计将增加这些市场的波动性。②

其次，2024年还是很多国家的大选年，在中国周边邻国中，包括巴基斯坦、孟加拉国、印度尼西亚、俄罗斯等均有总统选举，韩日等国还有国会议员选举等。这些国家的政治派别也将深受全球地缘政治动荡和对抗的影响，其政策的可预见性恐进一步降低，对世界经济增长也不一定有利。而经济增长不利料定会促发更强烈的民族主义情绪，引发更多的对抗。相比以往，2024年将是更加动荡不安的一年。

（二）日韩政局还有不确定性，通过挑动地区争端转化国内矛盾的可能性不能排除

2024年4月，韩国进行国会选举，在国会300个议席中，最大在野党共同民主党以及其卫星政党合计赢得175个席位，反对派力量有所上

① "OECD Economic Outlook," OECD, No. 2, November 29, 2023, https://www.oecd.org/economic-outlook/november-2023/, accessed: 2024-03-10.

② "Global Trade Update," UNCTAD, December 12, 2023, https://unctad.org/system/files/official-document/ditcinf2023d3.pdf, accessed: 2024-03-10.

升，尹锡悦政府全面转向美国的政策能否完全落地还有不确定性，两股政治势力的博弈也会加剧。从日本方面看，频发的全球性地区冲突，加上日本追随美国遏制中国，也在一定程度上加剧了日本国内矛盾激化、派系斗争，岸田政府深陷“丑闻”，大规模更换内阁成员以及驻外大使，其政权面临的挑战不小。在内政不稳定的情势下，政客们的自然反应，要么是以对外强硬笼络人心，要么是大幅度调整政策。日本的政策前景仍有不确定性。

（三）2024年的重要事件可能是11月美国大选，将对地区局势产生复杂影响

美国共和党与民主党的外交政策有显著不同，前者强调“美国例外”，后者强调美国团结盟友继续领导世界。西方舆论认为特朗普再次上台将对2024年的世界造成最大危险，美国的同盟国内部也弥漫着需为特朗普第二次上台做好准备的氛围。美国学者福山认为，特朗普当选的可能性较大，但共和党保守派是否会支持美国为台湾地区提供军事防御仍不确定，如果特朗普上台，那么美国有可能重蹈共和党在二战期间曾坚持的孤立主义政策。① 2023年10月，美国总统拜登呼吁新当选的美国国会众议院议长、共和党议员迈克·约翰逊迅速采取行动，批准对乌克兰和以色列的军事援助，但最终共和党并不同意拜登支持乌克兰的军事预算案。美国军事援助的减少，则将显著加大欧洲甚至日本的经济负担。在这一背景下，乌克兰危机有可能会进一步朝着有利于俄罗斯的方向发展，朝鲜加强与俄罗斯的合作，会激化朝鲜和美日韩的矛盾，也将对地区局势产生复杂影响。美国政府无法控制国内的反华言论，也可能导致美中冲突，迫使盟友选边站，美国未来的对华政策将变得更加复杂。

---

① 《弗朗西斯·福山：美大选或深刻影响国际秩序走向》，参考消息网，2024年2月6日，https：//baijiahao. baidu. com/s? id=1790142311330499468&wfr=spider&for=pc，最后访问时间：2024年3月15日。

四 几点初步结论

周边是中国安身立命之基础，也是繁荣发展的根基，因而中国政府极为重视与周边国家发展关系。中国参与东北亚事务，发展与东北亚国家的关系，也体现了上述基本指向。2023 年，中国领导人实现与俄罗斯领导人的互访，蒙古国领导人也访问了中国，俄蒙均积极参加第三届“一带一路”国际合作高峰论坛。中朝政治关系继续沿着老一代领导人确定的方向发展，但中国与日韩的政治关系相比以往有所下降。从经济角度看，中国与俄罗斯、蒙古国、朝鲜的经贸关系增势良好，但与韩日贸易额有所下降，日韩是中国重要的传统贸易伙伴，在过去一年中，中韩和中日领导人见面，均强调要致力于构建互利共赢的经贸关系。但是，不可能否认的是，中美地缘政治对抗的加剧，对韩日的对华经济联系产生了负面影响。

中国发展与东北亚诸国的关系，受到美国在该地区的战略部署，特别是其安全体系扩张的影响。2023 年，美国在该地区的安全行动有两大特点：一是将美日和美韩同盟，从传统安全领域扩展为包括经济安全等内容，并且致力于将双边同盟扩展为三边同盟；二是美国将北约所具有的威慑能力扩展到东亚地区，大力推进北约亚太化，支持日本与多个盟友构建实质性的双边和多边军事关系，极大地恶化了地区安全形势。其中，最为突出的是，韩朝关系的恶化。与此同时，东北亚地区局势也与全球性的大国博弈密切相关，美国制裁和打压俄罗斯，在一定程度上推动了俄朝加大合作力度，而这反过来又为美国介入东北亚事务提供了契机。可以说，东北亚地区的安全困境进一步加剧。

展望 2024 年，因经济形势恶化与选举叠加，可以说仍是动荡不安的一年。维护东北亚地区的和平与稳定，需要大国扮演更加负责任的角色，中国在推进地区稳定与和平方面也将发挥更重要的作用。

B.3

2023年中国与中亚国家关系分析与展望

许昌志*

摘　要： 2023年是中国与中亚国家关系“新黄金30年”的开局之年。在国际和地区形势深刻变化的大背景下，中国-中亚峰会成功举行，标志着中国与中亚国家的战略共识和务实合作迈上新台阶，引领双方关系进入新时代，为共建中国-中亚命运共同体打下更加坚实的基础。展望未来，中国与中亚国家面对世界之变、时代之变、历史之变，共同探索符合各自国情的互利共赢之路，需要准确评估中亚地区当前形势和未来趋势，深入阐释新时代中国的中亚外交政策，全面厘清中国与中亚合作的实践成果、政策理念和战略目标，为进一步推进中国与中亚的宽领域、多层次、高水平合作指明方向。

关键词： 中国　中亚国家　“一带一路”

2023年是中国与中亚国家关系“新黄金30年”的开局之年。在元首外交引领下，中国与中亚五国均建立全面战略伙伴关系，达成在双边层面践行人类命运共同体共识，签署共建“一带一路”合作文件，成功实现“三个全覆盖”，政治和安全互信全面升级，经贸和人文交流亮点纷呈，在地区和国际事务中加强战略互动。展望未来，中国与中亚国家应结合国际和地区形势发展变化，总结合作经验，研判风险挑战，加强统筹布局，共同践行全球发展、安全和文明三大倡议，携手构建更加紧密的中国-中亚命运共同体。

---

* 许昌志，中国社会科学院中俄战略协作高端合作智库副秘书长，国务院发展研究中心欧亚社会发展研究所研究员，研究方向为俄罗斯问题、中亚问题、中国国家安全与外交战略等。

一　2023年中国与中亚国家关系发展的时代背景

2023年中国与中亚关系的发展，既受到时代潮流、国际格局、地区形势变化的深刻影响，也彰显中国与中亚国家关系“黄金30年”成功经验的引领作用。

（一）国际形势动荡与变革的阶段性特点日益凸显，但和平、发展、合作、共赢的时代潮流仍在延续

回顾2023年，全球冲突的数量、强度和持续时间达到冷战结束以来的最高水平。俄乌冲突延宕，巴以冲突再起，特别是大国对抗重新回归，标志“后冷战时代”彻底结束。动荡与变革是当前国际形势发展变化的突出阶段性特点，大国激烈博弈成为最大的不确定因素。

与此同时应该看到，和平、发展、合作、共赢的时代潮流仍然不可阻挡。国际社会正在共同努力，摒弃你兴我衰、你输我赢的零和思维，遏止大国恶性权力竞争，防范国内政治极端势力膨胀，推进合理有效的权力制衡和基于真正多边主义的全球治理，全力推动建设相互尊重、公平正义、合作共赢的新型国际关系。

需要特别指出，当前的中美博弈与过去的美苏冷战并不相同，并不意味着“新冷战”的开启。美苏冷战是一场全方位的零和博弈，其基本标志为意识形态上的针锋相对、军事上的阵营对抗和经济上的平行竞争。当前，中国倡导全人类共同价值，与美欧保持密切经济联系，反对搞排他性小圈子。只要中国继续保持战略定力，践行真正多边主义，美国以众击寡的图谋就不会得逞，国际形势动荡与变革的阶段性特点就不会导致大规模的战乱和冲突，世界就不会滑向“新冷战”。

（二）东升西降的世界格局演变趋势有所放缓，但非西方力量崛起势头难以逆转

乌克兰危机很大程度上成为欧洲之危、美国之机。美国借俄乌冲突控

欧、弱俄、反华，推动援乌抗俄成为西方世界的“政治正确”，凭借向欧洲国家出售能源和武器获得巨额利润，成为最大受益者。欧洲地缘安全和经济利益受到极大冲击，安全环境恶化，制造业回流美国，欧盟实力遭到削弱。据美国商务部2024年1月25日公布的首次预估数据，2023年美国经济增长2.5%，高于2022年的1.9%，GDP规模达到27.37万亿美元。① 据欧盟统计局公布的初步数据，2023年欧元区和欧盟经济增长均为0.5%。② 2024年1月30日，国际货币基金组织（IMF）发布《世界经济展望报告》更新内容，预测美国2024年经济增速2.1%，较2023年10月的预测上调0.6个百分点。上调原因为2023年美国经济超预期增长，展现出较强韧性。欧元区预计经济增长0.9%，高于2023年的0.5%。③

与此同时应该看到，美国实力地位缓慢衰落的历史轨迹仍在延续。非西方力量崛起态势趋强，国际话语权上升。2023年上海合作组织、金砖国家同步扩员，国际影响力日益扩大。“77国集团和中国”峰会呼吁构建更包容、更协调的全球经济治理格局。二十国集团领导人峰会吸收非盟为正式成员，提出增加发展中国家在全球经济治理机制中的话语权。根据国际货币基金组织发布的《世界经济展望报告》更新内容，新兴市场一直保持韧性，增长强于预期。国际货币基金组织预测印度经济继续保持强劲，2024年增速将达到6.5%，在世界大型经济体中继续保持首位。预测2024年俄罗斯经济将增长2.6%，巴西经济将增长1.7%。④

需要特别指出，中亚地区在全球和地区战略格局中的地位作用明显上升。一方面，中亚各国形势平稳，努力发展本国经济，与地区邻国改善关

① 《美国2023年第四季度经济增长3.3% 全年增长2.5%》，中国经济网，2024年1月27日，http://intl.ce.cn/sjjj/qy/202401/27/t20240127_38883058.shtml，最后访问时间：2024年2月1日。

② 《欧元区和欧盟经济去年均增长0.5%》，新华网，2024年1月30日，http://www3.xinhuanet.com/world/20240130/3483d318bfb44215b19199a3fd48f9b0/c.html，最后访问时间：2024年2月1日。

③ 国际货币基金组织：《世界经济展望》（更新），2024年1月，第3页。

④ 国际货币基金组织：《世界经济展望》（更新），2024年1月，第4页。

系；自主意识增强，积极推动中亚地区一体化。另一方面，美、法、德等大国领导人和欧盟等国际和地区组织负责人对中亚重视程度上升，或访问中亚，或与中亚国家领导人会晤，商讨合作。

（三）亚太紧张局势挤压中国战略回旋空间，但西北周边合作继续保持稳定和发展局面

美西方国家对华敌意不断上升，北约介入亚太事务步入快车道。美国在亚太推进“印太战略”，在欧洲挑动俄乌冲突，通过锁定对手、渲染威胁、抓住盟友等方式，扩大北约活动地域，实现全球霸权护持。美国的欧亚盟友体系勾连速度加快。日本、韩国、澳大利亚、新西兰等亚太盟国参与北约峰会，北约军队频繁进入亚太活动，日本还邀请北约在东京设立办事处。亚太地区阵营对抗、军备竞赛风险增加，中国周边安全挑战增多。

与此同时应该看到，在大国关系层面，中国在中美俄欧四边关系中仍处于相对有利位置；在周边外交层面，中国与中亚关系“黄金 30 年”的成功经验，为中国从东、西、南、北四个方向统筹陆海、运筹周边提供了范例。30 多年来，中国与中亚五国在交往中找到“相互尊重、睦邻友好、同舟共济、互利共赢”的成功密码，使中国与中亚五国交往史成为新型国际关系的典范。

需要特别指出，从中国角度看，30 多年来推动与中亚国家关系实现跨越式发展，主要得益于坚持三条原则。一是坚持独立自主，立足中国国家利益开展合作。准确把握中亚国家的多元平衡外交方针，特别是对中、俄、美的政策特点，摆脱零和思维，避免自缚手脚，深化全方位合作。二是坚持精准施策，照顾中亚国家的核心关切。始终坚持大小国家一律平等，把支持中亚国家主权独立和经济社会发展作为重要合作内容。三是坚持主动进取，利用相较其他域外力量的独特优势。充分发挥与中亚国家发展合作的历史传统优势、地缘文化优势、政治法律优势，得到各国人民广泛支持和赞同。相比之下，其他域外力量的部分言行则形成一定反衬效应。

二 2023年中国与中亚国家关系发展的突出特点

2023 年是中国与中亚关系“新黄金 30 年”的开启之年。中国的两大主场外交——中国-中亚峰会、“一带一路”国际合作高峰论坛均与中亚密切相关。2023 年还是中国“亲诚惠容”周边外交理念提出 10 周年。在中国的周边外交中，中亚尤为令人瞩目。

（一）政治互信达到新高度

中国同中亚五国实现“三个全覆盖”，携手构建更加紧密的中国-中亚命运共同体。2023 年新年伊始，土库曼斯坦总统谢尔达尔·别尔德穆哈梅多夫在双方建交 31 周年的重要时间节点访问中国。两国将中土关系提升为全面战略伙伴关系，商定推动构建中土命运共同体。两国元首签署并发表联合声明，共同见证签署“一带一路”、绿色发展、数字经济、卫生、文化、体育、新闻媒体、天然气等领域合作文件。[①] 至此，中国同中亚五国实现“三个全覆盖”，即中国与中亚五国均建立全面战略伙伴关系，达成在双边层面践行人类命运共同体共识，签署共建“一带一路”合作文件。

中国-中亚峰会成功举行，标志中国与中亚国家的战略共识和务实合作迈上新台阶。2022 年 1 月，中国首次提出构建中国-中亚命运共同体倡议。2023 年 5 月 18～19 日，在陆上丝绸之路的起点陕西省西安市，中国国家主席习近平、哈萨克斯坦总统托卡耶夫、吉尔吉斯斯坦总统扎帕罗夫、塔吉克斯坦总统拉赫蒙、土库曼斯坦总统别尔德穆哈梅多夫、乌兹别克斯坦总统米尔济约耶夫举行中国-中亚峰会。此次峰会是中国同中亚国家建交 31 年来的首次线下峰会，也是中国-中亚机制建立 3 年来的首次峰会，在中国-中

① 《习近平同土库曼斯坦总统谢尔达尔·别尔德穆哈梅多夫举行会谈》，中国政府网，2023 年 1 月 6 日，https：//www. gov. cn/xinwen/2023-01/06/content_5735301. htm，最后访问时间：2024 年 1 月 18 日。

亚关系史上具有重要意义。峰会期间，中国同中亚五国达成包括《中国-中亚峰会西安宣言》《中国-中亚峰会成果清单》等在内的 7 份双多边文件，签署 100 余份各领域合作协议。[①]。

中国-中亚元首会晤机制成为中国与中亚国家交往的主平台、主渠道。中国和中亚国家在众多领域的合作平台不断增多，合作的广度和深度前所未有。各国商定，每两年举办一次中国-中亚元首会晤。其中，中国为一方，中亚国家按国名首字母排序为另一方，双方轮流举办，充分发挥元首外交引领作用，加强对中国同中亚国家关系发展的战略设计和统筹规划。中国与中亚国家在重点优先合作领域建立部长级会晤机制，成立常设秘书处，[②] 全方位深化中国-中亚合作，推动相关机制建设，为双多边合作搭建更高、更有效的合作平台，增添更为强劲的发展动力。

（二）互联互通实现新突破

中亚国家从"一带一路"倡议的首倡地成为共建"一带一路"的示范区。中国与中亚国家开展"一带一路"合作以来，在发展战略对接、合作机制建设、重大项目推进等方面取得重要成果，为中亚国家经济发展、民生改善提供现实、便捷途径，在欧亚地区乃至国际社会产生重要示范效应。10 月 17~18 日，第三届"一带一路"国际合作高峰论坛在北京举行。哈萨克斯坦总统托卡耶夫，土库曼斯坦民族领袖、人民委员会主席库尔班古力·别尔德穆哈梅多夫，乌兹别克斯坦总统米尔济约耶夫等中亚国家领导人积极与会。[③] 中亚国家领导人高度评价共建"一带一路"对引领国际合作的重要意

---

① 《习近平主持首届中国-中亚峰会并发表主旨讲话》，中国政府网，2023 年 5 月 19 日，https：//www. gov. cn/yaowen/liebiao/202305/content_ 6874947. htm，最后访问时间：2024 年 1 月 10 日。

② 《中国-中亚峰会西安宣言（全文）》，中国政府网，2021 年 5 月 19 日，https：//www. gov. cn/yaowen/liebiao/202305/content_ 6875138. htm，最后访问时间：2024 年 1 月 8 日。

③ 《习近平出席第三届"一带一路"国际合作高峰论坛开幕式并发表主旨演讲》，中国政府网，2023 年 10 月 18 日，https：//www. gov. cn/yaowen/liebiao/202310/content_ 6909921. htm，最后访问时间：2024 年 2 月 1 日。

义，指出哈萨克斯坦“光明之路”新经济政策、吉尔吉斯斯坦“2026 年前国家发展纲要”、塔吉克斯坦“2030 年前国家发展战略”、土库曼斯坦“复兴丝绸之路”战略、“新乌兹别克斯坦”2022~2026 年发展战略与“一带一路”倡议具有广阔合作空间，决定深化各领域务实合作，拓展互补、共赢的合作新格局。

中国与中亚国家在公路、铁路、航空、油气管道等交通和运输领域，建成全方位、立体化网络。中吉乌公路、中塔公路、中哈原油管道、中国-中亚天然气管道、中亚第一长隧道“安格连—帕普”铁路隧道、中哈连云港物流合作基地发挥重要作用，中吉乌铁路建设取得重要进展。途经中亚的中欧班列，在中欧班列开行总量中占近 80%。多式联运网络与物联网结合，形成覆盖整个欧亚大陆的交通基础设施网络和物流体系。中国与中亚国家互联互通的新突破，有助于中亚国家解决对外交通运输、完善基础设施以及扩大就业等紧迫问题，对中亚走出“陆锁国”困境、扩大对外开放、提升国际经济地位有很大帮助。

中国-中亚直航航线不断开通，加速推进“空中丝绸之路”建设。中国民航局积极鼓励中外航空公司根据市场需求开辟和加密航线航班。2023 年 2 月 10 日，西安至乌兹别克斯坦首都塔什干航线复航。2 月 11 日，西安至吉尔吉斯斯坦首都比什凯克航线开通。4 月 21 日，西安至哈萨克斯坦首都阿斯塔纳的航班完成首飞；5 月 13 日，西安至土库曼斯坦首都阿什哈巴德的国际航线首飞；5 月 18 日，西安首开至塔吉克斯坦首都杜尚别的国际航线，标志着古丝绸之路起点西安实现至中亚五国客运航线全覆盖，成为全国唯一率先通航全部中亚五国的城市。此外，2023 年以来，四川成都直飞塔什干、比什凯克的航线相继开通，海南三亚往返阿拉木图、阿斯塔纳航线复航，新疆始发至中亚五国航线全面复航，中国与中亚的“空中丝绸之路”不断扩能提速。

中哈互免签证协定正式生效，便利化水平进一步提高。2023 年 5 月 17 日，中哈双方签署《关于互免签证的协定》。根据该协定，中国公民持公务普通护照、普通护照和旅行证，哈萨克斯坦公民持普通护照和回国证明，因私人事务、商务活动（包含谈判、签约、提供咨询服务及其他商务活动等）、旅游、医疗、国际运输及过境事由，在另一方入境、出境或者过境，自入境之日起单次停留不超过 30 日，每 180 日累计停留不超过 90 日，免办签证。[①] 11 月 10 日协定正式生效当天，新疆霍尔果斯口岸联检大厅迎来首批入境旅客。随着中哈互免签证协定正式生效，进出境人流量将会大幅增长，预估日均入境哈籍人员数量将由 300 人次增至 1000～1500 人次。哈萨克斯坦国家旅游公司表示，2023 年 1～10 月，共有约 8.4 万名中国旅客赴哈旅游。预计这一数字在中哈互免签证协定正式生效后将出现极大增长，有利于哈萨克斯坦提高旅游业收入。

（三）经贸投资合作实现新飞跃

中国－中亚经贸合作势头强劲，贸易规模再创新高。中国同中亚五国建交时，双方贸易额为 4.6 亿美元，2023 年达到 893.7 亿美元，增幅接近 200 倍。中国已连续多年成为中亚国家第一大或主要贸易伙伴。经贸合作始终保持稳步快速增长，呈现前所未有的勃勃生机。其中，2022 年比 2021 年增长约 40%，2023 年比 2022 年增长 27.3%。2023 年中哈贸易额 410.2 亿美元，增长 32.2%；中吉贸易额 198 亿美元，增长 28.8%；中塔贸易额 39.3 亿美元，增长 53.5%；中土贸易额 105.9 亿美元，下降 5.2%；中乌贸易额 140.3 亿美元，增长 44.9%。[②] 2023 年 4 月 18 日，“中国－中亚五国”经贸部长首次会议举行。各方就中国同中亚国家经贸、投资、交通、物流、数字化等领域合作交换意见，商定进一步深化中国同中亚国家互利合作，推动贸易自由化和简化贸易程序，扩大引资和发展多边贸易体系，促进商品流通，引进数字经济，发展交通基础设施，加强地区合作，提出制定《数字时代

① 《“中华人民共和国政府和哈萨克斯坦共和国政府关于互免签证的协定”即将生效》，中国领事服务网，2023 年 11 月 3 日，http://cs.mfa.gov.cn/gyls/szzc/xgxw/202311/t20231103_11172619.shtml，最后访问时间：2023 年 11 月 20 日。

② 《2023 年 12 月进出口商品国别（地区）总值表（美元值）》，中国海关总署网站，2024 年 1 月 18 日，http://www.customs.gov.cn/customs/302249/zfxxgk/2799825/302274/302277/302276/5637259/index.html，最后访问时间：2024 年 2 月 1 日。

经贸发展规划》，建设统筹各国科技园的“智慧丝绸之路”。中国与中亚经贸合作在推动贸易新业态发展、保障区域产业链供应链安全稳定、加强创新驱动等方面将进一步取得显著成果。

投资规模达到新水平，实现历史性突破。中国在中亚的投资领域不断增多，投资额不断增大，对中亚五国经济走出低谷发挥了积极促进作用。截至2023年3月底，中国对中亚国家直接投资存量超过150亿美元，累计完成工程承包营业额639亿美元。[①] 投资合作项目覆盖广泛，包括生产加工、相互联通、数字经济等多个领域。2023年2月16日，首届“中国+中亚五国”产业与投资合作论坛举行。论坛主题为“互利共赢，携手推进区域经济高质量发展”，中国与中亚五国相关政府部门、研究机构、专家、协会和企业等代表参会，围绕重要议题进行洽谈交流，为中国和中亚五国各方搭建产业与投资合作平台，为区域经济高质量发展注入新动能。论坛进一步推动中国同中亚国家投资协定升级，扩大产业合作，提升地区产业发展水平。2023年9月19日，首届中国-中亚农业部长会议举行。各方就进一步发展农工联合体、贸易和经济合作、确保粮食安全和促进该领域可持续增长和农产品生产交换意见，并通过《关于在中亚-中国机制框架下加强农业投资贸易合作、粮食安全和农业可持续发展的联合声明》。[②]

中国和中亚经贸投资合作着眼科技创新、绿色发展、数字经济等新兴领域，开辟更加广阔空间。中国与乌兹别克斯坦合资生产新能源汽车。2023年1月23日，乌兹别克斯坦国家汽车公司（UzAuto）和中国比亚迪新能源汽车有限公司成立合资企业，负责进口及在乌兹别克斯坦生产和销售比亚迪新能源汽车。该公司成为比亚迪首家海外合资企业。2月，比亚迪在乌兹别克斯坦首都塔什干市开设首家4S店，销售宋、汉和Chaser等型号新能源汽

① 《商务部：推动中国-中亚经贸合作再上新台阶》，中国政府网，2023年5月11日，https://www.gov.cn/lianbo/bumen/202305/content_6857275.htm，最后访问时间：2023年9月18日。

② 《首届中国-中亚农业部长会议召开》，中国农业农村部网站，2023年9月19日，https://www.moa.gov.cn/jg/leaders/wbg/hd/202309/t20230919_6436810.htm，最后访问时间：2023年10月18日。

车。截至2024年1月，比亚迪已在乌兹别克斯坦成功开设10家官方销售和服务中心，累计交付超过7000台新能源汽车。2023年9月26日，比亚迪与乌兹别克斯坦投资、工业与贸易部签署投资协议，乌方将为中乌合资企业在整车和零部件生产等方面提供政策支持。该企业设在吉扎克州，计划于2024年投产。中乌将合作修建多个大型光伏电站。2月15日，乌兹别克斯坦能源部部长米尔扎马赫穆多夫访华，同中国能源建设股份有限公司签署关于在卡什卡河州、布哈拉州和撒马尔罕州建设总装机容量为2000兆瓦的光伏电站的谅解备忘录；同中国华能新能源股份有限公司和保利集团有限公司签署关于在吉扎克州和塔什干州建设总装机容量为2000兆瓦的光伏电站的合作协议。中方公司将向乌兹别克斯坦投资20亿美元，首批发电机组将于2023年年底投产，2024年满负荷运行，年发电量达50亿千瓦时，预计将节约13亿立方米天然气。① 2023年6月，在塔吉克斯坦建成并投入使用中国"一带一路"气候与环境观测网首个国外超级观测站。超级观测站建在塔吉克斯坦的沙赫里图斯区，将提供中亚关键地区沙尘、污染物和气象要素的综合观测数据，为中亚国家提供气象灾害预警、气候变化影响评估与适应对策等技术服务。②

中国同中亚国家减贫交流合作不断深化，乌兹别克斯坦在全国推广中国减贫模式，双方在机制建设、人员培训、经验交流等方面取得积极成果。2023年5月16日，米尔济约耶夫总统召开会议研究减贫和保障就业问题，强调借鉴中国经验，制订综合减贫方案，帮助乌兹别克斯坦14个地区脱贫，重点改善贫困地区交通运输、能源、通信和旅游基础设施，推动中小城市发展和社区工业化，视情于2024年在全国推广中国减贫模式。计划2023年底从中国引进10个高效益农业项目，同中方合作培训全国9445名社区区长助

① 《乌兹别克斯坦能源部长访华期间与中企签署光伏电站合作协议》，中国商务新闻网，2023年2月27日，https://www.comnews.cn/content/2023-02/27/content_23129.html，最后访问时间：2023年9月15日。

② 《中国"一带一路"气候与环境观测网首个国外超级观测站投入使用》，中国新闻网，2023年6月15日，https://www.chinanews.com.cn/gn/2023/06-15/10025418.shtml，最后访问时间：2023年9月18日。

理并派遣200名表现优异者赴华进修。[①] 2023年11月17日，在乌兹别克斯坦首都塔什干，举行《摆脱贫困》乌兹别克文版首发式暨中乌治国理政研讨会。米尔济约耶夫总统为该书作序，指出该书在乌问世必将进一步巩固乌中战略合作，促进两国民心相通。[②]

（四）人文交流合作呈现新格局

人文领域交流主体多元、层级丰富、形式多样。2023年9月，第十届中国-中亚合作论坛在厦门举行。论坛主题为“赓续友好关系，深化互利合作”，包括4场分论坛，内容涉及“数字经济合作”“陆海联通与产业合作”“妇女发展”“友城合作与人文交流”。此外，5月新华社主办的中国-中亚通讯社论坛，9月中国外文出版发行事业局主办的中国-中亚人权发展论坛、中国社会科学院主办的中国-中亚智库论坛，10月在哈萨克斯坦举行的首届“中国-中亚高等教育合作论坛”，聚焦不同主题，为中国与中亚构建命运共同体提供智力支持。

中亚国家来华留学人数逐年增长，中国成为中亚国家留学生求学的主要目的地之一。2010~2018年，中亚来华留学生人数从11930人增长到29885人，年均增长12.33%。[③] 中亚见证了首个孔子学院的海外落地，截至2024年10月已经建成13所孔子学院，下设24个孔子课堂，在院学员数量超过1.8万人。[④]

---

① 《Названы 14 районов Узбекистана, где будут бороться с бедностью по опыту Китая》，《Газета. uz》，2023年5月16日，https://www.gazeta.uz/ru/2023/05/16/poverty/，最后访问时间：2023年5月18日。

② 《“摆脱贫困”乌兹别克文版首发式暨中乌治国理政研讨会在塔什干举行》，中国政府网，2023年11月17日，https://www.gov.cn/yaowen/liebiao/202311/content_6915881.htm，最后访问时间：2023年11月18日。

③ 《中亚青年来华留学热潮不断》，中国外交部网站，2023年5月16日，https://www.fmprc.gov.cn/ziliao_674904/zt_674979/ywzt_675099/2023nzt/zgzyfh/bjzl/202305/t20230516_11078268.shtml，最后访问时间：2023年10月2日。

④ 《孔子学院带动“中文热”在中亚渐成潮流》，中国外交部网站，2023年5月16日，https://www.fmprc.gov.cn/web/ziliao_674904/zt_674979/ywzt_675099/2023nzt/zgzyfh/bjzl/202305/t20230516_11078279.shtml，最后访问时间：2023年10月2日。有关数据根据孔子学院全球门户网站有关全球孔院信息更新，https://www.ci.cn/qqwl/kylm，最后访问时间：2024年10月31日。

中国-中亚职教合作按下“加速键”，鲁班工坊成为职业教育国际品牌。塔吉克斯坦、哈萨克斯坦、乌兹别克斯坦鲁班工坊项目进展顺利。塔吉克斯坦鲁班工坊为中亚地区首家，2022 年 3 月由天津城市建设管理职业技术学院与塔吉克斯坦技术大学合作建设，11 月投入使用。鲁班工坊建筑面积共计 1138 平方米，设有绿色能源实训中心和智能测绘实训中心教学区，容纳师生 300 余人。① 2023 年 5 月，天津市与哈萨克斯坦共和国东哈萨克斯坦州签署合作协议，全面启动哈萨克斯坦鲁班工坊项目。11 月 20 日，天津海运职业学院与乌兹别克斯坦塔什干国立交通大学、乌兹别克斯坦中国企业商会签署协议，合作建设乌兹别克斯坦鲁班工坊。② 12 月 9 日，哈萨克斯坦鲁班工坊试运行，首期开设运输设备及技术专业，建有四大实训区，分别为车辆维护、燃油汽车系统、新能源汽车、智能网联汽车。③

（五）安全合作取得新发展

中国和中亚国家高度重视安全合作。2023 年 5 月 18~19 日中国-中亚峰会通过《中国-中亚峰会西安宣言》，强调维护国家安全、政治稳定和宪法制度意义重大，坚决反对破坏合法政权和策动“颜色革命”，反对以任何形式和任何借口干涉他国内政；谴责一切形式的恐怖主义、分裂主义和极端主义，愿合力打击“三股势力”、毒品走私、跨国有组织犯罪、网络犯罪等活动，加强重点项目、大型活动安保经验交流，保障战略性合作项目安全稳定运营，共同应对安全威胁。④

上海合作组织充分发挥中国与中亚国家安全合作的重要平台作用。2023

---

① 《中亚首家鲁班工坊：中国职业教育的“新名片”》，人民网，2023 年 5 月 17 日，http：//world. people. com. cn/n1/2023/0517/c1002-32687996. html，最后访问时间，2023 年 11 月 3 日。

② 《乌兹别克斯坦鲁班工坊年底投入使用》，《天津日报》网站，2023 年 11 月 22 日，http：//epaper. tianjinwe. com/tjrb/html/2023 - 11/22/content _ 143098 _ 18243. htm，最后访问时间：2024 年 3 月 1 日。

③ 《哈萨克斯坦鲁班工坊试运行》，天津市人民政府网站，2023 年 12 月 24 日，https：//www. tj. gov. cn/sy/tjxw/202312/t20231214_ 6480878. html，最后访问时间：2024 年 5 月 1 日。

④ 《中国-中亚峰会西安宣言（全文）》，中国政府网，2023 年 5 月 19 日，https：//www. gov. cn/yaowen/liebiao/202305/content_6875138. htm，最后访问时间：2023 年 6 月 18 日。

年4月，上合组织地区反恐怖机构理事会第三十九次会议在乌兹别克斯坦首都塔什干举行。各成员国主管部门及地区反恐怖机构执委会代表出席，就地区安全状况，打击恐怖主义、分裂主义和极端主义，应对国际安全挑战合作等问题交换意见，决定在吉尔吉斯斯坦举行上合组织“欧亚反恐-2023”联合演习、边防部门领导人第九次会议和地区反恐怖机构第九届国际研讨会。2023年9月，上合组织地区反恐怖机构理事会第40次会议在哈萨克斯坦首都阿斯塔纳举行。会议重点讨论查处资助恐怖主义渠道以及打击非法武器贩运的问题，总结《打击恐怖主义、分裂主义和极端主义2022年至2024年合作纲要》中期执行成果，并讨论下一阶段的计划。①

（六）地方合作开辟新领域

发展地方合作有利于丰富中国同中亚国家关系内涵，打造合作新增长点。中国与中亚国家对此拥有高度共识，积极探讨建立“中国+中亚五国”地方合作机制。根据各国地方产业结构和特色，继续发展、巩固和拓展友好省州和友好城市关系。截至2023年底已结成73对友好省州和友好城市。提升地区间互联互通水平，挖掘中亚国家过境运输潜能，加强铁路、公路、航空、管道等基础设施“硬连接”，推进运输便利化“软连接”，打造安全高效的综合性基础设施。打通简化货物跨境流动的“绿色通道”，提升边境口岸过货能力，推动国际铁路运输高质量发展，提升中亚地区公路货运量，确保地区产业链、供应链稳定。②

2023年3月26~30日，中共中央政治局委员、新疆维吾尔自治区党委书记马兴瑞率团访问哈萨克斯坦、乌兹别克斯坦、吉尔吉斯斯坦三国，11月15~16日率团出访塔吉克斯坦和土库曼斯坦两国，推动中国新疆与中亚国家

① 《上合组织地区反恐怖机构理事会第40次会议在阿斯塔纳举行》，哈萨克国际通讯社，2023年9月23日，https：//cn. inform. kz/news/40_ a4110873/，最后访问时间：2024年5月3日。

② 《“中国+中亚五国”外长关于深化地方合作的联合声明（全文）》，中国政府网，2021年5月12日，https：//www. gov. cn/xinwen/2021-05/12/content_ 5606058. htm，最后访问时间：2024年1月18日。

各领域交流合作不断向深层次拓展。访问期间，会见有关国家领导人和市州负责人，举行毗邻地区友好合作对话会和合作项目签约活动，与 10 余个市、州缔结友城，深入有关国家高校、中外联合实验室等考察交流、促进合作，同当地新疆籍华侨华人、留学生和驻哈机构、企业、项目代表等座谈交流。

2023 年 9 月 2~9 日，山东省委书记林武率团访问哈萨克斯坦①、乌兹别克斯坦②、吉尔吉斯斯坦③，推动山东同中亚国家地方的经贸交流、产业对接和开放合作。上合示范区物流合作项目、山东高速新材料合作项目、泰山体育器材供应项目等数十个项目签约，涉及农业、基础设施、装备制造、新能源、物流、贸易等多个领域。

2023 年 9 月 1~4 日，陕西省委书记赵一德率团访问乌兹别克斯坦，同乌兹别克斯坦政商界人士深入交流，推动陕乌在经贸、科技、教育、农业、文化旅游、友城等领域合作；共同为中国-中亚人类与环境“一带一路”联合实验室（撒马尔罕）、中乌科技考古与文化遗产保护国际联合实验室揭牌，举办中国（陕西）-乌兹别克斯坦企业家商务论坛、2023“一带一路”陕西特色商品展览会和举行陕西文化旅游推介会。④

三　中国与中亚国家合作面临的风险挑战

中亚位于欧亚大陆核心地带，地理位置重要，能源资源丰富，发展处于

① 《林武率山东省代表团访问哈萨克斯坦》，山东省人民政府网，2023 年 9 月 5 日，http：//www. shandong. gov. cn/art/2023/9/5/art_97902_607381. html，最后访问时间：2024 年 1 月 18 日。

② 《林武率山东省代表团访问乌兹别克斯坦》，山东省人民政府网，2023 年 9 月 8 日，http：//www. shandong. gov. cn/art/2023/9/8/art_97902_607887. html，最后访问时间：2024 年 1 月 18 日。

③ 《林武率山东省代表团访问吉尔吉斯斯坦 深化务实合作促进互利共赢 推动“一带一路”地方合作再上新台阶》，山东省人民政府网，2023 年 9 月 10 日，http：//www. shandong. gov. cn/art/2023/9/10/art_97906_608197. html，最后访问时间：2024 年 1 月 18 日。

④ 《赵一德率陕西省代表团在乌兹别克斯坦访问》，陕西省人民政府网，2023 年 9 月 5 日，http：//www. shaanxi. gov. cn/xw/sxyw/202309/t20230905 _ 2299683. html，最后访问时间：2024 年 1 月 18 日。

转型阶段，成为大国博弈的重点区域和现代化模式竞争的重要阵地。中国在中亚地区面临域外力量前所未有的压力，维护西北周边安全稳定、推进“一带一路”建设的难度有所上升。

（一）地缘政治风险有所凸显

在全球层面，霸权主义和单边主义使全球化和区域一体化发展遭遇逆流，其外溢效应已经波及包括欧亚大陆在内的世界主要地区。在地区层面，中亚成为欧亚地缘战略博弈的关键平台。美西方国家借乌克兰危机对俄中持续进行经济制裁和战略围堵，在欧亚大陆东西两端对中俄实施“双遏制”，并企图将中亚地区作为遏俄、制华的战略支点。大国博弈使中亚国家承受越来越大的地缘政治压力。

（二）传统和非传统安全威胁相互交织

中亚国家领导层始终高度关注政权安全问题。中亚国家青年群体数量庞大，且多出生于苏联解体后，具有更加开阔的国际视野和更加积极的沟通愿望。美西方国家抓住这一特点，近年持续加大对中亚国家政治介入力度：一方面鼓励地区国家的民主化改革；另一方面以决策不够透明、缺乏民主、人权状况需要改善等为借口，对中亚国家施压。中亚国家之间时有边境冲突，域内还存在较为突出的网络信息安全、生物安全、金融安全、跨国犯罪、走私贩毒、非法移民等非传统安全问题。特别是随着互联网技术不断进步，传统安全和非传统安全风险相互交织现象进一步凸显。

（三）国际科技竞争压力不断加大

中亚是能源资源富集地区，除传统化石能源外，在风能和太阳能方面也拥有巨大潜力；中亚是联结欧亚的重要交通枢纽，战略通道地位凸显，成为全球产业链重组的关键环节。以大数据、人工智能、互联网技术等为代表的高新科技日新月异，对产业变革的推动力逐年增强。中亚国家迫切需要提高科技创新能力，通过科技现代化推动经济发展。数字丝绸之路与中亚国家的数字经济发展战略高度契合，但存在硬件设施落后、网络建设不足、专业人才培养周期较长等问题，制约中国与中亚国家进一步开展高质量数字经济合作。

此外，中国与中亚国家的合作还需要解决以下问题。一是顶层设计方面，需要进一步加强宏观战略规划和配套落实机制之间的衔接，如债务分担机制、风险管控机制、项目安保机制等等，同时协调好与中亚地区其他多边合作机制和平台的关系。二是经贸合作方面，需要进一步优化贸易结构，解决贸易逆差较大、资源类产品占比较高等问题。三是金融投资方面，需要进一步畅通市场融资渠道，提高贷款项目灵活性和资金使用效率。

四　中国与中亚国家关系发展前景展望

当前，中国与中亚合作处于新的战略机遇期。中亚国家是全球发展倡议、全球安全倡议与全球文明倡议的坚定支持者，是维护国际和地区公平正义、共同建设命运共同体的坚实伙伴。中国与中亚国家面对世界之变、时代之变、历史之变，继续共同探索符合各自国情的互利共赢之路。

2023 年 5 月 19 日，习近平主席主持中国-中亚峰会并发表主旨讲话，就建设一个什么样的中亚提出“四点主张”，即世界需要一个稳定、繁荣、和谐、联通的中亚；就如何建设中国-中亚命运共同体提出“四个坚持”，即坚持守望相助、共同发展、普遍安全、世代友好，携手建设一个守望相助、团结互信，合作共赢、相互成就，远离冲突、永沐和平，相知相亲、同心同德的共同体；就如何将中国-中亚合作规划好、建设好、发展好提出“八点建议”，即加强机制建设、拓展经贸关系、深化互联互通、扩大能源合作、推进绿色创新、提升发展能力、加强文明对话、维护地区和平。[①]

“四点主张”“四个坚持”“八点建议”构成新时代中国中亚战略的核

① 《习近平主持首届中国-中亚峰会并发表主旨讲话》，中国政府网，2023 年 5 月 19 日，https：//www. gov. cn/yaowen/liebiao/202305/content_ 6874947. htm，最后访问时间：2024 年 1 月 18 日。

心内容，为进一步推进中国与中亚宽领域、多层次、高水平合作指明方向。可以考虑以此为指针，进一步系统化，形成《新时代中国-中亚合作展望》文件，准确评估中亚地区当前形势和未来趋势，深入阐释新时代中国的中亚外交政策，全面厘清中国与中亚合作的实践成果、政策理念和战略目标。一是从安全、经济、通道、能源、地缘政治层面，明确中国在中亚的战略利益。二是从近期、中期（2035 年）、远期（2050 年）阶段，明确中国与中亚合作的战略目标。三是从理念、原则、方法层面，制定更加进取、务实、灵活的中国与中亚合作战略方针。通过文件进一步宣示中国坚持走和平发展道路，以自身发展促进周边发展，同中亚国家共同推进现代化进程，携手构建中国-中亚命运共同体。

展望 2024 年，中国与中亚国家需要重点推进以下合作。

一是继续夯实政治互信、扩大战略共识。相互尊重各国维护主权独立与领土完整，独立自主选择国家发展道路的权利，反对任何国家干涉他国内政。在涉及国家和地区核心利益问题上，坚持通过和平方式加强沟通。支持中亚国家间发展睦邻友好合作，解决长期困扰中亚国家的分歧。

二是提高经贸合作规模与质量。继续扩大双边贸易规模。扩大能源全产业链合作，推动能源合作的现代化转型。推动数字基础设施建设，在人工智能、大数据、5G 和生物经济等新兴产业领域加强合作。鼓励中企在中亚建立仓储基地，发展电子商务。加快实现中亚地区绿色发展转型。推动建设中亚地区粮食枢纽工程，通过推广新型数字农业和绿色技术切实提升地区粮食产量，保障地区粮食安全。加快完成中吉乌铁路可研工作和落地建设。充分发挥新疆在开展对中亚合作方面的桥头堡作用。

三是加强安全领域合作。倡导通过和平方式解决地区冲突和争端，严厉打击“三股势力”。推动建设统一的执法安全数字信息平台，打击网络空间的新型有组织跨国犯罪，保障地区信息安全、金融安全、生物安全等。

四是加强人文领域合作。扩大青年群体间的交流与合作，扩大联合办学和职业教育合作的规模。加强高质量的智库交流，如针对中亚国家愿学习中方先进发展经验的要求，举办针对性强的论坛和国际会议。结合各国应对气候变化的迫切需求，推动中亚国家共同保护地区自然资源和生物多样性。

五是加强多边机制框架内的合作。更多聚焦解决地区问题。在上海合作组织、亚洲相互协作与信任措施会议等框架内相互支持，开展平等协商和对话，为地区的稳定和发展作出新贡献。

B.4
2023年中国与西亚国家关系评估与展望

王林聪　朱泉钢　马学清*

摘　要： 2023年，随着新冠疫情的逐步缓解，中国和西亚国家关系发展迎来新契机。在元首外交的引领下，中国和西亚国家政治互信进一步增强，战略关系更加紧密；经济合作稳步推进，贸易、能源和基建合作提质升级，海合会对华投资快速跃升；安全合作不断加强，中国推动沙伊和解，助力地区和平与稳定；人文交流全面展开，民心相通迈向深入。与此同时，西亚地区仍面临发展赤字、安全赤字、治理赤字等问题以及美国推动大国竞争的干扰。展望未来，以高质量共建"一带一路"和"三大全球倡议"为引领，不仅有利于推动西亚地区和国家的稳定和发展，而且将进一步深化中国与西亚国家战略合作，推动中国与西亚国家关系迈向全面发展的新阶段。

关键词： 中国　西亚　"和解潮"

2023年，在逐渐摆脱新冠疫情困扰之后，中国与西亚国家的交往迎来了新契机。基于合作、互补、共赢的共同理念，中国和西亚国家之间战略互信不断增强，双方在政治、经济、安全和人文等领域合作不断扩展，合作步伐逐步加快，合作质量持续提升，中国与西亚国家关系进入了一个快速发展阶段。本报告旨在分析2023年中国与西亚国家友好合作的新进展和新成就，

* 王林聪，中国社会科学院西亚非洲研究所副所长、中国非洲研究院副院长，研究员，中国社会科学院海湾研究中心主任、中国中东学会会长，研究方向为中东政治、安全和国际关系；朱泉钢，中国社会科学院西亚非洲研究所副研究员，中东治理与发展研究中心副主任，中国中东学会副秘书长，研究方向为中东政治和国际关系；马学清，中国社会科学院西亚非洲研究所助理研究员，中国中东学会副秘书长，研究方向为中东历史和文化。

揭示当前合作面临的问题和挑战，进而展望未来中国与西亚国家合作的前景。

一　中国与西亚国家政治关系更加紧密

2023 年，在元首外交的战略引领下，中国与西亚国家政治关系持续深化，战略互信水平不断提升，主要表现为战略沟通更加紧密，加紧落实首届中阿、中海、中沙峰会成果，以及双方继续在重大政治问题上彼此支持，共同维护和推动公正合理的国际秩序。

（一）以元首外交为引领，深化战略合作

2023 年，中国与西亚国家高层政治交往亮点纷呈，双方以会面、访问和电报等方式开展了一系列重要外交活动，持续不断地推动双边政治关系的巩固和深化。其中，元首外交发挥了至关重要的引领作用。2023 年，多位西亚国家领导人访华，习近平主席多次与西亚国家领导人举行会晤和通电话。2 月，习近平主席与来华进行国事访问的伊朗总统莱希举行会谈。3 月，习近平主席同沙特王储兼首相穆罕默德通电话。6 月，习近平主席同来华进行国事访问的巴勒斯坦总统阿巴斯举行会谈，两国元首宣布建立中巴战略伙伴关系。9 月，习近平主席会见了来华出席第 19 届亚洲运动会开幕式的叙利亚总统巴沙尔和科威特王储米沙勒，中叙两国元首共同宣布建立中叙战略伙伴关系。10 月，习近平主席会见了来华出席第三届“一带一路”国际合作高峰论坛的埃及总理马德布利。此外，8 月，在约翰内斯堡出席金砖国家领导人峰会期间，习近平主席会见了伊朗总统莱希，并祝贺伊朗成为金砖机制成员国。

电报外交也是中国与西亚国家加强政治关系的重要方式，其中既有对灾难发生时的慰问电，也有唁电和贺电。电报外交不仅是战略性沟通，而且是富有人情味的心灵沟通，促进了双方领导人之间、民众之间、国家之间的情感交流。2 月 6 日，土耳其、叙利亚发生 7.8 级大地震，习近平主席在当日分

别向土耳其总统埃尔多安和叙利亚总统巴沙尔致慰问电。5 月 28 日，埃尔多安再次当选土耳其总统，习近平主席在 29 日向他致贺电。12 月 16 日，科威特埃米尔纳瓦夫逝世，习近平主席就此向科国新任埃米尔米沙勒致唁电，并派特使、全国人大常委会副委员长雪克来提·扎克尔出席科威特已故埃米尔纳瓦夫的吊唁活动，同日，习近平主席致电米沙勒，祝贺他继任科威特埃米尔。12 月 19 日，习近平主席致电阿卜杜勒-法塔赫·塞西，祝贺他连任埃及总统。

在元首外交的引领下，中国对西亚国家外交取得新进展。2023 年 3 月，中国成功促成沙特和伊朗两国代表在北京举行关系正常化谈判，并达成了实现关系正常化和恢复合作的北京协议，从而走上了和解之路。4 月，伊朗外长阿卜杜拉希扬和沙特外交大臣费萨尔在北京会晤，这是 7 年来两国最高级别外交官首次正式会晤。中国促成沙伊和解，助推地区“和解潮”，促进了地区稳定和发展，展现中国的大国担当，被誉为“和平缔造者”。

中国政府还进一步加强与西亚其他国家沟通与合作。2023 年 7 月，中央外办主任王毅在访问土耳其期间，同土外长费丹举行会谈。8 月，中共中央政治局委员、中央外办主任王毅在北京会见来华访问的阿拉伯议会议长欧舒米。9 月，叙利亚总统巴沙尔来华出席杭州第十九届亚洲运动会开幕式，并与李强总理会面。同月，中共中央政治局委员、中央外办主任王毅在北京会见了联合国气候变化迪拜大会候任主席、阿联酋气候变化事务特使苏尔坦。11 月，中共中央政治局委员、外交部长王毅在北京会见了来华访问的阿拉伯、伊斯兰国家外长联合代表团。在联合国总部，王毅外长集体会见了卡塔尔首相兼外交大臣穆罕默德、约旦副首相兼外交与侨务大臣萨法迪、沙特外交大臣费萨尔、巴勒斯坦外长马立基、土耳其外长费丹、埃及外长舒克里、阿联酋国务部长哈利法、阿盟秘书长盖特等。12 月，中国、伊朗、沙特在北京举行三方联合委员会会议，中共中央政治局委员、外交部长与参会的沙特外交副大臣胡莱吉、伊朗外交部副部长巴盖里会面，就进一步推动沙伊和解、建立机制化合作、开展中沙伊三方合作进行讨论，取得重要成果。

2023 年，中央外办主任/中国外交部长还同西亚国家外交部长通话 16 次，其中，伊朗 4 次，沙特 3 次，巴勒斯坦 2 次，以色列 2 次，土耳其 2

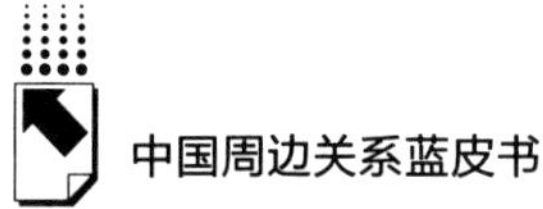

次，阿联酋、埃及、阿曼各1次，[①]就双方关心的议题交换意见。中国外交部的其他官员也积极开展对西亚国家的外交活动。中国与西亚国家之间频繁的外交交流，既增强相互沟通，促进相互支持，提升双边友谊，又表达中国关切，提供中国智慧，展现中国担当。

（二）加强政治互信，推动地区和全球治理

当今世界并不太平，西方某些国家的霸权主义和强权政治本质不断暴露，对国际体系的公平正义造成严重破坏。中国与西亚国家在涉及彼此核心利益问题上相互支持，反对单边主义和霸权霸道霸凌，共同捍卫广大发展中国家的共同利益，维护更加公平公正合理的国际体系。

中国与西亚国家在彼此核心关切问题上，继续坚定相互支持。一方面，近年来，西方反华势力打着人权的旗号，在涉疆、涉藏、涉港等议题上造谣抹黑，变本加厉地干涉中国内政。西亚多数国家在涉台、涉疆、人权等问题上旗帜鲜明地支持中方立场，这不仅体现在双边层面，而且表现在国际多边层面。2023 年 10 月 17 日，第 78 届联大第三委员会举行人权问题一般性辩论时，英国就新疆人权问题代表 51 个国家发表联合声明，对中国进行抹黑。巴基斯坦代表 72 国作共同发言给予反对，支持中国在涉疆、涉藏、涉港等问题上的正义立场，强调新疆、香港、西藏事务是中国内政，反对将人权问题政治化，反对双重标准，反对以人权为借口干涉中国内政。[②]在 72 国中，西亚国家占了 8 个。委内瑞拉代表“捍卫《联合国宪章》之友小组”19 个国家，包括 3 个西亚国家作共同发言，会场内形成了支持和呼应中国正义立场，反对借人权问题干涉中国内政的强大声势。此外，阿曼代表 6 个海合会成员作共同发言支持中国，表示在人权问题上应坚持客观、建设性、非政治化原则，遵循《联合国宪章》和《世界人权宣言》宗旨和原则，尊重国家

① 笔者通过综合中国外交部网站相关信息得出。

② 《广大发展中国家和友好国家在联合国支持中国正义立场 反对借人权问题干涉中国内政》，中国新闻网，2023 年 10 月 18 日，https：//www. chinanews. com/gn/2023/10-18/10095877. shtml，最后访问时间：2024 年 1 月 15 日。

主权，不干涉内政。①

另一方面，中国继续坚定支持西亚国家维护国家主权、独立和领土完整，在重大问题上给予西亚国家坚定支持。一是在叙利亚、也门等西亚地区热点问题上，中国不仅积极劝谈促和，而且主动承担国际责任。在联合国的协调下，随时都可能爆炸的也门“FSO Safer”上的100万桶原油将转移到“Nautica”号。中国对“Nautica”号进行了常规维护和改造，对于解决“FSO Safer”问题作出了积极贡献。二是在伊朗问题上，中国坚定支持伊朗的合法权益。2023年8月20日，中共中央政治局委员、外交部长王毅在与伊朗外长阿卜杜拉希扬通电话时表示，中方愿同伊方继续在涉及彼此核心利益问题上坚定相互支持，并强调只有恢复全面协议的完整、有效执行，才能从根本上解决伊核问题。②

此外，中国与西亚国家携手践行多边主义，推动国际秩序朝着更加公平合理的方向发展。近年来，西亚国家纷纷寻求加入上合组织和金砖机制。2023年3月，沙特内阁批准了加入上海合作组织的决定。7月，伊朗正式成为上海合作组织成员国。与此同时，西亚国家纷纷提出加入金砖国家合作机制。8月，在南非举行的金砖国家领导人第十五次会晤决定扩员，同意埃及、伊朗、沙特、阿联酋四个西亚国家加入金砖机制，此次扩员在金砖机制发展史上具有里程碑意义，将有力地维护中国与西亚国家的共同和正当权益，推动全球治理体系朝着更加公正、合理的方向发展，提升“全球南方”在国际事务中的代表性和话语权。

二　中国与西亚地区经济关系稳步发展

2023年，中国与西亚地区经济关系稳中有进。双方贸易关系整体稳定，

① 《中国代表严厉驳斥英美等少数国家无端指责》，新华网，2023年10月19日，http://www.news.cn/world/2023-10/19/c_1129926620.htm，最后访问时间：2024年1月15日。

② 《王毅同伊朗外长阿卜杜拉希扬通电话》，中国外交部网站，2023年8月20日，https://www.mfa.gov.cn/web/gjhdq_676201/gj_676203/yz_676205/1206_677172/xgxw_677178/202308/t20230820_11129296.shtml，最后访问时间：2023年12月17日。

基建合作稳步推进，能源合作继续扮演“压舱石”角色，投资合作出现新的亮点，海湾国家显著增大对华投资。

（一）贸易与基建合作继续深化

贸易和基建领域一直是中国与西亚国家的合作重头。2023 年，双方贸易合作整体稳定，基建合作不断深化。

第一，中国与西亚国家的贸易合作整体稳定。由于中国与西亚国家经济结构互补性强，且双方发展经济关系的意愿强烈，中国与西亚国家的贸易合作持续进步。根据中国海关总署的数据，2023 年 1~12 月，中国与西亚国家的双边贸易额为 4298 亿美元，其中，中国从西亚国家进口 2270 亿美元，向西亚国家出口 2028 亿美元。受油价下跌因素影响，中国从西亚国家进口额和进出口总额同比略有下降。2023 年，在西亚国家中，沙特、阿联酋、伊拉克、土耳其和阿曼是与中国双边贸易额总量最多的五个国家，中国与这些国家的贸易额分别是 1072 亿美元、950 亿美元、497 亿美元、434 亿美元、351 亿美元。[①] 值得一提的是，沙特与中国的贸易额已经连续两年突破了 1000 亿美元。

第二，中国与西亚国家的基建合作继续深化。2023 年，中国与西亚国家的传统基建合作捷报频传。1 月，土耳其伊斯坦布尔新机场地铁线正式开通，由中国“中车造”地铁列车载客运营。4 月，中设集团承建的全球最大单体太阳能电站阿联酋艾尔达芙拉 PV2 太阳能电站项目实现全容量发电。5 月，中国能建设计承建的中东首个清洁燃煤电站迪拜哈斯彦项目 4 号机组成功首次并网发电。6 月，中国能建承建的全球最大光伏电站沙特阿尔舒巴赫 2.6 吉瓦光伏项目进入正式施工阶段。8 月，中企承建运营的以色列特拉维夫首条轻轨开通，结束了其没有轻轨的历史。同月，中建中东公司联合承建的阿联酋伊提哈德铁路二期 A 标项目如期交付。9 月，中国石油工程建设有限公司承建的伊拉克哈法亚天然气处理厂项目实现机械竣工。12 月，中建

① 笔者通过综合中国海关总署网站相关数据信息得出。

埃及承建的埃及阿拉曼新城超高综合体项目 D01 住宅楼完成封顶。此外，中国与西亚国家的新基建合作不断推进。3 月，中国移动国际有限公司宣布，中移国际阿曼 MC1 网络服务接入点成功投产，助力阿曼数字基础设施再升级。2023 年 9 月，华为云沙特峰会召开，华为云利雅得节点正式开服，帮助沙特发展数字经济和成为地区华为云服务的核心节点。①

（二）能源合作稳步推进

传统上，中国与西亚地区的能源合作模式是中国作为能源进口国，西亚国家作为能源出口国。随着世界能源发展趋势逐渐从传统能源过渡到新能源，双方的能源合作也进入过渡阶段：一方面，传统能源合作继续推进；另一方面，新能源合作不断深化。

第一，中国与西亚国家传统的油气合作模式依旧重要。根据中国海关总署的数据，2023 年，中国原油进口总量最多的五个国家是俄罗斯、沙特、伊拉克、马来西亚、阿联酋，分别为 1.07 亿吨、8596 万吨、5926 万吨、5479 万吨、4182 万吨。在中国进口原油最多的 5 个国家中，西亚国家占 3 个，表明西亚国家依旧是中国石油进口的重要来源。除了油气贸易，双方的天然气合作也有新突破。2022 年 11 月，中国石油化工集团与卡塔尔能源公司签署了为期 27 年的 LNG 长期购销协议，后者每年向中石化供应 400 万吨液化天然气。2023 年 6 月，中国石油天然气股份有限公司与卡塔尔能源公司签署重磅协议，后者除了连续 27 年向前者每年供应 400 万吨液化天然气，还向前者转让北方气田扩容项目 1.25%的股份。两家中国油气巨头与卡塔尔能源公司签署“超长期大单”，不仅是中卡两国在液化天然气领域加强合作的举动，而且意味着两国战略伙伴关系的内容不断充实。

第二，西亚国家持续与中国加大能源下游合作。近年来，中国与西亚国家在能源领域逐渐形成了全产业链合作。值得一提的是，沙特这些年持续在中国布局能源下游行业，2023 年，沙特继续深化与中国在石油下游领域的

① 笔者根据中阿合作论坛“共建‘一带一路’”栏目信息汇总。

合作。3月27日，沙特阿美石油公司与浙江省荣盛石化股份有限公司签署协议，计划以36亿美元收购后者10%的股份，并向后者的子公司浙江石油化工有限公司每天供应48万桶原油，为期20年[①]，并在未来以5年为期延长。此外，9月和10月，沙特阿美又先后与东方盛虹的全资子公司江苏盛虹石化产业集团有限公司和山东裕龙石化有限公司签署协议，计划分别收购两家公司10%的股份。沙特阿美下游业务总裁穆罕默德·卡塔尼表示，中期来看，中国对于原油的需求依旧强劲，且中国的经济规模、体量、实力强大，对于志在打造一个世界级下游业务的沙特阿美来讲，中国是重要的机遇之地。[②]

第三，新能源领域合作不断推进。在经历了缓慢的起步之后，西亚国家开始认真对待能源转型问题。沙特、阿联酋等西亚国家正在努力寻求清洁能源转型，甚至寻求在新能源领域成为地区和国际领导者。中国已成为西亚国家能源转型的重要合作伙伴，中国与西亚国家在石油和石化领域建立了深度联系，并逐步向新能源部门的合作进行过渡，成为西亚国家的大型太阳能和风能项目的单独投资者和共同投资者。[③] 2023年11月，中国企业承建的世界上最大的单体光伏电站——阿联酋艾尔达芙拉光伏电站竣工。此外，中国电动汽车在西亚国家颇受欢迎。中国产电动汽车占据了约旦80%的电动汽车市场，而卡塔尔的纯电动公交车几乎都是中国制造。同时，沙特、阿联酋等西亚国家也纷纷投资中国电动汽车企业，包括蔚来、华人运通、长城华冠等。

（三）西亚国家对华投资快速扩大

近年来，西亚投资者一直活跃在中国的一级和二级市场，重点关注科技、可再生能源和生物技术等领域。2023年，西亚国家尤其是海湾国家的

---

① 中国石化有机原料科技情报中心站：《沙特阿美完成收购荣盛石化10%股份》，载《石油化工技术与经济》2023年第4期，第56页。

② 郑青亭：《专访沙特阿美下游业务总裁卡塔尼：中国的原油需求依然强劲 有意继续“加仓中国”》，《21世纪经济报道》2023年12月18日，第9版。

③ Faris Al-Sulayman and Jon B. Alterman, “China’s Essential Role in the Gulf States’ Energy Transitions,” CSIS, December 11, 2023, https://www.csis.org/analysis/chinas-essential-role-gulf-states-energy-transitions, accessed: 2023-12-30.

投资者明显增大了对中国的投资力度。2023 年，海湾国家主权财富基金的财富达到了创纪录的 4.1 万亿美元，投资达 756 亿美元，这些主权财富基金包括赫赫有名的阿布扎比投资局、科威特投资局、沙特公共投资基金、卡塔尔投资局、穆巴达拉投资公司等。根据全球主权财富基金（Global SWF）的数据，2023 年，巴林、科威特、阿曼、卡塔尔、沙特和阿联酋等海湾国家的主权财富基金向中国投资超过 23 亿美元，而 2022 年这一数据仅为 1 亿美元左右。① 沙特公共投资基金旗下的贾法尔组合基金（Jafal Fund of Funds）在 2023 年 12 月增持了易达资本（eWTP Arabia Capital）的股份，后者是贾法尔组合基金与中国科技巨头阿里巴巴集团组建的合资基金，旨在通过与中国科技公司的合作来扩大其在中东的影响。与此同时，阿联酋第三大主权财富基金穆巴达拉投资公司于 2023 年 9 月开设了北京办事处。12 月，沙特公共投资基金负责人宣布，计划将很快在中国开设办事处。②

长期以来，海湾主权财富基金主要投资欧美市场，2023 年其将注意力转向中国，原因主要有三个。第一，海湾国家日益寻求战略和经济多元化。海湾国家的许多精英认为，世界正进入多极化时代，他们需要改变此前过分倚重美国的战略，而应与美、中、俄、欧等建立多元化的伙伴关系。因此，他们希望在美欧之外加强与中国的经济和战略联系，增强自身的战略自主性和独立性。第二，海湾国家看好中国的经济发展前景。根据国际货币基金组织的分析，仅中国和印度两国就能贡献 2023 年全球增长的一半。海湾国家非常看好中国的经济增长潜力，这些国家的主权财富基金在中国企业有吸引力的发展前景中看到了机会，从中长期来看，他们非常看好中国，希望通过增大在中国的投资加强与中国的联系。第三，海湾国家希望借力投资中国企

① Yuke Xie, "Middle East Investments in China to Bloom in Amount, Scope in 2024 as Sovereign Wealth Funds Aim to Diversify: Bankers," *South China Morning Post*, January 15, 2024, https://www.scmp.com/business/banking-finance/article/3248475/middle-east-investments-china-bloom-amount-scope-2024-sovereign-wealth-funds-aim-diversify-bankers, accessed: 2024-01-17.

② 《加速掘金中国！阿联酋第三大主权财富基金正式设立北京办公室》，凤凰网，2023 年 9 月 8 日，https://news.ifeng.com/c/8SuxhqLoybv，最后访问时间：2024 年 1 月 5 日。

业实现中长期发展战略。进入 21 世纪，海湾国家纷纷提出中长期发展规划，巴林在 2007 年颁布《2030 愿景》，卡塔尔在 2009 年提出《2030 愿景》，阿联酋在 2010 年提出《阿联酋 2021 愿景》并在 2017 年提出《阿联酋 2071 百年愿景》，科威特在 2010 年制定《新科威特 2035 愿景》，沙特在 2016 年颁布《2030 愿景》，阿曼在 2016 年出台《阿曼 2040 愿景》。[①] 海湾国家主权财富基金积极向中国投资，期望通过这些投资引入专业知识和技术，投资的中国公司能够雇用海湾国家的工人，甚至中国企业能够再直接投资当地企业，从而更好地实现海湾国家的中长期发展。

三　中国与西亚国家安全合作持续推进

2023 年，中国与西亚地区安全关系继续上升。双方传统安全合作稳步推进，军事联演联训增多。中国持续为西亚地区提供安全公共产品，促成沙特与伊朗和解，并积极为解决新一轮巴以冲突贡献中国智慧和中国力量。

（一）中国与西亚国家军事安全合作升温

近年来，中国与西亚国家的军事安全合作呈现升温态势。2023 年，双方的军事安全合作继续稳步推进。

第一，中国与西亚国家军队联演联训增多。一方面，中国积极赴西亚地区参加军演。2023 年 3 月 15～19 日，中国、伊朗、俄罗斯三国海军在阿曼湾海域举行“安全纽带-2023”海上联合军事演习，主要演练空中搜索、临检营救、海上救援和分列式等科目。这也是三国海军 2019 年以来的第三次联合演习，加强了三方海军之间的了解交流，提升了共同行动能力，有助于维护地区安全稳定和构建海洋命运共同体。[②] 另一方面，地区国家来中国进

① 王林聪：《中东国家发展规划与中东地区发展前景》，载王林聪主编《中东发展报告 No. 24（2021～2022）：中东国家的发展规划及其前景》，社会科学文献出版社，2022，第 1～27 页。

② 《“安全纽带-2023”为维护海上安全和地区和平稳定贡献积极力量》，国防部网站，2023 年 3 月 30 日，http：//www. mod. gov. cn/gfbw/xwfyr/lxjzh_246940/16278525. html，最后访问时间：2023 年 12 月 30 日。

行军事联演联训有所增加。8 月初，中国与阿联酋在新疆举行“猎鹰盾牌-2023”空军联合训练，这是两国空军首次进行联训，有助于增强两军的交流合作，助推两国战略合作伙伴关系。10 月 10～25 日，中国与沙特在中国湛江举行“蓝剑-2023”海军特战联合训练，此次联训包括基础训练、专业训练和综合演练 3 个阶段，这是两国海军自 2019 年在沙特吉达举行首次联训以来的第二次联训，也是两国海军在我国举行的首次联训。联训提升了中沙海军的联合行动能力，加强了两军的交流合作，深化了中沙友好关系。①

第二，中国与地区国家军售合作有序推进。西亚地区受制于外部干预、国家间的复杂矛盾、国家内部严重的治理赤字等问题，长期存在安全赤字问题。英国国际战略研究所（IISS）通过研究 2008～2021 年期间，西亚国家的国家元首、政府首脑、国防部长、外交部长和军队总参谋长等在联合国、阿盟、欧安会和麦纳麦对话会上的讲话，指出西亚地区的政治和军事精英仍将传统安全视为最严重的安全威胁。② 中国一直致力于推动解决西亚地区的安全问题，中国政府发布的《全球安全倡议概念文件》将中东安全问题作为重点合作方向之一，体现了中国对于西亚北非安全问题的高度重视。西亚国家往往通过外部采购武器来提升自身安全能力，应对安全威胁。此前，西亚国家的武器采购高度依赖美国和俄罗斯。近年来，西亚国家武器采购的多元化特征愈发明显，沙特、阿联酋、伊拉克、约旦等西亚国家积极从中国采购武器装备。根据美国知名智库兰德公司的资料，2023 年，阿联酋宣布从中国采购价值 4.4 亿美元的 L-15 教练机，以及价值 2.45 亿美元的 AR-3 轮式多管火箭炮，伊拉克宣布采购 12 架中国与巴基斯坦联合研制的 JF-17 枭龙战斗机。此外，沙特与中国谈判采购无人机和防御系统，埃及与中国谈判采购战斗机。③

---

① 《中沙“蓝剑-2023”海军特战联训举行开训仪式》，新华网，2023 年 10 月 10 日，http：//www. news. cn/politics/2023-10/10/c_1129909068. htm，最后访问时间：2023 年 12 月 30 日。

② IISS, *The Defence Policy and Economics of the Middle East and North Africa*, London: IISS, 2022, p. 14.

③ “Chinese Arms Sales and Sanctions Monthly Snapshot,” RAND Corporation, https：//www. rand. org/nsrd/projects/chinese-weapon-sales/monthly-snapshot. html, accessed：2023-12-30.

（二）中国持续提供安全公共产品

随着中国前所未有地接近世界舞台中心，中国为世界提供越来越多的公共产品，其中包括在西亚地区提供的安全公共产品。2023 年，中国继续为西亚地区提供安全公共产品。

第一，中国的亚丁湾护航行动持续进行。2023 年，中国派出第 43、44、45 批护航编队，执行亚丁湾、索马里海域的护航任务。每批护航编队配备一艘导弹驱逐舰、一艘导弹护卫舰和一艘补给舰，舰载直升机 2 架，特战官兵数十名，官兵人数约 700 人。其中，第 43 批护航编队由导弹驱逐舰南宁舰、导弹护卫舰三亚舰以及综合补给舰微山湖舰组成；第 44 批护航编队由导弹驱逐舰淄博舰、导弹护卫舰荆州舰和综合补给舰千岛湖舰组成；第 45 批护航编队由导弹驱逐舰乌鲁木齐舰、导弹护卫舰临沂舰和综合补给舰东平湖舰组成。

2023 年，中国护航编队除了高质量完成护航任务外，还在海外利益保护和军事外交方面表现抢眼。在苏丹爆发内战之际，中国第 43 批护航编队前往苏丹成功撤离中国在苏丹的人员，有力维护了中国的海外利益和人员安全。此外，第 43 批护航编队成功访问科特迪瓦、加纳、尼日利亚、加蓬、刚果（布）五国；第 44 批护航编队成功访问阿曼、科威特、阿联酋和卡塔尔海湾四国。

值得一提的是，2023 年也是中国开展亚丁湾护航的第 15 年。15 年来，中国护航编队圆满完成 1600 多批 7200 余艘中外船舶护航任务，解救、接护各类船舶近百艘，其中外国船舶占 50% 以上，中国已成为维护国际海洋安全的重要力量，护航彰显了中国负责任的大国形象。此外，15 年来，护航编队还很好地承担了军事外交的功能，共 118 次出访 70 多个国家和地区，参加中外联演 150 余次，所到之处均受到热烈欢迎。[①]

---

① 金正波：《15 年来，中国海军连续派出 45 批护航编队，圆满完成 1600 多批 7200 余艘中外船舶护航任务——一支值得信赖的和平力量（强军路上）》，《人民日报》2024 年 1 月 7 日，第 6 版。

第二，中国赴黎巴嫩维和行动持续展开。中国在2006年首次向黎巴嫩派遣维和部队，截至2023年已持续17年时间，中国赴黎维和部队不仅圆满完成联黎部队部署的各项任务，而且积极与各方开展交流合作，赢得了联黎部队、黎巴嫩政府和当地民众的广泛尊重和好评。2023年，中国第21批赴黎维和部队圆满完成任务，在执行任务期间，共清排雷场8400余平方米、安全排雷1400余枚，有力保障了当地民众的生命财产安全，并为地方经济发展提供了安全条件。除了多功能工兵分队外，第21批赴黎维和部队还包括建筑工兵分队和医疗分队，他们高标准完成100余项施工任务，接诊联合国人员和当地民众3000余人次。此外，中国维和人员还积极开展文化交流活动，展现了中国热爱和平、广交朋友、勇于担责的良好形象。中国第21批赴黎维和官兵的优异表现，使其获得联合国“和平荣誉勋章”。①

2023年12月，中国第22批赴黎维和部队赴黎巴嫩。由于新一轮巴以冲突的爆发，黎巴嫩与以色列边境形势十分严峻。中国驻黎维和部队面临不确定安全问题，他们不畏艰难，继续执行联黎部队部署的任务，同时也时刻保持战备状态，确保有效应对突发安全事件。

（三）中国积极参与西亚热点问题解决

随着中国在国际舞台上的实力、形象和地位逐渐上升，中国愈发积极地参与西亚地区安全问题的解决。

第一，中国成功斡旋沙伊和解，改善西亚安全局势。伊朗伊斯兰革命爆发后，沙特与伊朗矛盾尖锐，尤其是中东剧变之后，两国关系日益恶化。2016年，沙特处死国内什叶派教士引发两国严重交恶并断交。双方不仅在波斯湾、黎凡特等地区形成严重的阵营对抗，而且在伊拉克、叙利亚、也门等地爆发代理人战争，恶化了西亚地区安全局势。2021年以来，在全球和地区多重因素的影响下，中东安全形势整体缓和。在此背景下，沙特与伊朗

① 《中国第21批赴黎维和官兵获联合国“和平荣誉勋章”》，新华网，2023年7月5日，http://www.news.cn/world/2023-07/05/c_1129733324.htm，最后访问时间：2023年12月30日。

从2021年4月开始接触，但双方关系并未彻底缓和。

在中国的斡旋下，沙伊两国在2023年成功实现和解，双方关系实现了从“破冰”到“融冰”的转化。2023年3月10日，中国、沙特、伊朗三方在北京发表联合声明，沙伊同意恢复外交关系。9月5日，沙伊两国互派外交大使，走完了关系正常化的“最后一公里”。中国成功斡旋沙伊和解，固然有全球形势和地区形势变化的作用，但中国“临门一脚”的作用不应低估。[①] 这既是中国奋发有为、积极进取的负责任大国外交实践的体现，也是中国长期在西亚地区奉行友好合作、伙伴关系外交，声誉良好的结果。沙伊和解彰显了中国的安全理念和智慧，反映了地区国家求和平谋发展的大势，并且对地区和平起到了积极的促进作用，不仅大大缓和了沙伊两国长期的敌对关系，而且缓解了伊拉克、黎巴嫩、叙利亚、也门等国的紧张局势。

第二，中国积极参与解决新一轮巴以冲突，缓解地区紧张局势。2023年10月7日，3000多名哈马斯武装人员突袭以色列，造成数千人伤亡，引发新一轮巴以冲突，巴以问题再次成为西亚安全问题的焦点。

中国政府一直致力于推动解决巴以问题，此轮冲突爆发后，中国政府持续发力。一是中国外长、特使与各方积极磋商。中国外长与中国中东问题特使频繁与相关各方沟通，助力解决冲突。11月20~21日，阿拉伯、伊斯兰国家外长联合代表团访华，与中方就推动当前巴以冲突降温等问题深入沟通协调，中国是代表团国际斡旋的第一站，显示出西亚国家对中国作用的重视。二是中国充分利用联合国、金砖国家机制等平台。11月15日，作为联合国安理会轮值主席国，中国推动出台了一项聚焦人道关切、突出保护儿童的决议，这是新一轮巴以冲突爆发之后联合国安理会通过的首个决议。11月21日，习近平主席出席金砖国家领导人巴以问题特别视频峰会，并发表《推动停火止战 实现持久和平安全》的重要讲话。[②] 三是中国倡导全面、公

① 牛新春、李绍先：《乘势而上：中国斡旋沙特伊朗复交及其影响》，《国际问题研究》2023年第3期，第38页。

② 习近平：《推动停火止战 实现持久和平安全——在金砖国家领导人巴以问题特别视频峰会上的讲话》，《人民日报》2023年11月22日，第2版。

正、持久地解决巴以问题。11 月 29 日，联合国举行“声援巴勒斯坦人民国际日”纪念大会，习近平主席向大会致贺电，并承诺“中国将继续同国际社会共同努力，推动巴勒斯坦问题回到‘两国方案’的正确轨道，早日得到全面、公正、持久解决”。[①] 11 月 30 日，中国外交部发布《中国关于解决巴以冲突的立场文件》，强调中国将为“推动巴勒斯坦问题得到全面、公正、持久解决作出不懈努力”。[②]

四　中国与西亚国家人文交流全面提升

2023 年，肆虐全球三年之久的新冠疫情消退，破除了阻碍中国与西亚国家开展人文交流活动的最大障碍，双方的人文交流迅速恢复。与此同时，中国和西亚国家的政治关系前所未有地密切，2022 年 12 月 7～10 日，中国国家主席习近平应沙特阿拉伯王国国王萨勒曼邀请，赴利雅得出席首届中国-阿拉伯国家峰会、首届中国-海湾阿拉伯国家合作委员会峰会并对沙特进行国事访问；2023 年 3 月，中国成功调停了沙特阿拉伯与伊朗矛盾，促使双方恢复了大使级外交关系；中国与西亚国家间的政治关系达到了新的高度，为双方的人文交流创造了良好的政治氛围、提供了便利的政策支持。在各种有利因素的推动下，2023 年，中国与西亚国家同心同行，在落实全球文明倡议、加强文明对话、加强人员往来、密切文化交流、汇聚智库资源等诸多方面展开多方位人文交流合作，掀开了双方人文交流新篇章，为深化双方关系注入持久推动力，共同推动构建关系更加密切的命运共同体。

---

① 《习近平向“声援巴勒斯坦人民国际日”纪念大会致贺电》，新华网，2023 年 11 月 30 日，http：//www.news.cn/politics/leaders/2023－11/30/c_1130000381.htm，最后访问时间：2024 年 1 月 8 日。

② 《中国关于解决巴以冲突的立场文件》，中国外交部网站，2023 年 11 月 30 日，https：//www.mfa.gov.cn/web/wjb_673085/zfxxgk_674865/gknrlb/tywj/zcwj/202311/t20231129_11189399.shtml，最后访问时间：2023 年 12 月 30 日。

（一）全球文明倡议助推人文交流广泛开展深入推进

2023 年 3 月 15 日，习近平总书记在中国共产党与世界政党高层对话会上首次提出全球文明倡议，强调要共同倡导尊重世界文明多样性、共同倡导弘扬全人类共同价值、共同倡导重视文明传承和创新、共同倡导加强国际人文交流合作。全球文明倡议具有重大的现实意义和深远的历史意义，为新时代中国与西亚国家的文明交流互鉴指明了方向，注入了新动力，因此，全球文明倡议一经提出，西亚国家领导人和各界人士反响热烈，积极支持，认为这体现了习近平总书记作为大国大党领袖的情怀和担当，为解决当前世界面临的最尖锐、最紧迫问题贡献了中国智慧，为减少冲突对抗、促进世界繁荣带来希望，代表着对人类未来美好世界的崭新设想，表示愿同中方深化文明交流合作，共同推动倡议落地落实。[①]

伊朗伊斯兰联合党总书记阿萨杜拉·巴达姆齐安在德黑兰通过视频连线方式参加中国共产党与世界政党高层对话会后表示，习近平总书记提出的全球文明倡议既倡导尊重世界文明多样性，也促进世界文明在共同追求中团结一致。[②] 7 月，在宁夏银川召开第四届中国-阿拉伯国家政党对话会，来自 19 个阿拉伯国家的政要和 67 个政党和政治组织的领导人、智库媒体代表等现场参会。[③] 对话会通过了《第四届中阿政党对话会落实全球文明倡议银川宣言》，阿方高度认同和赞赏中方提出的全球文明倡议，认为该倡议为携手应对全球性挑战贡献中国智慧，为推动构建人类命运共同体提供有力支撑，为人类文明发展进步提供持续动力，是新时代中国为国际社会提供的又一重要公共产品。此次对话会的成功召开进一步推动了阿中文明交流，阿中双方在维护世界文明多样性、加强文明对话等方面达成了重要共识，有力地推动

① 《中国首提全球文明倡议 为世界文明交流互鉴指明方向》，华夏经纬网，2023 年 8 月 16 日，https：//www. huaxia. com/c/2023/08/16/1762140. shtml，最后访问时间：2024 年 1 月 8 日。

② 《专访：全球文明倡议倡导尊重文明多样性促进团结——访伊朗伊斯兰联合党总书记阿萨杜拉·巴达姆齐安》，新华网，2023 年 3 月 19 日，http：//www. news. cn/world/2023-03/19/c_1129444511. htm，最后访问时间：2023 年 12 月 30 日。

③ 《第四届中国-阿拉伯国家政党对话会举行》，《人民日报》2023 年 7 月 14 日，第 3 版。

了全球文明倡议落实落地。2023 年 12 月 5 日，在浙江杭州举办的首届“良渚论坛”上，中国与阿拉伯国家联盟签署《中华人民共和国文化和旅游部与阿拉伯国家联盟秘书处关于践行全球文明倡议的联合声明》①，充分展现中阿文明美美与共、包容互鉴的共识。这是中国与国际组织签署的关于落实全球文明倡议的重要文件，为推动中华文明与世界不同文明加强对话、增进共识，推动全球文明倡议从思想理念成为实际行动树立了典范，具有十分重要的意义。

不同文明间的对话为各国人民增进友谊搭建桥梁，为人类社会不断进步提供动能，为维护世界和平作出巨大贡献，有助于促进文明交流互鉴和建设美好世界。2023 年 10 月 24~25 日，第十届中阿关系暨中阿文明对话研讨会在阿联酋阿布扎比举行，中国政府中东问题特使翟隽、阿联酋国务部长萨耶赫、阿盟文化和文明对话司司长玛哈等出席开幕式并致辞。翟隽在致辞中指出，中阿是践行全球文明倡议的天然伙伴，要倡导尊重世界文明多样性，要倡导重视文明传承和创新，开辟人类文明新形态；要加强人文交流合作，推动双方民心相知相通。阿方再次对全球文明倡议表达了高度赞赏和欢迎，期待中国在热点问题上发挥更大作用。与会双方代表围绕“加强文明交流，实现和平共处”“尊重多元文化与民族特性，筑牢人类兄弟情谊”“开展文明对话，助力人类社会发展繁荣”“呼吁和平对话，夯实和平稳定根基”等议题进行了深入交流。② 作为中阿合作论坛框架下的机制性对话会，中阿文明对话研讨会已成为中阿文明对话的重要平台。

（二）语言文化教育交流取得新进展

近年来，中国与西亚国家非常重视在语言文化教育方面的人文交流，这方面取得了十分突出的成绩。在中国，阿拉伯语教学也在不断取得进步，全

① 《首届“良渚论坛”——谱写文明交流互鉴的新篇章》，人民网，2023 年 12 月 5 日，http：//politics. people. com. cn/n1/2023/1205/c1001-40131781. html，最后访问时间：2024 年 1 月 5 日。

② 《第十届中阿关系暨中阿文明对话研讨会在阿联酋举行》，《人民日报》2023 年 10 月 26 日，第 3 版。

国已有 50 多家高校开设了阿拉伯语言文学专业。与此同时，在阿拉伯世界，学习汉语的民众也越来越多，掀起了一股“中文热”。截至 2022 年 10 月，15 个阿拉伯国家在高校开设中文院系，13 个阿拉伯国家建有 20 所孔子学院、2 个独立孔子课堂。埃及、沙特、阿联酋、突尼斯等国家将中文教育纳入本国国民教育体系。2023 年 6 月，由沙特阿拉伯苏尔坦亲王大学和深圳大学共建的苏尔坦亲王大学孔子学院在沙特首都利雅得正式揭牌，沙特第一所正式挂牌的孔子学院投入运转，苏尔坦亲王大学孔子学院的建立将为该校学生和沙特青年学习中文、了解中国文化提供宝贵机会，也将为推动沙中两国文化和经济交流合作发挥积极作用。[①] 在土耳其，7 月 7 日，中东技术大学孔子学院举办了土耳其中文教学机构联席会，来自土耳其 13 个中文教学机构的 35 名负责人和中文教师参加会议，围绕推动土耳其中文教学高质量发展进行了交流与研讨，中国驻土耳其大使刘少兵在致辞中表示，希望土耳其的中文教育日益发展，吸引越来越多的土耳其朋友特别是青少年朋友学习中文，了解中国文化。[②] 在以色列，中文课程已进入部分中小学课堂。2023 年，首届土耳其中文教学机构联席会在安卡拉举行，来自土耳其 13 个中文教学机构的 35 名负责人和中文教师受邀参会，围绕推动土耳其中文教学高质量发展展开交流与研讨[③]，为促进土耳其中文教育提供了高水平交流平台。在伊朗，越来越多年轻人把中文确定为应该学习的重要外语。2023 年 1 月 11 日，伊朗国家教育最高委员会秘书处宣布，伊朗将从 2024 年起在中学阶段教育增加中文、俄语等外语课程[④]；此外，在伊朗，德黑兰大学等 4 所

① 王海洲、胡冠：《沙特首所正式挂牌的孔子学院投入运转》，新华网，2023 年 6 月 5 日，http：//www.news.cn/world/2023-06/05/c_1129669385.htm，最后访问时间：2024 年 1 月 2 日。

② 《首届土耳其中文教学机构联席会在安卡拉举行》，人民网，2023 年 7 月 9 日，http：//world.people.com.cn/n1/2023/0709/c1002-40031215.html，最后访问时间：2024 年 1 月 10 日。

③ 沈钧：《首届土耳其中文教学机构联席会在安卡拉举行》，人民网，2023 年 7 月 9 日，http：//world.people.com.cn/n1/2023/0709/c1002-40031215.html，最后访问时间：2024 年 1 月 2 日。

④ 高文成：《中文课程将于 2024 年纳入伊朗国民基础教育体系》，新华网，2023 年 1 月 11 日，http：//www.news.cn/world/2023-01/11/c_1129275101.htm，最后访问时间：2024 年 1 月 2 日。

高校开设了中文专业。

第22届“汉语桥”世界大学生中文比赛继续在西亚国家进行，不断掀起学习汉语的热潮。5月6日，土耳其赛区预选赛决赛以线下形式在土耳其海峡大学孔子学院举办，来自土耳其6所高校的17名选手参加了决赛；5月8日，在埃及苏伊士运河大学举办埃及赛区决赛，开罗大学的两名选手荣获特等奖，一名选手获得一等奖；6月8日，在海法大学举办以色列赛区预选赛，中国对外经贸大学以色列分校的阿米特·波特曼和海法大学的亚埃尔·达维迪分获冠亚军；6月21日，沙特赛区决赛在吉达举行，来自阿卜杜勒阿齐兹国王大学的选手阿比拉荣获决赛一等奖。“汉语桥”中文比赛在西亚国家的影响力日益扩大，吸引了本地区众多青年学子参与，已成为推动中国与西亚国家人文交流的重要纽带、中国和西亚各国人民之间一座越走越宽的“连心桥”。西亚国家的中文教学越办越好，为增进双方人民相互了解和正确认知，促进中国与西亚国家文明交流互鉴发挥了积极作用。

2023年4月，中国国家主席习近平复信参加“艺汇丝路”访华采风活动的阿拉伯知名艺术家代表，鼓励艺术家创作更多体现中阿友好的艺术佳作，为增进中阿人民友谊作出新的贡献。复信在阿拉伯国家引发热烈反响，阿拉伯国家的艺术家纷纷表示，文明交流互鉴不仅促进文明进步，也增进各国人民相互理解和友谊的基础。“阿中作为不同文明的重要代表，必将为全球文明交流互鉴作出积极贡献，这是我们义不容辞的责任。”习近平的复信极大地鼓舞了艺术家们开展文学艺术交流的热情。①

在图书合作出版及典籍互译方面，中国与西亚国家也取得了一系列重要成果，越来越多中国优秀图书出现在阿拉伯地区的书展和书店中，很多阿拉伯出版机构访问中国，与中国同行探讨合作途径，中国和阿拉伯国家正以更加开放包容的心态携手前进，中阿互译工程等文化交流项目将为促进中阿民心相通、推进世界文明多样性发展贡献更大力量。

---

① 《共同谱写新时代中阿文明交流互鉴新篇章——习近平主席复信阿拉伯知名艺术家代表引发热烈反响》，《人民日报》2023年4月5日，第2版。

2023 年北京国际图书博览会期间，承担中阿典籍互译项目的五洲传播出版社在国家会议中心举办了中阿典籍互译出版工程成果发布会，自 2014 年启动以来，该项目已完成 50 部作品的翻译出版工作。2023 年 5 月 5 日，"美猴王系列"丛书阿文版新书发布暨中约文化交流会在北京举行[①]，该丛书综合考虑阿拉伯国家的历史风俗，以地道传神的译文还原美猴王的传奇历险和英雄形象，有助于阿拉伯语读者尤其是青少年读者领略中国文化、中国文学的魅力，让"一带一路"倡议和丝路精神在约旦更加深入人心。

为加强双方的图书出版合作，11 月 2 日，中国与土耳其签署《中华人民共和国国家新闻出版署与土耳其共和国文化和旅游部关于经典著作互译出版的备忘录》，双方将支持两国经典和重要著作的互译出版，用两国经典作品搭建中土人民对话的桥梁，促进中土文明互学互鉴，为推动中土战略合作关系更大发展注入人文力量。2023 年 12 月 5 日，在沙特阿拉伯首都利雅得举行了第五届中国与阿拉伯国家图书馆及信息领域专家会议，来自 12 家中方机构、10 个阿拉伯国家和阿盟秘书处的近 40 名馆长、专家、官员出席，围绕会议主题"信息环境变化下的图书馆服务转型"进行讨论。[②]

在广播电视合作方面，2023 年 12 月 10 日，第六届中国-阿拉伯国家广播电视合作论坛在杭州举行。中共中央政治局委员、中宣部部长李书磊以视频方式出席开幕式并致辞，来自中国和 15 个阿拉伯国家的广电主管部门、媒体机构、视听企业以及阿拉伯国家联盟、阿拉伯国家广播联盟的 300 余名代表参会。论坛以"传承中阿友谊·共享视听发展"为主题，与会代表共同通过《第六届中阿广电合作论坛宣言》，双方决定鼓励双方的广播电视和网络视听媒体深入了解中阿历史文化。推动联合制作播出电视剧、纪录片、动画片和综

---

① 《"美猴王系列"丛书阿文版新书发布暨中约文化交流会在北京举行》，中国外文局网站，2023 年 5 月 6 日，http：//www. cicg. org. cn/2023-05/06/content_ 42357330. htm，最后访问时间：2024 年 1 月 2 日。

② 《中国国家图书馆参加第五届中国与阿拉伯国家图书馆及信息领域专家会议》，中国国家图书馆网站，2023 年 12 月 14 日，https：//www. nlc. cn/web/dsb_ zx/gtxw/gtxwjdt/20231214_ 2637218. shtml，最后访问时间：2024 年 1 月 12 日。

艺节目，用更多作品向世界弘扬中阿友谊的美好故事，展示中阿文化。[①]

加强中国与西亚国家青年之间的广泛交流是全方位人文交流的重要内容，中国与西亚积极鼓励双方青年加强伙伴关系、共同传承好世代友谊，争当国家建设及未来发展的主力军。2023 年，为落实习近平主席在首届中国-阿拉伯国家峰会上的重要倡议以及中阿务实合作的“八大共同行动”，11 月 30 日，在海口举办了首届中阿青年发展论坛，外交部中阿合作论坛事务大使李琛、22 个阿拉伯国家的驻华使节和外交官、中阿双方各领域青年代表等 200 余人出席论坛，论坛主题为“加强中阿青年伙伴关系，推动构建开放型世界经济”。会议主办方还组织与会青年赴三亚崖州湾科技城创新研学谷参观，启动科技创新国际青年交流计划。[②]

（三）文化遗产保护和考古合作开辟交流新渠道

文化遗产保护和考古合作是中国与西亚国家近年来新开辟的人文交流新渠道，加深了双方文明互鉴。2023 年 10 月 24 日，中国-伊朗文化遗产与旅游资源开发研讨会在上海艺术品博物馆开幕。为加强中国和伊朗在文化艺术领域的合作，上海艺术品博物馆与伊朗马利克国家博物馆和图书馆以共同发展和长期合作为目标签署合作协议，双方将根据平等互利原则，通过互相参展、互相考察访问等形式加强交流，形成互访机制。2023 年 10 月 29 日，中国与伊朗签署了《中华人民共和国政府和伊朗伊斯兰共和国政府 2024 年至 2027 年文化与教育交流执行计划》，双方决定在人文交流方面开展广泛的合作。[③]

中国与埃及考古合作取得进展。中国社会科学院的考古队进驻卢克索孟

---

① 《〈第六届中国-阿拉伯国家广播电视合作论坛共同宣言〉发布》，中国新闻网，2023 年 12 月 11 日，https：//www. chinanews. com/sh/2023/12 - 11/10126192. shtml，最后访问时间：2024 年 1 月 12 日。

② 《中阿青年发展论坛在海口举办》，《中国青年报》2023 年 12 月 1 日，第 1 版。

③ 《中伊两国签署两国政府文化与教育交流执行计划》，新华网，2023 年 10 月 31 日，http：//world. people. com. cn/n1/2023/1031/c1002-40107328. html，最后访问时间：2024 年 1 月 13 日。

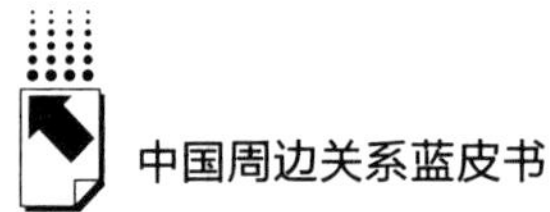

图神庙遗址，经过五年的努力，双方合作成就显著，不仅推动了两大古文明在新时代的互学互鉴，也在两国民众心中播撒了友好互助的种子。埃及最高文物委员会秘书长穆斯塔法·瓦齐里高度称赞卢克索孟图神庙联合考古项目，称埃中两国是团结合作、互利共赢的典范，欢迎更多的中国考古队来埃及工作。①

2024 年开年之际，故宫博物院联合沙特阿拉伯埃尔奥拉皇家委员会和伊朗国家博物馆以及伊朗文化遗产、旅游和手工艺部等机构，在故宫午门展厅推出“历史之遇——中国与西亚古代文明交流展”“璀璨波斯——伊朗文物精华展”“埃尔奥拉——阿拉伯半岛的奇迹绿洲展”。三大展览以精美的文物串联起丝绸之路上的重要文明，呈现中国和西亚悠久灿烂的历史文化，展现不同文明交流交融、互学互鉴的华章。

（四）智库合作推进人文交流新发展

智库交流合作是中国与西亚国家开展人文交流的重要形式，有利于深化相互之间的理解、信赖与合作。2023 年，中国与西亚国家智库实现正常的学术互访，举办了多场线下学术交流会议，在开展政策研究、传播合作理念、推动民心相通等方面取得了新发展。

2023 年 6 月 27 日，第三届中国与中东合作论坛“共享发展、共筑安全、共创未来”国际学术研讨会在北京成功举办，共有来自中国和沙特、阿联酋、埃及等中东国家的学者，约旦驻华大使、叙利亚驻华大使，媒体人士等 60 余人出席会议。中国社会科学院西亚非洲研究所所长李新烽在致辞中指出，中国和中东国家的友谊源远流长、历久弥新，新时代中国和中东国家的互利合作日益深化，中国始终做中东和平的建设者、中东稳定的促进者、中东发展的贡献者。中国中东学会会长王林聪在发言中指出，在新的历史条件下，中国和中东国家以共建“一带一路”和全球发展倡议为引擎，

① 《交相辉映 共赴未来——续写中国与中东国家文明交流新篇章》，新华网，2023 年 6 月 30 日，http://www.news.cn/politics/2023-06/30/c_1129725865.htm，最后访问时间：2024 年 1 月 13 日。

以推进全球安全倡议和全球文明倡议为新的着力点，以构建人类命运共同体为目标，积极创造条件，抓住当前契机，推动解决长期困扰中东地区和平与发展的根源性问题和深层次问题。①

2023 年 11 月 23~24 日，上海大学土耳其研究中心、上海社会科学院历史研究所与土耳其社会科学研究院、安卡拉社会科学大学等在土耳其首都安卡拉共同举办“百年未有之大变局与文明共存”国际学术研讨会，中国驻土耳其大使刘少宾出席会议并发表重要讲话，来自中国和土耳其的 40 多名学者参加了会议。②

11 月 8 日，中共中央党校（国家行政学院）主办的“中阿文明交流与现代化发展论坛”在北京召开，来自阿尔及利亚、埃及、卡塔尔、摩洛哥、沙特、苏丹等十余个阿拉伯国家和中国的官员、知名专家学者齐聚一堂，探讨在百年未有之大变局加速演进背景下，加强中阿文明交流，推动构建面向新时代的中阿命运共同体等问题。③

2023 年，中国与西亚国家间智库交流迅速恢复并蓬勃发展，为推动双方政策沟通、增进民心相通、促进务实合作发挥了独特作用。

五　中国与西亚地区关系面临的挑战和前景展望

2023 年，中国和西亚地区关系继续积极发展，并展现出以下特征。一是政治合作持续深化，双方在元首外交的引领下密切战略关系，西亚国家积极加入非西方国家主导的国际机制，主要是上合组织和金砖机制，中国与西

① 王春燕：《共享发展 共筑安全 共创未来：第三届中国与中东合作论坛召开》，中国社会科学网，2023 年 6 月 29 日，https：//www. cssn. cn/skgz/bwyc/202306/t20230629_ 5664099. shtml，最后访问时间：2024 年 1 月 14 日。

② 郑丽：《百年大变局下中土学者协商文明共存》，上海大学网站，2023 年 11 月 27 日，https：//www. shu. edu. cn/info/1056/326075. htm，最后访问时间：2024 年 1 月 14 日。

③ 吴昊昙：《中阿文明交流与现代化发展论坛在中共中央党校（国家行政学院）举办》，中共中央党校（国家行政学院）网站，2023 年 11 月 9 日，https：//www. ccps. gov. cn/xwpd/xysd/202311/t20231111_ 159835. shtml，最后访问时间：2024 年 1 月 14 日。

亚国家携手构建更加公正合理的国际秩序。二是经济合作稳中有进。传统的贸易合作依旧稳定，能源贸易仍是重头，双方能源合作逐渐向新能源领域扩展。传统基建合作亮点纷呈，并且新基建合作稳步推进。西亚国家尤其是海湾国家对华投资激增，双方投资变得更加平衡。三是安全合作不断上升。双方在传统安全领域的合作有序推进，军事联演联训逐渐增多。中国继续在西亚地区积极提供安全公共产品，并且成功促成沙特与伊朗和解，积极参与解决巴以冲突问题。四是人文合作日益紧密。双方人文关系愈发密切，在文化、科技、体育等人文领域交流频繁，西亚国家对中国的好感度持续处在高位。

与此同时，中国与西亚地区关系的发展也存在一些问题和挑战。首先，热点问题加剧地区紧张局势，新一轮巴以冲突对西亚地区稳定和发展造成严重影响。一方面，冲突升级，加沙地带出现空前惨烈的人道主义灾难。另一方面，外溢风险明显，主要表现为以色列、美国与黎巴嫩真主党、也门什叶派胡塞武装、伊拉克和叙利亚什叶派民兵的冲突，严重威胁地区稳定与安全，引发红海水域安全危机；胡塞武装袭击红海商船影响国际航道正常运行，波及全球供应链安全；冲突还可能刺激该地区新一波极端主义和恐怖主义。①

其次，西亚国家的发展赤字、安全赤字和治理赤字问题依旧严峻，短期内存在恶化的可能。因全球经济低迷，西亚地区不同国家经济形势差异大，产油国与非产油国经济前景不同，且西亚国家经济的结构性问题短期内很难改变。国际货币基金组织和世界银行等国际机构预测，沙特和阿联酋受益于经济多元化战略而经济形势较好；伊朗受困于国际制裁，以色列受困于战争而经济前景黯淡；土耳其继续收紧货币政策，埃及受制于经济结构问题和红海危机的挑战，经济增长将继续放缓。同时，受全球货币紧缩影响，绝大多数西亚国家通胀率将会进一步回落，西亚国家的财政平衡压力依然较大，西

① 王林聪、李绍先、高祖贵等：《巴以冲突：根源、影响与出路》，《国际经济评论》2024 年第 1 期，第 32~33 页。

亚国家货物进出口贸易将保持温和增长，但货物贸易顺差和经常账户顺差继续收窄，外债规模将继续扩大。

最后，美国基于全球大国竞争思维，着力阻挠中国与西亚国家的合作。美国强调“不允许中俄填补在西亚北非地区的战略真空”，力图通过战略调整，在西亚地区遏制伊朗，降低西亚国家与俄罗斯的军事联系，抵消中国在西亚地区的经济影响力，维护美国的地区霸权地位，并为其全球大国竞争战略服务。一方面，美国着力维持在西亚地区的军事和安全影响力，2023 年，美国继续在西亚多国驻军，与以色列、埃及等开展大规模联合军演，与巴林签署《综合安全联合和繁荣协议》；另一方面，美国大力推动西亚北非地区的小多边机制，包括内盖夫论坛、I2U2 四方机制、印度-中东-欧洲经济走廊等，还力促沙特与以色列关系正常化。美国试图在西亚遏制中国影响力，势必会妨碍中国与西亚国家关系的发展。

与此同时，气候变化、重大自然灾害等非冲突安全问题困扰西亚国家发展。极端天气频发，阿联酋、伊朗、沙特、卡塔尔、阿曼和也门不时暴发洪水，极端热浪、持续干旱、沙漠化蔓延，伊拉克、叙利亚沙尘天气增多。[①]西亚地区成为世界上受气候变化影响最严重的地区之一，粮食安全问题尤为严峻。

展望未来，中国与西亚国家的关系仍将继续深化，这是由双方互补性的利益和合作性的观念决定的。中国将继续以“三大全球倡议”为抓手，深化与西亚国家的战略关系。

第一，中国与西亚国家政治关系将继续深化。2024 年将举行中阿合作论坛第十届部长级会议，中沙（特）元首也将会晤，中国与阿拉伯国家将继续携手全力构建面向新时代的中阿命运共同体。同时，中国与伊朗、土耳其等其他西亚国家的政治关系也将继续提升。

第二，中国与西亚经济关系将不断升级。双方的贸易、投资和基建合作

① 王林聪：《中东地区发展报告：历史性转机及前景》，载王林聪主编《中东发展报告 No. 25（2022~2023）：气候变化与中东可持续发展》，社会科学文献出版社，2024，第 10 页。

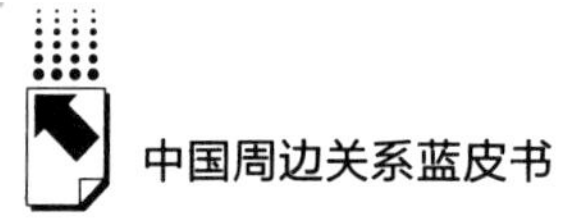

仍将十分稳固，并且贸易合作将逐渐转型升级，更加富有科技和绿色色彩，而双方的能源合作将继续向新能源领域扩展，投资合作将变得更加平衡。

第三，中国与西亚安全关系将继续推进。中国将继续在传统军事安全领域加强与西亚国家的合作，包括更多的军事联演联训和军售合作。此外，中国将继续发挥负责任大国作用，积极劝和促谈，参与解决地区热点安全问题，助力地区和平与安全。

第四，中国与西亚国家人文交流合作前景广阔，人文联系将日益紧密。一方面，中国与西亚国家具有许多共同价值观，双方期待在现代化道路、和平与发展思想、公平和正义理念等方面加强交流，为文明互鉴提供了持久动力。另一方面，中国与西亚国家将进一步扩展人文合作的广度和深度，包括在人员面对面的直接交流方面将取得新的突破，在旅游、青年、语言文化、文学艺术、科技、智库等方面将继续保持高频次的交流，推动全球文明倡议进一步落实，携手应对挑战，为全球性问题的解决作出更大贡献。

B.5

2023年中国与南亚国家关系评估与展望

田光强*

摘　要： 在双方的共同努力下，中国与南亚国家之间全方位、深层次、多领域的合作蓬勃开展。政治关系和经济联系高歌猛进，政府交往和民间交流相得益彰，国家友好和地区合作齐头并进。中国积极与南亚国家开展首脑外交、双边外交、多边外交，双方之间的政治关系得到进一步巩固和发展，呈现持续健康发展的良好局面。受全球经济形势的消极影响，中国与南亚国家之间的经贸合作有所减少，但是双方更加重视经贸关系的可持续高质量发展，并积极推动共建“一带一路”进入高质量发展新阶段。中国勇于承担大国责任、展现大国担当，积极致力于促进阿富汗实现和平与重建，并及时主动向南亚国家提供急需的食品、药品、设备、人员等人道援助。中国还与南亚国家开展了一系列形式多样、内容丰富、喜闻乐见的人文交流活动。日益紧密的人文交流不仅促进了双方之间的相知相亲相融，更为双方战略合作伙伴关系奠定了坚实的民意基础。中国与南亚国家的政治关系将更友好、经济纽带将更牢固、安全合作将更深入、人文联系将更紧密。

关键词： 中国　南亚　战略合作伙伴关系

随着百年未有之大变局加速演进，世界之变、时代之变、历史之变正以前所未有的方式展开，不确定性、不稳定性、不安定性日益突出，和平赤字、发展赤字、安全赤字、治理赤字日益加重，人类社会所面临的挑战日益

* 田光强，法学博士，中国社会科学院亚太与全球战略研究院助理研究员，研究方向为中国外交、南亚地区国际关系。

严峻。作为安身立命之所、发展繁荣之基，周边在中国外交中的地位和作用更加凸显。在习近平外交思想指引下，中国始终将周边置于外交全局首要位置，奉行与邻为善、以邻为伴方针，践行亲诚惠容理念。[①]中国与南亚国家山水相连，人文相通，利益相融，命运与共。在共同努力下，双方的政治关系将更友好、经济纽带将更牢固、安全合作将更深入、人文联系将更紧密。

一　政治关系持续发展

南亚国家是中国和睦相处的好邻居、同舟共济的好朋友、休戚与共的好伙伴，双方前途相关、命运与共。习近平总书记深刻指出："以中国式现代化全面推进强国建设、民族复兴伟业，是全党全国各族人民在新时代新征程的中心任务。"[②] 这需要中国周边外交为其营造更有利国际环境、提供更坚实战略支撑。而中国与南亚国家之间的睦邻友好关系正是其中重要一环。在双方的共同努力下，中国与南亚国家的互利合作不断深耕、政治互信不断深化、利益融合不断深入、发展潜力不断深挖。双方之间的政治关系得到进一步巩固和发展，呈现持续健康发展的良好局面。

（一）元首外交战略引领作用凸显

元首外交是一国外交活动中一种非常独特的外交方式，在其中拥有特殊的地位，发挥至为关键的作用。元首外交不仅具有重要的礼仪和象征意义，也对国家的外交政策、外交实践、国际关系产生极其重大而深远的影响。[③]

---

① 《新时代中国的周边外交政策展望》，中国外交部网站，2023 年 10 月 24 日，https：//www.mfa.gov.cn/web/ziliao_674904/1179_674909/202310/t20231024_11167069.shtml，最后访问时间：2023 年 12 月 1 日。

② 习近平：《在纪念毛泽东同志诞辰 130 周年座谈会上的讲话》，中国政府网，2023 年 12 月 26 日，https：//www.gov.cn/gongbao/2024/issue_11086/202401/content_6924965.html，最后访问时间：2024 年 1 月 1 日。

③ 陈志敏、肖佳灵、赵可金：《当代外交学》，北京大学出版社，2008，第 193~196 页。

2023 年 12 月 27~28 日举行的中央外事工作会议认为，党的十八大以来，中国的对外工作取得历史性成就、发生历史性变革，其中之一就是坚持元首外交的战略引领。[①] 在中国与南亚国家政治关系发展中，元首外交深化了战略沟通，增进了战略互信，促进了战略合作，为未来指明了方向，发挥着至为关键的战略引领作用。

中国与南亚国家之间的元首外交主要包括三类。一是礼节性的贺电。2023 年 1 月 22 日，马尔代夫总统萨利赫代表马政府和人民向习近平主席致春节贺电。3 月 10 日，马尔代夫总统萨利赫致电祝贺习近平主席再次当选中华人民共和国主席、中央军委主席。3 月 14 日，中国国家主席习近平致电鲍德尔，祝贺他就任尼泊尔总统。4 月 24 日，习近平致电祝贺穆罕默德·谢哈布丁·楚普就任孟加拉国总统。7 月 31 日，习近平致信祝贺中巴经济走廊启动十周年庆祝活动在伊斯兰堡举行。10 月 3 日，习近平致电穆罕默德·穆伊兹，祝贺他当选马尔代夫总统。

二是致电慰问。2023 年 1 月 16 日，习近平就尼泊尔发生客机坠毁事故向尼总统班达里致慰问电。2 月 1 日，习近平就巴基斯坦发生严重恐怖袭击事件向巴总统阿尔维致慰问电。6 月 3 日，习近平就奥里萨邦列车脱轨相撞事故分别向印度总统穆尔穆、总理莫迪致慰问电。8 月 1 日，习近平就巴基斯坦发生自杀式炸弹袭击事件向巴总统阿尔维致慰问电。11 月 4 日，习近平就尼泊尔发生强烈地震向尼总统鲍德尔致慰问电。

三是元首会面。2023 年 8 月 23 日在约翰内斯堡出席金砖国家领导人会晤期间，习近平应约同印度总理莫迪交谈，双方就当前中印关系和共同关心的问题坦诚、深入地交换了意见。同日，习近平会见孟加拉国总理哈西娜。习近平指出，2016 年我们将中孟关系提升为战略合作伙伴关系，为两国深化合作指明了方向。中方愿同孟方加强发展战略对接，深化各领域务实合作，推动两国战略合作伙伴关系迈上新台阶，给两国人民带来更多福祉。哈

① 《中央外事工作会议在北京举行，习近平发表重要讲话》，中国政府网，2023 年 12 月 28 日，https://www.gov.cn/yaowen/liebiao/202312/content_6922977.htm，最后访问时间：2024 年 1 月 1 日。

西娜感谢中方在孟加拉国抗击新冠疫情和经济发展方面提供的宝贵支持，祝贺习近平主席提出“一带一路”倡议十周年，表示共建“一带一路”为孟加拉国打开了发展的新的大门。[①]

9 月 23 日，习近平在杭州会见来华出席第 19 届亚洲运动会开幕式并进行正式访问的尼泊尔总理普拉昌达。习近平指出，中方高度重视中尼关系，愿同尼方加强发展战略对接，推动两国关系不断取得新进展。中尼共建“一带一路”合作不断取得积极成果，跨喜马拉雅立体互联互通网络初具规模。双方要重点推动基础设施互联互通，拓展过境运输合作，助力尼泊尔早日由“陆锁国”转型为“陆联国”。中方鼓励中国企业赴尼泊尔投资兴业，促进尼对华出口，愿同尼方加强治国理政经验交流，为尼泊尔经济社会发展提供力所能及的帮助。普拉昌达表示，尼中是相互理解、相互依赖、相互支持的朋友和伙伴。尼方衷心感谢中方给予尼经济建设、扶贫和抗疫等方面的无私帮助。尼方高度赞赏并将积极参与共建“一带一路”，推进跨喜马拉雅立体互联互通网络建设，相信这将极大助力尼泊尔国家经济发展。[②] 访问期间，中尼发表了《联合声明》。

10 月 19 日晚，习近平在北京会见来华出席第三届“一带一路”国际合作高峰论坛的巴基斯坦总理卡卡尔。习近平指出，中国和巴基斯坦是全天候战略合作伙伴和铁杆朋友，巴历届政府都积极支持和参与“一带一路”合作。10 年来，中巴经济走廊取得丰硕成果，有力推动巴基斯坦经济社会发展，成为共建“一带一路”的重要标志性工程。中方愿同巴方弘扬传统友谊，深化互利合作，加快构建新时代更加紧密的中巴命运共同体。卡卡尔祝贺“一带一路”倡议 10 年来取得的巨大成功。卡卡尔表示，习主席提出的八项行动不仅将加强世界互联互通，也将推动全球治理体系更加公正合理，为巴基斯坦和其他国家实现更好发展提供重要机遇。巴将是中国永远可信可

① 《习近平会见孟加拉国总理哈西娜》，中国外交部网站，2023 年 8 月 24 日，https：//www.mfa.gov.cn/web/zyxw/202308/t20230824_11131109.shtml，最后访问时间：2024 年 1 月 1 日。

② 《习近平会见尼泊尔总理普拉昌达》，中国外交部网站，2023 年 9 月 23 日，https：//www.mfa.gov.cn/web/zyxw/202309/t20230923_11148708.shtml，最后访问时间：2024 年 1 月 1 日。

靠的朋友，永远不会允许任何势力破坏巴中友谊，将继续致力于深化两国全天候战略合作伙伴关系。巴方愿同中方密切合作，推动巴中经济走廊高质量发展。[①] 访问结束后，中巴双方发表了《联合声明》。

10 月 20 日，习近平在北京会见来华出席第三届“一带一路”国际合作高峰论坛的斯里兰卡总统维克拉马辛哈。习近平指出，斯里兰卡是最早欢迎并加入“一带一路”倡议的国家之一。中方高度重视中斯关系发展，愿同斯方巩固政治互信，高质量共建“一带一路”，推动中斯真诚互助、世代友好的战略合作伙伴关系不断取得新进展，更好造福两国人民。维克拉马辛哈祝贺中方成功举办第三届“一带一路”国际合作高峰论坛。维克拉马辛哈表示，斯里兰卡从一开始就高度重视并积极参与共建“一带一路”，看好其潜力和前景。共建“一带一路”特别是“21 世纪海上丝绸之路”极大促进了斯里兰卡经济社会发展，中国可以成为斯实现现代化的重要伙伴。[②] 访问期间，中斯还发表了《联合声明》。

（二）双边外交持续稳步深入推进

双边外交是中国深化与南亚国家战略合作伙伴关系最为重要的外交方式之一。在世界经济复苏乏力、全球通货膨胀持续、国际金融市场不稳、贸易保护主义抬头的压力之下，经济脆弱又敏感的南亚国家普遍面临发展经济的严峻挑战。南亚国家更加重视发展与中国的双边关系，希望全面深化与中国的双边合作，将其视为提供发展助力、发展动力、发展活力的重要伙伴。而中国与南亚国家的双边外交增强了相互之间的政治互信、深化了相互之间的合作共赢、增进了相互之间的共同利益，显现出稳步深入推进、持续良好发展的势头。

中国与南亚国家之间各层面的双边外交日益增多、日益活跃、日益丰

---

① 《习近平会见巴基斯坦总理卡卡尔》，中国外交部网站，2023 年 10 月 19 日，https：//www.mfa.gov.cn/web/zyxw/202310/t20231019_11164256.shtml，最后访问时间：2024 年 1 月 1 日。

② 《习近平会见斯里兰卡总统维克拉马辛哈》，中国外交部网站，2023 年 10 月 20 日，https：//www.mfa.gov.cn/web/zyxw/202310/t20231020_11164663.shtml，最后访问时间：2024 年 1 月 1 日。

富。2023 年 1 月 5 日，国务院总理李克强应约同巴基斯坦总理夏巴兹通电话。李克强表示，中方始终将中巴关系置于周边外交优先方向。夏巴兹感谢中方在巴基斯坦抗击洪灾时提供的支持和帮助，充分体现了比山高、比海深的巴中“铁杆”友谊。[①] 4 月 27 日，国务院总理李强同巴基斯坦总理夏巴兹通电话。李强表示，两国是好邻居、好朋友、好伙伴、好兄弟。双方共同推动构建新时代更加紧密的中巴命运共同体。夏巴兹表示，巴中是“铁杆”兄弟，两国命运紧密相连。愿同中方一道，推动巴中经济走廊高质量发展，推动巴中全天候战略合作伙伴关系进一步发展。[②] 6 月 20 日，中央军委副主席张又侠在北京会见巴基斯坦参联会主席萨希尔。7 月 25 日，全国人大常委会委员长赵乐际以视频方式同巴基斯坦国民议会议长阿什拉夫举行会谈。8 月 4 日，中共中央政治局委员、外交部长王毅应约同巴基斯坦外长比拉瓦尔通电话。

南亚国家高度重视发展对华关系，积极开展对华外交双边访问，拓展双边务实合作，不断充实深化双方战略合作伙伴关系。2023 年 4 月 27 日，王毅、张又侠在北京会见巴基斯坦陆军参谋长穆尼尔。7 月 5~13 日，应中国国家创新与发展战略研究会邀请，由巴基斯坦参议院国防委员会主席、巴中学会主席穆沙希德·侯赛因·赛义德率领的巴基斯坦两院议员代表团一行 7 人来华访问。这是新冠疫情后巴基斯坦议会首个访华团。[③] 8 月 16 日，王毅在昆明应约会见来华出席中国-南亚博览会的斯里兰卡总理古纳瓦德纳。

（三）多边外交成果丰硕彰显担当

“以双边促多边、以多边带双边”。多边外交是中国与南亚国家深化战

---

① 《李克强同巴基斯坦总理夏巴兹通电话》，中国外交部网站，2023 年 1 月 5 日，https://www.mfa.gov.cn/web/zyxw/202301/t20230105_11001438.shtml，最后访问时间：2024 年 1 月 3 日。

② 《李强同巴基斯坦总理夏巴兹通电话》，中国外交部网站，2023 年 4 月 27 日，https://www.mfa.gov.cn/web/zyxw/202304/t20230427_11067931.shtml，最后访问时间：2024 年 1 月 3 日。

③ 《巴基斯坦两院议员代表团访华行程圆满结束》，中国国家创新与发展战略研究会网站，2023 年 7 月 18 日，https://www.ciids.cn/gb/articles/2023-07/18/content_qbdAeeIJM9.html，最后访问时间：2024 年 1 月 3 日。

略沟通、增进战略理解、促进战略合作的重要途径和平台。中国就双方关心的地区问题主持召开了一系列多边外交活动，为积极应对地区挑战贡献力量、方案、智慧，彰显出中国的大国担当、大国风范、大国情怀。同时充分利用多边机制开展丰富多彩富有成效的多边外交活动，中国与南亚国家在重大国际和地区问题上协调立场和政策，积极维护共同利益。

中国主持召开多边外交活动积极应对地区挑战。4 月 13 日，中国、俄罗斯、巴基斯坦、伊朗四国外长阿富汗问题第二次非正式会议在乌兹别克斯坦撒马尔罕召开，发表《第二次中俄巴伊四国外长阿富汗问题非正式会议联合声明》。外长们重申尊重阿富汗主权、独立和领土完整，支持按照“阿人主导、阿人所有”原则决定该国政治前途和发展道路；强调一个和平稳定的阿富汗符合国际社会的共同利益，支持一切有利于推动阿富汗政治解决的外交努力，将继续支持阿富汗和平重建。① 10 月 5 日，第三届中国西藏“环喜马拉雅”国际合作论坛在林芝举行，就生态环保、发展合作等议题进行了深入讨论。中共中央政治局委员、中央外办主任王毅、蒙古国副总理阿玛尔赛汗、尼泊尔联邦院副主席阿亚尔、巴基斯坦外长吉拉尼等出席开幕式并致辞。王毅在致辞中指出，“环喜马拉雅”国际合作论坛启动以来，中方遵循习近平新时代中国特色社会主义思想尤其是习近平生态文明思想，同环喜马拉雅地区各国广泛深入开展合作，不断凝聚合作共识，积极支持绿色发展，持续强化能力建设，为促进地区经济社会发展、完善生态环境治理发挥了重要作用。②

中国借助多边外交舞台积极与南亚国家加强沟通、协调立场、促进合作。2023 年 2 月 17 日，中共中央政治局委员、中央外办主任王毅在出席慕尼黑安全会议期间会见巴基斯坦外长比拉瓦尔。6 月 22 日，李强总理在巴

① 《第二次中俄巴伊四国外长阿富汗问题非正式会议联合声明》，中国外交部网站，2023 年 4 月 14 日，https：//www. mfa. gov. cn/web/wjbzhd/202304/t20230414 _ 11059049. shtml，最后访问时间：2024 年 1 月 3 日。

② 《王毅出席第三届中国西藏“环喜马拉雅”国际合作论坛开幕式》，中国外交部网站，2023 年 10 月 5 日，https：//www. mfa. gov. cn/web/wjbzhd/202310/t20231005 _ 11155012. shtml，最后访问时间：2024 年 1 月 3 日。

黎会见巴基斯坦总理夏巴兹。李强表示，两国始终真诚相待、彼此信任、患难与共；中方愿同巴基斯坦一道，推动中巴全天候战略合作伙伴关系继续发展，推动构建新时代更加紧密的中巴命运共同体。夏巴兹表示，巴中是全天候朋友和铁杆兄弟。巴基斯坦愿同中方携手推动巴中经济走廊高质量发展，加强各领域互利合作。[①] 7月13~14日，中央外办主任王毅在印度尼西亚雅加达出席中国-东盟（10+1）外长会、东盟与中日韩（10+3）外长会、东亚峰会外长会和东盟地区论坛外长会期间应约会见印度外长苏杰生。7月24日，中央外办主任王毅在约翰内斯堡出席“金砖国家安全事务高级代表之友”会议期间会见印度国家安全顾问多瓦尔。9月21日，国家副主席韩正在纽约出席联合国大会期间会见巴基斯坦看守政府总理卡卡尔。

二　经济关系提质升级

经济关系是中国与南亚国家战略合作的重要基础和主要内容。作为发展中国家，双方都有经济发展的强烈需求，也有巨大的经济合作空间和潜力。随着新冠疫情的逐渐缓解，中国与南亚国家之间的经济关系逐步恢复正常。虽然全球经济复苏乏力以及自身经济的结构性问题导致部分南亚国家的经济形势较为严峻，但是南亚地区依然保持着较为旺盛的发展活力，不仅是全球经济发展最为迅速的地区之一，而且具有较大的发展潜力。受全球经济形势的消极影响，中国与南亚国家之间的经贸合作有所减少，但是双方更加重视经贸关系的可持续高质量发展，具有新特点、新亮点、新重点。

（一）南亚国家经济机遇挑战并存

南亚国家经济具有明显的脆弱性和敏感性，容易受到国内政局变动和全球经济形势的影响，从而呈现随之大幅起伏的特点。受全球经济下行压力的

① 《李强会见巴基斯坦总理夏巴兹》，中国外交部网站，2023年6月23日，https：//www.mfa.gov.cn/web/zyxw/202306/t20230623_11102608.shtml，最后访问时间：2024年1月3日。

消极影响，南亚国家的经济增速有所放缓，有的甚至面临较为严峻的经济困难，但是南亚国家依然是世界上经济增速最快的地区之一，具有长期可持续发展的潜力。

囿于自身经济的结构性特点，南亚国家经济遭受新冠疫情的沉重打击，除孟加拉国之外经济增长率均出现不同程度的下降，经济陷入严重衰退中。随着新冠疫情的逐步缓解，南亚国家的经济逐渐恢复，呈现较为快速的复苏势头。受全球经济下行压力的消极影响，2023 年绝大多数南亚国家的经济增长有所放缓（见表 1），巴基斯坦、阿富汗、斯里兰卡等甚至面临着较为严峻的经济困难，呈现机遇和挑战并存的局面。

表 1　2020~2028 年部分年份南亚国家 GDP 增长率

单位：%

年份	印度	巴基斯坦	阿富汗	尼泊尔	孟加拉国	斯里兰卡	马尔代夫	不丹
2020	-5.8	-0.9	-2.4	-2.4	3.4	-4.6	-33.4	-2.3
2021	9.1	5.8	-20.7	4.8	6.9	3.5	41.7	-3.3
2022	7.2	6.1	—	5.6	7.1	-7.8	13.9	4.8
2023	6.3	-0.5	—	0.8	6	—	8.1	5.3
2024	6.3	2.5	—	5	6	—	5	3
2028	6.3	5	—	5.1	7	—	5.1	3.6

注：2024 年和 2028 年数据为预估。

资料来源：World Economic Outlook October 2023，https：//www.imf.org/-/media/Files/Publications/WEO/2023/October/English/text.ashx，最后访问时间：2024 年 1 月 14 日。

从国际货币基金组织的远期预测来看，南亚国家经济将保持较长时间的可持续高速增长，将成为全球经济新的亮点、焦点、重点。

（二）双方经贸关系发展有所放缓

经贸合作是中国与南亚国家经济合作的主要领域和发展重点。虽然中国与南亚国家之间的经贸合作有所放缓，但是双方之间的经贸合作互补程度大、契合水平高、发展前景广阔。中国与南亚国家都积极拓展经贸合作领域、创新经贸合作方式、提高经贸合作水平，致力于构建健康、持续、紧密、共赢的经贸合作关系。

随着新冠疫情的逐步缓解，中国与南亚国家之间的贸易有所恢复。根据中国海关总署的统计数据，2022 年双方的贸易额出现大幅度增加，贸易总额高达 1974. 19 亿美元，同比增加 5. 26%；中国出口额高达 1749. 79 亿美元，同比增加 13. 59%；中国进口额 224. 37 亿美元，同比下降 33. 04%。① 受全球经济下行压力和南亚国家经济增速放缓的消极影响，2023 年中国与部分南亚国家之间的贸易额有所减少（见表 2）。据统计，2023 年双方贸易总额为 1890. 32 亿美元，同比下降 4. 2%；中国出口额为 1655. 5 亿美元，同比下降 5. 39%；中国进口额为 234. 81 亿美元，同比增长 4. 65%。② 中国与南亚国家之间的贸易总额有所下降，但是双方的贸易不平衡状况有所缓解，贸易关系更趋于平衡，有利于健康可持续发展。

表 2　2023 年中国与南亚国家之间的贸易情况

单位：亿美元，%

贸易额	印度	巴基斯坦	孟加拉国	斯里兰卡	阿富汗	尼泊尔	马尔代夫	不丹
总额	1362. 18	207. 6	239. 87	41. 12	13. 33	18	7. 58	0. 64
出口额	1176. 81	173	229. 61	37. 55	12. 69	17. 65	7. 58	0. 61
进口额	185. 37	34. 6	10. 26	3. 56	0. 64	0. 35	0	0. 03
总额同比	0. 17	-21. 67	-13. 68	-3. 25	124. 03	7. 33	68. 07	-62. 13
出口额同比	-0. 69	-25. 07	-14. 35	0	129. 48	6. 65	68. 07	-63. 25
进口额同比	6. 03	1. 38	4. 48	-28. 08	52. 38	59. 09	0	0

资料来源：《2023 年 12 月进出口商品国别（地区）总值表（美元值）》，中国海关总署，2024 年 1 月 18 日，http：//www. customs. gov. cn/customs/302249/zfxxgk/2799825/302274/302277/302276/5637259/index. html，最后访问时间：2024 年 1 月 20 日。

① 《2022 年 12 月进出口商品国别（地区）总值表（美元值）》，中国海关总署网站，2023 年 1 月 18 日，http：//www. customs. gov. cn/customs/302249/zfxxgk/2799825/302274/302277/302276/4807727/index. html，最后访问时间：2024 年 1 月 14 日。

② 《2023 年 12 月进出口商品国别（地区）总值表（美元值）》，中国海关总署网站，2024 年 1 月 18 日，http：//www. customs. gov. cn/customs/302249/zfxxgk/2799825/302274/302277/302276/5637259/index. html，最后访问时间：2024 年 1 月 20 日。

为了缓解贸易不平衡状况并促进贸易关系的健康发展，中国采取积极举措为南亚国家产品输华提供便利。2023 年 9 月，中国和尼泊尔续签《关于农业畜牧业渔业合作谅解备忘录》，签署《关于尼泊尔植物源性中药材输华植物检疫要求议定书》，加快推进尼泊尔熟制水牛肉输华批准程序，签署关于成立审议和修订《中尼贸易和支付协定》联合技术工作组的谅解备忘录。[①] 2023 年 10 月，中国和巴基斯坦签署关于巴熟制牛肉、干辣椒输华的议定书，实现了巴鲜食樱桃对华准入，并就巴乳制品、动物皮对华出口达成一致。[②] 与此同时，中国与斯里兰卡同意尽快达成全面的自贸协定，同意签署《关于斯里兰卡锡兰肉桂输华植物检疫要求议定书》《关于斯里兰卡输华野生水产品的检验检疫和兽医卫生要求议定书》。[③]

虽然中国对南亚国家的直接投资额和工程承包合同额有所减少，但是南亚国家依然是中国重要的海外工程承包市场和投资目的地。《2022 年度中国对外直接投资统计公报》数据显示，2022 年中国对巴基斯坦的直接投资流量为 5.63 亿美元，同比下降 22.56%；对印度为-3.31 亿美元，同比萎缩 218.64%；对孟加拉国为 3.22 亿美元，同比增加 33.61%；对斯里兰卡为-0.44亿美元，同比萎缩 126.51%；对尼泊尔为 1.15 亿美元，同比增加 130%；对马尔代夫为-355 万美元，同比萎缩 114.51%；对阿富汗为 894 万美元，同比增加 450.59%。[④] 2022 年中国对南亚国家的直接投资流量总额为 6.3 亿美元，同比下降 57.52%。2022 年，中国企业在巴基斯坦新签工

① 《中华人民共和国和尼泊尔联合声明》，中国外交部网站，2023 年 9 月 26 日，https://www.mfa.gov.cn/zyxw/202309/t20230926_11149957.shtml，最后访问时间：2024 年 1 月 20 日。

② 《中华人民共和国和巴基斯坦伊斯兰共和国联合新闻声明》，中国外交部网站，2023 年 10 月 21 日，https://www.mfa.gov.cn/zyxw/202310/t20231021_11165405.shtml，最后访问时间：2024 年 1 月 20 日。

③ 《中华人民共和国和斯里兰卡民主社会主义共和国联合声明》，中国外交部网站，2023 年 10 月 21 日，https://www.mfa.gov.cn/zyxw/202310/t20231021_11165407.shtml，最后访问时间：2024 年 1 月 20 日。

④ 商务部、国家统计局、国家外汇管理局：《2022 年度中国对外直接投资统计公报》，中国商务出版社，2023，第 47~48 页。

程承包合同额为32.7亿美元，同比下降25.68%，完成营业额为45.6亿美元，同比下降32.24%；在孟加拉国分别为30.4亿美元，同比下降27.62%，55.4亿美元，同比下降7.36%；在斯里兰卡分别为21.6亿美元，同比下降42.09%，9.9亿美元，同比下降23.85%；在印度分别为14.3亿美元，同比下降14.37%，20.2亿美元，同比增长6.32%；在尼泊尔分别为11.1亿美元，同比下降13.28%，5.6亿美元，同比增长40%；在马尔代夫分别为5.7亿美元，同比增长4.7倍，2.8亿美元，同比下降3.45%。①

（三）“一带一路”建设持续推进

习近平在第三届“一带一路”国际合作高峰论坛开幕式上的主旨演讲中指出，2023年是“一带一路”倡议提出十周年。十年来，“一带一路”国际合作蓬勃发展，取得丰硕成果。“一带一路”开辟了各国交往的新路径，搭建起国际合作的新框架，汇集着人类共同发展的最大公约数。② 南亚国家是最早响应并参与共建“一带一路”的国家之一，其中中巴经济走廊是“一带一路”建设的六大走廊之一，更是“一带一路”的旗舰项目，发挥着重要的引领示范作用。“一带一路”倡议为南亚国家经济发展注入了新动能，为社会进步开辟了新空间，为地区合作提供了新平台。中国与南亚国家继续积极加强政策沟通、设施联通、贸易畅通、资金融通、民心相通，推动共建“一带一路”进入高质量发展的新阶段。

中国与南亚国家完善“一带一路”国际合作机制。2023年9月26日，中国和尼泊尔表示，愿就《关于共同推进“一带一路”建设的合作规划》

① 《亚洲司主管国别贸易统计数据》，中国商务部网站，http://www.mofcom.gov.cn/article/tongjiziliao/sjtj/yzzggb/，最后访问时间：2024年1月13日。

② 《习近平在第三届“一带一路”国际合作高峰论坛开幕式上的主旨演讲》，中国政府网，2023年10月18日，https://www.gov.cn/yaowen/liebiao/202310/content_6909882.htm，最后访问时间：2024年1月15日。

加快磋商，尽早达成一致，共同打造跨喜马拉雅立体互联互通网络。[①] 2023年10月18日第三届“一带一路”国际合作高峰论坛期间，中国和巴基斯坦签署《关于深化公路技术合作的五年行动计划（2023~2027）》《在中巴经济走廊框架下建立专家交流机制的谅解备忘录》。[②] 2023年10月20日，中国和斯里兰卡同意签署《关于共同加快编制共建“一带一路”合作规划的谅解备忘录》等文件，为两国高质量共建“一带一路”打造新亮点、注入新动力。[③]

“一带一路”在南亚国家的重大项目取得积极进展。中巴经济走廊是共建“一带一路”先行先试项目，成果丰硕（见表3），已进入到高质量发展新阶段。中巴共建增长走廊、民生走廊、创新走廊、绿色走廊、开放走廊，将中巴经济走廊打造成高质量共建“一带一路”的示范性工程。启动建设10年来中巴经济走廊累计为巴带来了254亿美元直接投资、23.6万个就业岗位、510公里高速公路、8000多兆瓦电力、886公里核心输电网。[④] 2023年3月22日，“中巴经济走廊”重点能源合作项目巴基斯坦塔尔一区块煤电一体化项目正式投入商业运营，巴基斯坦总理夏巴兹·谢里夫为项目投运揭幕并致辞。6月20日，恰希玛5号核电机组项目主合同补充协议在巴基斯坦总理府举行签署仪式。该项目将帮助巴缓解能源短缺问题，改善巴能源结构，提供清洁稳定的电力供应。7月31日，中国国家主席习近平特别代表、国务院副总理何立峰应邀出席在伊斯兰堡举行的中巴经济走廊启动十周年庆祝活动，宣读习近平

① 《中华人民共和国和尼泊尔联合声明》，中国外交部网站，2023年9月26日，https://www.mfa.gov.cn/zyxw/202309/t20230926_11149957.shtml，最后访问时间：2024年1月20日。

② 《第三届“一带一路”国际合作高峰论坛务实合作项目清单》，中国外交部网站，2023年10月18日，https://www.fmprc.gov.cn/zyxw/202310/t20231018_11163412.shtml，最后访问时间：2024年1月20日。

③ 《中华人民共和国和斯里兰卡民主社会主义共和国联合声明》，中国外交部网站，2023年10月21日，https://www.mfa.gov.cn/zyxw/202310/t20231021_11165407.shtml，最后访问时间：2024年1月20日。

④ 《姜再冬大使出席“中巴经济走廊千里行”报告发布会》，中国驻巴基斯坦大使馆网站，2023年11月7日，http://pk.china-embassy.gov.cn/zbgx/202311/t20231107_11175188.htm，最后访问时间：2024年1月5日。

主席贺信并致辞。在贺信中，习近平充分肯定了中巴经济走廊建设取得的积极成果和重大意义，为走廊发展和中巴务实合作作出了战略指引。① 8 月 7 日，中巴经济走廊十周年系列庆祝活动之"走廊共同繁荣的贡献者表彰仪式"在巴基斯坦总理府举行，夏巴兹总理为 29 家中巴企业颁奖。② 12 月 19 日，中巴经济走廊框架下的巴基斯坦辣椒种植农业产业示范与推广项目向中国出口首批干辣椒。该项目带动当地建成辣椒园 30 个，总面积 1.6 万英亩，培训技术人员 1500 余人次，每英亩产值提高 10 万卢比，是传统农作物的 3 倍。③

表 3　中巴经济走廊项目建设情况

领域	状态	项目
能源（21 项）	完成（14 项）	真纳 1000 兆瓦太阳能园区项目(2016 年 8 月完工)
		大沃 50 兆瓦风电场项目(2017 年 4 月 5 日完工)
		萨察尔 50 兆瓦风电场项目(2017 年 4 月 11 日完工)
		联合能源巴基斯坦公司 100 兆瓦风电项目(2017 年 6 月 16 日完工)
		萨希瓦尔 1320 兆瓦燃煤电站项目(2017 年 10 月 28 日完工)
		卡西姆港 1320 兆瓦燃煤电站项目(2018 年 4 月 25 日完工)
		三峡第二风电项目(2018 年 6 月 30 日完工)、三峡第三风电项目(2018 年 7 月 9 日完工)
		塔尔 660 兆瓦燃煤电站项目(2019 年 7 月 10 日完工)
		胡布 1320 兆瓦燃煤电站项目(2019 年 8 月 17 日完工)

① 程是颉：《中巴经济走廊启动十周年庆祝活动举行》，《人民日报》2023 年 8 月 2 日，第 2 版。

② 《巴基斯坦总理夏巴兹为卡西姆项目颁发"走廊共同繁荣突出贡献奖"》，中国电建集团南方投资有限公司网站，2023 年 8 月 11 日，http：//nf.powerchina.cn/art/2023/8/11/art_12277_1759877.html，最后访问时间：2024 年 1 月 20 日。

③ 《中巴经济走廊农业项目首批干辣椒输华举行启运仪式》，人民网，2023 年 12 月 20 日，http：//world.people.com.cn/n1/2023/1220/c1002-40143289.html，最后访问时间：2024 年 1 月 20 日。

续表

领域	状态	项目
能源（21项）	完成（14项）	默蒂亚里—拉合尔±660千伏直流输电工程项目（2021年9月1日完工）
		卡洛特720兆瓦水电站项目（2022年6月29日完工）
		塔尔330兆瓦燃煤电站项目（2022年9月30日完工）
		塔尔煤田Ⅰ区1320兆瓦燃煤电站项目（2023年2月5日完工）
		塔尔煤田Ⅱ区块二期ThalNova 330兆瓦燃煤电站项目（2023年2月17日完工）
	在建（2项）	苏吉吉纳里884兆瓦水电站项目
		瓜达尔港300兆瓦燃煤电站项目
	筹划（5项）	科哈拉1124兆瓦水电站项目
		阿扎德帕坦700.7兆瓦水电站项目
		甲骨文塔尔坑口1320兆瓦燃煤电站项目
		Cacho 50兆瓦风电项目
		西部能源有限责任公司50兆瓦风电项目
交通通信（24项）	完成（6项）	地面数字电视传输项目（2015年4月完工）
		拉瓦尔品第至红旗拉甫光纤电缆项目（2018年7月完工）
		白沙瓦至卡拉奇高速公路项目苏库尔至木尔坦段项目（2019年11月5日完工）
		巴基斯坦喀喇昆仑公路二期赫韦利扬至塔科特项目（2020年7月28日完工）
		拉合尔轨道交通橙线项目（2020年10月25日完工）
		哈卡拉—德拉·伊斯梅尔·汗高速公路项目（2022年1月5日完工）
	在建（5项）	兹霍布—奎达公路项目
		胡兹达尔—巴斯玛公路项目
		霍沙布—阿瓦兰路段项目
		申杜尔山口—吉特拉尔公路项目
		诺昆迪—马什凯尔公路项目
	筹划（13项）	一号干线铁路升级改造（ML1）及赫韦利扬旱港建设项目
		德拉·伊斯梅尔·汗—兹霍布公路升级项目
		吉尔吉特—申杜尔山口公路项目
		喀喇昆仑公路二期（塔科特—雷科特段）改线项目
		白沙瓦—德拉·伊斯梅尔·汗高速公路项目
		阿瓦兰—胡兹达尔路段项目
		迪尔高速公路项目
		地面数字电视传输DTMB-A项目
		米尔布尔—穆扎法拉巴德—曼塞赫拉公路项目
		卡拉奇环形铁路项目
		马什凯尔—潘古尔公路项目
		奎达公共交通项目
		大白沙瓦地区公共交通项目

续表

领域	状态	项目
瓜达尔港（14项）	完成（4项）	瓜达尔智能港口城市总体规划项目(2019年11月5日完成)
		港口和自由经济区的部分建设项目(2021年4月7日完成)
		瓜达尔职业技术学校项目(2021年9月30日完工)
		瓜达尔东湾快速路项目(2022年6月3日完工)
	在建（6项）	新瓜达尔国际机场项目
		淡水处理、供水和配水设施项目
		中巴友谊医院项目
		瓜达尔300兆瓦燃煤发电项目
		海水淡化厂项目
		瓜达尔海水淡化厂项目
	筹划（4项）	防波堤建设项目
		停泊区和航道疏浚项目
		西海湾渔船码头和造船业项目
		瓜达尔智能环境卫生系统和垃圾填埋场项目
产业合作（9项）	在建（4项）	拉沙卡伊特别经济区项目
		阿拉玛·伊克巴尔工业城项目
		塔贝吉特别经济区项目
		博斯坦特别经济区项目
	筹划（5项）	ICT示范工业区项目
		巴基斯坦钢铁厂工业园区项目
		米尔普尔工业区项目
		莫赫曼德大理石城特别经济区项目
		莫克彭达斯特别经济区项目
社会民生（27项）	完成（5项）	疫苗储存和运输设备项目
		减贫培训项目
		提高巴基斯坦国家灾害管理局救灾能力项目
		巴基斯坦职业技术教育能力建设项目
		巴基斯坦职业学校设备升级和翻新项目

续表

领域	状态	项目
社会民生（27项）	在建（12项）	中巴农业技术联合实验室项目 提供农业设备和工具项目 高等教育智能教室项目 维护和翻新50所学校项目 太阳能照明设备项目 海外留学生奖学金项目 医疗设备和物资项目 瓜达尔医院项目 巴基斯坦光明行项目 饮用水设备项目 瓜达尔海水淡化厂项目 瓜达尔职业技术培训项目
	筹划（10项）	中巴联合农业示范项目 菌草技术培训和推广项目 巴基斯坦农业职业培训项目 提供中小学教学设备项目 烧伤治疗中心项目 中巴远程医疗联合网络项目 俾路支省医疗急救中心项目 农村减贫联合研究项目 应用科学与技术学院项目 旁遮普天津技术大学项目

资料来源：CPEC Projects Progress Update，China-Pakistan Economic Corridor Secretariat，https：//cpec. gov. pk/progress-update，最后访问时间：2024年1月20日。

2023年1月1日，作为中尼跨喜马拉雅立体互联互通网络的标志性工程，尼泊尔博克拉国际机场正式投入运营。7月13日，孟加拉国达舍尔甘地污水处理厂项目竣工，哈西娜总理出席竣工典礼并讲话。该项目是中国政府优惠贷款支持的南亚最大污水处理厂，可以提供1000多个本地就业机会，处理达卡市500万居民的生活污水。① 10月10日，共建“一带一路”的标

① 《驻孟加拉国大使姚文出席达舍尔甘地污水处理厂项目竣工典礼》，中国外交部网站，2023年7月13日，http：//new. fmprc. gov. cn/web/gjhdq_676201/gj_676203/yz_676205/1206_676764/1206x2_676784/202307/t20230714_11113271. shtml，最后访问时间：2024年1月20日。

志性项目孟加拉国帕德玛大桥铁路连接线达卡至邦嘎段通车，是该国利用中国优惠贷款的最大基础设施项目。该项目建成后将直接惠及 8000 万人，拉动孟加拉国经济增长 1.5 个百分点。帕德玛大桥及铁路连接线项目还入选了联合国全球契约组织撰写的《推动企业可持续发展、促进高质量“一带一路”合作、实现联合国 2030 可持续发展目标案例研究报告》。[①] 10 月 12 日，中资企业投资建设的孟加拉国第一个集中式风电项目科克斯巴扎尔风电项目并网发电。该项目投产后每年可提供 1.45 亿千瓦时电力，可极大地缓解对化石燃料的依赖、促进节能减排。[②] 10 月 28 日，共建“一带一路”示范项目孟加拉国国父隧道竣工通车。该隧道是习近平主席 2016 年 10 月访孟时见签项目之一，也是孟中印缅经济走廊的重要组成部分。作为南亚首条河底隧道，该项目建成后将大大改善吉大港的交通状况，提升该国与周边地区的互联互通水平。[③] 10 月 28 日，中国在孟加拉国首个产业园区项目中国经济产业园揭牌和意向入园企业签约仪式举行。11 月 11 日，孟加拉国多哈扎里至科考斯巴扎铁路正式通车。该铁路是孟加拉国十大优先发展项目之一和泛亚铁路网在该国境内的关键路线，也是孟中印缅经济走廊的重要组成部分和中孟企业紧密联营体首个铁路完工项目。[④]

扎实推进“一带一路”在南亚国家的规划项目（见表 4）。中国与南亚国家将继续加强合作，推动高质量共建“一带一路”，对有关项目开展科学规划并争取早日推进实施。中国和尼泊尔同意有序推进口岸、公路、铁路、航空、电网等方面互联互通，共同打造跨喜马拉雅立体互联互通网络。中方将适时

① 《帕德玛大桥、雅万高铁两项目入选联合国案例研究报告》，中国中铁股份有限公司网站，2023 年 10 月 21 日，http：//www.crec.cn/web/10089492/10091148/10260298/index.html，最后访问时间：2024 年 1 月 21 日。

② 《中企投资承建孟加拉国首个集中式风电项目并网发电》，光明网，2023 年 10 月 13 日，https：//m.gmw.cn/2023-10/13/content_1303539171.htm，最后访问时间：2024 年 1 月 21 日。

③ 《中咨公司助力孟加拉国国父隧道建成通车》，中国国际工程咨询有限公司网站，2023 年 12 月 1 日，https：//www.ciecc.com.cn/art/2023/12/1/art_6360_98116.html，最后访问时间：2024 年 1 月 21 日。

④ 《孟加拉国多哈扎里至科考斯巴扎铁路通车》，人民网，2023 年 11 月 12 日，http：//world.people.com.cn/n1/2023/1112/c1002-40116328.html，最后访问时间：2024 年 1 月 21 日。

启动阿尼哥公路四期保通项目以及尽快启动沙拉公路修复项目。加快推动多卡—察哈尔隧道工程可行性研究，加快落实加德满都内环路二期项目。将进一步开展能源领域合作，特别是水电开发和跨境电网项目及其配套变电站建设。双方将尽快定稿完成《中尼电力合作规划》，早日启动建设吉隆—热索瓦跨境输变电项目。① 中国和巴基斯坦认为瓜达尔港是地区互联互通的重要节点，同意加快推进该港配套设施建设，早日推进实施巴基斯坦1号铁路干线升级改造项目，加快推进中巴喀喇昆仑公路（雷克特—塔科特）改线项目，开展D. I. 汗—兹霍布公路项目前期准备工作。② 科伦坡港口城、汉班托塔港项目是中国和斯里兰卡共建“一带一路”的标志性项目。斯方欢迎中国企业加大投资力度，愿为港口城提供有利的投资环境。③ 中国、巴基斯坦、阿富汗重申将在共建“一带一路”框架下推进三方合作，推动中巴经济走廊向阿富汗延伸。

表4　第三届“一带一路”国际合作高峰论坛务实合作项目清单中有关南亚国家的项目

国家	项目
巴基斯坦	拉合尔轨道交通橙线运营与维护服务项目 建设瓜达尔新国际机场项目 朝阳浪马轮胎项目(二期) 交接援巴基斯坦瓜达尔海水淡化厂项目证书 签署援巴基斯坦脊髓灰质炎疫苗项目立项换文
孟加拉国	达卡机场高架快速路项目 达卡绕城高速公路项目 签署拉杰沙希地表水处理厂项目贷款协议 援建莫汉南达橡胶坝工程项目 援孟加拉国耐特什瓦考古遗址公园项目

① 《中华人民共和国和尼泊尔联合声明》，中国外交部网站，2023年9月26日，https://www.mfa.gov.cn/zyxw/202309/t20230926_11149957.shtml，最后访问时间：2024年1月20日。

② 《中华人民共和国和巴基斯坦伊斯兰共和国联合新闻声明》，中国外交部网站，2023年10月21日，https://www.mfa.gov.cn/zyxw/202310/t20231021_11165405.shtml，最后访问时间：2024年1月20日。

③ 《中华人民共和国和斯里兰卡民主社会主义共和国联合声明》，中国外交部网站，2023年10月21日，https://www.mfa.gov.cn/zyxw/202310/t20231021_11165407.shtml，最后访问时间：2024年1月20日。

续表

国家	项目
马尔代夫	建设胡鲁马累汽配城项目
斯里兰卡	实施“招商丝路爱心村”帮扶项目 提供校服布料物资援助
尼泊尔	实施国际活水行动

资料来源：《第三届“一带一路”国际合作高峰论坛务实合作项目清单》，中国外交部网站，2023年10月18日，https：//www.fmprc.gov.cn/zyxw/202310/t20231018_11163412.shtml，最后访问时间：2024年1月1日。

三 积极促进和平稳定

南亚国家宗教民族矛盾频发、地缘政治环境复杂、安全治理能力较弱，国家和地区安全局势较为脆弱，容易受到恐怖主义、极端主义、分裂主义的冲击。局势不稳不仅会严重影响南亚地区发展繁荣，还事关中国良好周边环境的营造，事关中国周边利益共同体、责任共同体、命运共同体的构建。由于脆弱的经济和复杂的地理环境，南亚国家也面临着较为严峻的非传统安全威胁。对此，中国勇于承担大国责任、展现大国担当，积极致力于促进南亚地区的和平稳定，并积极主动向有关国家提供急缺急需的食品、药品、设备、人员等人道援助帮其渡过难关。

（一）推动阿富汗实现和平与重建

美国撤军之后，阿富汗政治局势发生剧变，阿富汗塔利班重新上台执政。再次执掌权柄的阿富汗塔利班以何种模式、制度、理念建政统治，事关阿富汗的稳定、团结和繁荣，并对地区安全局势和权力格局产生潜移默化的影响。虽然阿富汗塔利班临时政府已基本实现正常运作、国内安全局势大有改善，但是阿富汗依然面临着经济危机、恐怖威胁、国际制裁等严峻挑战。难以实现和平稳定的阿富汗必然会对包括中国在内的周边国家和地区产生负面溢出效应。作为负责任的大国，中国积极与相关国家合作推动阿富汗实现和平与重建。

2023 年 4 月 12 日，中国外交部发布《关于阿富汗问题的中国立场》的文件，全面阐述了中国对阿富汗问题的立场：坚持“三个尊重”“三个从不”；支持阿富汗温和稳健施政；支持阿富汗和平重建；支持阿富汗坚决有力打恐；呼吁加强反恐双多边合作；合作打击踞阿“三股势力”；敦促美国切实对阿富汗履约担责；反对域外势力干预渗透阿富汗；增进涉阿富汗问题国际地区协调；协助解决阿富汗人道和难民问题；支持阿富汗禁毒。①

4 月 13 日，中国、俄罗斯、巴基斯坦、伊朗四国外长阿富汗问题第二次非正式会议在乌兹别克斯坦撒马尔罕举行。外长们表示，将继续支持阿富汗重建和发展，重申尊重阿富汗的主权、独立、领土完整，支持按照“阿人主导、阿人所有”原则决定该国政治前途和发展道路。呼吁阿执政当局推进包容建政，支持一切有利于推动阿富汗问题政治解决的外交努力，同意就阿富汗问题加强各层级协调。② 同日，中国、伊朗、巴基斯坦、俄罗斯、塔吉克斯坦、土库曼斯坦和乌兹别克斯坦外长和高级别官员出席在撒马尔罕举行的第四次阿富汗邻国外长会。会后发表了《第四次阿富汗邻国外长会撒马尔罕宣言》。各方表示将继续向阿富汗人民提供人道援助，为阿富汗经济重建提供支持。各方强调，向喀布尔提供援助以恢复阿富汗国民经济，并重申早日启动政治外交、经济人道、安全稳定三个工作组会议。③ 5 月 6 日，中国、巴基斯坦、阿富汗三方外长在伊斯兰堡举行第五次中阿巴三方外长对话。三方强调不能干涉阿富汗内部事务，要推进阿富汗和平、稳定与重建，强调向阿富汗人民提供持续和紧急人道主义援助；呼吁国际社会与阿富汗方

① 《关于阿富汗问题的中国立场》，中国外交部网站，2023 年 4 月 12 日，https://www.mfa.gov.cn/zyxw/202304/t20230412_11057782.shtml，最后访问时间：2024 年 1 月 23 日。

② 《第二次中俄巴伊四国外长阿富汗问题非正式会议联合声明》，中国外交部网站，2023 年 4 月 14 日，https://www.mfa.gov.cn/wjbzhd/202304/t20230414_11059049.shtml，最后访问时间：2024 年 1 月 23 日。

③ 《第四次阿富汗邻国外长会撒马尔罕宣言》，中国外交部网站，2023 年 4 月 14 日，https://www.mfa.gov.cn/wjbzhd/202304/t20230414_11059107.shtml，最后访问时间：2024 年 1 月 23 日。

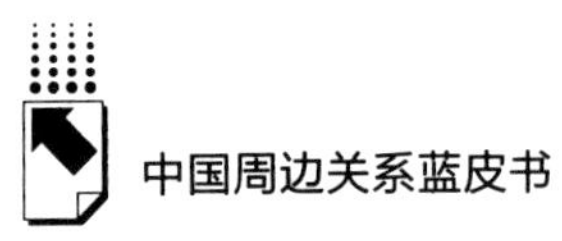

面开展建设性接触，支持相关机制和平台特别是阿富汗邻国协调合作机制加大与阿富汗临时政府的对话和建设性接触。[①] 本次外长对话标志着中阿巴三方合作机制重启。

（二）同舟共济守望相助共克时艰

由于自身脆弱的经济以及所处的复杂地理环境，南亚国家极易遭受经济困难等民生危机和特大灾害等引发的人道主义危机。中国与南亚国家互为友好邻邦和发展伙伴，是休戚与共的命运共同体。对此，中国及时向有关国家伸出援手，为其提供急需的资金、物资、人员等人道援助，助其纾困解难、渡过难关。这彰显了中国负责任大国的作用和担当，获得了南亚国家的高度赞誉，巩固了双方的传统友谊，增进了双方的战略互信。

向受灾国家及时提供人道主义援助。2023 年 6 月 7 日，中国河南省向巴基斯坦友省俾路支省 25 个地区受洪灾影响的民众捐赠 9000 个食品包。10 月 7 日以来，阿富汗西北部接连发生强烈地震，造成重大人员伤亡和财产损失。地震发生后，中国政府和民间及时向受灾地区提供人道主义援助。10 月 9 日，中国红十字会向阿富汗红新月会提供 20 万美元的紧急人道主义现金资助。在阿富汗侨胞积极开展募捐活动，短短几天内共筹集 1.7 万美元善款。10 月 15 日，中国政府援助阿富汗的第一批抗震救灾物资以及中国红十字会提供的价值约 50 万元人民币救灾物资运抵赫拉特市。11 月 3 日，尼泊尔扎泽尔果德地区发生 6.4 级地震，震源深度 10 公里。11 月 8 日，中国政府首批 500 万元援尼泊尔抗震救灾人道主义紧急救援物资抵达博克拉国际机场。11 月 17 日，中国红十字会向尼泊尔红十字会提供 10 万美元的紧急人道主义现汇援助。2023 年，孟加拉国遭受史上最严重的登革热疫情，11 月 7 日，中国向孟加拉国援助登革热抗疫物资。

向南亚国家提供急需的民生援助。2023 年 2 月 10 日，中国人民对外友

---

① 《第五次中国-阿富汗-巴基斯坦外长对话联合声明》，中国外交部网站，2023 年 5 月 9 日，https：//www.mfa.gov.cn/wjbzhd/202305/t20230509_11073518.shtml，最后访问时间：2024 年 1 月 23 日。

好协会向斯里兰卡卫生部捐赠价值 400 万卢比的药品。2 月 11 日，共建“一带一路”重要民生工程中国马尔代夫眼科中心援助与合作项目启动。2 月 23 日，中国首批捐赠斯里兰卡的 300 万米校服布料装车发运。3 月 15 日，中国向斯里兰卡交接援助警服布料。4 月 25 日，中国向斯里兰卡移交援建的国家医院门诊楼。4 月 28 日，中国援助尼泊尔公务员医院升级改造项目移交典礼暨中国援外医疗 60 周年庆典仪式在加德满都举行，尼泊尔总理普拉昌达出席并发表讲话。5 月 5 日，“丝路慈善光明行——走进佛陀的故乡”助学助医项目善款发放仪式正式启动。5 月 17 日，中国人民解放军向尼泊尔军队援助核磁共振仪及配套设备。2023 年 5 月 23 日，中国人道主义紧急援助斯里兰卡渔民燃料发放启动仪式举行。6 月 6 日，中国政府与联合国开发计划署（UNDP）合作向马尔代夫捐赠疫后护理设备。7 月 31 日，中国援助斯里兰卡高法大楼全面维修项目开工。11 月 27 日，中国援助斯里兰卡科伦坡低收入人群保障住宅项目实施协议签字。12 月 4 日，巴基斯坦瓜达尔港的海水淡化厂和中巴友谊医院竣工。这两个项目都是中巴经济走廊框架下的民生援助项目。

四　人文交流丰富多彩

国之交在于民相亲，民相亲在于心相通。地理相邻、文化相近使中国与南亚国家的人文交流具有先天的优势。人文交流不仅促进了文明互鉴、增进了民心相通，更厚植了双方赓续传统友谊、增进相互了解、深化务实合作的民意基础。随着新冠疫情的逐渐缓解，中国与南亚国家之间的人文交流更加蓬勃地开展起来，可谓形式多样、内容丰富、喜闻乐见。日益紧密的人文交流不仅促进了双方之间的相知相亲相融，更为中国与南亚国家构建利益共同体、责任共同体、命运共同体夯实了民意基础。

2023 年是中巴经济走廊启动十周年。作为共建“一带一路”重要先行先试项目，中巴经济走廊建设取得丰硕成果。为庆祝中巴经济走廊启动十周年，两国举行了系列活动。2023 年 6 月 18 日，喀什大学举办 2023 慕峰论坛·中巴经济走廊国际学术研讨会。7月7日，巴赫利亚大学举行“中巴经济走廊——在挑战中通向繁荣发展的大道”主题研讨会。7月24~25日，“中巴经济走廊和‘一带一路’十周年：从愿景到现实”国际会议在伊斯兰堡举行。9月4日，巴基斯坦《外交聚集》杂志主办“中巴经济走廊第二阶段：展望、机遇与挑战”主题研讨会。10月10日，巴基斯坦AAJ电视台主办“中巴经济走廊和我的故事”主题活动，分享中巴经济走廊造福当地普通民众的故事。12月20日，以“中巴经济走廊下一个十年：机遇与经验”为主题的第八届中巴经济走廊媒体论坛开幕，与会代表围绕绿色发展、协同反击负面宣传、走廊成就与前进方向等议题进行了讨论，并为“中巴经济走廊传播金锚奖”获奖者颁奖。①

2023年也是共建“一带一路”倡议提出十周年。对此，南亚国家纷纷举行形式多样、内容丰富的庆祝活动。2023年3月16日，尼泊尔丝路之友俱乐部举办“‘一带一路’十周年——尼泊尔的经验”论坛。9月12日，孟中丝路论坛举行庆祝共建“一带一路”倡议十周年活动。10月8日，尼泊尔“丝路之友”俱乐部举办“‘一带一路’这十年——深化贸易、投资、互联互通和学术交流”研讨会，尼总理普拉昌达、中国驻尼大使陈松等出席。10月12日，为迎接第三届“一带一路”国际合作高峰论坛，巴基斯坦中巴经济走廊能力建设中心举办“‘一带一路’——共同繁荣之路”研讨会。11月9日，孟加拉国外交记者协会举办“一带一路”工作坊。11月27日，“共建‘一带一路’，传承中孟友谊”主题摄影和绘画展在孟加拉国艺术院开幕。

2023年9~10月，第十九届亚洲运动会在杭州市举行。为了迎接这一亚洲体育盛事，南亚国家积极举办“迎杭州亚运会”活动。2023年2月4日，马尔代夫奥委会举办“迎杭州亚运会趣味跑”活动。2月7日，“迎杭州亚运会趣味跑”活动在斯里兰卡“一带一路”旗舰项目——科伦坡港口城隆

① 《吴旭出席第八届中巴经济走廊媒体论坛并致辞》，中国记协网，2023年12月20日，http://www.zgjx.cn/2023-12/20/c_1310756370.htm，最后访问时间：2024年1月23日。

重举行。2月20日，由亚洲奥林匹克理事会主办，巴基斯坦奥委会承办的“迎杭州亚运会趣味跑”活动在拉合尔举办。2月17日，“迎杭州亚运会趣味跑”活动在世界文化遗产尼泊尔帕坦王宫广场举行。

为了增进中国与南亚国家之间的相互了解和理解，中国举办了各种形式的参访活动。2023年9月，巴基斯坦俾路支省记者团来华参访，有利于弥合俾路支省人民同中国人民之间的“信息鸿沟”。11月6~14日，由中国驻巴基斯坦大使馆和中国传媒大学人类命运共同体研究院联合主办的巴基斯坦Z世代代表团一行11人赴华参访，增进了两国青年之间的理解与友谊。12月6~16日，由中国国务院新闻办公室主办、中国外文局国际传播发展中心承办的“巴基斯坦媒体智库人士中国行”主题参访活动邀请15位巴基斯坦媒体智库人士先后赴北京、成都、喀什、乌鲁木齐等地参访，实地感受了中国在各个领域内取得的卓越成就。

悠久的历史、璀璨的文化、辉煌的文明使文化交流成为中国与南亚国家人文交流的重点和亮点。2023年3月1日，“感触七彩云南 传承中尼友谊”文艺演出在加德满都举行，尼泊尔总统班达里出席。3月7日，《毛泽东与当代中国》《中国共产党怎样解决发展问题》《翻越喀喇昆仑：中巴学者摄影对话集》三本书的乌尔都语版发布。3月15日，“譬若香山：犍陀罗艺术展”在故宫博物院开幕。此次艺术展充分展示了犍陀罗文化的艺术魅力及其对中国和东亚的深刻影响。[①] 5月26日，“中斯文艺联袂演出”在中国援建的斯里兰卡莲花池剧院盛大举行。这是疫情三年以来斯里兰卡首次迎来的重要外国演出团体。8月3日，第一部中巴合拍电影《巴铁女孩》首映。这部电影开创了中巴电影文化交流的先河，成为中巴民间合作的又一个历史性里程碑。[②] 8月31日，“中国文化之夜·丝路花语”中国民族音乐尼泊尔专

---

① 《譬若香山：犍陀罗艺术展》，中国文化和旅游部网站，2023年4月6日，https://www.mct.gov.cn/ggfw/zyjzzt/zhanlan/zhanlanjqrm/202304/t20230406_941207.html，最后访问时间：2023年12月18日。

② 《中国电建助力“一带一路”题材电影〈巴铁女孩〉走上大银幕》，中国电力网，2023年8月11日，http://www.chinapower.com.cn/guihuajianshe/qiye/20230811/213142.html，最后访问时间：2023年12月20日。

场演出在加德满都精彩呈现，亚达夫副总统作为主宾出席。9月5日，《中国文学现状：中国当代文学评论文集》（尼泊尔语版）新书发布会在尼泊尔学院举行。9月25日，中国和尼泊尔签署《关于经典著作互译出版的备忘录》。11月25日，《习近平谈治国理政》第一卷僧伽罗文版分享交流会在斯里兰卡科伦坡举行。12月4日，“敦煌文化环球连线——走进尼泊尔”中国文化之夜活动在加德满都举办。

随着中国国际影响力的提升以及双方之间的交流日益深化，“汉语热”在南亚国家持续升温，出现了学汉语、用汉语的热潮。2月10日，第五期尼泊尔旅游人才汉语培训班在尼泊尔旅游委员会开班。4月17日，科伦坡大学孔子学院华助中心中文班教学点开班。为了迎接第十四个“联合国中文日”暨第四个“国际中文日”，南亚国家举行了系列庆祝活动。4月20日，巴基斯坦孔子学院和孔子课堂以“中文：增进文明对话”为主题举办“国际中文日”庆祝活动。[①] 4月24日，加德满都大学孔子学院举办“2023年国际中文日”活动。作为联通世界的“文化之桥”“友谊之桥”“心灵之桥”，“汉语桥”中文比赛是南亚国家中文学习者展示中文水平、交流学习经验和检验学习成果的重要平台，在促进中国与南亚国家语言文化交流方面发挥了独特作用。6月3日，第十六届“汉语桥”世界中学生中文比赛印度赛区决赛举行。6月10日，第二十二届“汉语桥”世界大学生中文比赛孟加拉国赛区预选赛举办。6月11日，第二十二届“汉语桥”世界大学生中文比赛尼泊尔赛区决赛成功举办。6月23日，第二十二届“汉语桥”世界大学生中文比赛印度赛区决赛在孟买举行。8月22日，第十六届“汉语桥”世界中学生中文比赛尼泊尔赛区决赛、第十届“大使杯”中小学生中文演讲比赛、第九届“中华才艺”大赛、第五届中小学生“我心目中的中国”主题绘画比赛颁奖典礼暨中文教育招待会隆重举办。10月19日，马尔代夫维拉学院汉语培训班开班。11月22日，孟加拉国首家孔子课堂山度·玛利

① 《“国际中文日”活动在巴基斯坦举行》，中国文化网，2023年4月24日，https：//www.cice.org.cn/portal/site/wenhua/mobile2/mobileInformation_share.jsp？rowId=028266edadfe4a2ea287e49272741626&isFromSY=N，最后访问时间：2023年12月20日。

亚姆-红河孔子课堂正式揭牌。

作为一种文化习得方式和文化传播方式，旅游在中国与南亚国家的人文交流中占据着重要地位，发挥着独特作用。随着新冠疫情的逐步缓解和更多便利化政策的出台，双方之间的旅游逐渐恢复并得到发展。2023 年 2 月 6 日起，中国文化和旅游部试点恢复全国旅行社及在线旅游企业经营中国公民赴有关国家出境团队旅游和“机票+酒店”业务，首批的 20 个试点国家包括马尔代夫、斯里兰卡。3 月 1 日，新冠疫情后首批中国游客团队 100 余人抵达斯里兰卡科伦坡。4 月 13 日，新冠疫情后首个中国游客团队 180 人抵达尼泊尔加德满都。5 月，巴基斯坦中国文化中心和中国驻巴基斯坦大使馆文化处启动“2023 长江主题旅游海外推广季”线上活动。这是 2023 年中巴旅游年活动的重要组成部分。8 月，中国文化和旅游部将巴基斯坦列入出境团队游国家名单。中国和尼泊尔宣布 2025 年为“尼泊尔旅游年”。

五　前景展望

在双方的共同努力下，中国与南亚国家之间全方位、深层次、多领域的合作蓬勃开展。政府交往和民间交流相得益彰，国家友好和地区合作齐头并进。双方之间的政治关系将更友好、经济纽带将更牢固、安全合作将更深入、人文联系将更紧密。但是国际局势的变动以及全球经济形势的恶化也给双方关系带来了不容忽视的严峻挑战。对此，中国有决心、诚心、信心与南亚国家共同应对，致力于发展更加紧密的战略合作伙伴关系。

第一，中国与南亚国家之间的经济合作将继续是合作的重点。全球经济下行压力以及自身经济的结构性问题导致南亚国家经济增速有所放缓，有的甚至面临较为严峻的民生危机。发展经济成为南亚国家的急迫需求。经济实力不断提升的中国为南亚国家发展经济提供了巨大机遇，成为南亚国家经济发展的重要依托。南亚国家日益重视深化与中国的经济合作，希望搭上中国经济发展的快车，促进自身经济的复苏和发展。因此，双方将经济合作视为重点和着力点，致力于构建健康、持续、共赢的经济合作关系。

第二，南亚国家将更加积极地推进共建“一带一路”高质量发展。2023 年是中国提出“一带一路”倡议十周年。南亚国家是最早响应并参与共建“一带一路”倡议的国家，成果丰硕，南亚国家深受其益。共建“一带一路”促进了南亚国家的经济发展，提升了南亚地区互联互通水平，推动了南亚地区合作进程。南亚国家与中国将继续积极加强政策沟通、设施联通、贸易畅通、资金融通、民心相通，推动共建“一带一路”进入高质量发展新阶段。作为“一带一路”建设的六大走廊之一和共建“一带一路”的旗舰项目，中巴经济走廊启动建设十年以来，成果丰硕，已进入高质量发展新阶段。中巴将继续积极推动中巴经济走廊建设，将其打造成高质量共建“一带一路”的示范性工程。随着共建“一带一路”进入高质量发展新阶段，南亚国家将更加积极、紧密地参与其中。在推进“一带一路”在南亚地区高质量发展过程中，更要因地制宜、因势利导、顺势而为。

第三，中国与南亚国家之间的战略合作伙伴关系将继续深化。在双方的共同努力之下，中国与南亚国家之间的战略合作伙伴关系得到进一步巩固和发展，并呈现持续健康发展的良好局面。中国和南亚国家都致力于实现好、维护好、发展好双方的战略合作伙伴关系。国际社会不稳定性不确定性日益突出，南亚国家更易受外部冲击，更将中国视为可靠、可信的区域繁荣的建设者、经济发展的促进者、地区和平的维护者，更致力于深化与中国的战略合作伙伴关系。

第四，积极应对影响双方关系的风险和挑战。虽然大多数南亚国家致力于深化与中国的战略合作伙伴关系，但是国际格局和地区局势的变动也带来了不容忽视的严峻挑战。首先，大选所带来的不稳定性和不确定性。2024 年，孟加拉国、巴基斯坦、印度、斯里兰卡等南亚国家都将举行大选，可谓南亚地区的大选之年。虽然保持对华友好是南亚国家的主流舆论，但是大选期间的民粹主义情绪会在某种程度上造成消极影响，阻碍双方关系的深化发展。其次，美国的战略施压。由于日益将中国视为其最为严峻的战略挑战，美国更加肆无忌惮地对华进行全方位围堵和无底线遏制打压。为了削弱中国在南亚地区的影响力，美国威逼利诱南亚国家减少与中国的合作。虽然南亚国家始终重视发展与中国的战略合作伙伴关系，但是在美国战略施压愈来愈大的情况下，部分南亚国家可能被迫更加谨慎地深化与中国的合作关系。再次，印度的对华强硬政策。为了迎合印度教民粹主义选民以及维护在南亚地区的主导地位，莫迪政府实施对华强硬政策，尤其是在中印边界争端问题上不断挑衅，导致局势升级，双边关系降温。为了赢得大选，莫迪政府的对华政策或更加强硬，可能给中印关系乃至中国与南亚国家之间关系带来阴影。最后，恐怖主义的威胁上升。由于南亚国家经济下滑、失业高企、治理不佳，恐怖主义、极端主义死灰复燃，活动空间和能力有所增大、增强。部分恐怖主义和极端主义势力为了实现自身不可告人的邪恶目的，将中国在南亚国家的人员和项目当作袭击目标。安全局势的恶化必然会影响中国与南亚国家之间的合作进程。面对南亚地区出现的新情况新问题新挑战，应谋划实施符合该地区实际并兼顾双方利益的新理念新思路新政策。

中国过去是、现在是、将来永远都是南亚国家的好邻居、好朋友、好伙伴，始终做维护南亚地区和平稳定、促进南亚国家发展繁荣的中流砥柱。中国愿同南亚国家一道，依托联通、发展、安全和人文四大支柱，聚焦政治、经贸、科技、安全、人文、全球性挑战六大领域，构建理念有共鸣、发展共规划、成果共分享、安全共维护、责任共担当的周边命运共同体。①

① 《新时代中国的周边外交政策展望》，中国外交部网站，2023 年 10 月 24 日，http：//new.fmprc.gov.cn/wjb _ 673085/zzjg _ 673183/yzs _ 673193/xwlb _ 673195/202310/t20231024 _ 11167069.shtml，最后访问时间：2024 年 2 月 1 日。

B.6 2023年中国与东南亚国家关系评估与展望

刘静烨*

摘　要： 2023年，中国与东南亚国家关系在多个层面实现了新发展。政治层面，高层互访频繁，推动了中国-东盟命运共同体的建设走深走实。经济层面，双方贸易额持续增长，产业链融合加深，自贸区升级谈判有序进行，数字经济和绿色经济成为新的合作亮点。安全合作层面，中国与东南亚国家的防务务实合作、海洋合作等取得了积极成果。人文层面，文化互鉴、科教合作、民生合作等多点并进，促进了民心相通。区域治理层面，双方的绿色转型、海洋治理等合作务实推进。展望2024年，中国与东南亚国家的关系将在政治、经济、安全、人文等多个层面继续深化合作，共同应对挑战，推动区域和平、稳定与繁荣。

关键词： 中国-东盟命运共同体　农业合作　互联互通　区域治理合作

2023年，在人类命运共同体理念提出十周年之际，中国-东盟命运共同体建设不断加速推进，中国与东南亚国家的关系不断升级。中国与东南亚国家关系在多个层面实现了新发展，双方在政治、经济、安全、人文等层面的合作均取得了系列成果。

---

* 刘静烨，中国社会科学院中国边疆研究所（中国历史研究院中国边疆研究所）海疆研究室助理研究员，研究方向为中国海疆问题研究和中国与东南亚国家关系研究。

一　元首互访推动政治关系升级

2023年，中国与东南亚国家元首频繁互访，共同引领双边关系迈上新台阶。多项重要周年纪念活动增强了双方合作的广度和深度，命运共同体建设走深走实。同时，中国与东盟的多边合作机制不断强化，彰显了中国与东南亚国家共建地区安宁、友好家园的决心和成效。

第一，元首互访为双边关系的长远发展指明了方向。2023年是中国与东南亚国家“周年纪念年”的大年。2023年是中柬建交65周年，也是“中柬友好年”，双方领导人多次会见交流，共同引领中柬关系迈上新台阶。2月10日，国家主席习近平会见柬埔寨首相洪森。习近平主席强调，中方把柬埔寨作为周边外交重点方向，始终从全局和战略高度规划和推进中柬各领域合作。双方发表了《中华人民共和国和柬埔寨王国关于构建新时代中柬命运共同体的联合声明》，宣布构建高质量、高水平、高标准的新时代中柬命运共同体。① 7月19日，国家主席习近平就中柬建交65周年同柬埔寨国王西哈莫尼互致贺电。9月15日，国家主席习近平会见来华进行正式访问的柬埔寨首相洪玛奈。双方签署《中华人民共和国政府和柬埔寨王国政府关于构建新时代中柬命运共同体行动计划（2024—2028）》以及多份合作文件。② 9月23日，国家主席习近平会见柬埔寨国王西哈莫尼。10月19日，习近平主席在人民大会堂会见来华出席第三届“一带一路”国际合作高峰论坛的柬埔寨首相洪玛奈。习近平主席提出，要推动“一带一路”倡议同柬埔寨“五角战略”对接，加快充实中柬“钻石六边”合作

① 《中华人民共和国和柬埔寨王国关于构建新时代中柬命运共同体的联合声明（全文）》，中国外交部网站，2023年2月11日，https://www.mfa.gov.cn/web/zyxw/202302/t20230211_11023942.shtml，最后访问时间：2023年12月20日。

② 《中华人民共和国政府和柬埔寨王国政府联合公报（全文）》，中国外交部网站，2023年9月16日，https://www.mfa.gov.cn/web/ziliao_674904/1179_674909/202309/t20230916_11144074.shtml，最后访问时间：2023年12月20日。

架构。[①] 2023年也是中越建立全面战略合作伙伴关系15周年。6月，习近平主席会见了来华进行正式访问的越南范明政总理，双方发布了《中华人民共和国和越南社会主义共和国联合新闻公报》。12月12日至13日，习近平主席对越南进行国事访问，其间与越共中央总书记阮富仲、越南国家主席武文赏举行会谈，会见了越南总理范明政、国会主席王庭惠。中越双方一致同意构建具有战略意义的中越命运共同体。双方发布了《中华人民共和国和越南社会主义共和国关于进一步深化和提升全面战略合作伙伴关系、构建具有战略意义的中越命运共同体的联合声明》，中越将在政治互信、安全合作、务实合作、民心相通、多边协调、分歧管控六大方向进一步加强合作。[②] 这也是习近平总书记同阮富仲总书记的第三轮互访。2023年是中印尼共建命运共同体"元年"，中国与印尼全面战略伙伴关系10周年。7月27日，国家主席习近平会见来华出席第31届世界大学生夏季运动会开幕式并访华的印度尼西亚总统佐科。10月17日，习近平主席会见出席第三届"一带一路"国际合作高峰论坛并进行国事访问的印度尼西亚佐科总统。[③] 双方发表了《中华人民共和国和印度尼西亚共和国关于深化全方位战略合作的联合声明》，加快推进《中印尼加强全面战略伙伴关系行动计划（2022—2026）》落实，推动政治、经济、人文、海上"四轮驱动"合作格局提质升级。[④] 2023年还是中马建立全面战略伙伴关系10周年。3月31日，国家主席习近平会见来华进行正式访问的马来西亚总理安瓦尔。中马两国就共建中马命运共同体达

---

① 《习近平会见柬埔寨首相洪玛奈》，中国外交部网站，2023年10月19日，https：//www.mfa.gov.cn/web/zyxw/202310/t20231019_11163926.shtml，最后访问时间：2023年12月20日。

② 《中华人民共和国和越南社会主义共和国关于进一步深化和提升全面战略合作伙伴关系、构建具有战略意义的中越命运共同体的联合声明》，中国外交部网站，2023年12月13日，https：//www.mfa.gov.cn/web/ziliao_674904/1179_674909/202312/t20231213_11201756.shtml，最后访问时间：2023年12月30日。

③ 《习近平同印度尼西亚总统佐科会谈》，中国外交部网站，2023年10月17日，https：//www.mfa.gov.cn/web/zyxw/202310/t20231017_11162415.shtml，最后访问时间：2023年12月30日。

④ 《中华人民共和国和印度尼西亚共和国关于深化全方位战略合作的联合声明（全文）》，中国外交部网站，2023年10月18日，https：//www.mfa.gov.cn/web/zyxw/202310/t20231018_11163274.shtml，最后访问时间：2023年12月30日。

成共识。[①] 2023 年也是中文建立战略合作伙伴关系 5 周年。11 月 16 日，国家主席习近平在旧金山会见文莱苏丹哈桑纳尔，中文关系迎来新的发展机遇。此外，习近平主席也与其他东南亚国家领导人举行会见，共同推动双边关系不断深化。1 月 4 日，习近平主席会见来华进行国事访问的菲律宾总统马科斯。菲律宾总统马科斯访华期间，中菲发表联合声明，并签署了关于“一带一路”倡议合作的谅解备忘录，以及关于建立涉海沟通机制、信息通信技术合作、电子商务合作的谅解备忘录等多项文件。[②]3 月 31 日，习近平主席会见来华进行正式访问的新加坡总理李显龙。[③] 双方一致同意将中新关系提升为全方位高质量的前瞻性伙伴关系，为双边关系规划未来发展、明确战略方向。9 月 23 日，国家主席习近平会见来华出席第 19 届亚洲运动会开幕式的东帝汶总理夏纳纳。两国领导人共同宣布将中国和东帝汶关系提升为全面战略伙伴关系。双方还发表了《中华人民共和国和东帝汶民主共和国关于建立全面战略伙伴关系的联合声明》。10 月 19 日，国家主席习近平会见来华正式访问的泰国总理赛塔。会见后，双方发布了《中华人民共和国政府和泰王国政府联合新闻公报》。双方表示将从长远角度和战略高度规划和推动中泰关系发展，不断丰富“中泰一家亲”的时代内涵，实现更为稳定、更加繁荣、更可持续的中泰命运共同体。[④] 10 月 20 日，中共中央总书记、国家主席习近平在人民大会堂会见来华出席第三届“一带一路”国际合作高峰论坛并进行工作访问的老挝人民革命党中央总书记、国家主席通伦。会见后，双方共同签署了《中国共产党

---

① 《习近平会见马来西亚总理安瓦尔》，中国外交部网站，2023 年 3 月 31 日，https：//www. mfa. gov. cn/web/zyxw/202303/t20230331_11052760. shtml，最后访问时间：2023 年 12 月 30 日。

② 《中华人民共和国和菲律宾共和国联合声明》，中国外交部网站，2023 年 1 月 5 日，https：//www. mfa. gov. cn/web/zyxw/202301/t20230105 _ 11001029. shtml，最后访问时间：2023 年 12 月 20 日。

③ 《习近平会见新加坡总理李显龙》，中国外交部网站，2023 年 3 月 31 日，https：//www. mfa. gov. cn/web/zyxw/202303/t20230331_11052764. shtml，最后访问时间：2023 年 12 月 30 日。

④ 《中华人民共和国政府和泰王国政府联合新闻公报（全文）》，中国外交部网站，2023 年 10 月 20 日，https：//www. gov. cn/yaowen/liebiao/202310/content_ 6910442. htm，最后访问时间：2023 年 12 月 20 日。

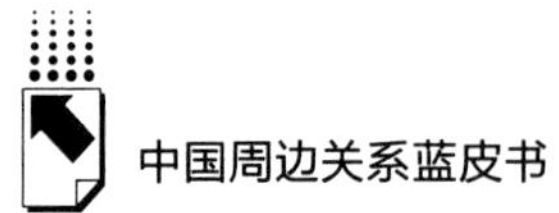

和老挝人民革命党关于构建中老命运共同体行动计划（2024—2028年）》，提出政治、经济、安全、人文、生态五个领域的行动计划。①

第二，中国与东盟命运共同体建设走深走实。在人类命运共同体理念提出10周年之际，中国与东盟命运共同体建设不断加速推进。2023年也是构建更为紧密的中国-东盟命运共同体理念提出10周年。2023年，中越关系提升为具有战略意义的中越命运共同体。② 2023年人类命运共同体构建在中南半岛实现了全覆盖，命运共同体构建也越走越实。2023年中国与老挝③、柬埔寨④分别签署新一轮构建命运共同体五年行动计划。澜湄命运共同体和更为紧密的中国-东盟命运共同体不断扎实推进，这也是“亲诚惠容”周边外交理念深入实践的一个结果。

第三，中国与东南亚国家多边合作不断加深。2023年是中国-东盟建立战略伙伴关系20周年，也是中国加入《东南亚友好合作条约》20周年。7月，中国-东盟（10+1）外长会通过了纪念中国加入《东南亚友好合作条约》20周年联合声明和加快达成“南海行为准则”指针文件。其中指出，中国与东盟将加强合作，维护并加强东盟中心地位，维护和提升《东南亚友好合作条约》价值。9月，中国与东盟国家在第26次中国-东盟领导人会议上就“一带一路”倡议同东盟印太展望互利合作发表联合声明，双方同意加强海洋、互联互通、可持续发展和经济等

---

① 《中国共产党和老挝人民革命党关于构建中老命运共同体行动计划（2024—2028年）（全文）》，中国外交部网站，2023年10月21日，https：//www.mfa.gov.cn/web/ziliao_674904/1179_674909/202310/t20231021_11165420.shtml，最后访问时间：2023年12月30日。

② 《中华人民共和国和越南社会主义共和国关于进一步深化和提升全面战略合作伙伴关系、构建具有战略意义的中越命运共同体的联合声明》，中国外交部网站，2023年12月13日，https：//www.mfa.gov.cn/web/ziliao_674904/1179_674909/202312/t20231213_11201756.shtml，最后访问时间：2023年12月20日。

③ 《中国共产党和老挝人民革命党关于构建中老命运共同体行动计划（2024—2028年）（全文）》，中国政府网，2023年10月21日，https：//www.gov.cn/yaowen/liebiao/202310/content_6910701.htm，最后访问时间：2023年12月20日。

④ 《中华人民共和国政府和柬埔寨王国政府联合公报（全文）》，中国政府网，2023年9月16日，https：//www.gov.cn/yaowen/liebiao/202309/content_6904397.htm，最后访问时间：2023年12月20日。

领域的合作。[①] 12月，澜沧江-湄公河合作第四次领导人会议发布了《澜沧江-湄公河合作第四次领导人会议内比都宣言——“推进澜湄国家命运共同体建设，携手迈向现代化”》[②]，通过了《澜沧江-湄公河合作五年行动计划（2023—2027）》，加强三大支柱（政治安全、经济和可持续发展、社会人文）合作，深化五个优先领域（互联互通、产能、跨境经济、水资源、农业和减贫）合作。[③]

二　包容发展推动经济关系深度融合

2023年，中国与东南亚国家在区域经济一体化、农业合作及“一带一路”建设方面取得了显著成就。中国与东盟国家贸易持续增长，产业链融合加深，自贸区升级谈判有序推进，进一步推动了区域经济合作。农业领域，双方在农业科技研发、农产品贸易等方面成效显著，促进了粮食安全与合作。同时，“一带一路”倡议与东盟国家的发展战略深度对接，互联互通建设不断加强，为区域经济发展注入了新动力。

第一，区域经济一体化不断加深。2023年中国与东盟双边贸易继续增长，贸易额达6.41万亿元。中国连续15年保持东盟第一大贸易伙伴，东盟连续4年保持中国第一大贸易伙伴。[④] 同时，中国与东盟国家的产业链不断

① “ASEAN-China Joint Statement on Mutually Beneficial Cooperation on the ASEAN Outlook on the Indo-Pacific,” ASEAN, September 6, 2023, https://asean.org/wp-content/uploads/2023/09/Final-ASEAN-China-Joint-Statement-on-Mutually-Beneficial-Cooperation-on-the-ASEAN-Outlook-on-the-Indo-Pacific.pdf, accessed: 2023-12-20.

② 《澜沧江-湄公河合作第四次领导人会议内比都宣言——“推进澜湄国家命运共同体建设，携手迈向现代化”》，中国政府网，2023年12月26日，https://www.gov.cn/yaowen/liebiao/202312/content_6922343.htm，最后访问时间：2023年12月31日。

③ 《澜沧江-湄公河合作五年行动计划（2023—2027）》，中国国务院新闻办公室网站，2023年12月26日，http://www.scio.gov.cn/gxzl/ydyl_26587/hzwj_26601/202312/t20231226_824201.html，最后访问时间：2023年12月31日。

④ 《2023年中国与东盟、RCEP其他成员国及“一带一路”沿线国家贸易情况》，中国商务部网站，2024年1月12日，http://asean.mofcom.gov.cn/article/o/r/202401/20240103466237.shtml，最后访问时间：2023年12月31日。

融合。2023 年，中国对东盟进出口中间品 4.13 万亿元，东盟连续多年保持中国中间品第一大贸易伙伴。[①] 2023 年中国-东盟自贸区 3.0 版升级谈判有序进行，年内开展了 4 轮谈判，双方就数字经济和绿色经济等领域开展谈判，共同打造更加包容、现代、全面和互利的中国-东盟自贸区。[②] 2023 年 12 月，中国与新加坡签署了两国关于进一步升级《自由贸易协定》的议定书，两国以负面清单的方式推动服务贸易和投资自由化，议定书的签署有利于进一步推动中新经贸合作，尤其是推动双方在数字经济等领域的合作。[③] 2022 年 1 月正式生效的中国-柬埔寨自由贸易协定为双方经贸发展带来了实际效果。2023 年 6 月，双方举办了中国-柬埔寨自贸协定联委会首次会议，并就货物贸易、服务贸易、海关程序与贸易便利化等内容进行深入磋商。[④] 在区域层面，2023 年 1 月，《区域全面经济伙伴关系协定》（RCEP）对印尼正式生效；6 月，RCEP 对菲律宾正式生效。至此，RCEP 对 15 个签署国全面生效，协定实施进入新阶段。8 月，RCEP 第二次部长级会议在印尼三宝垄举办。会议通过了《RCEP 秘书机构职责范围》和《RCEP 秘书机构筹资安排》。[⑤] 2023 年，是中国-东盟博览会的第二十个年头。9 月，在第二十届中国-东盟博览会（以下简称东博会）和中国-东盟商务与投资峰会期间，中国和东盟各国高规格代表团签订了 470 个投资合作项目，总投资额达

---

① 《2023 年中国与东盟、RCEP 其他成员国及“一带一路”沿线国家贸易情况》，中国商务部网站，2024 年 1 月 12 日，http：//asean. mofcom. gov. cn/article/o/r/202401/20240103466237. shtml，最后访问时间：2023 年 12 月 31 日。

② 《中国-东盟自贸区 3.0 版第四轮谈判在印尼万隆举行》，中国自由贸易区服务网，2023 年 11 月 1 日，http：//fta. mofcom. gov. cn/article/chinadongmengupgrade/chinadongmengupgradenews/202311/54767_1. html，最后访问时间：2023 年 12 月 20 日。

③ 《中国与新加坡签署中新自由贸易协定进一步升级议定书》，中国自由贸易区服务网，2023 年 12 月 8 日，http：//fta. mofcom. gov. cn/article/chinasingaporeupgrade/chinasingaporeupgradenews/202312/54903_1. html，最后访问时间：2023 年 12 月 20 日。

④ 《中国-柬埔寨自贸协定联委会首次会议在京成功举行》，中国自由贸易区服务网，2023 年 6 月 19 日，http：//fta. mofcom. gov. cn/article/chinacambodia/chinacambodiaxwfb/202306/54107_1. html，最后访问时间：2023 年 12 月 20 日。

⑤ 《〈区域全面经济伙伴关系协定〉（RCEP）第二次部长级会议联合新闻声明》，中国自由贸易区服务网，2023 年 8 月 31 日，http：//fta. mofcom. gov. cn/article/rcep/rcepnews/202308/54462_1. html，最后访问时间：2023 年 12 月 20 日。

4873 亿元。[①] 此届东博会期间，东盟国家特色产品也有展出，如东盟国家特色食品、饮料、服装等。[②]

第二，中国与东盟农业合作成效显著。2023 年是中国-东盟农业发展和粮食安全合作年，双方在多个领域的合作取得了显著成效。2023 年在第 26 次中国-东盟领导人会议上，中国与东盟通过了《中国-东盟关于深化农业合作的联合声明》。在农业科技研发和示范推广方面，中国与东南亚国家开展了大量合作。例如，在广西南宁召开的第四届中国（广西）-东盟现代种业发展大会上，各方就加强种业交流合作进行了深入交流。12 月，中方援赠的高产杂交水稻种子正式转交文莱。10 月 17 日，中国援东帝汶农业技术合作项目（二期）实施协议签署。3 月 31 日，阳光嘉润（老挝）农业发展有限公司、中国热带农业科学院南亚热带作物研究所与老挝农林部种植司在老挝首都万象签署《农业技术国际合作谅解备忘录》。11 月，由澜湄合作专项基金支持的澜湄农业合作项目在缅甸启动，包括促进缅甸农产品贸易便利化、水稻大豆轮作技术、跨境无疫区建设和养鸡育种传染病防治等。[③] 2023 年中国与东盟农产品贸易继续增长，2023 年上半年，中国自东盟进口农产品达 1250. 8 亿元，同比增长 7. 5%。[④] 其中泰国、印度尼西亚和越南是中国的主要贸易伙伴。8 月 17 日，2023 年大湄公河次区域（GMS）经济走廊省长论坛项目路演暨澜湄水果节活动在云南昆明举办。推动澜湄农产品贸易合作高质量发展。

第三，共建“一带一路”高质量发展。中国与东盟国家不断推动共建“一带一路”制度化建设。1 月 4 日，中国政府与菲律宾政府续签《中华人

---

① 《推动中国-东盟全方位合作迈上新台阶》，《人民日报》2023 年 9 月 20 日，第 2 版。

② 《东博会“镶钻成冠”新未来》，《国际金融报》2023 年 9 月 25 日，第 4 版。

③ 《2023 年缅甸澜湄农业合作项目启动》，中国驻缅甸大使馆网站，2023 年 11 月 26 日，http：//mm. china-embassy. gov. cn/sgxw/202311/t20231126_ 11187298. htm，最后访问时间：2023 年 12 月 20 日。

④ 《将农业打造为中国与东盟合作的新增长极——第七届中国-东盟农业合作论坛侧记》，中国人民政协网，2023 年 9 月 19 日，https：//www. rmzxb. com. cn/c/2023-09-19/3411504. shtml，最后访问时间：2023 年 12 月 20 日。

民共和国政府与菲律宾共和国政府关于“一带一路”倡议合作的谅解备忘录》。[①] 2023年，中国先后与菲律宾、印尼签订电子商务合作备忘录，与东盟发布了加强电子商务合作的倡议。9月，中国与印尼签署工业领域合作备忘录，双方同意在航空、工业园区、船舶制造、太阳能光伏等领域加强合作。10月，中柬签署了《关于落实共建“一带一路”合作规划工作协调机制的谅解备忘录》等四份合作文件。[②] 12月，中越签署《关于深化数字经济和数据合作的谅解备忘录》，加强两国在数据领域基础设施互联互通、数字技术创新、数字产业发展、数字人才交流等领域务实合作。[③] 2023年中国与东南亚国家也不断加强互联互通建设。中老铁路于2021年12月开通，截至2023年11月30日，中老铁路老挝段累计开行货运列车7744列，其中跨境列车7372列，货物发送量599万吨；客运方面，自2023年4月13日首列中老铁路国际旅客列车开行至2023年11月30日，中老铁路老挝段共开行旅客列车5412列，发送旅客372.8万人次。[④] 2月，“中老泰”全程铁路运输往返班列首发。4月3日，首班陆海新通道跨境铁公联运班列（重庆—瑞丽—缅甸）开行，覆盖缅甸内比都、曼德勒、仰光等10余个城市。5月，河南机场集团与马来西亚吉打航空城公司签约，双方将在国际航线、物流等方面开展深度合作。[⑤] 5月15日，中国重庆首开至马来西亚吉隆坡的直航。6月，重庆—马来西亚铁铁联运打通，实现了货物门到门运输。[⑥] 中越开通

---

① 《中国政府与菲律宾政府续签共建“一带一路”谅解备忘录》，2023年1月5日，https：//www.yidaiyilu.gov.cn/p/300654.html，最后访问时间：2023年12月20日。

② 《国家发展改革委与柬埔寨有关部门签署四份合作文件》，中国一带一路网，2023年10月20日，https：//www.yidaiyilu.gov.cn/p/0DJANDS2.html，最后访问时间：2023年12月31日。

③ 《国家发展改革委与越南有关部门签署五份合作文件》，中国一带一路网，2023年12月15日，https：//www.yidaiyilu.gov.cn/p/005CKB1I.html，最后访问时间：2023年12月20日。

④ 《“一带一路”倡议惠及老挝人民这些中老合作项目成果亮眼》，中国一带一路网，2023年12月6日，https：//www.yidaiyilu.gov.cn/p/0RR8S99B.html，最后访问时间：2023年12月31日。

⑤ 杨凌：《河南机场集团与马来西亚吉打航空城公司签约》，中国一带一路网，2023年5月25日，https：//www.yidaiyilu.gov.cn/p/320336.html，最后访问时间：2023年12月20日。

⑥ 赵颖竹：《全国率先！重庆打通直达马来西亚铁铁联运通道》，中国一带一路网，2023年6月13日，https：//www.yidaiyilu.gov.cn/p/0BHAPP5T.html，最后访问时间：2023年12月20日。

了“中国金平—越南莱州”国际道路客运班线。7月8日，文莱唯一深水港口摩拉港至中国广西北部湾港的集装箱航线开通，这是首条文莱对华集装箱直航航线，实现中文两港直联直通。[①] 8月，首列“燕赵号”中越班列抵达越南河内。12月，马来西亚东海岸铁路轨道工程正式启动，马来西亚最高元首阿卜杜拉参与启动仪式。[②] 12月26日，缅甸皎漂经济特区深水港项目补充协议签约仪式在内比都举行，皎漂经济特区深水港有限责任公司和皎漂经济特区管理委员会代表签署协议。[③]

三　务实有效深化地区安全合作

2023年，中国与东南亚国家不断推动安全合作走深走实。中国与东南亚国家共同推动了以东盟为中心的地区安全合作，并在联合军演、军事交流及安全合作机制建设方面取得进展。此外，中国与东南亚国家在应对地区安全挑战上开展了一系列常态化合作行动，包括人道主义扫雷、湄公河联合巡逻执法及打击跨国犯罪等。在海洋合作方面，尽管面临一些挑战，但中国仍致力于与东南亚国家共同维护南海和平稳定，通过加强海警合作与巡航活动，推进地区海洋治理与合作。

第一，共同推动以东盟为中心的地区安全合作。2023年是中国加入《东南亚友好合作条约》20周年。自加入以来，中国与东盟国家秉持《东南亚友好合作条约》精神，积极践行条约的宗旨和原则，成功走出了一条长期睦邻友好的道路。1976年，东盟创始成员国制定的《东南亚友好合作条约》，是一项基础性和平条约。而中国作为第一个加入《东

① 薛飞：《文莱正式开通首条对华集装箱直航航线》，中国一带一路网，2023年7月10日，https://www.yidaiyilu.gov.cn/p/0SPK4GVR.html，最后访问时间：2023年12月20日。

② 汪艺、毛鹏飞：《马来西亚东海岸铁路轨道工程启动》，中国一带一路网，2023年12月12日，https://www.yidaiyilu.gov.cn/p/0N48ERLN.html，最后访问时间：2023年12月30日。

③ 谢佳君：《缅甸皎漂深水港补充协议签约仪式在内比都举行》，中国一带一路网，2023年12月28日，https://www.yidaiyilu.gov.cn/p/0T7252OF.html，最后访问时间：2023年12月31日。

南亚友好合作条约》的域外大国，为中国与东盟关系的提质升级注入了新动能。2023 年 7 月 13 日，中国-东盟外长会发表了纪念中国加入《东南亚友好合作条约》20 周年的联合声明，重申坚持独立、主权、平等、互不干涉、和平解决争端等原则，维护和提升《东南亚友好合作条约》的价值。[①] 中国加入《东南亚友好合作条约》20 年来，为亚太地区的和平与稳定作出了重要贡献。2023 年是东盟地区论坛成立 30 周年。7 月 14 日，中央外办主任王毅出席第 30 届东盟地区论坛外长会。在会上，中方提出三点建议：一要坚持开放包容，推动共同安全；二要维护地区规则，促进普遍安全；三要深化务实合作，践行合作安全。[②] 11 月，中国国防部代表团出席在印尼举行的第十届东盟防长扩大会。中方代表发言表示，坚定支持东盟在地区架构中的中心地位，愿与东盟防长扩大会各成员国携手合作、共同发展，为地区和平安宁作出积极贡献。[③]

第二，共同深化地区防务务实合作。一方面，中国与东盟国家开展联合军演、军事交流以及加强安全合作机制建设，共同维护地区和平稳定。2 月 9 日至 3 月 10 日，中国人民解放军南部战区陆军派分队赴泰国参加“金色眼镜蛇-2023”多国联合演习人道主义救援减灾演练。6 月，中国人民解放军海军湛江舰、许昌舰赴印度尼西亚参加“科莫多-2023”多国海上联合演习。[④] 10 月 14 日至 21 日，中国人民解放军陆军赴印度尼西亚日惹特区，参

① 《中国-东盟关于纪念中国加入〈东南亚友好合作条约〉20 周年的联合声明》，中国外交部网站，2023 年 7 月 14 日，https://www.fmprc.gov.cn/web/gjhdq_676201/gjhdqzz_681964/lhg_682518/zywj_682530/202307/t20230714_11113546.shtml，最后访问时间：2023 年 12 月 20 日。

② 《王毅出席第 30 届东盟地区论坛外长会》，中国外交部网站，2023 年 7 月 15 日，https://www.mfa.gov.cn/web/zyxw/202307/t20230715_11113641.shtml，最后访问时间：2023 年 12 月 20 日。

③ 《中国国防部代表团出席第十届东盟防长扩大会》，中国国防部网站，2023 年 11 月 16 日，http://www.mod.gov.cn/gfbw/xwfyr/yzxwfb/16278226.html，最后访问时间：2023 年 12 月 20 日。

④ 《海军舰艇编队赴印度尼西亚参加“科莫多-2023”多国海上联演》，搜狐网，2023 年 6 月 1 日，https://www.sohu.com/a/680989400_120248510，最后访问时间：2023 年 12 月 20 日。

加东盟防长扩大会人道主义救援减灾专家组实兵演习，开展自然灾害下的人道主义救援减灾桌面推演和实兵演练。2023 年，中国与东盟国家开展了多场联合军演，如中老“友谊盾牌-2023”联演、中新“合作-2023”陆军联合训练、中柬“和平天使-2023”卫勤联合演习、中泰“蓝色突击-2023”海军联合训练。2023 年，中国人民解放军海军戚继光舰赴东南亚多个国家开展了交流活动。从 5 月 24 日开始，戚继光舰依次到访越南、泰国、文莱、菲律宾，与上述国家官兵开展了交流活动。9 月，中国人民解放军海军戚继光舰访问印尼，这是戚继光舰首访印尼。其间，两国海军官兵开展文化交流和联合演练。[①] 8 月，中国人民解放军海军第 43 批护航编队技术停靠马来西亚巴生，并与马来西亚海军官兵进行文化交流。[②] 同时，中国与东盟国家也不断加强安全合作机制建设。2 月，中国国防部工作组访问老挝、越南、文莱，与三国防务部就双边防务机制建设进行磋商。[③] 2023 年，中国印尼启动两国外长防长“2+2”对话机制，提升两国战略互信水平。另一方面，中国与东盟国家持续开展常态化安全合作行动，共同应对地区安全挑战。中国一直致力于推动与东盟国家的人道主义扫雷合作，增进当地人民的安全。2021~2023 年中国与柬埔寨担任人道主义扫雷专家工作组共同主席。2023 年 2 月 21 日至 24 日，中国人民解放军陆军工程大学以视频方式举办东盟防长扩大会扫雷专家组扫雷培训。[④] 6 月至 9 月，中国人民解放军陆军工程大学为柬埔寨、老挝各举办 1 期扫雷培训班，两期培训班同时开班、分班施

① 聂宏杰、汪飞：《海军戚继光舰访问印度尼西亚》，中国国防部网站，2023 年 9 月 18 日 http://www.mod.gov.cn/gfbw/jswj/16252862.html，最后访问时间：2023 年 12 月 20 日。

② 唐思宇、吴亢慈：《海军第 43 批护航编队技术停靠马来西亚巴生》，中国国防部网站，2023 年 8 月 25 日，http://www.mod.gov.cn/gfbw/jsxd/16247753.html，最后访问时间：2023 年 12 月 20 日。

③《国防部工作组访问老挝、越南、文莱》，中国国防部网站，2023 年 2 月 16 日，http://www.mod.gov.cn/gfbw/qwfb/16201875.html，最后访问时间：2023 年 12 月 20 日。

④《陆军工程大学举办东盟防长扩大会扫雷专家组扫雷培训》，中国国防部网站，2023 年 2 月 23 日，http://www.mod.gov.cn/gfbw/xwfyr/lxjzhzt/2023njzh/2023n2y/16204255.html，最后访问时间：2023 年 12 月 20 日。

训，参训学员共计40人。[①] 2023年，中老缅泰四方执法部门共计开展12次湄公河联合巡逻执法行动，除每月一次的常态化联合巡逻执法外，中老缅泰四国执法部门共开展分段巡航169次，双边、多边联勤驻训9次，救助遇险商船10艘，航道江面见警率达到80%以上，重点时间节点见警率达100%。[②] 8月15日至16日，中国公安部、泰国警察总署、缅甸警察总部、老挝公安部在泰国清迈联合举行针对本区域赌诈及衍生的人口贩运、绑架、非法拘禁等犯罪的专项合作打击行动启动会。9月，在第14届大湄公河次区域禁毒合作谅解备忘录签约方部长级会议上，审议通过了《中方关于大湄公河次区域禁毒合作谅解备忘录签约方合力应对合成毒品问题的倡议》，进一步推动地区毒品治理合作。[③]

第三，共同推动地区海洋合作。2023年菲律宾政府不断挑起海上摩擦。8月，菲律宾向中国南沙群岛仁爱礁非法运送建筑物资引发海上事态。10月、11月、12月，菲律宾在黄岩岛和仁爱礁附近海域开展侵权挑衅行动。而中国一直致力于将南海建设成和平之海、合作之海。2023年6月，国务院总理李强与越南国家总理范明政举行会谈并发表联合新闻公报，指出将严格落实两党两国领导人达成的有关重要共识和《关于指导解决中越海上问题基本原则协议》，妥善管控海上分歧，加强海上合作，维护南海和平稳定[④]。在多边层面，2023年5月17日，中国与东盟国家在越南下龙市举办《南海各方行为宣言》第20次高官会，各方达成“加快磋商、年内完成案

① 《国防部介绍为柬埔寨、老挝举办扫雷培训班情况》，中国国防部网站，2023年9月14日，http://www.mod.gov.cn/gfbw/xwfyr/yzxwfb/16278244.html，最后访问时间：2023年12月20日。

② 《2023年度中老缅泰湄公河联合巡逻执法总结会在老挝琅勃拉邦召开》，云南网，2024年2月6日，https://m.yunnan.cn/system/2024/02/06/032937999.shtml，最后访问时间：2024年3月1日。

③ 《第14届大湄公河次区域禁毒合作谅解备忘录签约方部长级会议举行　王小洪出席并作主旨发言》，中国政府网，2023年9月7日，https://www.gov.cn/yaowen/liebiao/202309/content_6902527.htm，最后访问时间：2023年12月20日。

④ 《中华人民共和国和越南社会主义共和国联合新闻公报（全文）》，中国政府网，2023年6月30日，https://www.gov.cn/yaowen/liebiao/202306/content_6889109.htm，最后访问时间：2023年12月22日。

文第二轮审读”的共识。[①] 10 月 26 日，落实《南海各方行为宣言》第 21 次高官会在北京举行，各方宣布正式启动“南海行为准则”案文三读，落实好中国-东盟外长会通过的加快达成“准则”指针。[②] 在双边层面，中国与越南也不断加强合作维护海洋安全。2023 年 4 月 11 日至 13 日，中越海警开展 2023 年第一次北部湾海域联合巡逻，这是 2006 年以来中越海上执法部门开展的第 25 次联合巡逻。[③] 6 月和 11 月，中越海军开展了第 34 次和第 35 次北部湾联合巡航。12 月 4 日至 8 日，中国海警局与越南海警司令部在广州举行第七次高级别工作会晤暨越南海警 8002 舰来访活动，其间双方举办了系列交流活动。[④] 11 月 27 日，中国海军第 44 批护航编队抵达缅甸，进行为期 4 天的友好访问，其间与当地官兵、民众开展多项交流活动。[⑤]

四　多元互动共促人文交流繁荣

2023 年，中国与东南亚国家不断深化人文领域的交流，呈现多层次、多领域的交流态势。中国与东南亚国家在科技、教育、文化、艺术、旅游等领域开展了更为紧密的合作与交流，进一步促进了中国与东南亚国家之间的相互理解和人文交流。

---

① 《落实〈南海各方行为宣言〉第 20 次高官会在越南下龙市举行》，中国外交部网站，2023 年 5 月 17 日，https：//www.mfa.gov.cn/wjdt_674879/sjxw_674887/202305/t20230517_11078848.shtml，最后访问时间：2023 年 12 月 20 日。

② 《落实〈南海各方行为宣言〉第 21 次高官会在北京举行》，中国外交部网站，2023 年 10 月 26 日，https：//www.fmprc.gov.cn/wjdt_674879/sjxw_674887/202310/t20231026_11169020.shtml，最后访问时间：2023 年 12 月 22 日。

③ 孙崇峰、张鑫：《中越海警开展 2023 年第一次北部湾海域联合巡逻》，中国国防部网站，2023 年 4 月 14 日，http：//www.mod.gov.cn/gfbw/sy/rt/16217151.html，最后访问时间：2023 年 12 月 20 日。

④ 张鑫、黄祖鹏：《中越海警举行第七次高级别工作会晤暨越南海警 8002 舰来访活动》，中国国防部网站，2023 年 12 月 19 日，http：//www.mod.gov.cn/gfbw/jswj/lf/16272234.html，最后访问时间：2023 年 12 月 20 日。

⑤ 《中国海军第 44 批护航编队抵达缅甸进行友好访问》，中国驻缅甸大使馆网站，2023 年 11 月 28 日，http：//mm.china-embassy.gov.cn/sgxw/202311/t20231128_11188278.htm，最后访问时间：2023 年 12 月 20 日。

第一，文化互鉴不断深化。2023年，通过举办文化节、研讨会、展览等活动，中国与东南亚国家之间的人文交流不断深化，增强了相互理解和友谊。2023年8月5日至11日，中国与东南亚国家在福州成功举办了一系列以“面向新时代的中国-东盟全面战略伙伴关系”为主题的活动，包括主题论坛、贸易投资合作论坛、“海丝传琴”音乐会、青年论坛、美食节和电影周等，极大地促进了双方的文化互鉴和人文交流。在具体的文化交流领域，2023年围绕中国茶文化，中国与东南亚国家开展了系列交流活动。3月，“茶香琴韵·和合共融”——精美中华文化走进中菲人文之驿活动举办。5月，“茶和天下·苏韵雅集”系列活动在新加坡举办；以“茶和天下·雅集”为主题的中国茶文化活动在老挝举办；“茶和天下·旅游文化周”活动在越南举办。8月，“茶和天下·雅集”暨中国旅游推介活动在缅甸举行。此外，在艺术交流领域，中国与东盟国家也开展了多姿多彩的交流活动。3月，“2023成都·印度尼西亚文化（电影）周”在成都启幕。6月，“多彩中华·中柬友好年”文艺演出举行。8月，2023中国电影节在新加坡中国文化中心成功举办，“丝路花语”中国民族音乐印尼专场演出顺利进行，2023澜湄国际影像周、第四届澜湄视听周活动顺利开展。11月，“多彩高原——中国西藏当代绘画艺术展”在新加坡展出。11月28日开始，2023中国电影节在菲律宾举行，展映周期一直持续到2024年2月。[①] 2023年12月，第五届澜湄国际电影周在昆明举行。12月5日至16日，中国-东盟中心携手中国国家大剧院联合举办的文明互鉴、携行致远文化之旅活动在新加坡、马来西亚成功举办。中国-东盟电影文化周也成功举办，包括电影展映、电影共创发展沙龙、电影音乐会等丰富多彩的活动，进一步促进了中外电影界的交流。[②]

---

① 《驻菲律宾使馆举办2023中国电影节开幕式》，中国驻菲律宾大使馆网站，2023年11月29日，http：//ph.china-embassy.gov.cn/sgdt/202311/t20231129_11188961.htm，最后访问时间：2023年12月20日。

② 《2023中国-东盟电影文化周开幕》，新华网，2023年12月21日，http：//www.gx.news.cn/20231221/73d1cfbd85b64f22927591349963b731/c.html，最后访问时间：2023年12月30日。

第二，不断推动科教合作协同创新。2023 年，中国与东南亚国家在科教合作方面取得了显著进展，共同推动了协同创新。在教育领域，中国与东南亚国家通过学术交流、联合研究、人才培养等多种方式加强了合作。如菲律宾新纪元大学中国研究中心的启动，以及中菲科技联委会第 16 次会议的召开，都为双方的教育合作注入了新活力。此外，中国与东南亚国家在科技领域的合作也取得了实质性成果，至 2023 年 7 月，中菲联合研究计划首批 8 个项目已执行完毕，取得良好效果。① 如“澜湄大学间科技交流合作”项目推动了中国与缅甸在高等教育和科技创新方面的合作。在人才培养方面，中国与东南亚国家通过设立奖学金、举办培训班、开展学术交流等方式，加强了人才的培养和交流。如 10 月，中国政府援建的老挝铁道职业技术学院项目在万象举行移交仪式，这是东南亚国家第一所铁道职业技术院校。12 月，中国职业教育第一所海外应用技术大学柬华应用科技大学成立。此外，中国与东南亚国家还通过举办各种论坛、研讨会、培训班等活动，加强了在水资源、铁路、海洋技术等领域的合作。如澜湄国家铁路官员培训班、澜湄国家水运建设技术交流会、海洋技术东盟专班等。

第三，民生合作成效显著。2023 年中国与东南亚国家在民生合作方面取得了一系列成果，共同推动地区民生福祉。中国加强与东南亚国家医疗卫生合作。6 月，中国医疗队赴老挝开展“一带一路·民心相通”老挝先心病儿童救助行动。9 月，执行“和谐使命-2023”任务的中国海军“和平方舟”号医院船赴东帝汶开展了为期 7 天的医疗服务，共完成诊疗 10947 人次，辅助检查 6371 人次，收治住院患者 13 人，完成手术 50 例。② 10 月 12 日，中国-柬埔寨中医药中心揭牌仪式在金边考斯玛中柬友谊医院举行。10 月 18 日，中国第 10 批援东帝汶医疗队抵达东帝汶。在面对缅甸的“穆查”

① 《黄溪连大使向中菲科技联委会第 16 次会议视频致辞》，中国驻菲律宾大使馆网站，2023 年 9 月 22 日，http：//ph. china-embassy. gov. cn/sgdt/202309/t20230922_ 11147747. htm，最后访问时间：2023 年 12 月 20 日。

② 黎云、徐魏：《中国海军“和平方舟”号医院船结束访问东帝汶启程回国》，2023 年 9 月 10 日，http：//www. mod. gov. cn/gfbw/qwfb/16251109. html，最后访问时间：2023 年 12 月 20 日。

风灾时，中国政府和民间组织迅速响应，提供了多方面的援助。6月12日，首批人道主义物资运抵仰光国际机场。9月，云南省人民对外友好协会的物资捐赠仪式在内比都举行。中国驻缅甸大使馆也捐赠了救灾物资，同时中电建、中信、中石油等在缅中资企业也积极捐款捐物，并参与道路、电力、通信等基础设施的修复工作。中国积极致力于推动东南亚国家的民生建设。6月，柬埔寨国公省莫邦县俄勒塞村澜湄国家典型小流域综合治理示范（三期）成果和顺安桥移交柬埔寨。该项目围绕饮用水安全保障、旱季蓄水能力提升、产业绿色发展等方面，推动当地发展，改善民生。[①] 中国进出口银行融资支持的柬埔寨柏威夏省瑞萨水库项目完工交付后，2023年旱季瑞萨水库项目发挥了蓄水供水功能，有效保证了当地农业生产和居民生活需求，提高了下游灌区灌溉效率，增加了农民收入。[②] 12月，“丝路心相通”中柬民生合作系列活动启动。双方围绕提高教育水平、改善医疗卫生条件、开展无人机助农、促进扶贫减贫等密切开展合作。[③]

五　多头并进推动区域治理合作发展

2023年，中国与东南亚国家在区域治理合作领域展现了前所未有的活力与深度，实现了粮食安全、绿色转型与海洋治理等多个方面的齐头并进。双方强化了粮食安全保障机制，通过技术交流与合作项目提升了地区农业生产和供应能力；同时，积极推动绿色转型，共同研发和推广绿色技术，推动清洁能源和节能减排，为区域可持续发展注入了强劲动力。此外，双方在海洋治

① 《澜湄国家典型小流域综合治理示范（三期）成果和顺安桥移交柬埔寨》，中国一带一路网，2023年6月19日，https：//www.yidaiyilu.gov.cn/p/0GUU52KK.html，最后访问时间：2023年12月31日。

② 《中国进出口银行融资支持的柬埔寨柏威夏省瑞萨水库项目完工交付后效益显著》，中国一带一路网，2023年6月26日，https：//www.yidaiyilu.gov.cn/p/325531.html，最后访问时间：2023年12月31日。

③ 《“丝路心相通”中柬民生合作系列活动启动仪式在柬埔寨举办》，中国一带一路网，2023年12月28日，https：//www.yidaiyilu.gov.cn/p/0ULOBFV9.html，最后访问时间：2023年12月31日。

理领域的合作也取得了突破性进展，通过蓝色合作倡议，加强了海洋环保合作，共同应对海洋污染和生态挑战，为构建蓝色伙伴关系奠定了坚实基础。

其一，深化粮食安全合作，树立全球粮食安全治理新典范。粮食安全对中国和东盟国家以及全球而言都是重要的议题。2022 年，在第 25 次中国-东盟领导人峰会上发布的《中国-东盟粮食安全合作联合声明》指出，要提升本地区农业生产和农产品供应能力，保障本地区 20 多亿人口的粮食安全，稳定区域粮食市场，为全球粮食安全治理树立典范。[①] 2023 年，中国与东南亚国家以“中国-东盟农业发展和粮食安全合作年”为契机，共同推动地区粮食安全合作取得新成效，助力实现联合国 2030 年可持续发展议程目标。[②] 一方面，中国与东盟国家在机制层面加强粮食安全合作领域的协调。中国与东盟国家加强了包括东盟与中日韩“10+3”合作、中国与东盟“10+1”合作以及大湄公河次区域合作等多个合作平台下的粮食安全合作框架建设。同时，中国与东盟通过多场活动，促进在农业合作领域的共识，如第七届中国-东盟农业合作论坛、第四届中国（广西）-东盟农业科技交流合作研讨会等。另一方面，中国与东盟国家通过农业技术交流夯实本地区粮食安全的基础。中国与东盟国家的多领域农业技术交流和农业技术示范项目包括病虫害防控项目、水稻高产栽培管理项目、境外农业试验站项目、输出试种蔬菜项目、水稻等农作物优新品种培育项目等。

其二，深化绿色转型合作，共筑绿色低碳未来。2023 年中国与东南亚国家在清洁能源、节能减排、生态保护等领域展开了深入合作。双方通过共同研发和推广绿色技术，加强环保产业对接，推动绿色低碳发展，共同应对全球性环境问题，促进地区可持续发展。以“共商气候与环境协同治理之策 共谋人与自然和谐共生之道”为主题的 2023 年中国-东盟环境合作论坛，

① 《中国-东盟粮食安全合作联合声明》，中国政府网，2022 年 11 月 12 日，https://www.gov.cn/xinwen/2022-11/12/content_5726398.htm，最后访问时间：2023 年 12 月 20 日。

② 《李强向中国-东盟农业发展和粮食安全合作年开幕式致贺信》，中国外交部网站，2023 年 4 月 25 日，https://www.mfa.gov.cn/web/zyxw/202304/t20230425_11065890.shtml，最后访问时间：2023 年 12 月 20 日。

推出了多个合作成果。包括发布“中国-东盟气候适应社区知识网络合作倡议”，在气候适应政策法规、气候灾害监测与预警、社区可持续生计等领域开展知识共享，提升气候适应能力，促进地区韧性和可持续发展；[①] 发布“中国-东盟绿色价值链伙伴关系”助力中国与东盟国家气候友好投资与绿色低碳贸易联通，积极提升环境合作成效，促进区域包容性绿色增长。[②] 4月25日，作为2023年“澜湄周”活动之一，《澜沧江-湄公河环境合作战略与行动框架2023—2027》发布，提出了圆桌对话与能力建设、生态系统管理与生物多样性保护、气候变化适应与减缓、环境质量改善、知识共享与意识提升五大优先合作领域。[③] 9月16日，“绿色澜湄计划：大气环境质量提升示范合作项目交接证书签署仪式”在广西南宁举行。通过该项目，中国将向老挝、柬埔寨、缅甸等湄公河国家提供便携式空气质量监测仪，并就监测设备技术指导进行培训，加强和提升澜湄国家区域大气环境监测与治理能力。此次中国向老挝自然资源与环境部提供了2套便携式空气质量监测仪。[④]

其三，深化海洋治理合作，共绘蓝色伙伴关系新蓝图。蓝色合作在促进全球海洋治理、推动海洋经济可持续发展、保护海洋生态环境、应对全球性挑战等方面发挥着至关重要的作用。2023年，中国与东南亚国家加强了海洋环保合作，更好地应对海洋污染和生态破坏问题。10月18日，在第三届“一带一路”国际合作高峰论坛海洋合作专题论坛上，中国提出《“一带一路”蓝色合作倡议》，基于开放共赢、绿色有序、创新驱动、对

① 《中国-东盟气候适应社区知识网络合作倡议正式发布》，澜沧江-湄公河环境合作中心网站，2023年9月20日，http://www.lmec.org.cn/lmzx/lmzxxw/202309/t20230920_132662.html，最后访问时间：2023年12月20日。

② 《中国-东盟绿色价值链伙伴关系正式发布》，澜沧江-湄公河环境合作中心网站，2023年9月20日，http://www.lmec.org.cn/lmzx/lmzxxw/202309/t20230920_132660.html，最后访问时间：2023年12月20日。

③ 《〈澜沧江-湄公河环境合作战略与行动框架2023—2027〉正式发布》，澜沧江-湄公河环境合作中心网站，2023年4月30日，http://www.lmec.org.cn/lmzx/lmzxxw/202305/t20230505_132319.html，最后访问时间：2023年12月20日。

④ 《绿色澜湄计划：大气环境质量提升示范合作项目交接证书签署仪式顺利举行》，澜沧江-湄公河环境合作中心网站，2023年9月20日，http://www.lmec.org.cn/lmzx/lmzxxw/202309/t20230920_132665.html，最后访问时间：2023年12月31日。

话协商的合作理念，与共建“一带一路”国家促进蓝色经济发展，加强海洋资源调查与评估，合作编制海洋空间规划，保护海洋生态系统，减少海洋污染，加强海洋碳汇研究，加强海洋公共服务，共建共享以及构建蓝色伙伴关系，等等。在此次论坛期间，中国与印度尼西亚签署了关于海洋领域合作的执行安排，中国与越南签署了关于北部湾海洋及岛屿环境综合管理合作研究的协议。中国提出与南海周边国家共建共享南海区域海啸预警中心，提供海啸预警服务，开展海啸预警技术培训和交流；支持建设中国-东盟卫星遥感应用中心、中国-东盟海水养殖技术“一带一路”联合实验室；举办“中国-东南亚国家海洋合作论坛”等。中国与柬埔寨合作建设海岸带规划合作平台，开发海洋空间规划信息系统和海岛数据库。中国与泰国、印度尼西亚、柬埔寨共同发起“蓝色市民”倡议，编制蓝色市民指南，举办蓝色市民能力建设培训。创建东南亚海洋环境预报系统，开展海洋联合观测与研究。①

结 语

2024 年，中国与东南亚国家的关系将展现出更加紧密与多元的发展态势。中国与东南亚国家在政治、经济和人文交流等领域的合作将不断紧密，也将为区域内的和平与繁荣作出贡献，为更为紧密的中国-东盟命运共同体提供有力支撑。

其一，政治关系巩固提升。2024 年中国与马来西亚迎来建交 50 周年。中国与老挝迎来建立全面战略合作伙伴关系 15 周年。中国与东南亚国家将继续保持高层交往的积极势头，加强战略沟通和政策协调，共同推动落实已签署的合作协议和行动计划。同时，中国与东南亚国家将继续加强在多边框架下的合作，如中国-东盟合作（“10+1”）、澜湄合作等，以维护地区的

① 《〈“一带一路”蓝色合作倡议〉及蓝色合作成果清单发布》，中国自然资源部网站，2023 年 11 月 3 日，https：//www.mnr.gov.cn/dt/ywbb/202311/t20231103_2805053.html，最后访问时间：2023 年 12 月 20 日。

和平、稳定与繁荣。

其二，经济合作加速发展。随着《区域全面经济伙伴关系协定》的深入实施，中国与东南亚国家的贸易和投资关系将进一步增强，这也将进一步推动双方市场的开放与融合。中国与东南亚国家将在数字经济、绿色经济等新兴领域开展更加深入的合作，促进地区互联互通和经济一体化。

其三，人文交流日益紧密。2024 年是“中国-东盟人文交流年”，双方将在此基础上继续推进社会人文领域的合作，夯实社会人文基础。双方将举办一系列文化交流活动，加强教育、文化、旅游等领域的合作，促进民心相通。此外，双方还将加强在公共卫生、减贫、环保等领域的合作，共同应对全球性挑战。中国与东南亚国家在教育、科技等领域的合作将不断深化。双方将加强教育合作与青年交流，推动科技创新和成果转化，为区域经济社会发展注入新动力。

B.7

2023年中国与太平洋岛国关系评估与展望

吕桂霞*

摘　要： 2023年，中国秉承“四个充分尊重”原则，积极发展与太平洋岛国的关系。从总体上看，中国与太平洋岛国关系总体发展平稳向好，六大合作平台全部启用，“2023年中国-太平洋岛国农渔业部长会议”“中国-太平洋岛国渔业合作发展论坛”“中国-太平洋岛国及第三方合作论坛”“首届中国-太平洋岛国教育部长会议”成功举办。具体到与各岛国的合作，中国与所罗门群岛关系“后来居上”，引领中国-太平洋岛国关系的进一步发展。中国与巴新的政治互信“再深化”，“一带一路”合作“再优化”，务实合作“再强化”。在美西方的挑拨下，中国与斐济和密克罗尼西亚联邦的关系出现一些波折，但最终回暖。

关键词： “四个充分尊重”　所罗门群岛　巴布亚新几内亚　中国政府太平洋岛国事务特使

2023年，中国与太平洋岛国的关系总体发展平稳向好，双方政治往来密切，经贸合作走深走实。随着中国同太平洋岛国的应急物资、应对气变、减贫发展、防灾减灾、农业合作、菌草技术六大合作平台全部正式启用，首届中国-太平洋岛国教育部长会议的召开，中国与太平洋岛国关系迎来新的发展机遇。

* 吕桂霞，中国社会科学院大学教授、中国社会科学院世界历史研究所研究员，主要从事太平洋国家史研究。

一 中国与太平洋岛国关系平稳向好

2023年，中国政府对太平洋岛国的重视程度进一步提升，任命首任中国政府太平洋岛国事务特使，推动中国与太平洋岛国关系的发展。

（一）中国任命中国政府太平洋岛国事务特使

2022年5月至6月，中国国务委员兼外长王毅访问太平洋岛国期间宣布，中方将任命中国政府太平洋岛国事务特使。2023年2月，曾担任中国驻伊斯坦布尔总领事和中国驻斐济大使的资深外交官钱波，被正式任命为首任中国政府太平洋岛国事务特使。中国政府太平洋岛国事务特使一职的设立，充分彰显了中国政府对太平洋岛国事务的重视，太平洋岛国在中国外交中的地位进一步提升。钱波特使上任后，积极开展工作，先后访问了多个太平洋岛国，主要包括密克罗尼西亚联邦、瓦努阿图、汤加、基里巴斯和库克群岛等。钱波特使与岛国领导人、外长及美拉尼西亚先锋集团等次区域组织领导人举行会谈，就双边关系、各领域的交流合作及共同关心的国际和地区问题等深入交换意见，推动中国与太平洋岛国的务实合作。

11月8日，钱波特使在库克群岛首都阿瓦鲁阿出席第52届太平洋岛国论坛，阐述中国发展同太平洋岛国友好关系的“四个充分尊重”政策，介绍第三届“一带一路”国际合作高峰论坛取得的丰硕成果，特别是高质量共建“一带一路”的八项行动，[①] 中方支持岛国发展新的具体举措，以实际行动支持岛国落实《蓝色太平洋2050战略》，推动构建更加紧密的中国-太平洋岛国命运共同体。其间，钱波特使还会见库克群岛总理、太平洋岛国论坛轮值主席马克·布朗，以及分别会见基里巴斯、斐济、萨摩亚、纽埃、所罗门群岛等岛国与会领导人，力推中国与太平洋岛国关系发展。

---

① 《中国特使：共建“一带一路”将为太平洋岛国发展带来重大机遇》，新华网，2023年11月12日，http：//www.xinhuanet.com/silkroad/2023-11/12/c_1129971136.htm，最后访问时间：2024年4月22日。

（二）中国与所罗门群岛关系“后来居上”

所罗门群岛虽然与我国建交时间较晚，但自 2019 年 9 月建交以来，中所两国坚持相互尊重、相互信任、互利共赢，两国关系发展按下“加速键”，驶入“快车道”。中所建交半个多月后，所罗门群岛总理梅内西·索加瓦雷（Manasseh Sogavare）对中国进行了首次正式访问。2023 年 7 月 9~15 日，索加瓦雷总理应国务院总理李强邀请，对中国进行第二次正式访问。2023 年 7 月 10 日下午，中国国家主席习近平在人民大会堂会见索加瓦雷总理。习近平主席指出：“中国和所罗门群岛是彼此值得信赖的好朋友、可以依靠的好兄弟。建交以来，两国友好合作后来居上，走在了中国同太平洋岛国关系前列，成为不同大小国家和发展中国家团结合作、携手发展的典范。”“中国的太平洋岛国政策秉持‘四个充分尊重’：一是充分尊重岛国主权和独立，坚持大小国家一律平等；二是充分尊重岛国意愿，坚持共商、共建、共享、共赢；三是充分尊重岛国民族文化传统，坚持和而不同、美美与共；四是充分尊重岛国联合自强，支持岛国落实《蓝色太平洋 2050 战略》，为建设一个和平、和谐、安全、包容、繁荣的蓝色太平洋作出贡献。”[①] 会见后，双方发表了《中华人民共和国和所罗门群岛关于建立新时代相互尊重、共同发展的全面战略伙伴关系的联合声明》，[②] 签署了一系列合作协议，推动两国关系提质增效，迈上新台阶。

7 月 11 日，所罗门群岛驻华使馆正式开馆。10 月 30 日，中国向所罗门群岛皇家警察部队捐赠一批总价值达 500 万所罗门元（约合 59 万美元）的安全设备和物资，以用于 11 月举行的太平洋运动会安保工作。中国公安部还增加了中国警察联络小组的人员投入，并对该国警察进行了全面的安全培

---

① 《习近平会见所罗门群岛总理索加瓦雷》，中国外交部网站，2023 年 7 月 10 日，https：//www. mfa. gov. cn/web/zyxw/202307/t20230710_ 11110927. shtml，最后访问时间：2023 年 12 月 16 日。

② 《中华人民共和国和所罗门群岛关于建立新时代相互尊重、共同发展的全面战略伙伴关系的联合声明（全文）》，中国政府网，2023 年 7 月 10 日，https：//www. gov. cn/yaowen/liebiao/202307/content_ 6891003. htm，最后访问时间：2023 年 12 月 16 日。

训。中国与所罗门群岛的关系成为典范，引领中国-太平洋岛国关系的进一步发展。

（三）中-巴新关系开启新篇章

巴布亚新几内亚是最早同新中国建交的太平洋岛国之一。1976 年 10 月 12 日，中国与巴新正式建交。2018 年，习近平主席对巴新进行国事访问并同建交太平洋岛国领导人举行会晤，共同将中国与太平洋岛国的关系提升为相互尊重、共同发展的全面战略伙伴关系。其间，中国与巴新签署《中华人民共和国政府与巴布亚新几内亚独立国政府关于共同推进丝绸之路经济带和 21 世纪海上丝绸之路建设的谅解备忘录》。作为首个同中国签署共建“一带一路”谅解备忘录和合作规划的太平洋岛国，巴新为中国同太平洋岛国共建“一带一路”发挥了带头示范作用。2022 年 11 月，习近平主席同巴布亚新几内亚总理马拉佩在泰国曼谷 APEC 会议期间成功会晤，就建设更高水平、更加互惠的中巴新全面战略伙伴关系达成一系列重要共识。[①]

2023 年 10 月 16 日至 19 日，巴新总理马拉佩应邀出席第三届“一带一路”国际合作高峰论坛，并对中国进行正式访问。作为唯一的太平洋岛国领导人，马拉佩总理访问期间在北京受到高规格接待，习近平主席和李强总理分别同马拉佩总理举行会见、会谈。两国领导人就双边关系、共建“一带一路”合作以及共同关心的问题深入交换意见，达成重要广泛共识。会谈后双方发表了《中华人民共和国和巴布亚新几内亚独立国联合声明》，高度评价建交 47 年来两国关系取得的长足发展。

中国和巴新一致认为有必要加大内部协调、凝聚各方合力、增强发展动能，推动两国全面战略伙伴关系迈向更高水平。具体包括：加强各层级各领域交往，深化治国理政互学互鉴，持续深化互信；推动发展战略对接，拓展贸易投资、银行金融、农林渔业、基础设施建设、能源矿产、绿色发展、海

① 《驻巴布亚新几内亚大使曾凡华在巴新媒体撰文：在新起点上引领推进中巴新合作不断提质升级》，中国外交部网站，2022 年 11 月 25 日，https：//www. mfa. gov. cn/zwbd_ 673032/wjzs/202211/t20221125_10981081. shtml，最后访问时间：2023 年 11 月 26 日。

洋资源管理保护及研究等领域务实合作；增进人文交流，促进民心相通，扩大教育、文化、青年、卫生、体育、旅游、媒体等领域交流合作；致力于构建更加紧密的中国-太平洋岛国命运共同体，积极支持落实《蓝色太平洋2050战略》，共同建设应急物资、应对气候变化、减贫、菌草、农业等多边合作平台，推动中国同太平洋岛国整体合作迈上新台阶；增强在国际和地区事务中沟通协调，共同推动《联合国气候变化框架公约》及《巴黎协定》全面有效实施。① 马拉佩访华期间，中国和巴新还达成了涉及发展合作、基础设施建设、应对气候变化、教育、能源、菌草、农业等领域多项具体合作成果，推动中国同太平洋岛国整体合作迈上新台阶。

这是马拉佩总理出席2022年北京冬奥会开幕式后再次访华，也是2022年曼谷APEC峰会两国领导人会晤后中巴新又一次重要高层交往，对双方深化政治互信、拓展务实合作、巩固传统友谊具有重要意义。正如中国驻巴布亚新几内亚大使曾凡华在巴新媒体发表署名文章《开启中巴新合作新篇章》指出，马拉佩总理此行中巴新政治互信“再深化”，中巴新共建“一带一路”合作“再优化”，中巴新务实合作“再强化”。②

（四）中国与斐济和密克罗尼西亚联邦的关系曲折发展

在中国与太平洋岛国关系迅速发展的大趋势下，也存在与个别国家双边关系出现波折的现象。这一现象突出表现在中国与斐济的关系。

斐济是最早与我国建交的太平洋岛国，多年以来一直引领中国与太平洋岛国关系的发展。然而，自2022年12月斐济新政府上台以来，中斐关系友好发展的趋势受到影响。

---

① 《中华人民共和国和巴布亚新几内亚独立国联合声明（全文）》，中国外交部网站，2023年10月17日，https：//www.mfa.gov.cn/web/ziliao_674904/1179_674909/202310/t20231018_11162574.shtml，最后访问时间：2023年11月2日。

② 《驻巴布亚新几内亚大使曾凡华在巴新媒体发表署名文章〈开启中巴新合作新篇章〉》，中国外交部网站，2023年10月26日，https：//www.mfa.gov.cn/gjhdq_676201/gj_676203/dyz_681240/1206_681266/1206x2_681286/202310/t20231027_11169512.shtml，最后访问时间：2023年11月5日。

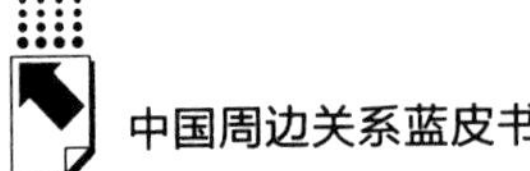

在政治关系遇冷的同时，两国经济关系继续发展。我们注意到，斐济政府并没有突破中国政府的底线，斐济领导人在许多场合表示坚持一个中国原则。11 月，斐济副总理兼对外贸易合作和中小企业部长马诺阿·卡米卡米加（Manoa Kamikamica）赴上海参加“第六届中国国际进口博览会”，推动斐济与中国的经贸合作。中斐签署价值 1.01 亿元两份协议：一份是诺丽茶（斐济）私人有限公司和海南枫溪舒诺利实业有限公司签署的协议，为期 5 年，旨在促进诺丽茶产品的开发和向中国出口；另一份是中国森林时代控股有限公司和斐济翻转锯木厂及伐木私人有限公司（Overturn Sawmill and Logging Pte Ltd）的协议，涉及木材和其他资源产品等大宗商品贸易方面的合作，价值超过 3300 万元。这两份协议的签署，既是斐济与中国之间牢固商业关系的标志，也鼓舞了投资者的信心。3 月 22 日，在中国-太平洋岛国菌草技术示范中心在斐济揭牌启用仪式上，中国国家国际发展合作署还与斐济总理办公室签署关于加强发展合作、推动落实全球发展倡议的谅解备忘录，以及中斐政府间经济技术合作协定①，经济合作成为中斐关系的重要压舱石。

中国与密克罗尼西亚联邦的关系在 2023 年则出现了先冷后热的现象，其分界线应为 2023 年 5 月该国大选。在大选之前，时任总统大卫·帕努埃洛（David W. Panuelo）不仅在中国与所罗门群岛签署安全协议问题上制造麻烦，而且在中国驻密克罗尼西亚联邦大使任命和台湾问题上也发表了一系列不当言论，给两国关系蒙上了阴影。② 2023 年 5 月之后，随着新总统韦斯利·西米纳（Wesley W. Simina）上台，中国与密克罗尼西亚联邦的关系开始回暖。7 月，中国援密联邦国家会议中心复工，两国关系回归正常发展轨道。

---

① 《中国-太平洋岛国菌草技术示范中心在斐济揭牌启用》，中国政府网，2023 年 3 月 22 日，https://www.gov.cn/xinwen/2023-03/22/content_5747919.htm，最后访问时间：2023 年 10 月 16 日。

② “FSM President Appeals to Solomon Islands PM to Consider Long-term Consequences of the Security Deal with China,” *Island Times*, April 1, 2022, https://islandtimes.org/president-of-the-federated-states-of-micronesia-david-panulo-photo-fsm-national-government/, accessed 2024-12-28.

二　中国-太平洋岛国多边合作平台陆续启用

（一）中国-太平洋岛国农业合作示范中心

太平洋岛国农业基础普遍薄弱、粮食生产不足，主要粮食作物和畜产品的自给率较低。为助力太平洋岛国发展，近年来，我国面向岛国累计实施了100多个经济技术援助项目，其中包括技术（设备）援助、人员培训和建立合作示范农场等农业领域援助项目。这虽对岛国农业生产和农民增收具有促进作用，但与岛国加强国家粮食安全的现实需求仍有差距。

2023年5月9日，由中国外交部、农业农村部联合江苏省，依托江苏省农业科学院成立的中国-太平洋岛国农业合作示范中心正式启动。该中心启动后，将重点围绕太平洋岛国作物品种、渔业水产、热带经济作物、农机装备、农产品精深加工及专业技术人才培训等需求，搭建交流平台，开展技术培训，预计2025年建设完成。江苏省农业科学院蔬菜研究所阳台蔬菜团队还在中国-太平洋岛国农业合作示范中心揭牌仪式会议期间，精心规划设计了阳台栽培模式，集中展示了鲜食蔬菜、观赏蔬菜、药食同源蔬菜、香料作物、食用菌等40余个品种。①

（二）中国-太平洋岛国防灾减灾合作中心

海洋为太平洋岛国的发展提供了广袤的资源，但海洋灾害对太平洋岛国经济发展也造成了诸多挑战。为助力太平洋岛国应对海洋灾害，中国不断强化与太平洋岛国的灾害管理合作。2018年，中国支持瓦努阿图建设中国-瓦努阿图海洋联合观测站，持续开展海洋观测、防灾减灾领域合作。2022年5月30日，中国发布《中国关于同太平洋岛国相互尊重、共同发展的立场文

① 《阳台蔬菜为生活添彩》，江苏省农业科学院蔬菜研究所，2023年5月18日，http://home.jaas.ac.cn/xww/nkyw/art/2023/art_2d107baf7b2248f4b8f3df38f80bdca9.html，最后访问时间：2023年7月18日。

件》（以下简称《立场文件》），宣布“建立中国-太平洋岛国灾害管理合作机制并设立防灾减灾合作中心”①。

根据《立场文件》的要求，经中国国务院同意，中国外交部、应急管理部、自然资源部和广东省人民政府共同成立了中国-太平洋岛国防灾减灾合作中心。2023 年 2 月 23 日，广东省江门市举行中国-太平洋岛国防灾减灾合作中心启用仪式。合作中心设置在广东省江门市五邑大学，旨在为太平洋岛国提供灾害风险监测预警技术和服务、灾后应急物资支持、救援行动支持、海洋防灾减灾技术支持以及防灾减灾救灾能力培训支持。合作中心的建设，将更好地促进双方携手应对灾害风险挑战，帮助太平洋岛国提高防灾减灾能力。② 中方积极推动建立中国-太平洋岛国灾害管理合作机制，并启用中国-太平洋岛国防灾减灾合作中心，是落实习近平主席与岛国领导人重要共识的具体举措，将更好地促进双方携手应对灾害风险挑战。③ 2023 年 3 月，瓦努阿图遭受热带气旋灾害后，中国-太平洋岛国防灾减灾合作中心充分发挥作用，向瓦努阿图提供铁皮瓦 3 万平方米，太阳能灯 3000 盏、大米等食品 20 吨。④ 目前，中国-太平洋岛国防灾减灾合作中心已被列入全球安全倡议概念文件，成为优秀案例之一。

为了共同应对海洋灾害，实现韧性海岛建设和发展，更好地应对气候变化、发展蓝色经济，中方又依托自然资源部海岛研究中心在平潭综合实验区建设海洋分中心。11 月 8 日，中国-太平洋岛国防灾减灾合作中心海洋防灾

---

① 《中国关于同太平洋岛国相互尊重、共同发展的立场文件》，中国外交部网站，2022 年 5 月 30 日，https://www.mfa.gov.cn/web/ziliao_674904/zcwj_674915/202205/t20220530_10694631.shtml，最后访问时间：2023 年 6 月 8 日。

② 《中国-太平洋岛国防灾减灾合作中心在江门启用 加强防灾减灾救灾领域合作 携手应对自然灾害风险挑战》，广东省人民政府网站，2023 年 2 月 24 日，http://www.gd.gov.cn/zzzq/gdyw/content/post_4099799.html，最后访问时间：2023 年 10 月 16 日。

③ 《中国-太平洋岛国防灾减灾合作中心在广东启用》，中国应急管理部网站，2023 年 2 月 23 日，https://www.mem.gov.cn/xw/bndt/202302/t20230223_443322.shtml，最后访问时间：2023 年 10 月 16 日。

④ 《应急管理部：在自然灾害防治方面加大对周边国家支持力度》，中国新闻网，2023 年 11 月 14 日，https://baijiahao.baidu.com/s?id=1782507008850710790&wfr=spider&for=pc，最后访问时间：2023 年 11 月 16 日。

减灾合作分中心在福建省平潭县正式启用，发布了《气候变化下小岛屿国家海平面上升状况（2023）》报告。为切实提升太平洋岛国灾害风险管理能力，海洋防灾减灾合作分中心将与太平洋岛国联合开展海洋环境观测预报、海洋灾害预警监测、海洋观测站点共建、生态减灾、海平面上升风险评估、灾害风险管理研究、海岛生态系统保护与修复等领域合作。在海洋防灾减灾合作分中心启用仪式上，自然资源部海岛研究中心与太平洋岛国发展论坛签署合作协议，国家海洋环境预报中心与所罗门群岛气象局签署海啸预警合作谅解备忘录。① 随着海洋防灾减灾分中心的建立，中国与太平洋岛国的海洋合作进一步深化，且朝着多领域、全方位和深层次的方向发展，中国与太平洋岛国的蓝色伙伴关系进一步巩固。

（三）中国-太平洋岛国菌草技术示范中心顺利启用

菌草是一种见效快、受益期长、利润高的产品，菌草技术则是中国将减贫脱贫经验应用于全球可持续发展的成功实践。目前，菌草技术已在 100 多个国家落地生根，成为中国对外援助品牌。2014 年菌草技术合作项目在斐济落地实施以来，经过中斐双方专家的努力和实践，斐济菌草技术示范中心已成为太平洋地区规模最大的菌草技术示范基地，当地参与合作的菌草种植农户累计超过 600 户，受益人群累计超过 1000 余户，种植面积共计 7000 余亩。2022 年 5 月 30 日，国务委员兼外长王毅同斐济总理兼外长姆拜尼马拉马在苏瓦共同主持第二次中国-太平洋岛国外长会。王毅宣布，中方将持续打造减贫、气变、防灾、农业、菌草中心等六个新合作平台。② 2023 年 3 月 22 日，中国-太平洋岛国菌草技术示范中心在斐济正式启用。

随着中国-太平洋岛国农业合作示范中心、中国-太平洋岛国防灾减灾合作

---

① 《中国-太平洋岛国防灾减灾合作中心海洋防灾减灾合作分中心启用》，央广网，2023 年 11 月 9 日，https：//news. cnr. cn/local/dftj/20231109/t20231109_ 526481296. shtml，最后访问时间：2023 年 10 月 18 日。

② 《中国同太平洋岛国召开第二次外长会》，中国外交部网站，2022 年 5 月 30 日，https：//www. fmprc. gov. cn/web/wjbz_ 673089/xghd_ 673097/202205/t20220530_ 10694549. shtml，最后访问时间：2024 年 12 月 28 日。

中心和中国-太平洋岛国菌草技术示范中心的顺利启用，中国与太平洋岛国的多边合作平台日益丰富，必将进一步推动中国与太平洋岛国关系的发展与合作。

三 中国与太平洋岛国的经贸合作持续发展

中国有巨大的市场、技术和资金，太平洋岛国有丰富的资源、广袤的土地和勤劳的人民，双方优势互补，合作潜力巨大。

（一）中国与太平洋岛国农渔业合作走深走实

在双方领导人的战略引领下，中国和太平洋岛国农渔业合作取得丰硕成果。以中国热带农业科学院为例，中方先后与瓦努阿图、萨摩亚、巴布亚新几内亚相关单位签署了热带农业科技合作备忘录，与密克罗尼西亚联邦、基里巴斯、瓦努阿图和巴布亚新几内亚开展了椰子、油棕等热带作物种植和加工技术合作，分别在密克罗尼西亚联邦和瓦努阿图建立了椰子标准化栽培示范园和农业试验站，还先后为太平洋岛国培训了200多名热带农业管理和技术人才，派出29位专家赴相关国家开展热带农业技术援助。[①] 2023年中国与太平洋岛国的农渔业合作进一步走深走实，突出表现为："2023年中国-太平洋岛国农渔业部长会议""中国-太平洋岛国渔业合作发展论坛""中国-太平洋岛国及第三方合作论坛"的成功举办，以及《中华人民共和国农业农村部与基里巴斯共和国渔业和海洋资源发展部关于渔业合作的谅解备忘录》的签署。

2023年5月9日，"2023年中国-太平洋岛国农渔业部长会议"在南京举行，中共中央政治局委员、国务院副总理刘国中出席开幕式并致辞。[②] 会议以"构建新时期中国-太平洋岛国农渔业全方位合作平台，助力岛国农渔

① 《科技搭起中国与太平洋岛国热带农业合作桥梁》，农民日报国际公众号，2023年7月21日。

② 《刘国中在中国-太平洋岛国农渔业部长会议开幕式上致辞》，中国政府网，2023年5月9日，https：//www.gov.cn/yaowen/2023-05/09/content_ 5754695.htm，最后访问时间：2023年8月10日。

业可持续发展”为主题，对于双方更好保障粮食安全、促进海洋保护和可持续利用、加快实现农业现代化具有重要意义。

为落实2023年中国-太平洋岛国农渔业部长会议精神，构建新时期中国-太平洋岛国农渔业全方位合作平台，助力岛国农渔业可持续发展，2023年5月10日，“中国-太平洋岛国及第三方合作论坛”在江苏省南京市召开。中国农业农村部副部长马有祥、斐济渔业林业部部长拉武（Kalaveti Vodo Ravu）、巴布亚新几内亚农业部部长埃业·坦布阿（Aiye Carter Tambua）、瓦努阿图农畜林渔及生物安全部部长纳图曼（Ianaton Nako Natuman）、所罗门群岛农业和畜牧业部部长奥古斯丁·奥加·梅尤（Augustine Auga Maeue）、基里巴斯渔业和海洋资源发展部部长里巴纳塔克·斯沃（Ribanataake Tiwau）等出席论坛开幕式并致辞，来自联合国粮农组织等国际组织、太平洋岛国农业部门和驻华使馆，国内相关机构及企业等单位的100多名代表参会。①

马有祥表示，中国愿与太平洋岛国在近年来农渔业领域合作取得丰硕成果的基础上，携手构建关系更加紧密的农渔业合作新局面。一是不断完善机制，推动中国-太平洋岛国渔业合作发展论坛长效化机制化，系统规划合作发展方向与重点，促进农渔业相关产业领域融合发展。二是坚持绿色发展，在渔业资源调查与监测，打击非法、不报告和不管制（IUU）渔业活动等方面深化合作。利用农业南南合作信托基金实施能力建设项目，促进热带农渔业可持续发展。三是深化科技合作，聚焦农渔业育种、种植养殖、设备设施、加工流通等重点，加强技术培训和人员交流，扩大适用技术试验示范。四是扩大经贸合作，促进在热带农业、渔业捕捞、水产养殖、农渔业产品加工和冷链物流、渔船修造、渔港建设等领域投资合作，推动市场准入和自由贸易。②

① 《中国-太平洋岛国及第三方合作论坛在江苏南京召开》，人民网-江苏频道，2023年5月10日，http：//js. people. cn/n2/2023/0510/c360300-40410201. html，最后访问时间：2023年6月10日。

② 《中国-太平洋岛国渔业合作发展论坛、中国-太平洋岛国及第三方合作论坛成功举办》，中国政府网，2023年5月11日，https：//www. gov. cn/lianbo/bumen/202305/content_6853111. htm，最后访问时间：2023年8月7日。

马有祥在开幕式后会见了基里巴斯渔业和海洋资源发展部部长里巴纳塔克·斯沃，双方共同签署了《中华人民共和国农业农村部与基里巴斯共和国渔业和海洋资源发展部关于渔业合作的谅解备忘录》。①

（二）基础设施建设合作再现新成果

2023 年，中国与太平洋岛国的基础设施建设合作取得新成效，突出表现为一批基础设施建设项目陆续完工。以巴布亚新几内亚为例，2023 年 1 月 9 日，中国驻巴新大使曾凡华应邀出席巴新西太平洋大学中国援建校舍交接仪式，向巴新高教部部长波利转交校舍“金钥匙”。4 月 21 日，由中国民营企业投资建设的巴新埃德伍水电站开启蓄水仪式。该项目是近年来中巴新经贸投资合作的又一成功范例，体现了中国企业对巴新长远发展的信心，将给巴新带来经济社会效益。4 月 26 日，李明大使应邀赴西部省出席科洛科洛社区诊所启用仪式。所罗门群岛工商部长科洛格托、西部省省长维奥等政要出席。科洛科洛诊所是中国对南维拉拉维拉地区援助的重点项目，对改善西部省偏远地区医疗卫生条件有积极意义。8 月底，由中国土木集团承建的巴新海拉省省会“塔里机场升级改造项目”竣工。

与新冠疫情之前相比，中国与太平洋岛国的基础设施建设合作速度有所放缓，2023 年尚未看到中国与太平洋岛国的大型基建项目落地。不过，仍然有部分基建项目陆续开工。例如，2023 年 8 月 2 日，所罗门群岛国家宽带网基础设施项目在瓜达尔卡纳尔省萨利村举行开工仪式。

（三）中国与巴新首次商业直航货运包机

2023 年 8 月，为尽快实现稳定供电，中资投资埃德伍水电站，同巴新电力公司合作，首次使用直航包机运送设备，在两国经贸合作中具有标志性意义，也展示了中国企业良好的社会责任意识。巴新国企部长杜马对此高度

---

① 《马有祥会见基里巴斯渔业和海洋资源发展部部长斯沃》，中国农业农村部网站，http：//www. moa. gov. cn/jg/leaders/myx/tp/2 02305/t20230510_ 6427288. htm，2023 年 5 月 10 日，最后访问时间：2023 年 8 月 10 日。

评价，认为中方投资的水电站开创性地采用包机运输设备，比预期提前两个月发电，有效缓解了首都区供电紧张，提升了当地居民福祉。此次深圳至巴新首都莫尔兹比港直航包机由顺丰航空承运，系顺丰航空开通的首条大洋洲货运航线。

（四）中国与太平洋岛国的旅游合作迎来新的发展机遇

旅游业是太平洋岛国经济发展的支柱产业之一，政府高度重视。太平洋岛国拥有丰富而独特的旅游资源，中国拥有庞大的旅游消费市场，双方互补性极强。新冠疫情之后，太平洋岛国陆续开放国门，迎接包括中国在内的八方游客。为此，各太平洋岛国纷纷采取措施，欢迎游客回归。

2023 年 10 月 11 日，“中国旅游市场项目”在瓦努阿图首都维拉港举行启动仪式。11 月，基里巴斯对华免签入境政策正式落地生效，持外交、公务、普通护照（有效期在 6 个月以上）赴基旅游、短期访问的中国公民可免签入境、过境。在一系列利好消息的推动下，中国赴太平洋岛国旅游的人数激增。以斐济为例，2023 年 1~9 月，赴斐济旅游的人数达 16612 人，接近 2020~2022 年赴斐济旅游人数的总和。①

此外，2023 年 1 月，斐济 Abacus 金融科技公司与腾讯微信支付平台开展合作，推动微信支付成功落地斐济，为用户提供移动支付服务和智慧旅游方案支持。3 月，中国国家国际发展合作署与斐济总理办公室签署关于加强发展合作、推动落实全球发展倡议的谅解备忘录，以及中斐政府间经济技术合作协定。6 月 1 日，中国银行巴新代表处开业。中国银行巴新代表处将积极支持当地经济发展，促进双边贸易，助力两国关系深化。

四　人文交流与合作取得新进展

2023 年，中国与太平洋岛国的人文交流与合作取得新进展，突出表现

---

① “Provisional Visitor Arrivals-2023,” Fiji Bureau of Statistics, 2023.

为首届中国-太平洋岛国教育部长会召开，中国教育部部长怀进鹏率团访问巴新，中国援助所罗门群岛举办太平洋运动会，中国与太平洋岛国的医疗合作持续推进，等等。

（一）教育交流与合作

2023 年，中国与太平洋岛国的教育合作取得重大进展，一个标志性的事件就是在联合国教科文组织第 42 届大会期间双边教育部长会议的召开。

1. 首届中国-太平洋岛国教育部长会召开

在联合国教科文组织第 42 届大会期间，首届中国-太平洋岛国教育部长会于 2023 年 11 月 9 日在法国巴黎召开，中国教育部部长怀进鹏和来自巴布亚新几内亚、所罗门群岛、瓦努阿图、斐济、萨摩亚、汤加、纽埃、库克群岛和基里巴斯等国的教育部长或代表、联合国教科文组织代表出席会议。各国嘉宾围绕 STEM 教育、数字教育和绿色教育等议题展开深入讨论，一致同意建立机制化对话平台，并通过《中国-太平洋岛国教育部长会联合声明》。[①] 此次会议的召开，标志着中国与太平洋岛国的教育交流与合作迈上了一个新的台阶。

2. 中国教育部部长怀进鹏率团访问巴新

为落实 2022 年 11 月中国和巴新两国元首在泰国曼谷会晤达成的共识，落实习近平主席 2020 年向巴新布图卡学园师生的回信精神，重申中国坚持教育对外开放的坚定承诺，2023 年 8 月 12 日至 13 日，中国教育部部长怀进鹏率团访问巴布亚新几内亚。在巴新期间，怀进鹏拜会了巴新总理马拉佩，同巴新高等教育部部长波利、教育部部长乌格罗举行工作会谈，参访布图卡学园并同巴新部分大学校长和赴华留学生代表举行座谈。此访不仅是推动两国人民特别是青年人相互理解的重要举措，还向全世界特别是太平洋岛国表明中国坚持教育对外开放不动摇的坚定决心。

---

① 《怀进鹏出席首届中国-太平洋岛国教育部长会》，中国教育部网站，2023 年 11 月 9 日，http：//www.moe.gov.cn/jyb_ xwfb/gzdt_ gzdt/moe_ 1485/ 202311/t20231109_ 1089864.html，最后访问时间：2023 年 11 月 28 日。

3. 中国与太平洋岛国的高校合作持续推进

2023 年 5 月 11 日，中国海洋大学与所罗门群岛国立大学在线签署合作谅解备忘录，这是中所高校间首个合作谅解备忘录，标志着两国教育合作迈出新的步伐。8 月，中国教育部部长怀进鹏率团访问巴新，推动双方教育交流合作取得更多实质性成果。10 月，巴新总理马拉佩访华期间参访北京师范大学，并向该校师生发表演讲，北京师范大学同巴新戈罗卡大学签署合作谅解备忘录，为中巴新教育合作注入了新动力，标志着双方教育机构开展务实合作的重要进展。

中国政府奖学金继续面向太平洋岛国，其中巴新 40 多人，斐济 15 人，所罗门群岛近 20 人。为了帮助太平洋岛国改善教育环境和教学条件，2023 年中国驻太平洋岛国大使馆及大使捐款捐物，主要包括：2023 年 7 月 14 日，中国驻所罗门群岛大使馆举行向所中部省杨迪那中学捐赠 40 套课桌椅仪式；8 月 25 日，中国驻斐济大使周剑应邀出席斐济贫困儿童教育基金会募捐晚宴，并捐款 2000 斐元，资助斐济贫困儿童购买学习用品；9 月 14 日，中国驻巴新大使馆向巴新大学捐赠华为智慧屏等高科技教学设备，助推巴新大学现代化教学水平提升。

（二）援助所罗门群岛举办太平洋运动会

第 17 届太平洋运动会于 2023 年 11 月下旬在所罗门群岛举行，因此该年度中国与太平洋岛国的体育交流与合作突出表现在中国与所罗门群岛的交流合作上。此次运动会是所罗门群岛 1978 年以来第一次举办大规模体育赛事，该国对此十分重视。2019 年中所建交之后，为支持所罗门群岛办好这届太平洋运动会，中国土木工程集团有限公司承建了援所罗门群岛 2023 年太平洋运动会体育场馆项目。该项目位于首都霍尼亚拉的菲利普王子大道旁，包括国家体育场、网球中心、水上中心、曲棍球场和训练场等 7 座单体设施，总建筑面积约 2.6 万平方米，目前已全部完成。建成之后的体育馆成为拥有世界一流设施设备的体育竞赛场地：蓝色跑道获得了世界田联认证，达到了举办奥运赛事的水平；足球场采用百慕大天然草坪，能够举办高水平足球赛事，其自动喷灌系统还拥有雨水收集系统，可节约维护成本。2月9日，广东省江门市向所罗门群岛首都霍尼亚拉市捐赠摩托车，为霍尼亚拉市政府公务出行和举办太平洋运动会提供极大便利。8月16日，中国驻所罗门群岛大使馆向所方捐赠体育训练器材，涵盖拳击、田径、举重、游泳、跆拳道、乒乓球、柔道等运动项目。

中国不仅帮助所罗门群岛建设了体育场馆、运动员村等基础设施，还应所罗门群岛政府请求，为所罗门群岛运动员提供了高质量培训。2023年7月，80名所罗门群岛运动员和教练员分批抵达中国在四川攀枝花的体育基地进行专业训练，为期90天，涉及田径、游泳、跆拳道、拳击、举重、乒乓球、柔道7个项目。10月底，9名教练从中国来到所罗门群岛，对参赛运动员进行为期40天的赛前强化训练并指导比赛。

（三）医疗交流与合作

2023年，中国与太平洋岛国的医疗交流与合作突出地表现为中国与巴新签署关于派遣中国医疗队的议定书、广东省的“送医上岛”项目以及中国海军医院船“和平方舟”号访问。

1. 中国同巴布亚新几内亚续签派遣医疗队议定书

自2002年起，中方连续向巴新派出12批医疗队，为提高巴新医疗卫生水平、促进中巴新友好作出积极贡献，受到巴新政府和人民的欢迎和赞誉。2023年7月26日，中国驻巴新大使曾凡华和巴新卫生部秘书长奥斯本·利科代表两国政府签署《中华人民共和国政府和巴布亚新几内亚独立国政府关于派遣中国医疗队赴巴新工作的议定书（2023—2028年度）》。[①]

2. “送医上岛”

“送医上岛”是广东与太平洋岛国在医疗卫生领域开展的一系列务实交流与合作项目中持续时间最长、影响力最大的项目，由“光明行”“泌尿外

---

① 《中国同巴布亚新几内亚续签派遣医疗队议定书》，中国驻巴布亚新几内亚大使馆网站，2023年7月27日，http：//pg. china-embassy. gov. cn/chn/zbgx/202307/t20230727_ 11118559. htm，最后访问时间：2023年9月5日。

科微创行”“爱牙日”“中医康复”等系列项目组成。从2012年开始经过十多年的耕耘，“送医上岛”已成为广东援外品牌，越来越受到岛国民众的欢迎。2012年以来，广东共派出25批188人次医疗专家团组远赴南太平洋岛国开展医疗巡诊，举办健康教育和学术讲座，捐赠医疗物资。①

（1）“光明行”

2023年9月14日，由中山大学中山眼科中心陈伟蓉教授带领的医疗专家组一行7人，携带医疗设备和药械，奔赴太平洋岛国斐济和基里巴斯开展“送医上岛-光明行”活动。这也是广东省援外品牌项目“送医上岛”在受疫情影响暂停3年后，第一次赴南太平洋岛国开展“光明行”活动。此次活动共历时17天，为斐济和基里巴斯两国93名患者实施了白内障超声乳化吸除联合人工晶状体植入术，同时还向当地捐赠了一批医疗仪器和物资，助力提升当地医院眼科能力建设。②

（2）“泌尿外科微创行”

南方医院自2012年起共承担8次“送医上岛”任务，共派出36名医生赴8个南太平洋岛国开展义诊。2023年4月，南方医院泌尿外科教授吴芃带领专家组赴所罗门群岛开展泌尿外科微创手术，还捐赠了一批耗材和医疗物资。4月11日至16日，专家组连续开展8台疑难病例手术，患者无一例并发症，全部顺利出院。③“泌尿外科微创行”成为继中山眼科中心陈伟蓉教授团队开展的“光明行”之后又一深受岛国民众欢迎的“送医上岛”广东品牌项目。

9月2日至16日，“2023中国（广东）南太平洋岛国微创外科技术培训班”在南方医院举行，来自所罗门群岛的唯一外科医生梅利和来自瓦努阿图、基里巴斯等多个南太平洋岛国地区的5名泌尿外科骨干医生来到广州接受了为期两周、干货满满的培训。通过为期两周的集中学习，5名岛国医

---

① 《给南太岛国送去手术的“桨”》，《南方日报》2023年10月26日，第A9版。

② 《成功完成93例复明手术，广东赴南太平洋岛国“光明行”医疗队凯旋》，金羊网，2023年10月1日，https://wap.ycwb.com/2023-10/01/content_52241257.htm，最后访问时间：2023年10月12日。

③ 《给南太岛国送去手术的“桨”》，《南方日报》2023年10月26日，第A9版。

生系统性地接触到了从岛国常见的泌尿系统疾病如前列腺增生、结石，到胆囊炎、腹腔疝气、阑尾炎急腹症等腹部外科疾病的诊疗常规和微创外科手术理念。为增强受训医生对疾病的直观认知，带教老师还成体系地为他们提供了微创技术基础培训，并通过模拟器训练、动物实验帮助他们提升实操能力。在南方医院的手术室内更是直观地观摩了国际前沿手术并参与了包含查房在内的一线临床实践。9 月 16 日，太平洋岛国的 5 位外科医生给他们的中国老师，南方医科大学南方医院泌尿外科主任吴芃教授送上了一件特殊的纪念品——木雕独木舟楫。5 位医生此次能受邀来到广州接受国际前沿外科技术培训和继续教育，既是多年来吴芃医生团队所开展的“送医上岛”行动的延续与回访，也是广东医生造血式帮扶太平洋岛国的一个缩影。“我们在中国获得的知识将无疑在我们的国家产生深远的影响，在未来多年，改变无数患者的生活轨迹”，学员之一、所罗门群岛国家转诊医院外科医生奥古斯汀・梅利医生表示。[①]

3. “和平方舟”号医院船访问

2023 年 7 月 3 日，“和平方舟”号医院船从舟山起航，成功访问南太平洋岛国基里巴斯、汤加、瓦努阿图、所罗门群岛及亚洲东帝汶，并分别为各国提供了为期 7 天的免费人道主义医疗服务。“和平方舟”号医院船累计服务 5 国民众 41358 人次，辅助检查 25307 人次，开展手术 192 例。[②]

此外，中国还向太平洋岛国提供一系列民生援助。例如，2023 年 3 月 7 日，中方将深受地震危害的巴新海底光缆修复完毕，交予巴新政府。5 月和 7 月，中国政府先后将两批抗疫物资运送到斐济，继续支持斐济的卫生事业。这些物资包含抗原检测试剂、医用口罩、防护服、防护面屏、红外测温

① 王道斌：《广东援外医生吴芃：用精湛医术搭建中国与南太岛国友谊之舟》，《南方都市报》2023 年 10 月 26 日，第 8 版。

② 《向东两万里 中国海军“和平方舟”号医院船出访太平洋五国任务纪实》，中国驻所罗门群岛大使馆微信公众号，2023 年 9 月 20 日，https://mp.weixin.qq.com/s?__biz=MzI3MDgzOTA0OQ==&mid=2247487750&idx=2&sn=bdd355a8e5d8033cf2f7b92776521622&chksm=eacbad60ddbc2476b9fa2491b333d004dce8f54f440f56a9997bb1170b7bbf644edee80a59db&scene=27，最后访问时间：2023 年 10 月 21 日。

枪和帐篷等共计50余万件，价值近100万斐元。9月21日，中国驻斐济大使馆向斐济青体部捐赠一批木工工具及设备，用于帮助斐青年开展技能培训。11月3日，广州市向斐济援助一批太阳能路灯，支持斐应对气候变化等。太平洋岛国首次向中国派遣记者参访团。2023年10月16日至18日，由7名记者组成的太平洋岛国记者参访团来聊城，先后到聊城大学、聊城水务集团、山陕会馆、光岳楼、聊城市新闻传媒中心、大众日报社聊城分社和茌平信发集团等地参观交流，使太平洋岛国新闻从业人员切实感受到中国文化，极大地增进了民众的感情，促进了民心相通。

五　气候变化合作与其他交流

太平洋岛国普遍海拔较低，生态环境较为脆弱，因此气候变化成为太平洋岛国的“头等大事”。联合国有关研究报告表明，太平洋岛国目前正面临气候变化带来的最严峻的挑战：海平面每上升1米，太平洋岛国就会有近1/3的陆地被淹没；气温变化已经导致珊瑚群大面积白化和鱼群数量的骤减；极端天气引发太平洋岛国地区飓风频发，而每一次飓风过后，一些岛国的经济损失会令全年国内生产总值减少一半以上。目前，海拔最低的太平洋岛国图瓦卢已有两个小岛被海水淹没。据估计，到21世纪末，图瓦卢可能被不断上升的海平面完全吞噬，因此应对气候变化对太平洋岛国而言是生死存亡的“头等大事”。

中国高度重视太平洋岛国在气候变化问题上的特殊处境和关切，对气候变化带来的威胁感同身受，从“渔船送爱”驰援火山爆发的汤加，到“风雨同舟”为瓦努阿图连续风灾提供紧急援助。岛国发生重大自然灾害时，中国都第一时间伸出援手。截至2022年10月，中国已经与汤加、萨摩亚、斐济、基里巴斯等太平洋岛国签署了5份应对气候变化南南合作物资援助的项目文件，并且举办了4期面向南太岛国能力建设的培训班，为这些国家累计培训了近百名应对气候变化的专业人员。2023年，应对气候变化合作仍然是中国与太平洋岛国关系的重点领域。

（一）应对气候变化成为双边合作重点领域

1. 充分发挥中国-太平洋岛国应对气候变化合作中心的作用

2022 年 4 月，中国-太平洋岛国应对气候变化合作中心在山东聊城正式启用。中国致力于打造双方人员培训、技术合作、学术研究等合作平台，提升中国和太平洋岛国应对气候变化的能力。6 月 20 日，在中国-太平洋岛国应对气候变化合作中心的支持下，“中国-太平洋岛国应对气候变化与绿色低碳发展南南合作”线上培训班正式开班，来自基里巴斯、萨摩亚、汤加、斐济、瓦努阿图、密克罗尼西亚等国的 40 余位气候变化领域的专业人员参加培训。培训课程涵盖全球和中国气候变化治理、低碳能源、气候适应与生态修复、中国-太平洋岛国应对气候变化合作、珊瑚礁保护、热带岛屿南南合作低碳示范区案例分析等。

2023 年，中国生态环境部继续依靠中国-太平洋岛国应对气候变化合作中心这一多边合作平台，加强了与太平洋岛国的应对气候变化合作，主要表现为：2023 年 10 月 31 日，由中国生态环境部主办、中国-太平洋岛国应对气候变化合作中心承办的应对气候变化南南合作——气候变化风险、适应与能力建设培训班在聊城大学开班，来自巴布亚新几内亚、基里巴斯、斐济、萨摩亚、密克罗尼西亚联邦和斯里兰卡的 23 名官员、学者参加开班仪式，培训为期 2 周。本次培训是继 2022 年两届面向太平洋岛国的应对气候变化线上培训班后的首次现场培训，受到中国生态环境部和山东省委的高度重视。

2. 向太平洋岛国提供气候援助

为了进一步支持斐济提高应对气候变化能力，2023 年 3 月 26 日，根据中斐 2022 年 5 月签署的《关于应对气候变化南南合作物资援助的谅解备忘录》，中方向斐方援助 4300 套 LED 路灯灯头、50 支灯杆和 2000 套家用太阳能电源系统，总价值 2000 万元。

3. 举办以气候变化为主题的合作/学术论坛

2023 年 4 月，中国（深圳）综合开发研究院举办以“应对气候变化与可持续发展新愿景”为主题的中国-太平洋岛国合作论坛。

10月21日，中国海洋大学海洋碳中和中心在山东青岛主办“2023太平洋岛国应对气候变化国际学术论坛”，以太平洋岛国应对气候变化为主题，围绕气候变化对太平洋的影响、海平面上升对岛国的影响与应对、蓝色治理与岛国可持续发展三个议题展开研讨。来自中国、美国、加拿大、所罗门群岛、韩国、图卢瓦、澳大利亚、法国等国的专家学者、留学生代表以及国内知名学者、师生共计100余人与会。该论坛计划每年举行一届。11月，中国海洋大学海洋碳中和中心承办“应对气候变化风险与海洋环境保护培训班”等，为提升太平洋岛国应对气候变化与海洋环境治理能力贡献力量。

4. 发布气候变化报告

2023年11月，国家海洋信息中心、中国海洋发展基金会联合发布了《气候变化下小岛屿国家海平面上升状况（2023）》报告，指出过去30年，海上丝绸之路沿线小岛屿国家周边区域海平面均呈显著上升趋势，西北热带太平洋、西南热带太平洋和印太交汇区海平面上升相对较快，密克罗尼西亚联邦、帕劳、巴布亚新几内亚、所罗门群岛海平面上升速率均超过每年5.0毫米。该报告认为，海平面持续上升造成小岛屿国家沿海洪水频率、范围、持续时间等显著增加，海岸侵蚀和海水入侵加剧，珊瑚礁、海草床和红树林等生态系统功能退化，导致小岛屿国家的宜居性降低，一些低海拔区域甚至面临搬迁的风险。该报告呼吁，采取有针对性的短期、长期适应对策，加强监视监测、早期预警和风险评估，强化基于自然的韧性海岸防护，积极参与全球海洋治理，以减少小岛屿国家面临的海平面上升威胁。①

（二）中国海军戚继光舰访问斐济与巴新

作为中国海军吨位最大、现代化水平最高的专业训练舰，戚继光舰完成

① 《〈气候变化下小岛屿国家海平面上升状况（2023）〉发布》，国家海洋信息中心微信公众号，2023年11月9日，https：//mp. weixin. qq. com/s？ _ _ biz = MzU4MTIzNTgyOA = = &mid = 2247490327&idx = 2&sn = 1dba28cf584e71810f5997c4aff4ea62&chksm = fd4bfe0cca3c771ad96bc0287a5b7e8bef66ae367d128742c6f1f7cfd6a45c876f7ec396eb4c&scene = 27，最后访问时间：2023年11月20日。

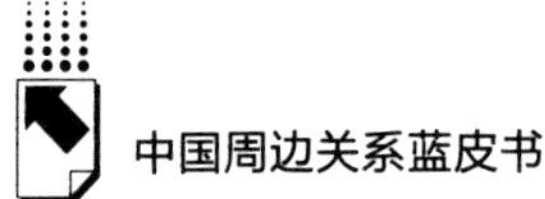

多批次共计7000余名海军院校学员航海实习，访问斐济与巴布亚新几内亚等10余个国家，是名副其实的“海上流动大学”。[①] 此次300余名中国海军学员和多国海军人员随舰在海上开展多科目教学实践训练，靠泊国外港口期间与驻在国军队进行一系列专业交流，必将有力提升海军学员的职业素养和适岗实操能力。

2023年9月26日，中国人民解放军海军戚继光舰抵达巴新开始友好访问，巴新国防部部长达基、国防部秘书长阿克普、国防军代理司令波勒瓦拉海军准将出席欢迎仪式，巴新军方及各界代表、中资企业、华侨华人代表等300多人参加。[②] 欢迎仪式后，巴新方主要来宾上舰参观并同戚继光舰指挥长交流。

10月6日，戚继光舰访问斐济。这是疫情后首次中国海军军舰到访斐济，首次有斐济海军人员随舰跟训，首次中斐两国海军舰艇举行联合演练。访问期间，舰队领导与斐济军政高层进行了深入友好交流，通过互相参观各自舰船，访问斐济海军总部，以及开展联合演练，强化了专业交流互动，双方结下了真挚情谊，提高了行动的互操作性。

六　中国与太平洋岛国关系未来发展

未来，随着中国与美西方关系止跌回暖，中国与太平洋岛国的关系迎来新的发展机遇。但太平洋岛国内部的变化，特别是所罗门群岛和基里巴斯大选等，也将给中国与太平洋岛国关系的发展带来极大不确定性。

近年来，美西方不断加大在太平洋岛国地区的存在，突出表现为美国完成太平洋岛国战略的顶层设计，不仅出台首份《太平洋岛国伙伴关系战

① 《戚继光舰起航执行远海实习访问任务》，光明网，2023年9月4日，https：//baijiahao. baidu. com/s？id=1776106616176308292&wfr=spider&for=pc，最后访问时间：2024年12月28日。

② 《海军戚继光舰抵达巴新开始友好访问》，中国驻巴布亚新几内亚大使馆网站，2023年9月26日，http：//pg. china-embassy. gov. cn/chn/xwdt/202309/t20230926_ 11150674. htm，最后访问时间：2024年12月28日。

略》，任命印太事务协调官和首位美国驻太平洋岛国论坛特使，而且将太平洋岛国的战略重点从此前的密克罗尼西亚联邦扩展至整个南太平洋地区，同时增加援助力度，增加外交资源、人力资源和资金的投入，在制度建设上则健全和完善了一系列从双边到多边的机制安排。包括法国、印度、韩国、印度尼西亚在内的域外和邻近国家也纷纷提升太平洋岛国在本国外交中的位置，通过加大战略投入、明确共同利益、拓展合作空间等方式，增加对太平洋岛国地区的影响力。[①] 美西方加大在该地区的存在，为中国与太平洋岛国关系的发展带来较大不确定性。

2024 年是太平洋岛国所罗门群岛和基里巴斯的大选年，大选结果将对中国与太平洋岛国关系的发展产生一定影响。众所周知，自 2019 年 4 月，梅纳西·索加瓦雷第四次当选所罗门群岛总理后，中所关系走上了发展的“快车道”。两国不仅在 2019 年 9 月正式建立外交关系，而且索加瓦雷总理在任期间两度访华，与中国国家主席习近平会晤，共同将两国关系推上新台阶，也使中所关系成为中国与太平洋岛国关系的“引领者”。希望继任者能够延续友好关系的发展势头，继续引领中国与太平洋岛国关系的发展。

① 秦升：《域外国家“扎堆”加强南太外交投入》，《世界知识》2023 年第 17 期。

双边篇

B.8
2023年中俄关系评估与展望

柳丰华 *

摘　要： 2023年，在俄乌冲突和俄西对抗持续不断、中美竞争加剧以及中俄关系受到西方压力等形势下，中国与俄罗斯仍然加强在政治、经贸、能源、军事和国际事务等领域的合作，取得了丰硕成果。两国领导人互访频繁，政治关系持续深化。经贸与能源合作成果硕大，中俄贸易额首次突破2000亿美元大关，中俄两国就中蒙俄天然气管道建设项目达成政治共识。军事交流与合作持续发展，外交协作愈益加深。未来，中俄两国将继续排除外部因素的干扰，发展全方位合作，推动中俄新时代全面战略协作伙伴关系持续深入发展。

关键词： 中俄新时代全面战略协作伙伴关系　中俄政治关系　中俄经贸合作　中俄能源合作　中俄外交协作

---

* 柳丰华，法学博士，中国社会科学院俄罗斯东欧中亚研究所俄罗斯外交研究室主任、研究员，研究方向为俄罗斯外交、中俄关系。

2023 年，在俄乌冲突和俄西对抗持续、中美竞争加剧以及中俄关系受到西方压力等形势下，中国与俄罗斯仍然加强在政治、经贸、能源、军事和国际事务等领域的合作，推动中俄新时代全面战略协作伙伴关系持续深入发展。

一　政治关系持续深化

2023 年 3 月 20～22 日，习近平主席对俄罗斯进行国事访问。3 月 21 日，习近平主席与俄罗斯总统普京在莫斯科克里姆林宫举行会谈，深入讨论了中俄关系及重大国际和地区问题，达成了诸多共识；双方同意继续发展各领域交往与合作，深化中俄新时代全面战略协作伙伴关系。会谈后，两国元首共同签署了《中华人民共和国和俄罗斯联邦关于深化新时代全面战略协作伙伴关系的联合声明》和《中华人民共和国主席和俄罗斯联邦总统关于 2030 年前中俄经济合作重点方向发展规划的联合声明》。访问期间，中俄双方还签署了农业、林业、基础科研、市场监管、媒体等领域多项双边合作文件。①

在俄乌冲突爆发后俄罗斯与西方对抗加剧、中俄关系受到西方关注和施压的形势下，习近平主席此访对未来中俄关系的发展具有重要的意义。其一，中俄两国元首共同声明，中俄新时代全面战略协作伙伴关系符合两国和两国人民的根本利益，不受国际形势变幻和外部因素的影响。中俄睦邻友好与战略协作伙伴关系是两国关系长期发展的成果，有其历史逻辑和现实基础，因而具有内生性和独立性。中国既不是乌克兰危机的制造者，也不是危机当事方，中国对该危机持中立立场，并与俄罗斯、乌克兰都保持友好关系。中国不会因为西方施压而改变其对乌克兰危机的客观立场，从而损及中俄关系的正常发展。其二，两国重申，将在中俄关系“三不原则”——不

① 《习近平同俄罗斯总统普京举行会谈》，中国外交部网站，2023 年 3 月 22 日，https://www.fmprc.gov.cn/web/gjhdq_676201/gj_676203/oz_678770/1206_679110/xgxw_679116/202303/t20230322_11046109.shtml，最后访问时间：2023 年 12 月 13 日。

结盟、不对抗、不针对第三国——的基础上，进一步推进全方位合作。中俄关系是中国倡导并构建的新型大国关系，它超越了国际关系中传统的结盟和针对第三国等模式，基于相互尊重和信任、平等相待、合作共赢等原则。中国与俄罗斯将不断发展全方位合作，但中俄关系不会突破“三不原则”。其三，中国以外交斡旋行动表明，中国不回避俄乌冲突问题，并积极为调解该问题贡献自己的力量。中国是世界大国，负有维护国际和平的责任，同时又与俄罗斯和乌克兰都保持着良好的关系，能够在俄、乌两国间劝和促谈。因此，中国不仅在 2023 年 2 月发布了《关于政治解决乌克兰危机的中国立场》，为俄、乌两国通过政治途径解决冲突提供了合理的参考意见，受到了国际社会的好评。而且在此访中，习近平主席亲自与普京总统商谈乌克兰危机问题，探寻和平解决该危机的途径。俄方欢迎中方为乌克兰危机国际调解所发挥的积极作用，欢迎《关于政治解决乌克兰危机的中国立场》文件中所阐述的建设性主张，向中方重申俄罗斯致力于尽快重启和谈。[①] 俄罗斯的这种表态，说明中国的外交斡旋产生了积极的作用。

10 月 18 日，习近平主席在北京与来华出席第三届“一带一路”国际合作高峰论坛的普京总统举行会谈。习近平指出，普京总统连续 3 次出席“一带一路”国际合作高峰论坛，体现了俄方对共建“一带一路”倡议的支持。俄罗斯是中国开展共建“一带一路”国际合作的重要伙伴。中俄东线天然气管道等重大基础设施项目投入运营，为两国人民带来了实打实的好处。中方愿同俄方及欧亚经济联盟各国一道，推动共建“一带一路”与欧亚经济联盟对接。普京祝贺第三届“一带一路”国际合作高峰论坛圆满成功，表示，习近平主席 10 年前提出的共建“一带一路”倡议取得巨大成功，已经成为世界公认的重要国际公共产品。普京总统高度评价习近平主席在论坛开幕式上发表的主旨演讲，赞赏习近平主席的远见卓识，相信

---

① 《中华人民共和国和俄罗斯联邦关于深化新时代全面战略协作伙伴关系的联合声明》，中国外交部网站，2023 年 3 月 22 日，https：//www. fmprc. gov. cn/web/gjhdq_676201/gj_676203/oz_678770/1206_679110/1207_679122/202303/t20230322_11046188. shtml，最后访问时间：2023 年 3 月 22 日。

并祝愿共建“一带一路”这一伟大事业取得更大成就。俄方愿同中方以2024年庆祝两国建交75周年为契机，进一步推进俄中全面战略协作伙伴关系发展。①

5月24日，国务院总理李强在北京与来华访问的俄罗斯总理米舒斯京举行会谈。李强指出，中国愿同俄罗斯一道，充分发挥中俄总理定期会晤机制的主渠道作用，落实好两国元首达成的重要共识，推动双边务实合作平稳持续地发展；拓展农业、服务贸易、数字经济与绿色发展等领域的合作，深化教育、科技、文化、旅游、体育、卫生等领域的交流与合作。米舒斯京表示，在国际形势动荡不安的形势下，俄中关系具有特殊的示范意义，俄罗斯将与中国推进经贸、能源、农业、科技、基础设施建设等领域的合作，共同应对俄中关系面临的新挑战。② 会谈后，两国总理共同见证了一些双边合作文件的签署，其中包括《中华人民共和国海关总署与俄罗斯联邦兽医和植物检疫监督局关于俄罗斯小麦输华植物检疫要求议定书》《中华人民共和国海关总署与俄罗斯联邦兽医和植物检疫监督局关于俄罗斯输华中医药用植物原料的检验检疫要求议定书》《中华人民共和国商务部与俄罗斯联邦经济发展部关于深化服务贸易领域投资合作的谅解备忘录》等。③

12月19日，李强总理在北京与到访的米舒斯京总理共同主持中俄总理第二十八次定期会晤。李强表示，中俄关系持续高水平运行，两国务实合作富有韧性，中方将以2024年两国建交75周年为契机，同俄方不断传承发扬中俄世代友好，推动双边各领域合作实现更大的发展。米舒斯京说，俄方愿同中方加强经贸、能源和投资等领域合作，深化人文交流，密切在联合国、金砖国家等多边机制内的沟通与协调，把俄中全面战略协作

① 《习近平同俄罗斯总统普京会谈》，中国政府网，2023年10月18日，https://www.gov.cn/yaowen/liebiao/202310/content_6910004.htm，最后访问时间：2023年12月15日。

② 《李强同俄罗斯总理米舒斯京举行会谈》，中国外交部网站，2023年5月24日，https://www.fmprc.gov.cn/web/gjhdq_676201/gj_676203/oz_678770/1206_679110/xgxw_679116/202305/t20230524_11083038.shtml，最后访问时间：2023年12月15日。

③ Российско-китайскиепереговоры, 24 мая 2023, http://government.ru/news/48557/，最后访问时间：2023年5月26日。

伙伴关系提升到更高水平。李强与米舒斯京听取了中俄投资、能源合作委员会，中俄总理定期会晤委员会，中国东北地区和俄罗斯远东及贝加尔地区政府间合作委员会，中俄人文合作委员会双方代表的工作汇报，对各委员会一年的高效运作给予了充分肯定。两国总理共同宣布2022~2023年中俄体育交流年圆满闭幕，双方将办好2024~2025年中俄文化年。会晤后，两国总理签署了《中俄总理第二十八次定期会晤联合公报》，并共同见证签署相关合作委员会会议纪要以及海关、检验检疫、市场监督等领域多项双边合作文件。①

中俄两国立法机构保持密切的高层交往与多领域合作。7月10日，全国人大常委会委员长赵乐际与到访的俄罗斯联邦委员会主席马特维延科在北京会谈，并共同主持中俄议会合作委员会第八次会议。赵乐际表示，中国全国人大愿同俄罗斯联邦会议加强交流合作，更好服务中俄新时代全面战略协作伙伴关系发展需求。双方将充分发挥中俄议会合作委员会的作用，增进各层级、各领域友好交往，加强立法和监督工作经验交流，加强涉外领域立法合作。马特维延科说，俄罗斯联邦会议愿同中国全国人大促进中俄经贸、投资、地方、青年、法治等各领域合作，加强多边议会场合协调，为两国关系发展营造良好的法律环境。② 11月21日，全国人大常委会委员长赵乐际在北京与俄罗斯国家杜马主席沃洛金举行会谈。赵乐际表示，中国全国人大愿同俄罗斯联邦会议一道，基于双方已有的良好合作，发挥交流机制、专门委员会、双边友好小组、办事机构等平台的作用，深入开展多层次、多领域交流与合作，加强涉外立法经验交流，为促进两国经贸、金融、投资、安全、信息、人文、地方等领域合作提供坚实的法律保障。沃洛金说，俄罗斯国家杜马各党团一致支持不断发展对华友好关系；俄国家杜马愿与中国全国人大

① 《李强同俄罗斯总理米舒斯京共同主持中俄总理第二十八次定期会晤丁薛祥出席》，中国外交部网站，2023年12月19日，https://www.fmprc.gov.cn/web/gjhdq_676201/gj_676203/oz_678770/1206_679110/xgxw_679116/202312/t20231219_11207236.shtml，最后访问时间：2023年12月20日。

② 《赵乐际与俄联邦委员会主席马特维延科举行会谈并共同主持中俄议会合作委员会第八次会议》，《人民日报》2023年7月11日，第1版。

共同努力，通过立法等方式落实好两国元首达成的合作共识，为促进两国务实合作提供法律保障，为深化俄中关系作出贡献。①

二　经贸与能源合作成果硕大

2023 年，在西方持续实施对俄罗斯“升级版”制裁，促使俄大力加强与中国各领域合作的形势下，中俄两国在务实合作领域取得丰硕成果，其中贸易和能源方面尤为突出。

中俄贸易额首次突破 2000 亿美元大关。2022 年中俄贸易额刷新纪录，达到 1902.71 亿美元，同比增长 29.3%。其中，中国向俄罗斯出口 761.22 亿美元，同比增长 12.8%；从俄进口 1141.49 亿美元，同比增长 43.4%。② 2023 年，西方不断加大对俄罗斯制裁力度，俄则继续“转向东方”，进一步加强与中国的经贸合作，因此，中俄贸易持续快速发展。2023 年中俄贸易额又创新高，为 2401.11 亿美元，同比增长 26.3%。其中，中国对俄罗斯出口总额为 1109.72 亿美元，同比增长 46.9%；从俄进口总额为 1291.39 亿美元，同比增长 12.7%。③ 中俄贸易商品结构持续优化。中国向俄罗斯主要出口机床、设备、电子产品、卡车和汽车、专业技术设备、家电和服装鞋帽等。在从俄罗斯进口商品中，能源（石油、天然气、煤炭）仍然占据首要地位，占比高达 70%；其他包括矿石、木材、化工产品、机械设备、食品和海产品等。④ 中俄贸易本币结算占比约 92%，表明两国贸易已经摆脱对环球银行金融电信协会（SWIFT）支付系统和美元的依赖。

---

① 《赵乐际同俄罗斯国家杜马主席沃洛金举行会谈》，《人民日报》2023 年 11 月 22 日，第 1 版。

② 《2022 年 12 月进出口商品主要国别（地区）总值表（美元值）》，中国海关总署网站，2023 年 1 月 13 日，http：//www.customs.gov.cn/customs/302249/zfxxgk/2799825/302274/302275/4794352/index.html，最后访问时间：2023 年 1 月 13 日。

③ 《2023 年 12 月进出口商品主要国别（地区）总值表（美元）》，中国海关总署网站，2024 年 1 月 12 日，http：//www.customs.gov.cn/customs/302249/zfxxgk/2799825/302274/302275/5624373/index.html，最后访问时间：2024 年 1 月 12 日。

④ 《俄罗斯专家盘点 2023 年俄中贸易主要成果》，俄罗斯卫星通讯社网站，2024 年 1 月 1 日，https：//sputniknews.cn/20240101/1056091121.html，最后访问时间：2024 年 1 月 1 日。

中俄能源合作持续深化。其一，石油贸易稳步增长。中国海关总署数据显示，2022 年中国累计从俄罗斯进口 8620 万吨原油，总交易金额 585 亿美元。[①] 据中国海关总署统计，2023 年，俄罗斯向中国出口原油 1.07 亿吨，同比增长 24%，成为中国最大原油供应国；俄对华原油出口额达到 606 亿美元，同比增长 3.5%。[②] 其二，天然气合作不断发展。2023 年，俄罗斯通过中俄东线天然气管道向中国供气量持续增加，达到 227 亿立方米，为 2022 年供气量的 1.5 倍。[③] 按照双方供气合同，中俄东线天然气管道将在 2025 年达到每年 380 亿立方米的设计年输气能力。中国海关总署数据显示，2023 年，俄罗斯向中国出口 800 万吨液化天然气，同比增长 23%，是仅次于澳大利亚和卡塔尔的中国第三大液化天然气供应国。[④] 俄罗斯新的对华输气管道项目——供气量为每年 100 亿立方米的俄远东线路建设项目已经获得俄官方批准，将进入建设阶段。2023 年 1 月 31 日，中国与俄罗斯签署通过远东线路向中国供应天然气的政府间协议，该协议旨在建设天然气管道跨境段：起始于俄罗斯达利涅列琴斯克，穿越乌苏里江，到达中国虎林。俄境内线路段的建设和运营由俄罗斯天然气工业股份公司负责设计，中国境内线路段相关工作则由中国石油天然气股份有限公司负责。[⑤] 该协议分别于 5 月 31 日和 6 月 7 日获得俄罗斯国家杜马和联邦委员会的批准之后，6 月俄罗斯总统普京

---

① 《中国海关总署：今年前 11 个月俄罗斯仍为中国最大原油供应国》，俄罗斯卫星通讯社网站，2023 年 12 月 20 日，https：//sputniknews.cn/20231220/1055856874.html，最后访问时间：2023 年 12 月 20 日。

② 《中国海关：2023 年俄罗斯对华原油、天然气出口分别增长 24%和 23%》，俄罗斯卫星通讯社网站，2024 年 1 月 20 日，https：//sputniknews.cn/20240120/1056519860.html，最后访问时间：2024 年 1 月 20 日。

③ 《Газпром》 сообщил об увеличении поставок газа в КНР в 1，5 раза в 2023 году, 03.01.2024, https：//ria24.today/news/gazprom-soobshchil-ob-uvelichenii-postavok-2/14228785，最后访问时间：2024 年 2 月 1 日。

④ 《中国海关：2023 年俄罗斯对华原油、天然气出口分别增长 24%和 23%》，俄罗斯卫星通讯社网站，2024 年 1 月 20 日，https：//sputniknews.cn/20240120/1056519860.html，最后访问时间：2024 年 1 月 20 日。

⑤ 《俄能源部：俄中签署通过远东线路供应天然气的政府间协议》，俄罗斯卫星通讯社网站，2023 年 2 月 9 日，https：//sputniknews.cn/20230209/1047772826.html，最后访问时间：2023 年 12 月 21 日。

签署了批准该协议的法令。10 月 22 日，俄罗斯天然气工业股份公司总裁米勒表示，该公司将不迟于 2027 年开始通过远东线路向中国供应天然气。[①]此外，俄罗斯积极与中国商讨中蒙俄天然气管道项目。2023 年 3 月的《中俄关于深化新时代全面战略协作伙伴关系的联合声明》中提到，双方将共同推动新建中蒙俄天然气管道项目研究及磋商相关工作，这表明中俄两国已经达成关于实施该项目的政治共识。3 月 23 日，俄罗斯副总理诺瓦克表示，俄罗斯天然气工业股份公司与中国石油天然气集团公司关于每年通过“西伯利亚力量 2 号”天然气管道向中国供应 500 亿立方米的天然气合同拟定谈判已进入最后阶段。[②]

三　军事交流与合作持续发展

2023 年，中俄两军关系继续高水平发展，两军对话密切，联合演训等合作取得新进展，使中俄新时代全面战略协作伙伴关系的军事安全支柱不断巩固。

中俄两军交流频繁，军事互信和友谊持续加深。10 月 30 日，俄罗斯国防部长绍伊古出席在北京举行的第十届香山论坛期间，与中国中央军委副主席张又侠进行了会晤。11 月 8 日，张又侠与绍伊古在莫斯科举行会谈，绍伊古表示，俄中关系是基于信任与尊重的战略合作的典范。[③] 同日普京总统在莫斯科会见张又侠，并指出，俄中两军各领域合作发展势头良好，取得丰硕成果，为维护两国战略安全发挥了重要作用；俄方愿与中方加强战略沟

---

① Миллер назвал крайнюю дату начала поставок по “Дальневосточному” маршруту, 22. 10. 2023, https://ria. ru/20231022/gazprom-1904524890. html? ysclid=lqf8szq797301239859, 最后访问时间：2023 年 12 月 21 日。

② 《俄副总理：俄气与中石油关于“西伯利亚力量 2 号”管道供气合同谈判处于最终阶段》，俄罗斯卫星通讯社网站，2023 年 3 月 23 日，https://sputniknews. cn/20230323/1048965178. html，最后访问时间：2023 年 12 月 21 日。

③ 《俄防长：俄中关系是基于信任与尊重的战略合作典范》，俄罗斯卫星通讯社网站，2023 年 11 月 8 日，https://sputniknews. cn/20231108/1054794546. html，最后访问时间：2023 年 12 月 22 日。

通，提升合作水平，不断推动两国两军关系深入发展。[①]

中俄两军组织实施2023年度例行性联合空中战略巡航。6月6~7日，由中国人民解放军空军轰-6K轰炸机和俄空天军图-95MS战略轰炸机组成的联合空中编队，在日本海、东海和太平洋西部水域上空进行了空中巡航，这是自2019年以来两军联合组织实施的第六次战略巡航。12月14日，中俄两军在日本海、东海相关空域组织实施第七次联合空中战略巡航。联合空中战略巡航有效检验和提升了两国空军协作水平，昭示了两国共同维护亚太地区安全与战略稳定的决心。

中俄两军举行“北部·联合-2023”海军演习。7月20~23日，俄罗斯军队参加了中国人民解放军北部战区在日本海中部组织的“北部·联合-2023”演习，中俄双方共派出10余艘舰艇和30余架飞机。[②] 演习的主要目的是加强中俄海军合作，维护亚太地区和平与稳定。两国官兵演练了反潜任务和海上作战、为船只进行海上和空中护航、在未设防停泊场停泊时的舰艇编队警卫和防御、确保日本海海域和空域的交通线安全以及联合火炮射击。[③] 演习结束后，中俄海军舰艇联合巡航太平洋海域。其目标是维护亚太地区和平与稳定，监测海域并保护中国和俄罗斯海上经济活动的设施。在巡航期间，两国海军以不同队形航行，组织部队进行各种防御，并执行反潜任务。[④] 联合军演和巡航反映了中俄两军间战略互信，巩固了两军传统友谊，增强了共同维护地区和平与稳定的军事协同能力。

---

① 《俄罗斯总统普京会见张又侠》，《人民日报》2023年11月9日，第3版。

② 《国防部：“北部·联合-2023”演习展现中俄两军战略互信》，人民网，2023年7月27日，https://baijiahao.baidu.com/s?id=1772559837830990170&wfr=spider&for=pc，最后访问时间：2023年12月22日。

③ 《太平洋舰队：俄中海军演习在日本海结束》，俄罗斯卫星通讯社网站，2023年7月23日，https://sputniknews.cn/20230723/1051992289.html，最后访问时间：2023年12月22日。

④ 《俄中海军舰艇在太平洋开始第三次海上联合巡航》，俄罗斯卫星通讯社网站，2023年7月28日，https://sputniknews.cn/20230728/1052116145.html，最后访问时间：2023年12月22日。

四　在国际事务中的战略协作愈益加深

2023 年，国际形势动荡不安，大国竞争持续加剧，随着美国强化对中国和俄罗斯的军事政治遏制，中俄两国在结伴不结盟原则基础上，加强了在国际事务中的合作。

第一，中俄两国维护以联合国为核心的国际体系和以国际法为基础的国际秩序，推动建立公正合理的多极世界。2023 年 3 月两国元首共同签署的《中俄关于深化新时代全面战略协作伙伴关系的联合声明》，重申两国坚定维护以联合国为核心的国际体系、以国际法为基础的国际秩序，反对霸权主义、单边主义、强权政治和阵营对抗，推进世界多极化和国际关系民主化，推动完善全球治理，携手构建新型国际关系。[①] 中俄两国外长数次会晤，反复重申上述政策立场。

第二，中俄两国在金砖国家与上海合作组织等多边框架内保持密切的沟通与合作。7 月 4 日，上海合作组织成员国元首理事会第二十三次会议以视频方式举行，与会各国领导人就该组织面临的形势与主要合作方向以及重大国际和地区问题深入交换意见。习近平主席在北京出席会议，发表题为“牢记初心使命 坚持团结协作 实现更大发展”的重要讲话，提出五个旨在推动上合组织发展的重要建议，包括增进互信与促进合作、维护地区和平与安全、聚焦并扩大务实合作、加强交流互鉴、推动完善全球治理。[②] 成员国领导人签署并发表《上海合作组织成员国元首理事会新德里宣言》，共同发表《关于打击极端化的合作声明》《关于数字化转型领域合作的声明》，批准关于给予伊朗上海合作组织（以下简称上合组织）成员国地位、关于签署白俄罗斯加入

① 《中华人民共和国和俄罗斯联邦关于深化新时代全面战略协作伙伴关系的联合声明》，中国外交部网站，2023 年 3 月 22 日，https：//www.fmprc.gov.cn/web/gjhdq_676201/gj_676203/oz_678770/1206_679110/1207_679122/202303/t20230322_11046188.shtml，最后访问时间：2023 年 3 月 22 日。

② 《习近平在上海合作组织成员国元首理事会第二十三次会议上的讲话（全文）》，新华网，2023 年 7 月 4 日，http：//www.xinhuanet.com/2023-07/04/c_1129732074.htm，最后访问时间：2023 年 12 月 24 日。

上合组织义务备忘录、关于上合组织至2030年经济发展战略等一系列决议。伊朗成为上合组织正式成员，白俄罗斯即将加入该组织，另有六国申请该组织观察员地位和三国申请对话伙伴地位，这些进展表明，上合组织的精神理念和合作方式受到国际社会的欢迎，该组织的国际影响力不断扩大。10月26日，上海合作组织成员国政府首脑（总理）理事会第二十二次会议在比什凯克举行，李强总理出席会议，并在讲话中阐述了上合组织的使命初心、已有经验、未来发展和中方关于深化该组织合作的四点倡议。与会各方表示，将落实元首理事会达成的共识，共同抵御“三股势力”和打击跨国有组织犯罪，以维护本地区安全；发展经贸、能源、交通、金融、农业和高新技术等领域合作，推进“一带一路”共建，加强各国基础设施互联互通，以促进本地区经济发展；密切人文交流，以加强各国相互理解。与会成员国领导人签署并发表联合公报，批准上合组织经贸、铁路、机制建设等多项合作文件和决议。①

8月22~24日，金砖国家领导人第十五次会晤在南非约翰内斯堡举行，习近平主席出席金砖国家领导人会晤，并在讲话中阐释了构建人类命运共同体理念和全球发展倡议、全球安全倡议、全球文明倡议，论述了中方关于金砖国家加强经贸、安全、人文、全球治理等领域合作的立场主张，提出了一系列具体合作倡议。金砖国家领导人就成员国间合作与国际形势等问题深入交换意见，决定邀请伊朗、沙特阿拉伯、阿联酋、埃及、埃塞俄比亚、阿根廷②从2024年1月1日起成为金砖国家正式成员；同意继续加强金砖国家政治、经贸、金融与人文等领域的交流合作；共同发表《金砖国家领导人第十五次会晤约翰内斯堡宣言》。③ 金砖国家此

① 《李强出席上海合作组织成员国政府首脑（总理）理事会第二十二次会议》，新华网，2023年10月26日，http://www.xinhuanet.com/politics/leaders/2023-10/26/c_1129941494.htm，最后访问时间：2023年12月24日。

② 2023年12月29日，新任阿根廷总统哈维尔·米莱致函金砖国家领导人，通知他们阿根廷不加入该组织。

③ 《金砖国家领导人第十五次会晤约翰内斯堡宣言》，中国外交部网站，2023年8月25日，https://www.mfa.gov.cn/web/gjhdq_676201/gjhdqzz_681964/jzgj_682158/xgxw_682164/202308/t20230825_11132502.shtml，最后访问时间：2023年12月26日。

次大扩员，反映了该组织不断扩大的国际影响力，也为金砖合作机制注入了新活力。俄罗斯总统普京以视频方式出席会议，俄外长拉夫罗夫现场与会。俄罗斯担任 2024 年金砖国家主席国并将在喀山举办金砖国家领导人第十六次会晤。

第三，中国与俄罗斯在国际和地区问题上协调政策，开展合作。在欧洲安全问题上，中俄两国都主张建立均衡、有效、可持续的欧洲安全机制。两国反对霸权国和北约为谋求军事、政治和其他优势而损害别国的合理安全利益。两国都反对美国在欧洲部署反导系统、计划部署陆基中程和中短程导弹，敦促美国停止破坏地区安全和战略稳定。①

在亚太地区，中俄两国都致力于建立平等、开放、包容、不针对第三国的安全体系，维护地区安全与稳定。中俄两国都敦促美国放弃在亚太部署陆基中程和中短程导弹的计划，呼吁美国、英国、澳大利亚履行不扩散大规模杀伤性武器及其运载工具的义务，以维护该地区战略稳定。都反对美国在亚太地区拼凑封闭型军事政治集团，制造集团政治和阵营对抗。都反对北约持续加强同亚太国家军事安全联系，从而破坏地区安全与稳定。②

中俄两国继续在其他国际问题上进行协调与合作。2023 年 4 月和 6 月，中、俄两国外交部分别在莫斯科和北京磋商朝鲜半岛问题。双方敦促半岛问题相关各方坚持政治解决方向，通过对话均衡解决各自关切；主张按照“双轨并进”思路和分阶段、同步走原则，共同推动半岛问题政治解

① 《中华人民共和国和俄罗斯联邦关于深化新时代全面战略协作伙伴关系的联合声明》，中国外交部网站，2023 年 3 月 22 日，https：//www.fmprc.gov.cn/web/gjhdq_676201/gj_676203/oz_678770/1206_679110/1207_679122/202303/t20230322_11046188.shtml，最后访问时间：2023 年 3 月 22 日。

② 《中华人民共和国和俄罗斯联邦关于深化新时代全面战略协作伙伴关系的联合声明》，中国外交部网站，2023 年 3 月 22 日，https：//www.fmprc.gov.cn/web/gjhdq_676201/gj_676203/oz_678770/1206_679110/1207_679122/202303/t20230322_11046188.shtml，最后访问时间：2023 年 3 月 22 日。

决进程。[①] 4月，第四次阿富汗邻国外长会在乌兹别克斯坦撒马尔罕举行，中国、伊朗、巴基斯坦、俄罗斯、塔吉克斯坦、土库曼斯坦、乌兹别克斯坦外长和高级别官员出席会议，各方就阿富汗局势和未来走势进行了全面、深入、建设性的讨论。各方重申，阿富汗应成为一个和平、统一、主权独立的国家，免受恐怖主义和毒品威胁。[②]

五　中俄关系展望

2023年，在俄乌冲突和俄西对抗持续、中美竞争加剧以及中俄关系受到西方压力等形势下，中俄两国仍然加强在政治、经贸、能源、军事和国际事务等领域的合作，取得了丰硕成果，其中中俄贸易额首次突破2000亿美元大关最为突出。

未来，中俄两国将继续努力排除外部因素的干扰，发展全方位合作，推动中俄新时代全面战略协作伙伴关系持续发展。中俄关系的这种发展趋势是由以下因素决定的。

其一，中俄两国在坚持彼此结伴不结盟方针的基础上，确立了双边关系不受外部因素影响的新原则。俄乌冲突爆发以来，中俄关系的发展一直遭到西方阻挠，中国在发展与俄经贸合作等方面遭受西方越来越大的压力，中俄关系面临严峻的外部挑战。在这种形势下，2023年3月习近平主席对俄罗斯的国事访问和与普京总统的会晤，为当前及未来的中俄关系确定了一个新

① 《中国政府朝鲜半岛事务特别代表刘晓明同俄罗斯副外长鲁登科举行会谈》，中国外交部网站，2023年4月18日，https://www.fmprc.gov.cn/web/gjhdq_676201/gj_676203/oz_678770/1206_679110/xgxw_679116/202304/t20230418_11061013.shtml，最后访问时间：2023年12月26日；《中国政府朝鲜半岛事务特别代表刘晓明同俄罗斯副外长鲁登科举行磋商》，中国外交部网站，2023年6月26日，https://www.fmprc.gov.cn/web/gjhdq_676201/gj_676203/oz_678770/1206_679110/xgxw_679116/202306/t20230626_11104141.shtml，最后访问时间：2023年12月26日。

② 《第四次阿富汗邻国外长会撒马尔罕宣言》，中国外交部网站，2023年4月14日，https://www.fmprc.gov.cn/web/gjhdq_676201/gj_676203/oz_678770/1206_679110/xgxw_679116/202304/t20230414_11059107.shtml，最后访问时间：2023年12月26日。

的原则，即不受外部因素影响。只要两国遵循结伴不结盟方针，中俄关系就能持续发展。只要两国践行不受外部因素影响原则，中俄关系就能平稳发展。

其二，2024 年以后，普京政府仍将推行加强对华战略协作的政策。俄乌武装冲突将长期化，俄罗斯与西方对抗也将长期化，因此在中期俄反西方、亲东方的外交政策不会改变。普京再次参加和赢得 2024 年俄罗斯总统选举，并将继续推行抗西联东政策，进一步加强与中国的全面战略协作伙伴关系。[①] 无疑，普京政府对华政策将促进中俄关系的持续发展。

其三，美国推行同时遏制中俄两国的政策，将继续促使中俄加强战略协作。美国对中国奉行经济压制政策，对俄罗斯不断强化经济制裁，迫使中俄两国加强经贸合作。美国在欧洲携北约对俄罗斯进行军事政治遏制，在印太地区强化美日、美韩等同盟、打造美英澳联盟、发展美日澳印四方安全合作、怂恿北约干涉亚太事务等，以遏制中国，自然促使中俄两国开展协作，以维护本国安全利益。

其四，支撑中俄新时代全面战略协作伙伴关系持续发展的物质基础更加巩固。中俄经贸关系密切，双边贸易额在突破 2000 亿美元之后，将继续增量提质。随着新天然气管道项目的实施、中俄石油贸易的增长以及核能、电力等合作的发展，两国能源战略协作伙伴关系将更加紧密。中俄军事安全合作持续发展，人文交流与合作日趋频密，外交协作不断加强。

① 柳丰华：《抗西联东——俄乌冲突时期普京政府的对外政策》，《俄罗斯学刊》2023 年第 4 期。

B.9
2023年中日关系分析与展望

吴怀中　孟晓旭*

摘　要：　2023年中日政治外交关系在《中日和平友好条约》缔结45周年的背景下不断发展，但矛盾分歧特别是台湾问题制约两国关系深度改善。中日经济合作持续深化，但受地缘政治特别是美国拜登政府强化对华战略竞争的影响，中日经济关系也受到负面影响。中日安全对话逐渐恢复并增加，但受日美同盟和日本安全战略转型影响，中日安全关系更趋复杂。此外，日本政府执意推进福岛核污染水排海成为影响2023年中日关系恶化的重要因素，阻碍中日关系的改善进程。着眼未来，中日应该以纪念《中日和平友好条约》缔约45周年为契机，坚守初心，接续中日和平友好的历史使命，为推动构建契合新时代要求的中日关系不懈努力。

关键词：　《中日和平友好条约》　中日关系　中美日关系　核污染水排海

2023年是《中日和平友好条约》缔结45周年，也是中日落实2022年两国首脑在曼谷达成相关共识的重要一年。《中日和平友好条约》以法律形式确立了中日和平、友好和合作的大方向，对中日关系和地区稳定发挥着积极作用，是两国关系史上的里程碑。为推进中日关系发展，中日应该坚守《中日和平友好条约》初心，汲取历史经验启示，把握当下机遇，共同构建契合新时代要求的中日关系。但在美国对华战略博弈加剧以及日本大国化战略深化的背景下，2023年中日关系在发展中面临不少挑战，制约了中日关

* 吴怀中，中国社会科学院日本研究所副所长、研究员，研究方向为日本政治与外交；孟晓旭，中国社会科学院日本研究所综合战略研究室副主任、研究员，研究方向为日本战略与对外关系。

系的发展进程。中日两国是近邻，也是世界和地区的重要国家，拥有很多共同利益和广阔的合作空间，应该而且必须要改善和发展两国关系。

一　政治外交层面

中日政治外交关系在《中日和平友好条约》缔结45周年的背景下不断发展，但矛盾分歧制约两国关系深度改善。特别是日本不断打“台湾牌”，触及中日关系的政治基础，挑战两国间的基本信义。

（一）增进外交互动和对话交流

为在《中日和平友好条约》缔结45周年的背景下进一步推进中日关系的发展，并落实好2022年11月两国领导人曼谷会谈达成的重要共识，中日在外交层面加强沟通与互动，推进相关工作并形成共识。2023年2月18日，中共中央政治局委员、中央外办主任王毅在出席慕尼黑安全会议期间会见了日本外相林芳正，强调日方应以2023年《中日和平友好条约》缔结45周年为契机同中方相向而行，确保中日关系在正确轨道上稳定前行。林芳正也表示愿同中方加强各层级沟通对话，加强经贸、青少年交流等领域的合作。4月1日至2日，日本外相林芳正访华。这是自2019年12月茂木敏充访华以来，日本外相首次访问中国。4月2日，中国国务院总理李强，以及中共中央政治局委员、中央外办主任王毅在北京分别会见了林芳正，充分表达中国对发展、改善中日关系的诚意。为改善和推进中日关系，中日还多次举行司局长级机制性磋商，就中日关系及共同关心的国际地区问题深入交换意见。

在工作机制磋商和对话上，2023年4月10日，中日举行海洋事务高级别磋商机制的第十五轮磋商。中日海洋事务高级别磋商自2012年5月启动，是中日涉海事务的综合性沟通协调机制，双方在这一机制下就东海防务、执法、油气、科考、渔业等各方面的问题进行沟通。此次磋商是自2019年5月以来时隔约4年后再次以面对面方式举行。磋商包括全体会议和海上防务、海上执法与安全、海洋经济三个工作组会议，双方就两国间涉海事务交换意见。中日一致认为，2023 年是《中日和平友好条约》缔结 45 周年，应以两国领导人重要共识为引领，重温和恪守条约精神，根据中日四点原则共识，通过对话妥善处理涉海矛盾分歧，深化海洋领域务实合作，为将东海建设成为和平、合作、友好之海，推动构建契合新时代要求的中日关系做出积极努力。双方达成以下共识。（1）双方积极评价中日防务部门建成海空联络机制直通电话，确认尽早启用，并进一步完善海空联络机制，继续加强防务领域交流。（2）双方就加强中国海警局与日本海上保安厅对话合作达成一致，包括合作打击海上跨境犯罪、进一步发挥两国海警联络窗口作用、加强在多边海上执法合作机制下对话合作等。双方同意继续推进海上执法人员、海警院校学员交流。（3）双方一致认为，中日海上搜救机构保持顺畅沟通和良好协作，同意继续在《中日海上搜救协定》框架下深化海上搜救领域务实合作，支持两国地方海上搜救部门举行通信演习。（4）双方同意就办好 2023 年中日应对海洋垃圾合作专家对话平台第四次会议和第四届中日应对海洋垃圾研讨会加强合作，并在多边框架下积极推进应对海洋塑料垃圾务实合作。（5）双方同意全面落实《中日渔业协定》，争取尽快重启中日渔委会，继续就打击非法捕鱼，北太平洋渔业资源养护、鳗鱼资源保护等开展合作。（6）双方就开展海洋科研、海洋生态保护修复、发展蓝色经济创新技术等领域合作交换了意见，同意继续加强对口部门交流对接。（7）双方同意继续开展外交部门涉海人员互访，支持涉海智库、学术及教育机构间的交往合作。[①] 根据此次磋商达成的共识，10 月 13 日，中日举行海洋事务高级别磋商机制第十六轮磋商，就两国间涉海事务深入交换意见。

在《中日和平友好条约》生效 45 周年之际，10 月 23 日，中国国务院总理李强与日本首相岸田文雄互致贺电，表达坚守和约精神和发展中日关系的决心。李强指出，“条约以法律形式为中日这两个邻国确立了和平共处、

① 《中日举行海洋事务高级别磋商机制第十五轮磋商》，中国外交部网站，2023 年 4 月 10 日，https：//www. mfa. gov. cn/wjb_ 673085/zzjg_ 673183/bjhysws_ 674671/xgxw_ 674673/202304/t20230410_11057064. shtml。最后访问时间：2023 年 12 月 19 日。

世代友好的大方向，强调反对霸权主义，成为两国关系发展进程中的重要里程碑”，强调“致力于构建契合新时代要求的中日关系”。岸田文雄表示，“中日两国对地区乃至世界的和平与繁荣肩负重要责任”，表示“日方愿同中方重温条约精神，努力推动中日关系取得更大发展”。① 当天，在日本，由日中交流促进实行委员会主办的纪念日中和平友好条约缔结 45 周年招待会在东京举行，日本政界、经济界及日中友好团体人士 1000 余人参加。日本外务大臣上川阳子、中国驻日本大使吴江浩等出席活动并致辞。在北京，中共中央政治局委员、中央外办主任王毅，日本前首相福田康夫和约 200 名中日各界代表出席纪念中日和平友好条约缔结 45 周年招待会，招待会由中国人民对外友好协会和中国日本友好协会共同举办。

中日致力开展高层对话。11 月 9 日，中共中央政治局委员、中央外办主任王毅在北京会见日本内阁特别顾问、国家安全保障局长秋叶刚男并举行中日高级别政治对话机制磋商。双方重申了恪守中日四个政治文件确定的各项原则，努力推动两国关系重回健康稳定发展轨道，并同意继续就此保持沟通。11 月 16 日，中日在美国旧金山亚太经合组织会议期间举行了首脑会谈，两国领导人重申恪守中日四个政治文件的原则和共识，重新确认全面推进战略互惠关系的两国关系定位，致力于构建契合新时代要求的建设性、稳定的中日关系。双方积极评价刚确立的中日出口管制对话机制，同意保持各层级对话沟通，适时举办新一轮中日经济高层对话、中日高级别人文交流磋商机制会议，就国际地区事务保持沟通协调，共同应对气候变化等全球性挑战。②

在中日实现首脑会谈和两国关系出现改善的势头下，11 月 22 日，日本公明党党首山口那津男时隔 4 年开启了对中国为期两天的访问，并向

---

① 《李强同日本首相岸田文雄就中日和平友好条约缔结 45 周年互致贺电》，中国政府网，2023 年 10 月 23 日，https：//www. gov. cn/yaowen/liebiao/202310/content_6910975. htm。最后访问时间：2023 年 12 月 20 日。

② 《习近平会见日本首相岸田文雄》，中国外交部网站，2023 年 11 月 17 日，https：//www. fmprc. gov. cn/web/ziliao_674904/zt_674979/dnzt_674981/xjpfmgjxzmyshwtscxytjhzzdsscldrfzshy/zxxx_136234/202311/t20231117_11182335. shtml。最后访问时间：2023 年 12 月 20 日。

中方转交岸田文雄写给中国领导人的亲笔信，推动中日在政治外交层面增进相互理解和互信。11 月 22 日，中共中央政治局常委、中央书记处书记蔡奇会见山口那津男。11 月 23 日，中共中央政治局委员、中央外办主任王毅会见山口那津男，并表示双方要落实好两国领导人达成的重要共识，确定正确认知，推动中日关系重回健康发展轨道，期待公明党继续为中日友好合作作出努力。王毅会谈期间还对公明党的支持团体、创价学会名誉会长池田大作的去世表示哀悼，并称赞池田大作和公明党为中日关系发展所发挥的建设作用。

（二）日本干涉台湾问题制约两国关系发展

台湾是中国领土不可分割的一部分，台湾问题事关中国核心利益，完全是中国内政。日本却持续打“台湾牌”，对中国内政指手画脚，多次干涉台湾问题。日本政客频繁窜访台湾甚至大放厥词，干涉中国内政。5 月 4 日，由日本自民党青年局局长、众议员铃木宪和率团窜访台湾，与蔡英文举行会谈。此外，以前参议长山东昭子为首的 4 名自民党和国民民主党的女国会议员一行也于同日与蔡英文等举行会谈。7 月 5 日，以日本国家公安委员会前委员长古屋圭司为首的日本跨党派国会议员联盟“日华议员恳谈会”成员窜访台湾并与蔡英文会谈。8 月，以日本维新会代表马场伸幸为首的该党国会议员代表团窜访台湾，并于 2 日与蔡英文举行会谈。同月 7 日至 9 日，日本自民党副总裁麻生太郎窜访台湾，这是自 1972 年日本与台湾当局“断交”以来自民党在任干部中最高级别的窜访台湾者，也是麻生太郎自 2011 年以来时隔 12 年再次窜访。“麻生派”众议员铃木馨佑、中西健治随行。[①]对于麻生太郎的窜台，8 月 9 日，中国外交部发言人表示，日本个别政客不顾中方坚决反对，执意窜访中国台湾地区并大放厥词，渲染台海局势紧张，挑动对立对抗，粗暴干涉中国内政，此举严重违背一个中国原则和中日四个

① 「麻生氏、台湾海峡情勢巡り『戦う覚悟だ』台北での講演で抑止力強調」、『朝日新聞』、2023 年 8 月 8 日、https：//www. asahi. com/articles/ASR8851VMR88UTFK00R. htm，最后访问时间：2023 年 12 月 19 日。

政治文件精神，严重践踏国际关系基本准则。[①] 日本也允许台湾地方官员到访日本。6月26日至29日，台湾当局行政机构副负责人郑文灿访问日本，这是台湾当局行政机构副负责人时隔约29年再次访日。6月28日，郑文灿造访自民党总部并与自民党干事长茂木敏充举行了约40分钟会谈。在此之前，郑文灿与自民党政务调查会会长萩生田光一及自民党副总裁麻生太郎举行会谈。

日本炒作台海局势，渲染战争风险，通过“打擦边球”的方式推动“日台关系”持续升级，恶化中日关系。3月21日，日本自民党与台湾民进党在台湾举行所谓的“安全保障对话”，这是自2021年8月双方以线上方式启动磋商机制以来的第三次磋商，也是首次以线下方式举行。7月27日，双方在东京再次举行“安全保障对话”。7月，日本防卫副大臣井野俊郎在接受英国媒体采访时声称，“如果中国大陆对台湾地区动武，日本很有可能向台湾提供某种支持，不确定是防务装备方面还是后勤方面的支持”。对此，中国外交部发言人表示，“台湾是中国领土，台湾问题纯属中国内政，不容任何外部势力干涉”，“奉劝日方停止在台湾问题上玩火，须知玩火者必自焚”。[②] 9月，日本防卫省以借调方式派遣一名现任防卫省文职官员常驻日本对台湾的窗口机构“日本台湾交流协会台北事务所”，改变此前日本防卫省一直只派遣一名退役自卫官常驻台湾的惯例。在非中日的第三方外交层面，日本也经常涉及台湾问题。2023年4月18日，日法外长会谈就涉及台湾海峡。

二　经济合作层面

中日双方在产业结构上具有很强的互补性，中国是日本最大贸易伙伴和

---

① 《外交部发言人就日本政客麻生太郎窜台妄言答记者问》，新华社国际，2023年8月9日，https：//baijiahao. baidu. com/s？ id = 177 3749867266288121&wfr = spider&for = pc，最后访问时间，2023年12月30日。

② 《2023年7月25日外交部发言人毛宁主持例行记者会》，中国外交部网站，2023年7月25日，https：//www. mfa. gov. cn/web/wjdt_ 674879/fyrbt _ 674889/202307/t20230725 _ 11117587. shtml。最后访问时间：2023年12月20日。

最大出口市场。2023 年，中日经济合作持续深化。对日本而言，撤回和转移生产基地并非易事，中国作为巨大市场的吸引力依然强劲。但受地缘政治特别是美国拜登政府强化对华战略竞争的影响，日本在经济领域随美制华力度也在增强。

（一）中日经济合作持续深化

尽管受地缘政治因素的扰乱，中日经济关系依旧展现出较强的黏性与活力。2023 年，中日双边贸易额高达 3179 亿美元。围绕落实两国领导人经贸领域重要共识，2023 年 2 月 22 日，中日政府以视频方式进行第 16 次中日经济伙伴关系磋商，就宏观经济形势、产业链供应链稳定畅通、贸易投资、绿色低碳、医疗康养等领域合作，以及多边和区域合作等议题深入交流，并就筹备中日经济高层对话交换了意见。7 月 5 日，国务院总理李强在人民大会堂会见由日本前众议长、日本国际贸易促进协会会长河野洋平率领的访华团。[①] 比较突出的是，与传统经济领域的合作相比，中日开始深化绿色低碳产业合作。2023 年 2 月 11 日，第十六届中日节能环保综合论坛以线上线下相结合方式在北京举办，包括主论坛和能效提高、汽车电动化智能化、氢能、中日长期贸易 4 个分论坛。2023 年 11 月 5 日至 10 日，第六届中国国际进口博览会在上海举办，300 多家日本企业积极参展。[②]

（二）日本对华经济合作的负面动向增强

日本财务省相关贸易统计显示，与 2022 年同期相比，2023 年 1 月至 11 月日本对华出口额和进口额双双下降。日本对华贸易减少的原因包括中国内需不足和日本出口商品限制等，而日本对华投资减少的原因则包括日本调整

① 《李强会见河野洋平率领的日本国际贸易促进协会访华团》，中国政府网，2023 年 7 月 5 日，https://www.gov.cn/yaowen/liebiao/202307/content_6890117.htm，最后访问时间：2023 年 12 月 19 日。

② 《日本贸易振兴机构：连续六年参展进博会　聚焦中国新消费趋势》，人民网，2023 年 11 月 9 日，http://world.people.com.cn/n1/2023/1109/c1002-40114593.html。

海外产业结构和对制造业的投资恢复缓慢等。受日本政府渲染地缘政治和经济安全风险的影响，日企对华投资意向发生消极变化。2023 年 1 月 4 日，《产经新闻》公布了 2022 年 11 月下旬至 12 月中旬对日本国内 119 家主要企业实施的一项问卷调查的结果，约七成的企业认为可能出现的“台湾有事”是现实面临的经营风险，仅有一成的企业表示已有在“台湾有事”之际持续开展业务的计划。6 月 27 日，日本经济产业省公布了 2023 年版《通商白皮书》，其中也称虽然日本制造业企业对中国的投资持续扩大，但鉴于地缘政治和经济安全的风险，越来越多的日本企业开始重视对东南亚的投资。10 月 12 日，由进驻中国的日本企业组成的“中国日本商会”公布了 2023 年 9 月以会员企业为对象进行的问卷调查结果，其结果显示，在给出回答的 1400 家企业中，表示 2023 年的对华投资额与 2022 年相比将“增加”和“大幅增加”的企业合计仅占 16%；表示 2023 年“不会投资”和投资额将“减少”的企业合计占 47%。①

特别是，日本随美对华采取的半导体出口管制措施冲击了中日正常经贸关系。2022 年 10 月，美国针对中国加强了尖端半导体产品的制造设备和技术的出口管制措施。尽管中方多次对日方在对华半导体出口管制问题上的有关动向表达高度关切，希望日方切实遵守契约精神和国际规则，为企业提供公平、非歧视、可预期的营商环境，维护中日经贸合作大局。但是，日本政府还是积极配合美国步调，针对中国实施尖端半导体出口管制。2023 年 5 月 23 日，日本经济产业省修订《外汇法》相关省令，针对尖端半导体制造设备出口实施更严格的管理，适用对象为半导体制造过程中不可或缺的“光刻机”等 23 种设备。② 7 月 23 日起，日本政府开始加强对这 23 种高性

① 《调查显示超 4 成在华日企对增加投资持慎重看法》，上海日本研究交流中心，2023 年 10 月 18 日，http：//www.sjsc.org.cn/2023/1018/ribendongtai/14251.html，最后访问时间：2023 年 12 月 30 日。

② 「『輸出貿易管理令別表第一及び外国為替令別表の規定に基づき貨物又は技術を定める省令の一部を改正する省令』等の改正の概要について」、日本経済産業省、2023 年 5 月 23 日、https：//www.meti.go.jp/policy/anpo/law_document/shourei/20230523_gaiyo.pdf，最后访问时间：2023 年 12 月 19 日。

能半导体制造设备的出口管制，日方在向中国出口相关半导体制造设备时，每份订单均需获得经济产业大臣的批准，出口手续更加严格。半导体是日本仅次于汽车的第二大出口商品，也是对华出口第一大商品。日本此举对中日经贸关系造成很大冲击。

在广泛的经济层面，日本政府还有意主导摆脱经济上的“对华依赖”，相关企业也采取了一系列行动。2023 年 3 月 7 日，日本经济产业省宣布综合商贸企业双日公司以及独立行政法人能源和金属矿物资源机构（JOGMEC）获得了澳大利亚矿山的稀土类镝矿、铽矿最高产量 65%的权益，这是日本首次获得这些稀土类矿产的权益，意在摆脱对中国的稀土依赖。松下公司在空调生产方面也进一步摆脱“依赖中国”。7 月 19 日，日本松下控股公司宣布将把在日本国内销售的楼宇空调的大部分生产业务从海外转移到位于群马县大泉町的大泉工厂。此前松下公司的楼宇空调主要在中国大连市生产，其海外生产占整体的约九成，这反映出日本极力摆脱对中国作为生产基地的依赖。

三　安全关系层面

中日安全对话逐渐恢复并增加。2023 年 2 月 22 日，中日外交防务部门在日本举行“中日安全对话”，本次对话是时隔 4 年再次举行，就加强两国防务安全领域的沟通达成了一致，并确认将力争在春季启用旨在避免偶发性军事冲突的“直通电话”。经中日双方商定，3 月 21 日中日在东京举行第十七次中日安全对话和第二十九次中日外交当局定期磋商，就中日关系、两国防务安全政策和共同关心的国际地区问题广泛深入交换意见。5 月 16 日，中日防长首次使用热线电话举行会谈，并就两国继续保持磋商达成了一致。

安全关系层面，日本对华表现出明显的对抗性。2023 年 4 月，日本政府公布的《外交蓝皮书》采用 2022 年 12 月日本内阁会议通过的《国家安全保障战略》等“安保三文件”相同的表述，将中国定义为“前所未有的最大战略性挑战”。[①] 7 月 28 日，日本防卫省公布了 2023 年版《防卫白皮书》，其中也将中国动向定位为“前所未有的最大战略挑战”[②]。在对各国军事形势进行分析的部分，《防卫白皮书》用 31 页介绍了中国的动向，从国别来看页数最多。

日本加大国际安全合作，对华构建安全包围圈。针对中国，日本持续深化“印太战略”。积极配合美国，积极打造美日韩“铁三角”，提出所谓的“戴维营精神”，推进三国安全关系“一体化”。岸田政府新设“友军支援框架”，营造针对中国的安全合作圈。日本还深化了与北约军事集团的合作关系。2023 年 7 月 12 日，日本首相岸田文雄在立陶宛首都维尔纽斯与北大西洋公约组织（NATO）秘书长斯托尔滕贝格举行会谈，就双方签署安全保障领域的新合作文件《个别针对性伙伴关系计划》（ITPP）达成一致，日本与北约将在网络防卫应对、太空安全保障等 16 个领域加强合作。[③]

中国外交部发言人表示，日本曾步入军国主义歧途，发动侵略战争，犯下严重反人类罪行，给地区和世界带来了深重的灾难。但日方非但不认真反省，反而再次表现出强军扩武的危险态势，防卫预算连续 11 年大幅增长，不断调整安保政策，大力谋求军力突破，还颠倒黑白地渲染地区紧张局势，为自身整军经武找借口，甚至谋求将北约引入亚太地区。日方所作所为不得不令人怀疑，日本正在脱离战后和平发展轨道，重蹈历史覆辙的危险正在不断积聚。“我们正告日方，做亚太安全稳定的破坏者、搅局者必将遭到地区国家普遍反对和强烈反制。”[④] 对于日本大幅增加防卫预算，持续发展和采

① 日本外務省「令和 5 年版外交青書」、https://www.mofa.go.jp/mofaj/gaiko/bluebook/2023/pdf/pdfs/2_2.pdf，最后访问时间：2023 年 12 月 19 日。

② 日本防衛省「令和 5 年版防衛白書」、https://www.mod.go.jp/j/press/wp/wp2023/pdf/R05zenpen.pdf，最后访问时间：2023 年 12 月 19 日。

③《日本与北约发布升级版合作计划》，〔新加坡〕《联合早报》2023 年 7 月 12 日，https://www.zaobao.com/realtime/world/story20230712-1413277，最后访问时间：2023 年 12 月 19 日。

④《2023 年 1 月 16 日外交部发言人汪文斌主持例行记者会》，中国外交部网站，2023 年 1 月 16 日，https://www.fmprc.gov.cn/fyrbt_673021/202301/t20230116_11008984.shtml，最后访问时间，2023 年 12 月 19 日。

购高端进攻性武器，在地区制造紧张态势，重走军事化道路的趋向，中国国防部发言人 3 月 16 日表示，日本的军事动向值得国际社会和地区国家高度警惕，敦促日方切实汲取历史教训，在军事安全领域谨言慎行，停止做损害地区和平稳定的事。[①]

四　福岛核污染水排放问题恶化中日关系

福岛核事故是迄今为止全球发生的最严重核事故之一，造成了大量的放射性物质泄漏，对海洋环境和人类健康产生了深远影响。更需指出的是，关于核污染水排海方案的正当性、核污染水数据的可靠性、净化装置的有效性、环境影响客观性等问题，日本政府都没有能够作出科学和可信的说明，反倒是无视国际社会的强烈质疑和反对，执意将福岛的核污染水排海，公然向包括中国在内的周边国家和国际社会转嫁核污染风险，完全将一己私利凌驾于地区和世界各国民众的长远福祉之上，可谓是极其自私自利，极其不负责任。对于日本的核污染水排海问题，中国方面一直表达严重关切和强烈反对。事实上，日本政府执意将核污染水排海成为影响 2023 年中日关系恶化的重要因素。

在日本未实施核污染水排海前，中方就多次强烈敦促日方撤销错误决定，停止强推核污染水排海计划，并表示中国政府将采取必要措施，坚定维护海洋环境、食品安全和公众健康。2023 年 8 月 24 日，日本不顾国际社会强烈反对，启动了福岛第一核电站核污染水排海。对此，香港特区政府和澳门特区政府宣布于 8 月 24 日起禁止日本部分地区的水产品等进口。香港特区政府表示，因应日本福岛核污染水排放计划，24 日起香港特区将禁止源自东京、福岛、千叶、栃木、茨城、群马、宫城、新潟、长野和埼玉 10 个（都）县的水产品进口，包括所有活生、冷冻、冷藏、干制或以

① 《国防部：日方应切实汲取历史教训　在军事安全领域谨言慎行》，中国国防部网站，2023 年 3 月 16 日，http：//www.mod.gov.cn/gfbw/xwfyr/yzxwfb/16278280.html，最后访问时间：2023 年 12 月 19 日。

其他方式保存的水产品、海盐，以及未经加工或经加工的海藻。澳门特区政府宣布从8月24日起禁止进口源自日本上述10个（都）县的鲜活食品、动物源性食品、海盐及海藻，包括蔬菜、水果、奶及奶制品、水产及水产制品、肉类及其制品、禽蛋等。此后不久中国政府宣布全面暂停日本水产品进口。

中方一直敦促日方尊重国内民众和国际社会的正当关切和强烈呼声，信守承诺，切实以科学、公开、透明、安全的方式处置核污染水，停止强推核污染水排海的不负责任行径，要求日方以真诚态度同周边邻国善意沟通，以负责任方式加以处置，避免对全球海洋环境造成不可预测的破坏和危害。实际上，自福岛核事故发生以来，东京电力公司的善后处理工作漏洞百出，曾多次被曝出存在隐瞒、篡改数据，其处置核污染水的能力令人怀疑。2023年9月12日，中国外交部发言人毛宁表示："日本向海洋排放核事故污染水史无前例，事关各国重大利益和关切。任何监测都不是对日本向海洋排放核污染水的认可，赋予不了日方想要的排海正当性与合法性，日方应当立即停止向世界转嫁核污染风险。"①

中国政府暂停日本水产品的进口是为了保护人民群众生命健康，防范受到放射性污染的日本食品进入本国。日本极不负责的核污染水排海行为也影响了自身对华经济关系特别是相关产品的对华出口。2023年8月31日，日本大和证券集团旗下分析机构"大和总研"发布报告称，福岛核污染水排海已经使得日本水产品出口受阻，中国游客赴日旅游意愿降低。这可能导致日本实际国内生产总值（GDP）减少1.2万亿日元，相当于GDP收缩0.2%。该报告还分析称，如果中日关系进一步恶化导致日本对华商品出口减少20%，日本实际GDP可能减少6.1万亿日元，这意味着日本GDP的收缩幅度可能进一步达到1.1%。日本排放核污染水的行为也对旅游业造成冲击，中国游客赴日旅游意愿降低。在日本启动核污染水排海后，中国部分地

① 《外交部发言人：日方应立即停止向世界转嫁核污染风险》，新华网，2023年9月12日，http：m.xinhuanet.com/2023-09-12/c_ 1129859261.htm，最后访问时间：2023年12月19日。

区出现了取消赴日旅游订单的情况。[①]

中方主管部门依据中国法律法规以及世贸组织相关规定，对原产地为日本的水产品采取紧急措施，完全正当、合理、必要。但日本仍做出反制措施。在中方宣布自8月24日起全面暂停进口原产地为日本的水产品后，日本政府曾在9月向世贸组织提交书面文件表示抗议。日本政府在10月16日召开的世贸组织市场准入委员会会议上，就中国在东京电力公司福岛第一核电站核污染水排海后全面暂停进口原产地为日本的水产品一事批评称，中方采取了没有科学依据的措施，这种做法是违反世贸组织协定的不当行为。会上，美国、欧盟、英国、加拿大、澳大利亚对日方的主张表示支持，中方则明确表示所采取的措施正当且合理。[②]

2023年11月16日，中日首脑会晤，双方同意，本着建设性态度通过磋商谈判找到解决福岛核污染水排海问题的合适途径。习近平主席在会见日本首相岸田文雄时指出："日本福岛核污染水排海事关全人类健康、全球海洋环境、国际公共利益。日方应该严肃对待国内外合理关切，本着负责任和建设性的态度妥善处理。"[③] 包括中方在内的各国采取相应的防范和应对措施，维护食品安全和民众健康完全是正当、合理和必要的。

五　未来中日关系展望

中日应该以纪念《中日和平友好条约》缔约45周年为契机，坚守初心，接续中日和平友好的历史使命，为推动构建契合新时代要求的中日关系

① 《日本启动核污染水排海后，中国部分民众取消赴日游，日料店客流量明显下降》，中国经济网，2023年8月30日，http://intl.ce.cn/sjjj/gy/202308/30/t20230830_38693990.shtml，最后访问时间，2023年12月19日。

② 《日本向WTO提交对中国禁运水产品的反驳书》，日经中文网，2023年9月5日，https://cn.nikkei.com/politicsaeconomy/politicsasociety/53423-2023-09-05-08-51-15.html，最后访问时间：2023年12月19日。

③ 《2023年11月17日外交部发言人毛宁主持例行记者会》，中国外交部网站，2023年11月17日，https://www.mfa.gov.cn/web/fyrbt_673021/jzhsl_673025/202311/t20231117_11182492.shtml，最后访问时间：2023年12月30日。

不懈努力。2023 年 11 月 16 日，习近平主席在美国旧金山会见岸田文雄时就指出：“当前，中日关系正处于承前启后的关键时期，双方应该顺应时代潮流，把握正确方向，本着‘以史为鉴、开辟未来’的精神，保持邦交正常化初心，客观理性看待彼此发展，树立积极友善相互认知，建设性管控矛盾分歧，将‘互为合作伙伴、互不构成威胁’的政治共识体现到具体政策和实际行动中。”① 但具体来看，未来中日关系的发展仍不乐观。

当前日本在对华关系上基本秉持的是对抗姿态。2023 年 1 月 23 日，日本外务大臣林芳正在众议院全体会议上发表外交演说，称日本对华外交要坚持应当坚持的主张，展现出不会在钓鱼岛争端等矛盾分歧上与华开展对话的姿态。更突出的是，美国因素已成为影响中日关系稳定发展的最大外部挑战，日本“挟美遏华”倾向增强，给中日政治安全互信和经济往来都造成很大的负面影响，日本更是配合美国并将遏制中国的举措蔓延至作为中日关系“压舱石”的经贸领域。而在自身大国化战略背景下，日本在安全上的动向也成为影响中日关系的特殊因素。2023 年 10 月，日本“言论 NPO”联合中国外文局发表了 2023 年度“中日关系舆论调查”结果，相关调查结果显示，大部分中日两国受访者认同中日关系的重要性，但在一些具体问题上存在分歧。对于当前的中日关系，41.2%的中国受访者和 68.4%的日本受访者认为两国关系“不好”。在阻碍两国关系发展的因素中，两国受访者选择“领土争端”的占比均居首位（中国 39.5%，日本 43.6%）。对于中日关系重要性的判断，在两国受访者那里都有所下降。②

为改善和发展中日关系，中日双方应把握正确方向，努力排除干扰，增强互信，妥善处理分歧与矛盾，开展更多高水平、多样化的交流合作。政治上，中日双方应坚守中日四个政治文件精神，筑牢两国政治关系。历史问

---

① 《习近平会见日本首相岸田文雄》，中国政府网，2023 年 11 月 17 日，https：//www.gov.cn/yaowen/liebiao/202311/content_ 6915827.htm，最后访问时间：2023 年 12 月 30 日。

② 马芳、刘明：《“中日关系舆论调查”：“领土争端”是中日关系最大阻碍》，环球网，2023 年 10 月 12 日，https：//world.huanqiu.com/article/4Eu6ohumpCG，最后访问时间：2023 年 12 月 19 日。

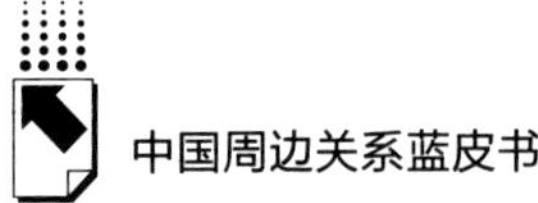

题、台湾问题等重大原则问题关乎两国关系政治基础，日方必须恪守信义，确保中日关系的政治基础不受损、不动摇。特别是日方应停止一切侵犯中方领土主权、损害中方海洋权益以及导致局势复杂化的言行，加强对话、管控分歧，切实将“互为合作伙伴、互不构成威胁”落实到行动中。日方更不应出于各种目的干涉中国内政、打压中国发展。经济上，拓展经贸合作，更不应打着“经济安保”的旗号在“去风险化”的名义下搞“脱钩断链”，要拓展绿色低碳、医疗养老、数字经济等新领域合作，合作稳定产业链供应链，切实维护全球自由贸易体系，实现更高水平的互利双赢。国民感情上，要加大交流，改善两国民意基础。两国应弘扬亚洲价值观，践行真正的多边主义，共同构建人类命运共同体。

B.10

2023年中印关系评估与展望

李　卓*

摘　要： 中印关系2023年在各领域虽有恢复，但仍面临诸多问题：政治上，高层互动有所增加，两国领导人在多边场合实现了面对面会谈，但印方以边界问题定义双边关系的倾向上升，并在台海、南海问题上有所动作；经济上，两国贸易总额上升并在上合、金砖等多边框架下就国际经济金融秩序重大问题有所共识，但印度对中国的贸易限制措施不断增强、双边经济对话仍处于停滞状态，且针对在印中资企业的打压升级；安全上，有助于边界局势稳定的各层次会晤持续进行，两国在多边场合下就国际重大安全问题也取得了一些共识，但两军围绕边界的军事对峙仍在持续，印度在陆上和海上（印度洋方向）针对中国的安全焦虑仍未缓解。两国未来应在边境问题上巩固既有成果、避免现地局势反复，并进一步加强在多边场合的各项合作。

关键词： 中印关系　边界问题　安全焦虑

2023年的中印关系虽较疫情期间有所恢复，但未实现关键突破。尽管中国在多个领域采取积极行动，中印两国在多边场合也有一些良性互动，但受印方以边界问题定义中印关系的倾向越发明显及印方对中国安全焦虑不断上升的负面影响，中印关系在各领域的恢复仍较有限，政治、经济、安全关系仍存在各种问题，两国关系发展潜力的发挥尚需等待更好时机。

---

* 李卓，中国社会科学院亚太与全球战略研究院助理研究员，研究方向为南亚国际关系、周边经济外交。

一　2023年的中印政治关系

2023 年，中印都在国际舞台上积极开展大国外交、大力提高国际政治地位（印度尤其着力于其主场外交），但两国政治关系进展仍较为有限。中印两国领导人虽在金砖国家领导人会晤期间实现了应约会谈，两国外长、安全事务高级代表也利用多边场合（上合组织成员国外长会、二十国集团外长会、东盟地区论坛外长会、金砖国家安全事务高级代表会议）实现了四次会谈，但两国高层还未实现双边正式会晤，边界问题特别代表会晤机制亦处于停滞状态，加之印方 2023 年以边境争端定义中印关系的倾向更为明显，并在配合美西方打“台湾牌”“南海牌”方面有新的对华不利动向，中印政治互信的基础面临挑战，两国面向和平与繁荣的战略伙伴关系还有待以实际行动进一步落实。

（一）中印高层互动稍有恢复，但仍然有限

中印高层互动是两国政治关系发展最重要的途径，其中两国最高领导人会晤交谈的情况更可以看作中印关系的晴雨表，也是促进双边关系发展的最有力渠道，如 2018 年武汉非正式会晤和 2019 年金奈非正式会晤都曾在两国关系陷入低谷之时为重启双边关系、加强政治互信打开了局面。但此后受新冠疫情等因素的不利影响，中印高层的直接互动在 2020 年后一直维持在一个较低的水平，两国最高领导人在 2020～2022 年一直未能实现直接见面会谈。

随着抗疫形势的变化，中印两国领导人的直接面谈在 2023 年开始有所恢复。6 月 3 日，中国国家主席习近平就印度奥里萨邦列车脱轨相撞事故向印度总统穆尔穆、总理莫迪致慰问电。[①] 8 月 23 日，习近平主席在约翰内斯

① 《习近平就印度奥里萨邦列车脱轨相撞事故向印度总统穆尔穆、总理莫迪致慰问电》，新华社网站，2023 年 6 月 3 日，http：//www.news.cn/2023-06/03/c_1129667663.htm，最后访问时间：2024 年 1 月 6 日。

堡出席金砖国家领导人会晤期间应约同莫迪总理交谈。双方就当前中印关系和共同关心的问题坦诚、深入交换了意见。习近平主席在交谈中强调，中印关系改善发展符合两国和两国人民的共同利益，也有利于世界和地区的和平稳定与发展。[①]

中印双方在 2023 年 3 月的新德里二十国集团外长会期间和 5 月果阿上合组织成员国外长会上进行了外长级会晤。7 月 14 日，中央外办主任王毅在雅加达与印度外长苏杰生在第 30 届东盟地区论坛外长会期间举行双边会谈，[②] 随后在 7 月 24 日的约翰内斯堡金砖国家安全事务高级代表会议期间又会见了印度国家安全顾问多瓦尔。[③] 通过上述高层互动，中方不断向印方传达积极信号，希望作为全球前两大发展中国家和永远邻居的中印两国能把握好双边关系的正确发展方向，实现相互支持、相互成就的双向而行，而不要以具体问题定义整体关系。

以上高层互动的情况从两个方面反映出中印两国关系的恢复态势。一是数量上，2023 年的 4 次高层互动要高于 2022 年的 3 次、2021 年的 2 次和 2020 年的 1 次。二是质量上，印方有相对积极的表态。如 7 月印度外长苏杰生在同中央外办主任王毅的会谈中表示："印中关系正常化符合双方共同利益。印方愿本着开放心态，妥善应对双方分歧，推动印中关系尽快重回正轨，为下阶段高层交往创造良好条件。"[④] 印度国家安全顾问多瓦尔在同中央外办主任王毅的会谈中则表示："印方愿同中方本着相互理解、相互尊重精神，着眼大局和长远，寻找解决边境事态的根本途

---

① 《外交部发言人就中印双边交流答记者问》，中国外交部网站，2023 年 8 月 25 日，https：//www. mfa. gov. cn/web/fyrbt_ 673021/202308/t20230825_ 11132454. shtml，最后访问时间：2024 年 1 月 6 日。

② 《王毅会见印度外长苏杰生》，中国外交部网站，2023 年 7 月 15 日，https：//www. mfa. gov. cn/zyxw/202307/t20230715_11113734. shtml，最后访问时间：2024 年 1 月 6 日。

③ 《王毅会见印度国家安全顾问多瓦尔》，中国外交部网站，2023 年 7 月 24 日，https：//www. mfa. gov. cn/zyxw/202307/t20230724_11117240. shtml，最后访问时间：2024 年 1 月 6 日。

④ 《王毅会见印度外长苏杰生》，中国外交部网站，2023 年 7 月 15 日，https：//www. mfa. gov. cn/zyxw/202307/t20230715_11113734. shtml，最后访问时间：2024 年 1 月 6 日。

径，推动两国关系尽快改善发展，为维护世界和平与繁荣作出积极贡献。”①

另外，我们也应注意到中印高层互动在2023年的程度仍较为有限，不仅频次上还未恢复到疫情之前的水平，而且高层互动的落实完全依赖于中印共同参与的多边框架。至关重要的是，曾对引领两国关系发展发挥重大作用的元首非正式双边会晤机制还未恢复。此外，印方在2023年互动中的相对积极表态并不意味着其改变了在中印关系上以边界问题为纲的倾向，这些表态也与其2023年确保其主场外交顺利进行的考虑有关。综合来看，尽管新冠疫情的结束为中印加强高层互动提供了有利条件，但2023年中印高层互动的恢复仍较为有限，以首脑外交快速推动双边关系发展的时机仍不成熟，需待有利条件的进一步积累。

（二）中印政治互信恢复缓慢

除高层互动外，推动中印关系发展的另一重要途径便是政治领域的高级别对话，尤其是边界问题特别代表会晤机制。该机制自2019年12月由国务委员兼外长王毅同印度国家安全顾问多瓦尔在新德里举行第二十二次会晤后，便一直未能举行第二十三次会晤。传统上，两国不仅通过该高层机制从战略高度管控边界问题，还就其他战略问题进行广泛沟通。该机制无法正常运行，直接反映出中印政治与战略互信的不足。

这种不足在2023年还表现为印方以边境争端定义中印关系的倾向有所加强。据媒体报道，印度外长苏杰生3月曾表态“印方认为在中印关系恢复正常前，中方必须兑现2020年9月所达成的协议”，“中方不能在违反协议的同时又希望两国关系的其他部分能继续发展，好像无事发生一般”。②

---

① 《王毅会见印度国家安全顾问多瓦尔》，中国外交部网站，2023年7月24日，https：//www. mfa. gov. cn/zyxw/202307/t20230724_11117240. shtml，最后访问时间：2024年1月6日。

② “India Says China Situation Dangerous on Himalayan Front，” Reuters，Marth 18，2023，https：//www. reuters. com/world/india/india-says-situation-with-china-fragile-dangerous-himalayan-front-2023-03-18/，accessed：2024-01-12.

尤其值得关注的是印方为加大对我国的政治压力，2023 年开始出现追随美西方打“台湾牌”的动向，如印陆海空三军前参谋长 8 月 8 日受邀参加所谓“凯达格兰论坛：2023 印太安全对话（Ketagalan Forum：2023 Indo-Pacific Security Dialogue）”。[①] 据媒体报道，其中曾担任印海军参谋长的卡拉姆比尔·辛格（Karambir Singh）在发言中谈到当前的全球安全形势以及台湾海峡“和平与稳定”对印度和世界的重要性，并表示“印度选择不卷入这场大国对抗，专注于自己的核心利益，建立战略自主权，不是通过‘过去不结盟’，而是通过‘多向结盟’、基于问题的趋同与合作”。[②] 9 月 8 日，又有媒体报道，两名印度高官表示印方针对美方就台海“有事”后印当采取何种对策的询问已着手进行研究，对策包括“作为后勤中心向盟国船只、飞机提供维修保养设施”等。[③] 9 月 15 日，印度辨喜国际基金会（Vivekananda International Foundation，VIF）发布了一份由印陆军防空兵团前指挥官退役中将萨克塞纳（V K Saxena）撰写的以“印台关系”为题的报告，该报告认为“印军直接介入台海冲突不太可能也实际上不太可行，相对确定的还是要常备不懈、有效应对中国军队沿 3500 公里实控线可能实施的非战争军事行动”。[④] 此外，印方 2023 年继续配合美西方打所谓“南海牌”，如在 6 月 29 日由印度外长苏杰生与菲律宾外长马纳洛主持的第五届印度-菲律宾双边合作联合委员会所发布的联合声明中出现的“双方强调（各方）需要

---

① “Ketagalan Forum 2023,” *Indian Defence Review*, August 19, 2023, https://www.indiandefencereview.com/news/ketagalan-forum-2023/, accessed: 2024-01-17.

② 《印度陆海空三军前参谋长在台湾参加印太安全论坛》，法广网，2023 年 10 月 8 日，https://www.rfi.fr/cn/%E5%8F%B0%E6%B9%BE/20230810-%E5%8D%B0%E5%BA%A6%E9%99%86%E6%B5%B7%E7%A9%BA%E4%B8%89%E5%86%9B%E5%89%8D%E5%8F%82%E8%B0%8B%E9%95%BF%E5%9C%A8%E5%8F%B0%E6%B9%BE%E5%8F%82%E5%8A%A0%E5%8D%B0%E5%A4%AA%E5%AE%89%E5%85%A8%E8%AE%BA%E5%9D%9B，最后访问时间：2024 年 1 月 18 日。

③ “India's Military Studying Options for Any China War on Taiwan,” *Strait Times*, September 8, 2023, https://www.straitstimes.com/asia/south-asia/india-s-military-studying-options-for-any-china-war-on-taiwan, accessed: 2024-01-18.

④ V K Saxena, “India-Taiwan: Connecting with the Island Nation for Multiple Takeaways,” VIK, Spetember 15, 2023, https://www.vifindia.org/article/2023/september/15/India-Taiwan-Connecting-With-the-Island-Nation-for-Multiple-Takeaways, accessed: 2024-01-18.

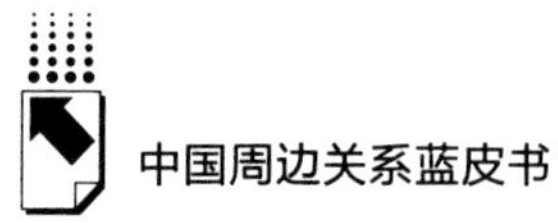

和平解决争端并遵守国际法，特别是遵守《联合国海洋法公约》和2016年南海仲裁案之裁决”。[①]

印方2023年在我国核心利益上先是首次派遣退役印军高层军官参加台湾当局主办的二轨论坛，后是首次明确要求我国遵守所谓“南海仲裁案”决议，进一步恶化了中印之间本就相对脆弱的政治互信。尽管中国始终认为中印双方存在共同的发展机遇且互不构成战略威胁，彼此做相互成就的伙伴，不当相互消耗的对手，但印方采取的一系列动作，正在进一步掏空中印政治与战略互信的基础，并破坏稍有恢复的高层互动所带来的积极氛围，最终必将对边界问题的真正解决构成负面影响。在这个意义上，印方从边界问题到所谓“多边”战略博弈的对华安全焦虑，既是自我中心的，也终将是“自我挫败”（self-defeating）的，长远来看不仅不利于中印关系的发展，更不利于印方自身的战略利益。

二　2023年的中印经济关系

自2020年以来，印度在双边经贸领域不断加大针对中国的限制措施，如对外国直接投资（FDI）规则的修改（对与印领土接壤国家的在印投资项目适用更严格的政府审批程序）、对中国手机应用的限制等。尽管有这些限制，2023年中印双边贸易仍延续了增长势头，且在贸易结构上也有进一步的发展。此外，中印两国还在多边机制框架下达成了经贸领域的共识，包括反对单边主义、促进数字贸易等内容。但是，中印经济关系仍存在诸多问题，包括中印贸易2023年的增长势头已明显下降，中印双边经贸对话的主要机制仍处于停摆状态，以及在印中资企业经营环境显著恶化。

---

① “Joint Statement on the 5th India-Philippines Joint Commission on Bilateral Cooperation,” Ministry of External Affairs, Government of India, June 29, 2023, https://www.mea.gov.in/bilateral-documents.htm?dtl/36743/Joint_Statement_on_the_5th_IndiaPhilippines_Joint_Commission_on_Bilateral_Cooperation, accessed: 2024-01-19.

（一）中印双边贸易继续增长、产品结构不断优化

2023 年，中印双边贸易额达 1362.2 亿美元，同比增长 1.5%。其中中国对印度出口额为 1176.8 亿美元，同比增长 0.8%；中国自印度进口额为 185.4 亿美元，同比增长 6%。[①] 在全球贸易预计将萎缩近 5%的背景下，中印双边贸易仍维持了增长，这在一定程度上可以说明中印经济关系具有韧性。不过与中印 2022 年双边贸易额增长 8.4%、中国对印出口额增长 21.7%相比，2023 年中印双边贸易的增长幅度已明显回落。[②]

从进出口产品结构的角度来看，2023 年中国对印出口的主要产品为电机电器（HS85，32.11%）、机械（HS84，18.89%）、有机化学品（HS29，9.12%）、塑胶及其制品（HS39，5.23%）、钢铁与钢铁制品（HS72、73，4.65%）；同时期中国从印度进口的主要产品为矿砂矿渣（HS26，19.48%）、有机化学品（HS29，7.78%）、水产（HS3，6.76%）、电机电器（HS85，6.22%）、机械（HS84，6.09%）。[③] 由此可知，中印贸易目前仍以中国对印出口工业制成品，从印度进口原材料、农产品以及中间产品为主，反映出双方基于各自比较优势的贸易分工格局；与此同时，中印在有机化学品、电机电器、机械领域内的贸易也具有重要地位，反映出两国在工业制成品产业链上的联系日趋紧密，也证明中印经济合作尤其是制造业合作潜力巨大。

中印的这一贸易结构令中国在双边贸易中处于价值链的相对高端，也是中国在中印贸易中享有 991.4 亿美元顺差的原因之一。另外，印度的优势产业部门，如部分农产品、药品以及信息技术服务业对华出口仍有拓展空间，

---

① 《中国同印度的关系》，中国外交部网站，2024 年 1 月，http：//switzerlandemb.fmprc.gov.cn/web/gjhdq_676201/gj_676203/yz_676205/1206_677220/sbgx_677224/，最后访问时间：2024 年 1 月 20 日。

② 《中国同印度的关系》，中国外交部网站，2024 年 1 月，http：//switzerlandemb.fmprc.gov.cn/web/gjhdq_676201/gj_676203/yz_676205/1206_677220/sbgx_677224/，最后访问时间：2024 年 1 月 20 日。

③ 中华人民共和国海关统计数据在线查询平台，http：//stats.customs.gov.cn/，最后访问时间：2024 年 1 月 22 日。

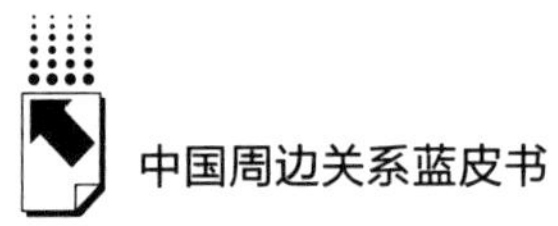

也将为两国未来经济合作的加强带来新的机遇。2023 年印度对华贸易逆差较 2022 年的 1010.2 亿美元已减少 1.86%，也在一定程度上反映出这些新机遇对中印未来贸易趋势的影响。

同时，我们也应该注意到印方高度关注对华贸易逆差问题，并试图通过关税措施调整其从中国的进口。2023 年，印度对包括太阳能电池板、印刷电路板、聚酰胺薄膜、季戊四醇在内的 4 项产品启动了反倾销调查，对平底钢盘、粘胶长丝纱线、聚氯乙烯悬浮树脂、熊去氧胆酸、轮式装载机、工业激光机、家电用钢化玻璃等 16 项产品作出了反倾销仲裁（征收反倾销税）或保障措施仲裁（配额）。[①] 这些产品既包括最终制成品，也有大量中间产品，反映出中印贸易争端的多样性以及向产业链纵深发展的动向，也在一定程度上反映出印度相关政府机构与产业部门对中国的经济“威胁”认知。

（二）中印双边经贸对话停滞、多边框架下经贸对话持续

中印双边经贸对话机制包括由中国国家发展和改革委员会与印度国家转型委员会牵头举办的战略经济对话（SED），由两国财政部进行的中印财金对话（FD），由中国商务部与印度商工部进行的中印经贸联合小组会议（JEG）。其中，中印战略经济对话所涉及的部委较多，下设政策协调、基础设施、高技术、节能环保、能源、医药六个工作组，是双方交流宏观经济政策和推动务实合作的重要平台。

上述对话由各部委分别举办，功能亦有差异，从制度主义的角度来看中印双边经贸对话机制整体上应具有相当的韧性，应在双边政治关系有所波动时仍能在一定程度上发挥沟通渠道的作用；但受制于中印政治关系在前几年的冷淡乃至冷冻状态，上述对话目前皆处于停摆状态。2018 年 3 月中印经贸联合小组第十一次会议在新德里举行后，第十二次会议一直未能举行；2019 年 9 月 9 日中印第六次战略经济对话和 9 月 25 日第九次中印财金对话

① 中国贸易救济信息网查询平台，https：//cacs.mofcom.gov.cn/list/ajycs/ckys/1/cateinfo.html，最后访问时间：2024 年 1 月 23 日。

在新德里举行后，后续对话也一直未能举行。

中印在上海合作组织（以下简称上合组织）与金砖国家机制下的经济对话仍在持续进行。2023 年 7 月 4 日，上合组织成员国元首理事会会议以视频方式举办，并通过《新德里宣言》，重申："继续完善全球经济治理体系十分重要，将继续维护和巩固以世界贸易组织的原则和规则为基础的开放、透明、公正、包容、非歧视的多边贸易体制，促进开放型世界经济发展，保障公平市场准入，反对破坏多边贸易体制、威胁世界经济的单边保护主义行为和违背世贸组织原则的贸易限制"，并强调，"实施未得到联合国安理会认可的单边经济制裁对其他国家和国际经济关系造成不利影响"。[①] 另外，有媒体报道印度方面以"有太多中国话语表达"为由，未签署《上合组织至 2030 年经济发展战略》，[②] 成为本次会议的一大遗憾。

随后的 9 月 27 日上合组织成员国第二十二次经贸部长会议又通过了《上合组织成员国经贸部长关于深化成员国间合作的前景与措施的声明》，再次重申"支持协同努力反对贸易保护措施，加强协作，维护开放、透明、包容、非歧视的多边贸易体制""支持世贸组织开展必要改革""支持贸易便利化，维护供应链稳定"等。[③] 10 月 26 日，《上海合作组织成员国政府首脑（总理）理事会第二十二次会议联合公报》中又再次重申："上合组织成员国支持进一步完善和改革全球经济治理体系，并将继续维护和巩固以国际公认的原则和规则为基础的开放、透明、公正、包容、非歧视的多边贸易体制，促进开放型世界经济发展，保障公平市场准入和对发展中成员的特殊和差别待遇，反对破坏多边贸易体系、威胁世界经济发展的单边保护主义行

---

① 《上海合作组织成员国元首理事会新德里宣言》，中国外交部网站，2023 年 7 月 5 日，https：//www. mfa. gov. cn/web/wjdt _ 674879/gjldrhd _ 674881/202307/t20230705 _ 11108663. shtml，最后访问时间：2024 年 1 月 23 日。

② "Wary of Chinese Phrasing, India Doesn't Sign SCO's Economic Development Strategy," The Wire, July 5, 2023, https：//thewire. in/diplomacy/india - doesnt - sign - scos - economic - development - strategy，最后访问时间：2024 年 1 月 24 日。

③ 《上海合作组织成员国经贸部长关于深化成员国间合作的前景与措施的声明》，上海合作组织网站，2023 年 9 月 30 日，https：//chn. sectsco. org/20230930/960337. html，最后访问时间：2024 年 1 月 24 日。

为和贸易限制措施”，并强调“实施未得到联合国安理会认可的单边经济制裁违背国际法原则，对国际经济关系造成不利影响”。各方还在同日达成了《上合组织成员国经贸部门间关于数字贸易合作前景的倡议》。①

2023年8月7日，金砖国家第十三次经贸部长会议以视频形式举行。会议达成了《金砖国家加强多边贸易体制和世贸组织改革的声明》《金砖国家数字经济工作组工作计划》等成果文件，部长们一致认为要坚定维护多边贸易体制，反对单边主义和保守主义，支持世贸组织改革取得务实成果，推动世贸组织第十三届部长级会议（MC13）取得成功。应加强数字经济和绿色发展等新兴领域合作，维护供应链安全稳定，开展电子提单等务实合作，为中小企业打造良好营商环境，进一步畅通经贸合作渠道，提升金砖经贸合作能级。② 8月24日《金砖国家领导人第十五次会晤约翰内斯堡宣言》中，各国领导人又在“加强包容性多边主义”部分达成了多项共识，如“对采取不符合《联合国宪章》原则、为发展中国家带来显著负面影响的单边强制措施表示关切”，“呼吁提高新兴市场国家和发展中国家在国际组织和多边机制中的代表性”，“重申支持以世贸组织为核心、以规则为基础，开放、透明、公平、可预测、包容、平等、非歧视的多边贸易体制，为包括最不发达国家在内的发展中国家提供特殊与差别待遇”，“呼吁在建立公平的和以市场为导向的农产品贸易体制、消除饥饿、实现粮食安全和改善营养、促进可持续农业和粮食体制以及实施有韧性农业的做法方面取得进展”，“支持构建以份额为基础、资源充足的国际货币基金组织（IMF）为核心的强劲的全球金融安全网”，等等。③

① 《上海合作组织成员国政府首脑（总理）理事会第二十二次会议联合公报》，中国政府网，2023年10月26日，https：//www.gov.cn/yaowen/liebiao/202310/content_6912129.htm，最后访问时间：2024年1月23日。

② 《金砖国家第十三次经贸部长会议取得务实成果》，中国商务部新闻办公室网站，2023年8月7日，http：//www.mofcom.gov.cn/article/syxwfb/202308/20230803426073.shtml，最后访问时间：2024年1月26日。

③ 《金砖国家领导人第十五次会晤约翰内斯堡宣言》，中国外交部网站，2023年8月25日，https：//www.mfa.gov.cn/web/gjhdq_676201/gjhdqzz_681964/jzgj_682158/xgxw_682164/202308/t20230825_11132502.shtml，最后访问时间：2024年1月26日。

（三）中资企业在印经营环境恶化

中印经济关系在2023年的另一突出特征便是由印度政府持续的经济打压所导致的中资企业在印经营环境的恶化。其中，尤以冻结资产与非法逮捕人员在经济、舆论上对在印中资企业乃至中印经济关系的负面影响为大。

在冻结资产方面，2023年最典型的案例是隶属于印度财政部税务局的中央执法局（Directorate of Enforcement）冻结了目前印度手机市场占有率排名第一（2023Q4，18.3%[①]）的小米公司的555.1亿印度卢比（约48亿元人民币）。早在2021年10月，有媒体报道印度电子和信息技术部（MeitY）向在印度的中国智能手机厂商包括小米、vivo、OPPO等公司发出通知，要求获取其手机和零组部件的有关数据和信息。[②] 2022年1月，印度财政部就发表声明宣称根据印度税务情报局（Directorate of Revenue Intelligence）的调查，小米公司在印度的全资子公司小米科技私人有限公司（Xiaomi Technology India Private Limited，小米印度）向美国高通公司和北京小米移动软件所支付的特许权使用费和授权费未计入小米印度及其印度合同制造商进口货物的海关评估交易价值，要求小米印度补缴2017年4月1日至2020年6月30日期间的65.3亿印度卢比（约8800万美元）税款。[③] 随后的2022年4月30日，中央执法局宣称，小米印度"以特许权使用费的名义"向三家外国实体（其中包括一家小米集团实体）非法支付约555.127

---

① "India Smartphone Market Remains Flat in 2023; Apple Shipments Cross 10 Million for First Time," Team Counterpoint, January 31, 2024, https://www.counterpointresearch.com/insights/india-smartphone-market-q4-2023/#:~:text=India's%20smartphone%20shipments%20remained%20flat, and%20an%20inventory%20build%2Dup, accessed: 2024-01-29.

② "India May Push Oppo, Vivo to Stop Operating through Their Chinese Distribution Partners," TYJ, Oct 20, 2021, https://www.tvj.co.in/india-may-push-oppo-vivo-to-stop-operating-through-their-chinese-distribution-partners/, accessed: 2024-01-29.

③ "Evasion of Customs Duty of Rs. 653 Crore by M/s Xiaomi Technology India Private Limited," Ministry of Finance, Government of India, January 5, 2022, https://pib.gov.in/PressReleseDetailm.aspx? PRID=1787686, accessed: 2024-01-29.

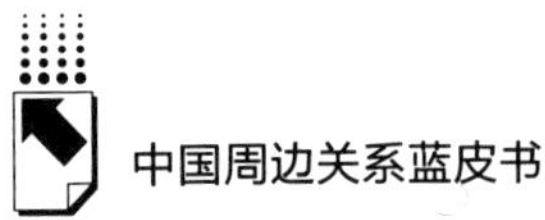

亿印度卢比的外汇资金，为此冻结小米印度在当地银行账户的等额资金。[①]小米印度随后以向小米中国和美国高通公司所支付的特权使用费合理合法为申诉要点，向卡纳塔克邦高等法院提起诉讼，试图通过行政诉讼阻止印执法当局的资产冻结，但是 2023 年 4 月该法院驳回了小米印度的诉讼请求。6 月 9 日，印度中央执法局正式宣布依印度国内法冻结小米印度在三家银行共计 555.127 亿印度卢比的资金。[②]

从该案例可以看出，印方对在印中资企业进行资产冻结时，其跨部门跨地区的各机构紧密配合，还在双方的博弈过程中通过不断提高处罚金额与执法力度，进一步放大对在印中资企业的压力和在国内外舆论中的政治效果。在印中资企业未来如何应对类似的组合拳乃至更为变本加厉的经济打压，将成为中印经济关系中的一个重要课题。

除冻结资产外，非法逮捕人员也是印方打压在印中资企业的另一重要手段。2023 年的典型案例为印度中央执法局对手机市场占有率排名第二（2023Q4，17.3%）的中国手机制造商 vivo 进行的两次人员逮捕。2021 年印度政府开始调查 vivo。2022 年 7 月，印度中央执法局以所谓“反洗钱调查”为由突击搜查 vivo 印度分公司的办公室，并指控 vivo“逃税”并“非法向中国转移 6247.6 亿印度卢比（约 537.3 亿元人民币）”。此后据媒体报道，2023 年 10 月，中央执法局非法逮捕了 4 名 vivo 印度分公司员工，其中还包括 1

---

① “ED Has Seized Rs. 5551.27 Crore of M/s Xiaomi Technology India Private Limited Lying in the Bank Accounts Under the Provisions of Foreign Exchange Management Act, 1999 in Connection with the Illegal Outward Remittances Made by the Company,” Directorate of Enforcement, Department of Revenue, Ministry of Finance, Government of India, April 30, 2022, https://enforcementdirectorate.gov.in/sites/default/files/latestnews/Press_release_XIAOMI_30_04_22.pdf, accessed: 2024-01-29.

② “The Adjudicating Authority Has Issued SCN to Xiaomi Technology India Private Limited, Its Officials and 3 Banks Under FEMA on the Basis of Complaint Filed by the ED with Respect to Illegal Remittances Made by the Company to the Tune of Rs. 5551.27 Crore,” Directorate of Enforcement, Department of Revenue, Ministry of Finance, Government of India, June 9, 2023, https://enforcementdirectorate.gov.in/sites/default/files/latestnews/Press%20Release%20in%20case%20of%20Xiaomi9.6.2023.pdf, accessed: 2024-01-29.

名中国公民；[①] 12 月该局又非法逮捕了 vivo 印度分公司的 2 名高级员工和 1 名顾问。[②] 虽然 12 月 30 日印度德里帕蒂亚拉法院下令释放了以上 3 人，[③] 但从以上进展可以看出印方除冻结资产外，还采取了更为直接的方式打压在印中资企业，对在印中资企业的运营造成了重大不利影响。未来印方是否会采取新的打压方式，冻结资产和非法逮捕人员是否会成为印度打压在印中资企业的常规方式，都值得进一步关注。

莫迪总理 2014 年提出“印度制造”倡议，并在 2020 年提出“生产挂钩激励计划”。印度政府通过向包括消费电子在内的高价值产业提供补贴等方式，支持印度国内相关产业企业的发展，试图在经济发展上“弯道超车”，以期成为美西方所谓“中国+”战略的首选目的国。印度在自身制造业（特别是先进制造业）处于快速发展但自有品牌尚未完全建立的情况下，就已有“出清”相关产业中处于优势地位的外资企业的动向，与其他新兴市场国家发展先进产业的历史经验有明显区别，也反映出其对在印中资高新技术企业在经济安全上的“威胁”认知。这一政策取向是否同样具有“自我挫败”的性质，是否不利于“印度制造”的长期发展亦有待观察。在法律层面，亦有专业人士建议在印中资企业“应更加重视根据当地的法律法规要求，做好自身合规经营”，“第一时间应寻求有经验的跨境律师通过法律途径寻求解决途径和救济”。[④] 未来中资企业在印的处境如何亦值得进一步关注。

综合来看，尽管中印贸易在 2023 年仍在增长，两国在上合组织、金砖

---

① “India Arrests Vivo Exec, Three Others in Money Laundering Case,” Reuters, October 10, 2023, https://www.reuters.com/world/india/indias-enforcement-directorate-arrests-vivo-mobile-executives-sources-2023-10-10/, accessed: 2024-01-29.

② “India Arrests Two Senior Employees of Chinese Firm Vivo, Source Says,” Reuters, December 24, 2023, https://www.reuters.com/world/india/india-arrests-two-senior-employees-chinese-firm-vivo-source-2023-12-23/, accessed: 2024-01-29.

③ “Indian Court Orders Release of Two Arrested Vivo Employees,” Reuters, December 30, 2023, https://www.reuters.com/world/india/indian-court-orders-release-two-arrested-vivo-employees-2023-12-30/, accessed: 2024-01-29.

④ 王源：《中国企业海外投资纾困之印度中资企业对外支付特许使用费争议》，德恒律师事务所网站，2022 年 7 月 9 日，https://www.dehenglaw.com/CN/tansuocontent/0008/025589/7.aspx? MID=0902，最后访问时间：2024 年 1 月 29 日。

国家多边框架下的经济对话仍在持续进行，并对国际经济金融秩序仍有相当程度的共识，其中在反对单边主义、促进数字贸易等领域更体现出中印经济外交仍有一定的合作空间，但印度针对中国的贸易限制措施正在增强，双边经济对话仍处于停滞状态，印度针对中国在印高新技术产业的打压升级。这些都是中印经济关系中亟待解决的问题。

三　2023年的中印安全关系

中印安全领域的互动目前主要体现在关于边界问题的持续交涉上，并形成了高层互动、中印边境事务磋商和协调工作机制（WMCC）与两军部队指挥官会晤三个层次的机制。2023 年，这些机制都在平稳运行之中，对中印边界问题的逐步稳定起着不可替代的作用。此外，中印在多边场合（特别是上合组织）的安全合作也有一定进展。另外，我们也应注意到印度对中国的军事安全焦虑仍呈上升态势，针对中国的军事准备也仍在进行之中。

（一）中印围绕边界问题持续交涉

在高层互动层次，习近平主席 2023 年 8 月 23 日在约翰内斯堡出席金砖国家领导人会晤期间同莫迪总理交谈中指出，双方应从两国关系大局出发，妥善处理边界问题，共同维护边境地区的和平与安宁。① 在前文提到的中印双方 4 次高层互动中，双方围绕边界问题持续进行沟通，印方也有相对积极的表态。

在边境事务磋商和协调工作机制层次，2023 年双方共举行了 3 次会议，比 2022 年多 1 次，反映出双方就边界问题加大沟通力度的动向。在 2023 年 2 月 22 日的中印边境事务磋商和协调工作机制第 26 次会议上，双方肯定了两国边防部队前期在加勒万河谷等四个地点脱离接触成果，并就下阶段磋商

① 《外交部发言人就中印双边交流答记者问》，中国外交部网站，2023 年 8 月 25 日，https://www.mfa.gov.cn/web/fyrbt_673021/202308/t20230825_11132454.shtml，最后访问时间：2024 年 1 月 6 日。

思路达成了4点共识。[①] 其中，“加快推进解决中印边界西段有关问题，早日达成双方都能接受的方案”和“同意努力推动边境局势进入常态化管控阶段”都是较为积极的表态。在5月31日的中印边境事务磋商和协调工作机制第27次会议上，双方达成了3点共识。[②] 其中，“同意加快解决边界西段等有关问题”反映出双方对继续加强边界问题沟通的合作态度。在11月30日的中印边境事务磋商和协调工作机制第28次会议上，双方充分肯定中印边境局势谈判取得的积极进展，就当前中印边界有关问题进行了全面、深入和建设性讨论，“早日实现边境局势翻篇”的表达也相对积极。[③]

在以上两个层次沟通的基础之上，中印两军2023年实现了3轮军长级会谈。2023年4月23日，中印两军举行第十八轮军长级会谈，双方同意通过军事和外交渠道保持密切沟通对话，加快解决中印边界西段有关问题，同时继续维护边境地区的和平与安宁。[④] 2023年8月13日至14日，中印两军举行第十九轮军长级会谈。这次会谈不仅持续了2天，还发布了一份联合新闻稿，指出：“双方围绕解决中印边界西段剩余问题展开积极、深入和建设性沟通。在两国领导人共同指引下，双方以开放性和前瞻性方式交换了意见，同意通过军事和外交渠道保持沟通对话势头，尽快解决剩余问题。”[⑤] 有专家指出：“本次会谈联合声明内容虽短，但用词传递出积极的信号。过去的联合声明多强调‘坦诚’，而这次突出共识和进展，强调‘保持沟通’，表明中印双方有

---

① 《中印举行边境事务磋商和协调机制第26次会议》，中国外交部网站，2023年2月22日，https://www.mfa.gov.cn/wjdt_674879/sjxw_674887/202302/t20230222_11029614.shtml，最后访问时间：2024年2月2日。

② 《中印举行边境事务磋商和协调工作机制第27次会议》，中国外交部网站，2023年6月1日，http://new.fmprc.gov.cn/web/wjdt_674879/sjxw_674887/202306/t20230601_11087050.shtml，最后访问时间：2024年2月2日。

③ 《中印举行边境事务磋商和协调工作机制第28次会议》，中国外交部网站，2023年12月1日，https://www.mfa.gov.cn/wjdt_674879/sjxw_674887/202312/t20231201_11190746.shtml，最后访问时间：2024年2月2日。

④ 《中印举行第十八轮军长级会谈》，中国国防部网站，2023年4月25日，http://www.mod.gov.cn/gfbw/qwfb/16219820.html，最后访问时间：2024年2月2日。

⑤ 《中印第十九轮军长级会谈联合新闻稿》，中国国防部网站，2023年8月15日，http://www.mod.gov.cn/gfbw/xwfyr/rcfb/16246143.html，最后访问时间：2024年2月2日。

条件、有能力继续做好边界问题管控。”① 2023 年 10 月 9 日至 10 日，中印两军举行第二十轮军长级会谈。这次会谈同样持续了 2 天，并发布了联合新闻稿，指出：“双方就尽早以均可接受的方式解决中印边界西段剩余问题进行了积极、深入和建设性沟通。在两国领导人共同指引下，双方坦诚、开放、前瞻性地交换了意见，同意通过军事和外交渠道保持沟通对话势头，尽快解决剩余问题。”② 从目前的情况来看，中印双方在边界问题上仍处于僵局。印方虽愿意继续沟通，但仍坚持固有立场，边界问题对中印整体关系的负面影响也仍将持续。

（二）印度对中国安全焦虑继续加深

除边界问题进展缓慢外，2023 年印度对中国的安全焦虑仍处于上升之中，并突出表现在印度仍在加强针对中国的军事准备上，包括在所谓“拉达克东部”沿实控线修建战略公路③、升级改造诺玛（Nyoma）机场④等。在印度洋方向，印海军 6 月 10 日在阿拉伯海进行了双航母大规模演习。⑤ 12 月 15 日，印度还向斯里兰卡、马尔代夫两国施压，要求两国不得批准中国科考船的停靠补给申请。⑥ 由此可见，印度对中国的安全焦虑继续加深，

---

① 《中印军长级会谈的几个细节》，京报网，2023 年 8 月 18 日，https：//news. bjd. com. cn/2023/08/18/10534277. shtml，最后访问时间：2024 年 2 月 2 日。

② 《中印第二十轮军长级会谈联合新闻稿》，中国国防部网站，2023 年 10 月 12 日，http：//www. mod. gov. cn/gfbw/qwfb/16258043. html，最后访问时间：2024 年 2 月 2 日。

③ “India Begins Work on 135km Ladakh Road to Link Key Locations，” *Times of India*，January 29，2023，https：//timesofindia. indiatimes. com/india/india-begins-work-on-135km-ladakh-road-to-link-key-locations/articleshow/97405975. cms，accessed：2024-02-05.

④ “Nyoma Airfield in Eastern Ladakh to Be a Game Changer for Armed Forces：Rajnath，” *Hindustan Times*，September 23，2023，https：//www. hindustantimes. com/cities/chandigarh-news/nyoma-airfield-in-eastern-ladakh-to-be-a-game-changer-for-armed-forces-rajnath-101694542559266. html，accessed：2024-02-05.

⑤ “Navy Shows Prowess Amid China’s Indian Ocean Forays，” *Deccan Herald*，June 10，2023，https：//www. deccanherald. com/india/navy-shows-prowess-amid-chinas-indian-ocean-forays-1226540. html，accessed：2024-02-05.

⑥ “India Red Flags Colombo and Male over Inbound Chinese Survey Vessel，” *Hindustan Times*，December 15，2023，https：//www. hindustantimes. com/india-news/india-red-flags-colombo-and-male-over-inbound-chinese-survey-vessel-101702609649913. html，accessed：2024-02-05.

不仅涉及陆上安全还涉及海上安全，且有加大利用其对南亚其他国家的既有影响力以争取对中国地缘战略竞争优势的动向。

（三）中印在多边场合涉及安全问题的合作

中印 2023 年虽未能在边界问题上取得突破，但在多边场合还是取得了一些安全合作成果。在上合组织框架下，2023 年 7 月 4 日上海合作组织成员国领导人以视频方式举行元首理事会会议并发表宣言，各成员国在军控、阿富汗问题以及反恐、信息安全、禁毒等非传统威胁应对问题上达成了若干合作意见，包括对《中亚无核武器区条约》议定书重要性的一致认识，“各方支持阿富汗成为独立、中立、统一、民主、和平的国家，消除恐怖主义、战争和毒品”以及“成员国将根据本国法律，致力于在协商一致基础上就制定在成员国境内禁止活动的恐怖主义、分裂主义和极端主义组织的统一名单形成共同原则和立场”，“成员国坚决反对信息和通信技术领域军事化”，“各方强调，合力打击非法贩运麻醉药品，并在该领域广泛开展合作具有重要意义，将继续落实《2018 年至 2023 年上合组织成员国禁毒战略》”，等等。①

在金砖国家框架下，2023 年 8 月 24 日的《金砖国家领导人第十五次会晤约翰内斯堡宣言》的第三部分“营造和平与发展的环境”提到，各国领导人就军控、反恐以及地区安全形势也达成了多项一致认识。其中包括：“欢迎金砖国家反恐工作组及五个分工作组根据《金砖国家反恐战略》和《金砖国家反恐行动计划》开展的活动”，“进一步深化反恐合作”，以及“通过落实《金砖国家网络安全务实合作路线图》以及网络安全工作组工作，继续推进金砖国家之间的务实合作”，等等。②

综合来看，尽管中印在 2023 年继续围绕边界问题进行各层次的协商，

① 《上海合作组织成员国元首理事会新德里宣言》，中国外交部网站，2023 年 7 月 5 日，https：//www. mfa. gov. cn/web/wjdt _ 674879/gjldrhd _ 674881/202307/t20230705 _ 11108663. shtml，最后访问时间：2024 年 1 月 23 日。

② 《金砖国家领导人第十五次会晤约翰内斯堡宣言》，中国外交部网站，2023 年 8 月 25 日，https：//www. mfa. gov. cn/web/gjhdq _ 676201/gjhdqzz _ 681964/jzgj _ 682158/xgxw _ 682164/202308/t20230825_11132502. shtml，最后访问时间：2024 年 1 月 26 日。

亦在多边场合就若干国际安全的重点问题达成了某些共识，中印双方在边界问题上的僵局仍未得到有效缓解，加之印方在陆上和海上（印度洋方向）针对中国的安全焦虑逐渐加深，未来中印安全关系的进一步发展仍需等待更好的时机。

四　结论与展望

随着新冠疫情的消退，中印关系 2023 年在各个领域都有一定的进展：政治上，两国领导人通过多边场合实现了面对面会谈，高层互动的次数继续增加；经济上，两国贸易总额继续上升，产品结构不断优化，并在上合组织、金砖国家等多边框架下就国际经济金融秩序的重大问题达成了一系列共识；安全上，有助于边界局势稳定的各层次会晤也在持续进行，并在多边场合下就国际重大安全问题也取得了一些共识。

另外，我们也需要看到各领域仍然面临诸多问题，中印关系的持续良性发展还面临挑战：政治上，高层互动的数量与质量都还未充分恢复，特别是两国领导人在非多边场合的双边直接会晤还未实现，而且印方追随美西方大打“台湾牌”“南海牌”的举动正在不断掏空中印政治互信的基础；经济上，印度针对中国的贸易限制措施正在增强、双边经济对话仍处于停滞状态、印度针对中国在印高新技术产业的打压升级；军事上，两军围绕边界问题的军事对峙仍然持续，印方在陆上和海上（印度洋方向）针对中国的安全焦虑也未能得到充分缓解。整体来看，印度针对中国的安全焦虑正在多领域逐渐加深，并体现为印方针对中国利益的逐渐升级的反制行动，令中印关系改善的互信基础与利益基础愈加难以恢复。

2023 年在中印关系中所体现出的诸多不利因素，无论是印方以边界问题定义中印关系的立场，还是印方对华各领域的安全焦虑加深以及逐渐升级的相应政策，不仅短期内难以改变，还进一步恶化了印度国内本就高涨的对华强硬情绪，令印度对华政策调整的空间愈加狭小。此外，在接下来的一个时期内，印度国内国际也存在一些对两国关系改善可能构成负面影响的因素：一方面，考虑到 2024 年是印度的大选之年以及莫迪所属的印度人民党较高的当选概率及其对华政策倾向，我们难以期待印度国内政治变化对中印关系产生积极作用；另一方面，2024 年还是美国的大选之年，无论选前选后，美国如果加大对中国的战略博弈强度，印度或许会出现强化对美追随、加速融入美“印太战略”的动向。

2023 年，中印关系虽有局部改善，但改善幅度有限，两国关系的冷淡局面还未有根本转圜。为避免风险因素不断累积所带来的负面后果，也为早日打开中印关系的局面创造良好基础，考虑到边界问题的重要性，中印两国宜在巩固既有成果的基础上，严格遵守相关协议协定和有关共识，继续各层次的沟通交流，避免边界局势出现反复。中印两国还应充分照顾彼此的核心利益与重大关切，以切实行动巩固两国关系的互信基础与利益基础，并继续加强在多边场合的互动与合作。

B.11
2023年中韩关系评估与展望

王俊生　张心宇*

摘　要：　2023 年，中韩在政治领域保持着一定联系，经贸合作持续推进，军事安全合作有所进展，人文交流开始逐步恢复。在政治层面，受制于尹锡悦政府追随美国对华战略打压，尤其在台湾问题等方面触及中国核心利益，中韩双边政治关系严重倒退。在经济层面，由于尹锡悦政府将经贸合作政治化与泛安全化以及两国贸易结构的变化，中韩经贸合作面临一定挑战，韩国时隔 31 年对华重现贸易逆差。在安全层面，因韩美强化安全合作，尤其是美国加大在韩部署战略资产，给中韩安全合作带来严重负面影响。在人文层面，受尹锡悦政府价值观外交等的影响，中韩人文交流受限。在百年变局与地区局势动荡背景下，中韩关系不仅对于两国利益维护至关重要，而且对于地区和平与稳定也至关重要。

关键词：　中韩关系　韩美同盟　亲美疏华

2023 年是中韩关系第二个三十年的开局之年，两国关系在政治、经济、安全、人文交流等各领域均取得了一定进展，但与此同时，尹锡悦政府强化与美国的合作与配合，将中韩关系置于美韩同盟的框架下进行处理，中韩关系正面临建交以来少有的严峻挑战和考验。

---

* 王俊生，中国社会科学院亚太与全球战略研究院研究员，研究方向为朝鲜半岛问题、东北亚安全、中国周边外交；张心宇，中国社会科学院大学国际政治经济学院 2023 级博士研究生，研究方向为中国周边外交。

一　中韩政治关系发展

（一）中韩两国政治关系稳步发展

2023 年，中韩两国在政治层面保持着一定联系。中国高度重视中韩关系发展，在面临各种挑战的情况下仍努力推动两国关系健康发展。9 月 23 日，中国国家主席习近平在杭州会见来华出席第 19 届亚洲运动会开幕式的韩国总理韩德洙。习近平指出，致力于中韩关系走稳走实，符合两国共同利益。韩德洙表示，韩方愿同中方一道，推动双边发展健康成熟的韩中关系。① 11 月 17 日，国家主席习近平出席亚太经合组织第三十次领导人非正式会议期间，与尹锡悦总统虽然没有坐下来专门举行会谈，但也进行了简短互动。

9 月 7 日，国务院总理李强在雅加达出席东亚合作领导人系列会议期间会见韩国总统尹锡悦，李强表示，要尊重彼此核心利益和重大关切，维护中韩关系大局。尹锡悦表示，韩中关系过去 30 年取得巨大发展，惠及两国和两国人民。两国领导人还就朝核问题进行了深入交流。李强表示，中方一贯支持朝鲜半岛南北双方推进和解合作，主张维护半岛和平稳定，将继续致力于劝和促谈。尹锡悦表示，朝核问题对于韩国来说是切实存在的问题，希望中方发挥作用。②

7 月 14 日，中央外办主任王毅在雅加达会见韩国外长朴振，这是 2023 年以来中韩首次举行的部长级以上的会谈。王毅表示，双方应加强沟通，重建互信，推动中韩关系重回稳定健康发展轨道。朴振表示，愿双方进一步深

---

① 《习近平会见韩国总理韩德洙》，中国政府网，2023 年 9 月 23 日，https：//www.gov.cn/yaowen/liebiao/202309/content_6905978.htm，最后访问时间：2024 年 1 月 5 日。

② 《李强会见韩国总统尹锡悦》，中国外交部网站，2023 年 9 月 7 日，https：//www.mfa.gov.cn/web/wjdt_674879/gjldrhd_674881/202309/t20230907_11139762.shtml，最后访问时间：2024 年 1 月 5 日。

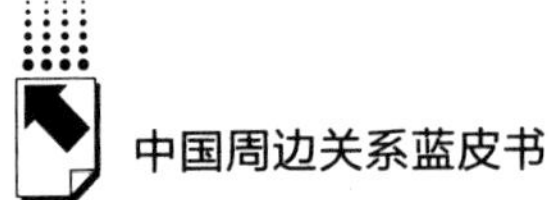

化两国各领域交往合作，韩中关系顺畅发展符合两国共同利益，双方就朝鲜半岛局势等交换了意见。[①] 8月31日，中韩两国外长通电话，进一步讨论了两国关系发展，并就日本核污染水排海、朝鲜半岛问题等交换了意见。[②] 11月26日，中韩两国外长在出席中日韩外长会期间进行了会面，双方确认中韩战略合作伙伴关系定位，愿持续沿着这一方向向前推进，并再次就朝鲜半岛局势等交换意见。

值得关注的是，2023年下半年，尹锡悦政府也对改善中韩关系释放出了一定的积极信号。9月23日，韩国总理韩德洙主动参加杭州亚运会开幕式，明显有修复中韩关系与争取中国支持其主办三国领导人会议的考虑。9月24日，韩国时任总统府国家安保室室长赵太庸提出尹锡悦政府三阶段改善韩中关系路线图："确定年内举行中日韩领导人会议，协调11月APEC会议中韩首脑会议，推动习近平主席访韩。"[③] 虽然带有一厢情愿色彩，属于面临国内批评与东北亚地缘政治变化的"无奈之举"，但是在一定程度上也显示出尹锡悦政府开始真正意识到中韩关系的重要性。

（二）中韩两国政治关系的挑战

尹锡悦政府上台后，尽管在对华关系上没有明确新定位，但是在一些重要文件中显示出对华疏远。例如2022年12月28日出台的《印太战略》中没有提及"中韩战略合作伙伴关系"的定位[④]；2023年6月7日，尹锡悦政府正式出台《国家安全战略》报告，在对华政策上删除了"中韩战略合作

---

① 《王毅会见韩国外长朴振》，中国外交部网站，2023年7月15日，https：//www.mfa.gov.cn/web/wjdt_674879/gjldrhd_674881/202307/t20230715_11113651.shtml，最后访问时间：2024年1月6日。

② 《王毅同韩国外长朴振通电话》，中国外交部网站，2023年8月31日，https：//www.mfa.gov.cn/web/wjdt_674879/gjldrhd_674881/202308/t20230831_11136405.shtml，最后访问时间：2024年1月7日。

③ "조태용'시진핑 방한 10년만에 성사 땐 한중관계 새 전기'，" 2023年9月24日，https：//www.news1.kr/politics/president/5181641，最后访问时间：2024年1月7日。

④ "尹，다자회의무대서 '한중일'→'한일중' 의미는，" 2023年9月7日，https：//www.inews24.com/view/1630503，最后访问时间：2024年1月15日。

伙伴关系”表述，称要在“相互尊重互惠基础上发展对华关系”。这些都表明，尹锡悦政府在发展对华关系上严重倒退，更多聚焦于经贸合作。值得关注的是，截至2023年年底，尹锡悦政府上台已一年半，中韩两国最高领导人仍然没有实现互访，这也表明中韩政治关系面临着现实障碍。

1. 韩国积极强化美日韩三边合作

2023年是美韩同盟70周年，4月24日尹锡悦赴美进行为期7天的国事访问，这是拜登政府上台后接待的第二场国事访问，显示出拜登政府对尹锡悦政府的诱拉力度。4月26日，美韩双方发表了《华盛顿宣言》与《纪念美利坚合众国和大韩民国结盟70周年领导人联合声明》（以下简称《联合声明》），宣布成立核磋商小组（NCG），并将致力于加强两国在“印太”地区的全方位合作，包括安全、科技、太空、经济等领域。《联合声明》还指出，韩国将进一步加强与北约和G7的合作，以及韩国2023年将在釜山举办“印太经济框架”（IPEF）圆桌会议，并于2024年举办下届“全球民主峰会”。①

韩国还积极强化美日韩三边合作。5月21日，美日韩三国领导人在日本广岛出席G7峰会期间进行了首脑会谈，并决定将三国合作推向新的水平。6月15日，美国总统国家安全事务助理沙利文、韩国国家安保室室长赵太庸与日本国家安全保障局局长秋叶刚男在东京举行专门会谈。三方就朝鲜问题、区域安全局势和韩美日合作方案进行磋商，商定为推动“印太”地区的和平与稳定进一步巩固三方合作。②

---

① “Leaders' Joint Statement in Commemoration of the 70th Anniversary of the Alliance Between the United States of America and the Republic of Korea,” The White House, April 26, 2023, https://www.whitehouse.gov/briefing-room/statements-releases/2023/04/26/leaders-joint-statement-in-commemoration-of-the-70th-anniversary-of-the-alliance-between-the-united-states-of-america-and-the-republic-of-korea/, accessed: 2024-01-10; “Washington Declaration,” The White House, April 26, 2023, https://www.whitehouse.gov/briefing-room/statements-releases/2023/04/26/washington-declaration-2/, accessed: 2024-01-10.

② 《韩美日国安首长开会商定加强安全合作应对朝鲜问题》，韩联社，2023年6月15日，https://cn.yna.co.kr/view/ACK20230615005900881?section=search，最后访问时间：2024年1月15日。

8 月 18 日，美日韩三国领导人在美国戴维营举行会谈，这是三国首次在多边场合之外单独举行峰会。此次会议强调军事安全、产业链供应链、气候变化等全球议题以及“印太战略”等方面的合作，是美日韩三边合作在机制建设上逐渐成熟的重要标志。三国所达成的《戴维营精神》文件中开篇提及中国的南海问题与台湾问题，表明三国合作已从针对朝鲜转而针对中国。这一方面显示出美国希望通过强化美日韩三边合作加大对华战略打压的企图，另一方面也显示出韩国已经明显倒向美国。

考虑到强化价值观外交与美日韩三边合作等，尹锡悦政府还积极改善对日关系。2023 年，在尹锡悦政府做出主动让步的情况下，韩日关系迅速升温。3 月 1 日，尹锡悦在“三一节”致辞中宣布，日本已成为与韩国在经济安全及全球问题等方面携手合作的伙伴，并强调韩美日三国合作的重要性。[①] 紧接着，3 月 6 日，关于二战时期强征劳工受害者赔偿问题，韩国外长朴振表示，从当前严峻的国际局势以及韩国国家利益的角度出发，改善韩日关系迫在眉睫，决定由韩国行政安全部下属的财团筹措资金，以代替日本企业支付赔偿金。对于尹锡悦政府完全以韩国妥协的方式解决韩日历史争议问题，日本政府乐观其成，拜登政府高度称赞韩日两国关系翻开了新的篇章。3 月 16 日至 17 日，尹锡悦访问日本。而后，岸田文雄于 5 月 7 日访问韩国，此后两国领导人在年内又举行了多次会晤，这也为美日韩三边合作提供了条件。

2. 韩领导人发表涉台错误言论

中国政府始终坚定不移地维护国家主权和领土完整，台湾自古以来就是中国不可分割的一部分。韩国在中韩 1992 年建交公报中也对台湾问题作出了明确的承诺。但是，尹锡悦政府自上台以来，不仅不断以意识形态为纽带刻意强化与台湾地区的联系，而且出于配合美国等考虑，染指台湾问题，公然挑衅一个中国原则，严重损害两国政治互信基础。

---

① 《尹锡悦三一节致辞强调韩美日合作重要性》，韩联社，2023 年 3 月 1 日，https：//cn. yna. co. kr/view/ACK20230301001600881？section=search，最后访问时间：2024 年 1 月 15 日。

2023 年 4 月 18 日，尹锡悦在访美出发前接受采访时表示，“台海局势紧张系试图以实力单方面改变现状导致，坚决反对以实力改变现状”，并公然将台湾问题与朝鲜半岛问题相提并论，视其为全球性问题，这显然是罔顾历史事实。4 月 20 日，中国外交部副部长孙卫东就此言论提出严正交涉，指出“解决台湾问题是中国人自己的事情，绝不允许任何势力插手干涉”①。

11 月 20 日，尹锡悦在访问英国前夕接受《每日电讯报》的书面采访时，先是指责中朝俄合作违反国际规则，随后又在南海、台湾等涉及中国主权的问题上向中国挑衅。当天，中国外交部发言人在记者会上指出，台湾问题属于中国内政，南海问题也与韩国无关，没必要凑热闹。②

此外，2023 年韩国军机多次以“加油”的名义经停台湾地区进行补给。实际上，台湾地区并不是韩国军机经停的必选之路，韩国的这些小动作加剧了中韩关系的紧张程度。

二　中韩经济关系发展

（一）中韩经济关系稳步推进

中韩建交以来，两国经贸关系不断深化，经贸合作成为两国关系的“压舱石”。2022 年，中韩贸易额达 3623 亿美元，创历史新高，韩国首次成为仅次于美国的中国第二大贸易伙伴国。据中国海关总署统计，2023 年中韩双边贸易额为 3107 亿美元。③ 尽管 2023 年双边贸易额有所下

---

① 《外交部副部长孙卫东就韩国领导人涉台湾问题错误言论向韩国驻华大使提出严正交涉》，中国外交部网站，2023 年 4 月 23 日，http：//new. fmprc. gov. cn/web/wjbxw_ new/202304/t20230423_ 11063780. shtml，最后访问时间：2024 年 1 月 15 日。

② 《2023 年 11 月 20 日外交部发言人毛宁主持例行记者会》，中国外交部网站，2023 年 11 月 20 日，https：//www. mfa. gov. cn/web/fyrbt _ 673021/jzhsl _ 673025/202311/t20231120 _ 11183598. shtml，最后访问时间：2024 年 1 月 16 日。

③ 《2023 年 12 月进出口商品主要国别（地区）总值表（美元）》，中国海关总署网站，2024 年 1 月 12 日，http：//www. customs. gov. cn/customs/302249/zfxxgk/2799825/302274/302275/5624373/index. html，最后访问时间：2024 年 1 月 18 日。

降，但中国已连续20年成为韩国最大贸易伙伴国，中国仍是韩国最大出口对象国，韩国是中国第三大贸易伙伴国，充分展示了双方经贸合作的韧性。①

中韩双方经贸关系为两国带来了巨大的共赢效应。12月21日，中韩经济发展论坛在首尔举行，双方与会嘉宾表示，将积极推动中韩自贸协定第二阶段谈判，充分利用《区域全面经济伙伴关系协定》（RCEP）的政策红利，拓宽合作领域，积极打造中韩经济共赢局面。在维护双方产业链供应链稳定方面，双方也加强了交流沟通。8月29日，两国时隔3年举行线下经贸联合委员会会议，其核心议题是尽力预防潜在风险，维护两国间产业链供应链稳定与合作。韩国产业链供应链对华依赖度较高，中国的尿素、半导体、二次电池等尖端产业关键材料在韩国市场占据着重要地位。11月，中国因国内供应紧张而暂停对韩出口尿素再次引起韩方高度紧张。12月4日，在中韩自由贸易协定第五次联委会会议上，双方再次提及深化产业链供应链合作，合力解决尿素供应等共同关切。

（二）中韩经贸合作面临的障碍

尹锡悦执政以来，紧跟美国对华“脱钩断链”，美韩经济与科技同盟化的步伐明显加快，其相应战略也从“安美经中”转向“安美经世”，以降低对中国市场的依赖。尹锡悦政府将经济问题政治化、泛安全化和工具化，严重影响了中韩经贸合作。

尹锡悦政府对于通过加强与美国高科技合作深化美韩同盟关系一直秉持着积极态度。2023年初，韩国外交部在新年工作汇报中指出，考虑到中美战略竞争加剧等国际形势的变化，与共享价值的国家加强合作对韩国外交战略至关重要。在经济安全方面，韩国将通过“印太经济框架”“芯片四方联

① 《驻光州总领事顾景奇在韩国媒体发表署名文章〈中国经济前景光明 带给世界更多机遇〉》，中国外交部网站，2024年3月19日，https：//www.mfa.gov.cn/zwbd_673032/wjzs/202403/t20240320_11263273.shtml，最后访问时间：2024年3月26日。

盟”等新合作框架谋求国家利益。[①] 2月16日，韩国参与了美国主导的“芯片四方联盟”首次高级官员视频会议，重点讨论半导体供应链韧性。4月，尹锡悦对美国进行国事访问时，承诺韩国现代汽车、三星、SK等企业将对美国投资达450亿美元。[②] 8月10日，“美韩标准合作论坛”在首尔召开，两国强调在半导体、人工智能等核心和新兴技术领域建立面向未来的标准伙伴关系。12月8日，美韩在首尔举行首届“下一代关键和新兴技术对话”，双方强调在半导体、生物、人工智能等关键和新兴技术领域的合作。

实际上，从美国的角度看，强化与韩国的产业链供应链合作也是对华战略打压的重要一环。2023年4月27日，美国总统国家安全事务助理沙利文首次提出“新华盛顿共识”，以此重振美国的经济领导地位，通过“现代美国产业战略”推动半导体等关键产业的发展以提升美国竞争力。考虑到美韩在该产业方面的优势互补以及中韩的高度相互依赖，美国重点拉拢韩国，破坏中韩正常的经贸合作。从上述韩国的表现来看，尹锡悦政府主动投桃报李，强化了与美国在相关领域的合作。

值得关注的是，2023年以来，在美国的推动下，美韩日三国在经济领域也出现了加速“抱团”现象，韩美双边经济安全对话会扩展至韩美日三边对话会，并分别于2月和7月举行，三方讨论了量子、生物和太空等领域的合作，以及供应链和技术开发等问题，并决定携手应对“经济胁迫”事项。尹锡悦表示，双边对话会扩展至三边对话会的意义重大，三国将在经济安全事务中就共同感兴趣的领域增进相互了解与合作。[③]

中韩两国经贸结构正在发生的变化也给中韩经贸关系带来一定挑战。2023年，韩国时隔31年重现对华贸易逆差，究其根本原因在于中韩贸易结

① 《韩外交部新年工作汇报：将与共享价值国家加强团结》，韩联社，2023年1月11日，https：//cn. yna. co. kr/view/ACK20230111003200881，最后访问时间：2024年1月11日。

② 路虹：《韩国企业大力投资美国市场》，《国际商报》2023年6月7日，第4版。

③ 《第一次韩美日经济安全对话会在美举行》，韩联社，2023年2月28日，https：//cn. yna. co. kr/view/ACK20230228005100881，最后访问时间：2024年1月10日；《韩美日第二次经济安全对话举行》，韩联社，2023年7月19日，https：//cn. yna. co. kr/view/ACK20230719004100881，最后访问时间：2024年1月10日。

构的变化，两国经贸往来由过去的互补性逐渐转为同质化竞争。近年来，中国产业体系不断完善，产业结构持续优化，产业链供应链配套能力逐步提升，中间材料自给率上升，高附加值产品领域竞争力大幅增强，而韩国的出口贸易结构逐渐显现单一化趋势。2023 年，中国对韩进口需求量减少，如韩国的石油制品、无线通信仪器、显示器等对华出口大幅下降。而韩国不仅在动力电池、太阳能等产业的核心原材料方面对中国高度依赖，而且对化妆品、电动汽车等进口需求量也有所增加。

尽管如此，考虑到中韩两国间巨大的利益交融空间以及中国市场对韩无可取代的重要性，尹锡悦政府多次表示将继续与中国保持紧密的经济合作。2023 年 5 月 22 日，韩国经济副总理兼企划财政部长官秋庆镐表示，“中国是韩国第一大贸易伙伴国，也是最重要的经济合作伙伴，不应将加强韩美关系解读为忽视韩中关系。”①

三　中韩安全关系发展

（一）中韩安全关系的进展

2023 年，中韩双方努力推进安全领域的沟通交流。6 月 3 日，在新加坡出席第 20 届亚洲安全会议期间，中韩两国国防部长举行会谈，双方就朝鲜半岛及地区安全局势、两国国防交流合作事宜、双方共同关切交换了意见，并决定重启高层互访及战略对话、各军种人员往来等交流合作，以加强双边防务合作。韩国时任国防部长官李钟燮在会谈结束后表示，会谈相当有意义，双方进行了富有建设性的对话。10 月 29 日，中央军委联合参谋部副参谋长景建峰与韩国国防部副部长金善镐在北京出席第 10 届香山论坛期间进行会谈，双方积极评价两国近期在国防领域展开的高级别沟通，并商定加强

① 《韩账长：加强韩美关系不等于忽视对华关系》，韩联社，2023 年 5 月 22 日，https：//m-cn. yna. co. kr/view/Ack 20230522003400881，最后访问时间：2024 年 1 月 10 日。

各级别沟通以增进互信。12 月 7 日，中韩举行涉海问题磋商，双方就涉海形势和务实合作进行沟通，表示妥善处理海上敏感问题，稳步推进海域划界谈判，强化海空安全、航运等务实合作。

（二）中韩安全关系面临的挑战

随着韩国强化与美国的安全合作，考虑到美国对华战略打压的本质，中韩安全关系受到一定影响。2023 年 4 月，韩美在联合声明中重申建立“全球全面战略同盟”的重要性和意义，强化在安全领域的合作。在两国达成的《华盛顿宣言》中，美国还改变过去对在韩部署战术核武器坚定的否定态度，明确指出“美国对在朝鲜半岛可能部署核武器与韩国保持磋商”，同时表示“美韩将建立核磋商小组加强延伸威慑，讨论核计划”。《华盛顿宣言》还指出，“双方在紧急情况下将联合执行与共同规划韩国对美国核行动的军事支持”。①

2023 年 6 月 7 日，韩国发布了《国家安保战略》，确立了尹锡悦政府强化韩美同盟、推动韩美日三边安全合作的战略目标，文件还重申了 4 月美韩峰会发表的《华盛顿宣言》中的要求。美韩已于 7 月、12 月分别召开第一次和第二次“核磋商小组会议”，声称建立“延伸威慑”体系，并计划于 2024 年美韩联合军演期间进行核作战演习等。

8 月举行的戴维营峰会上，美日韩三国表示将采取一系列行动推动三边军事安全合作，包括建立常态化军演制度，重启海上封锁演练、定期进行海上反导演习等。在拜登政府的推动和韩日的积极参与下，三边安全合作取得了实质性进展。一方面，三国在多领域联合军演的频率和规模明显提升。4 月 3~4 日，美日韩三国在济州南部公海实施了反潜和搜救联合演习。7 月 16 日，三国在朝鲜半岛东侧的日本海公海海域联合举行导弹防御演习。8 月 29 日，三国在济州岛南部海域举行联合导弹防御演习，包括三艘装备有

① “Washington Declaration,” The White House, April 26, 2023, https://www.whitehouse.gov/briefing-room/statements-releases/2023/04/26/washington-declaration-2/, accessed: 2024-01-10.

“宙斯盾”系统的驱逐舰参与演习。10月9~10日，三国在济州东南方公海上举行海洋拦截与反海盗演习。10月22日，三国在朝鲜半岛附近上空首次举行空中联演，美军B-52战略轰炸机及三国的战斗机参与演习。11月12日，美日韩三国防长视频会议决定，2024年起将实施更高效、更具系统性的三边联演。另一方面，美日韩三方已实现涉朝军事情报共享。2022年11月，三国领导人在金边峰会上首次就建立导弹预警实时共享情报系统达成一致。2023年3月，韩日双方就《韩日军事情报保护协定》完全恢复正常达成协议，为加强韩日、美日韩军事情报合作奠定了基础。8月，三国领导人在戴维营峰会上重申，年底将实现对朝鲜导弹预警数据的实时共享。12月19日，三方正式启动“朝鲜导弹预警信息实时共享体系”，以实现对朝鲜发射导弹情报的实时共享与协同应对。

2023年初，韩朝将彼此界定为“敌人”，朝鲜半岛紧张局势迅速升温。11月13日，韩国国防部长官申源湜和美国国防部长奥斯汀在首尔举行了第55次韩美安保会议，两国签署了更新后的战略文件“定制型威慑战略”，旨在应对“朝鲜核武器和大规模杀伤性武器的威胁”，奥斯汀承诺将维持向韩国出动其战略资产的频率。

尽管美日韩三边合作常常以“应对朝鲜威胁”为由，但是考虑到美国对华战略打压的本质，以及地缘上中国与朝鲜半岛相邻，美国加强在该地区军事存在，显然会影响到中国的安全利益。与此同时，中韩在朝鲜半岛问题上分歧加大，也凸显出中韩在针对韩国强化与美国安全合作上的分歧。长期以来，中韩双方均致力于实现半岛无核化，维护半岛和平稳定，以及通过对话方式解决相关问题。但是尹锡悦上台以来，中韩在处理朝鲜半岛相关问题上产生了明显分歧。相比于尹锡悦政府认为朝鲜半岛问题解决处于僵局的责任在于朝鲜，在对朝政策上以施压为主①，中国多次表示，“朝鲜做出了关于暂停核试验和洲际弹道导弹试射的承诺，向半岛无核化迈出重要一步”，

① “尹, 중앙통합방위회의주재 ‘北정권비이성적집단... 반민족·반이성적행태’,” 2024年1月31日，http://www.pennmike.com/news/articleView.html?idxno=75906，最后访问时间：2024年2月6日。

"问题根源在于朝鲜面临的外部安全威胁长期得不到消除，朝方的合理安全关切始终没有得到解决"。[①] 中俄在联合国安理会会议上多次否决了美韩关于加强对朝鲜制裁的决议草案。

四　中韩人文交流发展

（一）中韩人文交流逐步恢复

中国在对外交往中高度重视人文交流。2023 年 3 月 15 日，习近平总书记在出席中国共产党与世界政党高层对话会时提出全球文明倡议，强调不同文明包容共存、交流互鉴。11 月 26 日，中共中央政治局委员、外交部长王毅在韩国釜山出席中日韩外长会期间会见韩国外长朴振。双方确认中韩战略合作伙伴关系定位，愿持续沿着这一方向向前推进。[②]

人文交流是中韩战略合作伙伴关系的重要组成部分，自中韩建交以来，人文合作成为加深两国理解和信任的桥梁，为增进战略互信、深化双边合作奠定了坚实的民意基础。2023 年以来，中韩两国之间的人文交流开始恢复，双方在科技、时装艺术、民俗文化、高校和智库等领域继续开展合作项目、联合展览、文艺汇演、学术研讨会等多种多样的人文交流活动，人文交流内容丰富多彩、效果良好。

8 月 8 日，由中国驻韩国大使馆主办的"2023 韩国小记者中国行"活动时隔 4 年重新启动，对促进中韩两国间友好发挥了积极作用。8 月 21 日，中韩国际美术交流展在威海举行，共展出中韩艺术家的 160 余幅作品，展现

---

① 《常驻联合国代表张军大使：中方呼吁朝鲜半岛问题有关各方保持冷静克制，坚持对话协商的正确方向》，中国外交部网站，2022 年 3 月 26 日，https：//www.fmprc.gov.cn/gjhdq_676201/gj_676203/yz_676205/1206_676404/1206x2_676424/202203/t20220326_10655964.shtml，最后访问时间：2024 年 1 月 11 日。

② 《王毅会见韩国外长朴振》，中国外交部网站，2023 年 11 月 26 日，https：//www.fmprc.gov.cn/wjb_673085/zzjg_673183/xws_674681/xgxw_674683/202311/t20231126_11187291.shtml，最后访问时间：2024 年 1 月 11 日。

了各具特色的灿烂文化，对推动两国之间的艺术文化交流合作具有重要意义。12 月 22 日，中韩青年友好交流年会在首尔成功举办，中韩双方表示，高度重视并支持青年之间的友好交流，期待增进两国间相互理解，为中韩友好交流作出贡献。双方还联合举办了中韩智慧农业论坛、中韩友好书法展、中韩海上丝绸之路论坛等活动。各项活动的圆满举行展现了中韩双方对两国间的人文交流所持的积极态度。

（二）中韩人文交流合作面临的挑战

受中韩两国价值观、社会制度、文化差异的影响，特别是政治因素的干扰，近年来，韩国民间的对华负面认知有所上升，成为中韩两国间人文交流的阻碍。美国皮尤研究中心 2023 年民意调查数据显示，韩国民众对美国和中国的好感度差距显著，超过 70%的受访者对美国持积极态度，而对中国持积极态度的不到 30%。[①] 2023 年 2 月，《韩国调查》关于韩国国民对中国的认识的调查结果显示，对于“中国是韩国的敌人还是朋友”的问题，回答“敌人”的受访者的占比（44%）远高于回答“朋友”的受访者的占比（5%）。[②] 究其原因，一方面，与尹锡悦政府上台以来和拜登政府通过“价值观外交”进行深度捆绑密切相关。2023 年 4 月，尹锡悦在哈佛大学演讲时说道：“由于自由和民主主义陷入危机，韩国将与美国一起成为价值观外交的先锋。”[③] 6 月 9 日，在韩国四大国策研究机构共同主办的“尹锡悦政府执政一年评估”研讨会上，韩国国家安保室第一次长金泰孝强调“韩国有不能退让的价值与利益，而且价值优先”，重申“朝核威胁是当下韩国面

---

① “How Views of the U. S. , China and Their Leaders Have Changed Over Time,” Pew Research Center, November 6, 2023, https://www.pewresearch.org/short-reads/2023/11/06/how-views-of-the-us-china-and-their-leaders-have-changed-over-time/, accessed: 2024-01-10.

② “[한국리서치] 중국에대한인식 ‘권위적-억압적-불신-위협’ 부정이미지 80% 수준,” 2023 年 2 月 8 日，https://www.polinews.co.kr/news/articleView.html?idxno=602477#0FV0，最后访问时间：2024 年 1 月 16 日。

③ “President Yoon Suk-Yeol Speaks at Harvard University,” Ministry of Foreign Affairs of Republic of Korea, April 26, 2023, https://www.mofa.go.kr/www/brd/m_26090/view.do?seq=34&page=1, accessed: 2024-01-10.

临的最紧迫、最大威胁，为此要与同盟美国、友邦日本紧密合作”。另一方面，韩国政府的不当举措也助长了韩国国内对华的不友好声音，比如，跟随美国唱衰中国。[①] 6 月 8 日，中国驻韩国大使邢海明对此指出，“美国正竭力打压中国，有的（韩国）人赌美国赢、中国输，这显然是误判，没看清历史大势”，“现在赌中国输的人今后一定会后悔”。[②] 这种客观表态立刻被尹锡悦政府上纲上线，韩国外交部不仅召见中国驻韩大使，尹锡悦还亲自批评中方，无端指责中方“干涉内政”，导致这一事件持续发酵，影响了韩国对华友好民意。

五　结论与展望

中韩两国自建交以来取得的丰硕成果启示双方，两国之间的友好往来与密切合作不仅符合双方的国家利益，而且对东北亚地区乃至全球的和平与稳定有着重要意义。2023 年，虽然中韩关系总体上保持稳定，但是值得高度关注的是，也出现了一些影响中韩关系健康发展的负面事件。其主要原因在于：其一，尹锡悦政府认为中美正处于新冷战格局，并跟随美国唱衰中国，尹锡悦政府开始走向所谓的“战略清晰”，在中美竞争中“选边站队”，在军事安全、经济安全等方面加强与美国捆绑，甚至在台湾问题、南海问题上追随美国对中国发难；其二，尹锡悦政府奉行“价值观外交”，考虑到中韩两国不同的政治体制、意识形态等，尹锡悦政府以价值观划线必然导致中韩关系发展的难度增大；其三，中韩两国在朝鲜半岛问题上的立场不仅不再趋同，反而差距越来越大，这也影响了两国的正常合作。

展望未来，中韩关系健康稳定发展符合两国共同利益。两国应发挥政治

① “US Growth Seen Outpacing China’s for First Time Since 1976,” Bloomberg, May 20, 2022, https: //www. bloomberg. com/news/articles/2022-05-20/us-growth-seen-outpacing-china-s-for-first-time-since-1976#xj4y7vzkg, accessed: 2024-01-10.

② 《邢海明大使向韩国共同民主党党首李在明谈中韩关系等问题》，中国驻韩国大使馆网站，2023 年 6 月 9 日，http: //kr. china-embassy. gov. cn/chn/sghd/202306/t20230609_11093524. htm，最后访问时间：2024 年 1 月 12 日。

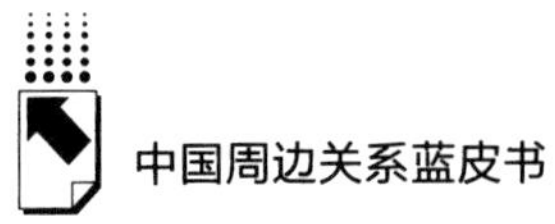

关系的统领作用。为此，双方应密切高层往来，开展多层次、多领域的交流与合作，尽快创造条件推动实现更多高层互访，尤其是外交安全“2+2”对话、中央外办主任与韩国国家安保室室长之间的高级别战略对话、外长互访机制、外交部门高级别战略对话（副部级）、两国国防战略对话（副部级）等。尹锡悦政府执政后，中韩两国负责半岛事务的特使仅仅通电话四次，这与美日韩三方负责半岛事务的特使频繁见面交流与电话沟通形成鲜明对比。两国应合力推动朝鲜半岛的和平与稳定及无核化发展。

中韩应继续发挥经贸合作在两国关系中的积极作用。随着经贸关系的不断深化，中韩两国已成为密不可分的合作伙伴，产业链供应链深度融合，两国应继续加深经济联系，在各产业领域的合作中激发两国更大的贸易潜力。充分利用中韩自贸协定以及《区域全面经济伙伴关系协定》的红利，推动双边经贸合作高质量发展。两国应加强两军高层对话交流，推动各军种人员往来，合力成为东北亚地区稳定的中坚力量。双方还应努力探索中韩人文交流的新渠道、新形式，扩大民众尤其是青少年之间的交流往来，增进了解和包容，通过联合举办丰富多彩的活动等，保持中韩人文交流的活力，夯实双边关系发展的社会和民意基础，推动中韩关系走稳走实。

B.12

2023年中国与印度尼西亚关系评估与展望

许利平　孙云霄*

摘　要：　2023年中印尼关系在元首外交的引领下保持高位运行。佐科两次访华及两国重要领导人的频繁会晤极大地增强了双边的政治互信，为两国开展全方位合作奠定了基础。在经济领域，雅万高铁的开通运营成为两国经济合作的标杆性项目，也成为共建"一带一路"的示范性成果，对两国关系的长远发展具有深远影响。与此同时，"两国两园"项目也在提速增效，经贸往来保持强劲势头，金融合作走向跨境人民币直接投资的新阶段。在人文交流领域，教育、文化、媒体等传统优势领域持续走深走实，科技交流合作成为新亮点，卫生领域在新冠疫情时期良好合作的基础上持续拓展。两国的海上合作也在深海矿产勘探与生物多样性发掘保护、海洋生物资源与开发利用技术、舰队友好访问等方面务实推进。随着印尼总统大选结果的明朗化，2024年两国关系不会面临重大风险，将维持友好密切的关系走向。

关键词：　中国-印尼关系　元首外交　命运共同体　雅万高铁

2023年是中印尼建立全面战略伙伴关系的第10年。10年来，在两国元首战略引领下，中印尼全面战略伙伴关系不断走深走实，中印尼关系走过了"黄金十年"。10年来，两国的政治合作、经贸往来、人文交流持续拓展，

---

* 许利平，中国社会科学院亚太与全球战略研究院研究员，研究方向为东南亚政治与国际关系；孙云霄，北京体育大学人文学院讲师，研究方向为东南亚政治、国际关系与法律。

硕果累累。以此为基础，两国在 2022 年将“三驾马车”升级为“四轮驱动”，增加了海上合作的专门板块，构建了双边关系的新格局，也将两国关系推向新的高度。

2023 年也是中印尼共建命运共同体的开局之年。2022 年 7 月，印尼总统佐科访华时，两国明确了共建中印尼命运共同体的大方向。2023 年 10 月，在《中华人民共和国和印度尼西亚共和国关于深化全方位战略合作的联合声明》中，两国明确“两国将深化务实协作，持续推进中印尼命运共同体建设”。[①] 这意味着两国关系在高水平运行的基础上又打开了新的篇章，两国是真正的“同路人、好伙伴”。

一　元首外交引领双边关系高位运行

自全面战略伙伴关系建立以来，中印尼两国元首始终保持密切联系，多次互访、通电话，或利用多边场合会晤，不仅为双边关系提供战略引领，而且就国际和地区问题深入交换意见，共同致力于推动世界和平、全球发展。2023 年，佐科更是在三个月内两次访华，达成了一系列务实成果。

2023 年 7 月 27 日，习近平主席在成都会见来华出席第 31 届世界大学生夏季运动会开幕式并访华的佐科。会见中，习近平表示中方愿以两国建立全面战略伙伴关系 10 周年为契机，同印尼深化战略合作，打造发展中国家命运与共、团结合作、共促发展的典范，为地区和世界注入更多确定性和正能量。同时，习近平表明中方愿同印尼保持经常性战略沟通，加强治国理政经验交流，启动两国外长防长“2+2”对话机制，打造高水平战略互信，并继续拓展经济、减贫、教育、能源、科技等各领域的合作交流。佐科表示愿意同中方继续加强合作，进一步促进两国全面战略伙伴关系发展，并支持习近平提出的全球发展倡议、全球安全倡议、全球文明倡议，共同维护地区

---

① 《中华人民共和国和印度尼西亚共和国关于深化全方位战略合作的联合声明（全文）》，中国外交部网站，2023 年 10 月 18 日，https：//www. mfa. gov. cn/web/ziliao_ 674904/1179_ 674909/202310/t20231018_ 11163274. shtml，最后访问时间：2024 年 11 月 5 日。

和平稳定与发展繁荣。会见后，两国元首共同见证了农产品输华、卫生、联合研发以及印尼新首都、中印尼“两国双园”建设等多项双边合作文件的签署。①

2023 年 10 月 16~18 日，佐科再度来华，出席第三届“一带一路”国际合作高峰论坛并进行国事访问。10 月 17 日下午，习近平与佐科举行会谈，双方重申愿意在双边及区域和国际事务中加强沟通合作，增强互信，发展更为紧密的关系。② 更为重要的是，会谈后，两国元首共同为雅万高铁正式开通运营揭幕，并见证了关于建立共建“一带一路”合作工作协调机制、落实全球发展倡议以及农村发展和减贫、可持续发展、检验检疫等多领域多项双边合作文件的签署。此外，国务院总理李强、全国人大常委会委员长赵乐际先后会见佐科，就加强政府间务实合作及立法机构友好交往达成共识。10 月 18 日，中印尼共同发表了《中华人民共和国和印度尼西亚共和国关于深化全方位战略合作的联合声明》，为推动两国关系持续、高水平的发展提供了纲领性的指引。

在两国元首的引领下，中印尼高级别对话合作机制顺利运行，两国重要领导人来往密切。4 月 4 日，中共中央政治局委员、中央外办主任王毅与印尼对话合作牵头人、统筹部长卢胡特共同主持中印尼高级别对话合作机制第三次会议，就加强全方位战略协作，进一步深化“四轮驱动”合作新格局，共同促进两国发展和地区繁荣深入交换了意见。③ 7 月中旬，王毅赴雅加达出席四场重要多边会议，并与印尼外长蕾特诺举行会晤，就两国关系发展和共同关心的国际和地区问题交换了看法。④ 与此同时，王毅还与印尼外长蕾

① 《习近平会见印度尼西亚总统佐科》，《人民日报》2023 年 7 月 28 日，第 1 版。

② 《习近平同印度尼西亚总统佐科会谈》，中国外交部网站，2023 年 10 月 17 日，https：//www.mfa.gov.cn/zyxw/202310/t20231017_11162415.shtml，最后访问时间：2024 年 11 月 5 日。

③ 《王毅同印尼对华合作牵头人卢胡特共同主持中印尼高级别对话合作机制会议》，《人民日报》2023 年 4 月 5 日，第 2 版。

④ 《王毅会见印尼外长蕾特诺》，中国外交部网站，2023 年 7 月 12 日，https：//www.mfa.gov.cn/web/wjdt_674879/gjldrhd_674881/202307/t20230712_11112239.shtml，最后访问时间：2024 年 11 月 5 日。

特诺、俄罗斯外长拉夫罗夫举行三方会谈，就进一步加强合作，尤其是粮食和能源安全方面的合作达成共识。[①] 9月，国务院总理李强赴印尼出席东亚合作领导人系列会议并访问印尼。这是李强就任国务院总理以来首次访问亚洲国家，意义重大。访问印尼期间，李强与佐科举行会谈，就深化战略互信、扩大务实合作、密切多边领域协作，建设中印尼命运共同体“实景图”达成重要共识，并签署了工业、农业、渔业、电子商务、科技创新等多个双边合作文件。[②] 此外，李强还专门考察并试乘雅万高铁，对两国建设者付出的艰辛努力表示赞赏，并叮嘱确保高铁高标准开通、高质量运营，为印尼和地区现代化建设注入强劲持久动力。[③]

二 经济合作亮点纷呈

（一）雅万高铁引领基建合作走深走实

2023 年 10 月 17 日，雅万高铁正式开通运营，标志着印尼进入高铁时代，也意味着中印尼共建“一带一路”取得重大成果。雅万高铁全长 142 公里，最高运营时速 350 公里，是印尼乃至东南亚的第一条高铁。雅万高铁极大地加速了沿线人员的流动和货物流通，不仅提供了绿色可持续的出行方式，而且将在客运服务、设备检修及相关配套产业延伸服务等领域创造 3 万个就业岗位。[④] 自 11 月 1 日起，日常每日开行动车组列车增至 28 列，旅客

---

① 《中国俄罗斯印尼举行三方会晤》，中国外交部网站，2023 年 7 月 12 日，https：//www. mfa. gov. cn/web/wjdt_ 674879/gjldrhd_ 674881/202307/t20230712_ 11112250. shtml，最后访问时间：2024 年 11 月 5 日。

② 《李强同印度尼西亚总统佐科会谈》，中国外交部网站，2023 年 9 月 8 日，https：//www. mfa. gov. cn/web//wjdt_ 674879/gjldrhd_ 674881/202309/t20230908_ 11140171. shtml，最后访问时间：2024 年 11 月 5 日。

③ 《李强考察中印尼合作项目雅万高铁》，新华网，2023 年 9 月 6 日，http：//www. news. cn/world/2023-09/06/c_ 1129849276. htm，最后访问时间：2024 年 11 月 5 日。

④ 《中印尼元首为雅万高铁正式开通运营揭幕》，新华网，2023 年 10 月 18 日，http：//www. news. cn/politics/leaders/2023-10/18/c_1129922765. htm，最后访问时间：2024 年 2 月 16 日。

席位由8000多个翻倍至16000多个，周末客流高峰期增至36列。11月17日，雅万高铁正式开通运营一个月，累计发送旅客38.3万人次，单日旅客发送量由开通运营时的4131人次增至21359人次，上座率由49%增长至98.7%，客流呈强劲增长态势。① 2024年1月24日，雅万高铁开通运营100天，累计发送旅客已达145万人次，单日上座率最高达99.6%，客流持续保持高位态势。② 西南交通大学等中方高校还为雅万高铁运维人员进行资格性培训，进一步促进了双方的人文交流。③

自2014年佐科在华出席APEC峰会期间乘坐高速、安全、舒适的中国高铁后决定在印尼也修建高铁以来，雅万高铁见证了中印尼关系的高速发展。作为两国合作的旗舰项目，雅万高铁不仅受到两国领导人持续的高度关注，而且成为两国民众的共同期待。尽管在推进的过程中遇到了环境、技术、社会风俗等方面的重重阻碍，但在克服这些困难挑战的过程中，双方也实实在在地探索了保持良好沟通合作的方式方法，夯实了相互理解和信任的基础，增进了友谊和感情。

除雅万高铁以外，能源基建也在2023年有所收获。9月19日，在印度尼西亚中苏拉威西省莫罗瓦利工业园内，东南亚最大的普碳钢生产企业——印尼德信钢铁一期扩建主体工程竣工。随着一期扩建主体工程的竣工投产，印尼德信迎来700万吨的产能规模，成为中国在海外投资建设规模最大的单体钢铁企业。而中国国家能源集团近年来在印尼先后投资建设了三座现代化的绿色电站，总装机容量310万千瓦，有效改善了当地能源供应，助力了地方经济社会发展，获得印尼社会各界的高度评价。

① 《雅万高铁开通运营"满月"累计发送旅客38.3万人次》，新华网，2023年11月17日，http://www.news.cn/world/2023-11/17/c_1129980996.htm，最后访问时间：2024年2月16日。

② 《雅万高铁开通百天 累计发送旅客145万人次》，新华网，2024年1月29日，http://www.news.cn/silkroad/20240129/6a803210556a420581e97d778a1c9b29/c.html，最后访问时间：2024年2月16日。

③ 《西南交通大学牵头承接的"雅万高铁"培训项目开班》，西南交通大学网站，2023年2月28日，https://news.swjtu.edu.cn/info/1011/37255.htm，最后访问时间：2024年11月5日。

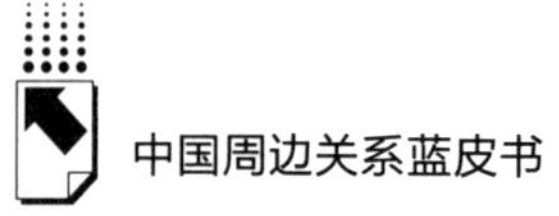

（二）“两国双园”建设提速增效

“两国双园”是2021年1月中国商务部、福建省和印尼海统部共同启动的合作项目，确立了福建省福州市元洪投资区为中方合作园区，民丹工业园、阿维尔那工业园和巴塘工业园为印尼方合作园区，双方共同围绕海洋经济、食品制造、新型建材、能源经济、航空运维服务、电子信息等重点产业，按照“中印尼合作、全球招商”的思路，整合提升经贸合作渠道，这一项目成为“一带一路”互利共赢的升级版。2023年1月，《中国-印度尼西亚经贸创新发展示范园区总体方案》获国务院批复，为“两国双园”建设提供了明确的指引，推动相关建设驶入快车道。据不完全统计，2023年，福建省市层面与印尼高层高频互动，成功举办中印尼经贸博览会等7场大型活动；签约“两国双园”项目29个、总投资466.5亿元；通过国际招标，高标准编制城市设计规划、产业规划等，生成143个、总投资650亿元的项目。截至2023年8月，中印尼“两国双园”经贸合作项目共计45个，包含“走出去”项目17个，总投资近400亿元；“引进来”项目10个，总投资155亿元；贸易项目18个，预计贸易额达近百亿元。① 双方的合作领域包括渔业、纺织业、食品加工等，能够充分发挥中印尼经济结构的互补性，有效激发经济潜力，实现互利共赢。值得一提的是，旅居印尼的广大华侨华人成为“两国双园”迅速推进的重要民间力量，2023年，来自印尼中华总商会及企业界等的50位侨领到福建考察投资。②

2023年，福建省出台15条专项政策举措支持中印尼“两国双园”建设。8月，福州市出台《福州市首批支持中印尼经贸创新发展示范园区建设的措施》，提出28条具体措施，旨将示范园区打造成高质量实施RCEP新载

---

① 《中印尼“两国双园”：打造“一带一路”互利共赢升级版》，人民网，2023年10月9日，http://finance.people.com.cn/n1/2023/1009/c457845-40091622.html，最后访问时间：2024年2月16日。

② 《四海同根 凝心聚力共筑梦》，福建省人民政府网站，2023年12月20日，https://fgw.fj.gov.cn/ztzl/fjys/fjys/202312/t20231226_6367505.htm，最后访问时间：2024年11月5日。

体、与东盟国家经贸合作交流新高地、以产业链供应链深度融合为特色的国际分工合作新平台。8月，中印尼“两国双园”联合工作委员会第二次会议在福州召开，提出了“指挥部+管委会+投资公司+产业基金+智库”的开发运作模式，成立“两国双园”控股公司，进一步提速园区建设。

（三）经贸往来保持强劲势头

自中印尼两国建立全面战略伙伴关系以来，经贸往来引领了两国关系的持续发展，并奠定了两国友好合作的基石。现有数据显示，2022 年，中印尼两国贸易额同比增长 20%，接近 1500 亿美元，中国对印尼直接投资同比增长 160%，达 82 亿美元。中国连续 10 年成为印尼最大贸易伙伴，连续 7 年位列印尼前三大外资来源地。① 中国商务部数据显示，2023 年 1～6 月，中国与印尼贸易往来达 691.4 亿美元，同比下降 0.4%。其中，出口额为 320.5 亿美元，同比下降 5.9%，进口额为 370.9 亿美元，同比增长 5.0%。② 而印尼中央统计局数据显示，2023 年中印尼双边货物贸易额为 1271.2 亿美元。③ 尽管 2023 年双边贸易额有所下降，但仍然维持在高位。而在印尼多举措扩大出口以维持贸易顺差的政策影响下，印尼对华出口也实现了较大比例的增长，并处于贸易顺差地位。

在双边贸易保持稳定态势的情况下，中印尼两国也积极地通过招商会、博览会、选品会等各类形式为继续拓展双边贸易搭建平台，制造机会。例如，2023 年 3 月、5 月、11 月，在印尼雅加达分别举办了第三、第四、第五届中国（印尼）贸易博览会，中国浙江、江苏、广东、山东、福建、吉林等地千余家企业参展，涵盖纺织服装、工业机械、家用电器、电力能源、

① 《陆慷大使出席印尼中国商会总会 2023 年度大会》，中国商务部网站，2023 年 12 月 15 日，http：//id.mofcom.gov.cn/article/dzhz/202401/20240103464260.shtml，最后访问时间：2024 年 2 月 16 日。

② 《2023 年 1-6 月中国与亚洲国家（地区）贸易统计》，中国商务部网站，2023 年 8 月 18 日，http：//images.mofcom.gov.cn/yzs/202308/20230818102942804.pdf，最后访问时间：2024 年 2 月 16 日。

③ 《印尼多举措扩大出口贸易》，《人民日报》2024 年 2 月 6 日，第 17 版。

消费电子等多个行业和领域。[①] 5 月底，第六届中国国际进口博览会印度尼西亚推介会在雅加达举行，吸引了 100 多名印尼工商界人士参加。[②] 7 月中旬，中国（汕头）-印度尼西亚经贸合作交流会在雅加达举办。汕头经贸代表团与印尼侨团、商协会、企业家代表共同出席活动，现场开展产业推介和项目签约，共 8 个项目成功签约，总签约金额为 53.5 亿元，开启了中国汕头与印尼深化合作新篇章，也为中印尼两国经贸合作注入了新动能。[③] 9 月 25 日，2023 中国国际电商产业博览会暨印度尼西亚选品展览会在雅加达举行，同时还举行了中国-印度尼西亚电子商务大会。开幕式上，中国贸促会商业行业委员会与印华百家姓协会，中国贸促会秦皇岛市委员会与印中商务理事会分别签署合作备忘录，这两份合作备忘录的签署将推动中国与印尼进一步经贸资源共享、优势互补，促进两国双边经贸发展。为进一步帮助中国企业精准对接印尼市场，双方还在展会期间举办了“贸促优配-供采对接会”，分别围绕消费电子、家居生活、美妆个护、纺织服装、五金工具、宠物用品等品类进行对接。[④]

2023 年，中国省级政府代表在省长的带领下组团访问印尼，寻求合作机会成为中印尼经贸往来的新亮点。自 2 月至 12 月，海南省、上海市、湖南省、浙江省、安徽省代表团先后访问印尼，就地域特点和印尼相关地区和

---

① 《第三届中国（印尼）贸易博览会在雅加达开幕》，新华网，2023 年 3 月 16 日，http://www.news.cn/photo/2023-03/16/c_1129437914.htm，最后访问时间：2024 年 11 月 5 日；《“中国智造”在印尼受热捧》，人民网，2023 年 5 月 27 日，https://world.people.com.cn/n1/2023/0527/c1002-40000307.html，最后访问时间：2024 年 11 月 5 日；《第五届中国（印尼）贸易博览会吸引逾千家中企参展》，新华网，2023 年 11 月 24 日，http://www.news.cn/photo/2023-11/24/c_1129992123.htm，最后访问时间：2024 年 11 月 5 日。

② 《第六届进博会印度尼西亚推介会在雅加达举行》，新华网，2023 年 5 月 31 日，http://www.news.cn/2023-05/31/c_1129658480.htm，最后访问时间：2024 年 11 月 5 日。

③ 《中国（汕头）-印度尼西亚经贸合作交流会在雅加达举办 达成合作项目 8 个总签约金额 53.5 亿元》，南方网，2023 年 7 月 12 日，https://static.nfapp.southcn.com/content/202307/12/c7886846.html，最后访问时间：2024 年 11 月 5 日。

④ 《印尼电商首展-2023 中国国际电商产业博览会暨印度尼西亚选品展览会在雅加达开幕》，印尼国际日报网站，2023 年 9 月 27 日，https://hmguojiribao.com/59675/，最后访问时间：2024 年 11 月 5 日。

部门进行经贸对接。2 月 16 日至 20 日，海南省代表团在印度尼西亚开展经贸文化交流活动，推介海南自由贸易港政策，促进双方人文交流，推动互联互通、旅游、教育、热带农业等重点产业合作。在印尼期间，举办了海南自由贸易港推介会，拜访了印尼海洋与投资统筹部、旅游与创意经济部部长以及东盟秘书长，会晤了友城巴厘省省长并签署两省相关合作文件，分别与火船集团、金光集团和佳通集团开展“一对一”招商对接活动，并与印尼海南总会会馆的琼籍侨胞座谈。[①] 4 月 26~29 日，上海市代表团访问印尼，双方召开了上海-雅加达境外投资企业座谈会，签订了《上海市与日惹特别行政区友好合作交流备忘录 2023—2028》，共同见证了上汽通用五菱印尼公司新能源汽车新项目投资谅解备忘录签约。[②] 9 月 10~13 日，湖南省代表团访问印尼，对接融入高质量共建“一带一路”倡议，会见当地政要、见证项目签约，推动双方合作实现双赢多赢。发挥各自在资源、产业、科教、文旅、人才培养等方面的比较优势，进一步深化投资合作、密切经贸往来、加强文旅交流、拓展教育培训，为打造更紧密的中印尼命运共同体贡献力量。[③] 11 月 12~15 日，浙江省代表团访问印尼，就贸易投资、基础设施、能源转型、绿色经济、人文科技等领域与印尼开展务实合作。[④] 11 月底 12 月初，安徽省经贸友好代表团访问印尼，先后拜访了东盟秘书长和印尼经济统筹部、海洋与投资统筹部，举办投资安徽行暨经贸合作对接会，推动安徽省与东加里曼丹省签订友好省际关系意向书，见证奇瑞海外工厂首台（款）

---

① 《海南省代表团在印尼开展经贸文化交流活动》，人民网，2023 年 2 月 21 日，http://hi.people.com.cn/n2/2023/0221/c231190-40308785.html，最后访问时间：2024 年 11 月 5 日。

② 《深化经贸往来 推动务实合作 龚正率团访问印尼，签署上海市与日惹特别行政区友好合作交流备忘录》，上海市人民政府网站，2023 年 4 月 30 日，https://www.shanghai.gov.cn/nw4411/20230430/578957239a88472382bc66d020949735.html，最后访问时间：2024 年 11 月 5 日。

③ 《毛伟明率团访问印尼：为建设中印尼命运共同体“实景图”着墨添彩》，湖南省人民政府网站，2023 年 9 月 13 日，https://www.hunan.gov.cn/hnszf/hnyw/sy/hnyw1/202309/t20230913_29483911.html，最后访问时间：2024 年 11 月 5 日。

④ 《易炼红率省代表团在印度尼西亚访问 积极参与高质量共建“一带一路”携手书写区域合作新篇章》，央视网，2023 年 11 月 16 日，https://news.cctv.com/2023/11/16/ARTIIFQoT76vjwStdfAsCg7l231116.shtml，最后访问时间：2024 年 11 月 5 日。

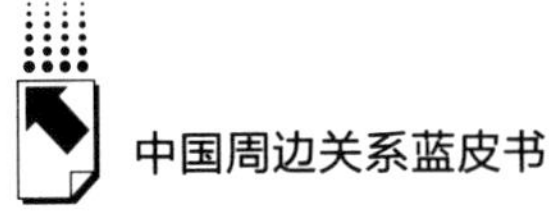

新能源汽车下线。[①] 两国地方政府的积极推动有助于拓展两国的经贸往来，并推动合作更为务实紧密。

（四）金融合作走向新阶段

2023 年 8 月，中国工商银行在福建省率先设立“中印尼跨境人民币服务中心”，打造为中国与印尼两国经贸往来提供跨境金融服务的专业平台。9 月，中国工商银行与福建省政府、印尼海洋与投资统筹部三方共同签署中印尼“两国双园”金融便利化实施方案，为两国企业提供账户开立、结算、资金交易、现金管理等金融服务，对中印尼产能合作项目提供特色的融资方案，切实助力“两国双园”产业链、供应链稳定畅通。此外，中国工商银行福建分行从结算便利化、投融资便利化、交易便利化、综合服务便利化等四个方面，推出首批 15 条中印尼“两国双园”建设金融专项支持政策，进一步加大对园区企业的支持力度。10 月，中国工商银行福建省分行为中印尼“两国双园”中方园区企业办理境外直接投资登记，并成功帮助该企业汇出跨境人民币资本金，此举标志着中印尼“两国双园”项下首笔对印尼跨境人民币直接投资业务正式落地。

三　人文交流历久弥新

《中华人民共和国和印度尼西亚共和国关于深化全方位战略合作的联合声明》提出，双方将继续密切人文交流与人员往来，增开旅游航线，密切地方合作，加强留学和人才培训合作交流，推动两国民间和宗教团体开展更多交流互访，不断增进两国人民相知相亲，夯实两国世代友好的民意基础。2023 年，两国的人文交流在此前奠定的良好基础上，在各领域保持频繁的友好往来，并呈现印尼方积极性增强等新特点。

---

① 《省经贸友好代表团访问新加坡、印度尼西亚、泰国》，安徽省人民政府网站，2023 年 12 月 12 日，https：//www.ah.gov.cn/zwyw/jryw/564286891.html，最后访问时间：2024 年 11 月 5 日。

（一）教育领域维持优势地位

教育领域是中印尼人文交流起步较早、发展较为成熟的领域。2023 年，中印尼两国在教育领域的交流合作依然维持优势地位，各参与方积极搭建维护平台，不同层次且多元的教育机构参与其中，教学对象拓及巴布亚省等边缘地区，内容从单纯的语言文化培训走向更为综合务实的语言+专业、语言+职业等模式。

语言和文化是开展人文交流的前提和基础。2023 年，中印尼两国在维持常态的基础上，亦进行了一些新的探索。留学生是两国语言和文化沟通的桥梁，10 月 29 日，2023 年印尼第七届 HSK 中国留学生就业展在雅加达举办。清华大学、中国人民大学等 20 余所高校及部分知名企业参展，近 5000 名来自印尼全国各省市的 HSK 考生、中文学习者、家长及社会各界人士参与。[①] 而在语言和文化学习模式的探索上，又开创了以突击营的形式探索快速学习中文的模式。如组织格林美-中南大学-印尼政府联合培养冶金工程硕士举办中文培训突击营（第一期），40 名印尼籍学员通过三个月的教学实践课程，24 小时不间断学习中文，快速掌握中文，推动中印尼文化、科技交流。此外，亦有多所大学与培训机构开创优势互补、合作发展的学习模式。[②] 9 月 9 日，汉考国际与印尼潘查希拉大学、LSPR 传播与商业学院、卡查玛达大学、泗水西普特拉大学、日惹州立大学、帕德嘉兰大学 6 所大学签署合作运营中文学习创新中心项目协议。新建的印尼中文学习创新中心将依托 6 所大学在印尼当地高等教育领域的特色优势，结合汉考国际在中文教、学、考和国际教育交流方面的专业服务能力，共同为印尼大学生及当地中文

---

① 《2023 年印尼第七届 HSK 中国留学就业展顺利举办》，人民网，2023 年 10 月 30 日，http：//world. people. com. cn/n1/2023/1030/c1002-40106212. html，最后访问时间：2024 年 12 月 9 日。

② 《筑牢中印尼科技文化融合发展的桥梁　热烈祝贺格林美-中南大学-印尼政府联合培养冶金工程硕士班中文培训突击营（第一期）开班!》，格林美股份有限公司网站，2023 年 10 月 9 日，https：//www. gem. com. cn/CompanyNews/info_ itemid_ 6383. html，最后访问时间：2024 年 12 月 9 日。

学习者提供优质服务。[①]

人文交流的重要一环便是平台与机制的搭建与顺利运行。在教育领域，中印尼两国不同层次和不同专业领域的教育机构积极通过交流互访、举办论坛研讨会等方式构筑双方友好往来的平台。例如 3 月 23 日，中国山东省 7 所高校与印尼 7 所高校共同签署友好合作倡议书，成立“中国（山东）-印度尼西亚高校国际合作联盟”。[②] 7 月 17 日，数智工场（中-印尼）院校数字化转型合作交流研讨会成功召开，中国通信学会将与印尼多媒体学院进行数字化转型合作，持续在新一代信息通信和数字技术领域、“数智工场”产教协同育人国际合作项目、工程师能力建设等方面共同发展、深入合作。[③] 9 月 3~7 日，清华大学工业工程系、工程物理系和航天航空学院师生赴印尼开展社会实践活动，先后到印尼-中国高铁公司、中方承包商联合体、雅万高铁 1 号隧道工区和展厅、印尼-中国经济、社会与文化合作协会、中国驻印尼大使馆科技部、中兴通讯印尼子公司、中国中铁瓦利尼隧道工区及展厅、中国中铁印尼雅万高铁项目经理部、万隆理工学院等地进行走访交流。[④] 8 月 7~16 日，第二届印尼海洋与投资统筹部-格林美-中南大学联合培养冶金工程硕士班赴华开展访学活动，学习冶金和新能源发展相关知识。[⑤] 9 月 14~16 日，清华大学校长带队访问印尼巴厘省，出席清华大学东

① 《印尼 6 所中文学习创新中心正式签约!》，对外汉语网，2023 年 9 月 9 日，https：//www. dwhy. net/article-1496-1. html，最后访问时间：2024 年 12 月 9 日。

② 《中国（山东）-印度尼西亚高校国际合作联盟成立》，山东省教育厅网站，2023 年 3 月 24 日，http：//edu. shandong. gov. cn/art/2023/3/24/art_ 11969_ 10311643. html，最后访问时间：2024 年 11 月 5 日。

③ 《数智工场（中-印尼）院校数字化转型合作交流研讨会成功召开》，中国通信学会网站，2023 年 7 月 20 日，https：//www. china-cic. cn/Detail/24/60/4940，最后访问时间：2024 年 11 月 5 日。

④ 《清华大学工业工程系师生赴印尼开展社会实践》，清华新闻网，2023 年 9 月 20 日，https：//www. tsinghua. edu. cn/info/1722/96640. htm，最后访问时间：2024 年 11 月 5 日。

⑤ 《以冶金为媒，格林美助力中印尼文化融合！热烈欢迎第二届印尼海统部-格林美-中南大学联合培养冶金工程硕士班国际留学生来格林美访学交流》，格林美股份有限公司网站，2023 年 8 月 18 日，https：//www. gem. com. cn/CompanyNews/info_ itemid_ 6301. html，最后访问时间：2024 年 11 月 5 日。

南亚中心系列活动，与当地政府部门和教育机构就持续深化人文交流和高等教育合作、推进人才培养等方面展开深入对话。[①] 11月20~22日，以“交流、互鉴与发展：中印尼人文交流成就与展望”为主题的2023中印尼人文交流发展论坛在湖北武汉举行。来自中印尼两国政府部门、高校、智库、媒体和社会组织、商界等领域的150余名代表参加本届论坛。论坛发布了《中国与印度尼西亚人文交流发展报告（2023）》，与会代表围绕中印尼可持续人文交流、经济、教育、文化、媒体、旅游等各领域交流发展进行了回顾与展望。[②] 11月初，上海师范大学与日惹国立大学签署合作备忘录，成立联合国教科文组织教师教育中心与印度尼西亚日惹国立大学联合教育中心。[③] 11月14~21日，北京建筑大学校长率团访问印尼，参加印尼泗水理工学院承办的“一带一路”建筑类大学国际联盟2023年会议暨展览相关交流活动，与印尼乌达雅纳大学联合主办“建筑遗产保护+智慧城市管理+汉语”国际人才培养和科技合作研讨，并与两所高校签订合作协议。[④] 11月15日，中国天津-印尼东爪哇职业教育交流发展与促进论坛举办，围绕产能输出、人文交流、师资培训、技能竞赛、国际化专业教学标准开发等主题进行了研讨。[⑤] 11月底，由清华大学主办、清华大学东南亚中心承办的“教育·创新·发展——中国-东盟教育领导力与可持续发展论坛”在

---

① 《王希勤访问印度尼西亚 促进中印尼教育人文交流 推动务实合作》，清华新闻网，2023年10月2日，https：//www. tsinghua. edu. cn/info/1178/106965. htm，最后访问时间：2024年11月5日。

② 《2023中印尼人文交流发展论坛举行 发布〈中国与印度尼西亚人文交流发展报告（2023）〉》，华中师范大学网站，2023年11月22日，https：//www. ccnu. edu. cn/info/1073/37317. htm，最后访问时间：2024年11月5日。

③ 《RIICE要闻 | 中心与印尼日惹国立大学成立联合教育中心》，上海师范大学网站，2023年11月23日，https：//untec. shnu. edu. cn/27/09/c26038a796425/page. htm，最后访问时间：2024年11月5日。

④ 《北建大校长张大玉率团访问印度尼西亚和马来西亚相关高校》，北京建筑大学新闻网，2023年11月28日，https：//xww. bucea. edu. cn/tgx/62f5465947924345ac2cc7322182ccec. htm，最后访问时间：2024年11月5日。

⑤ 《中国天津-印尼东爪哇职业教育交流发展与促进论坛成功举办》，天津市教育科学研究院网站，2023年11月23日，https：//tjjky. tj. edu. cn/show. jsp？ classid = 202205271024524699&informationid = 202311232305132566，最后访问时间：2024年11月5日。

清华大学东南亚中心巴厘岛园区举办，来自中国、印度尼西亚、新加坡、马来西亚等国专家围绕“中国与东南亚国家创新创业的实践、合作与展望”“创新赋能，务实合作——中印尼国际教育合作与挑战”等主题展开对话、深入交流。[①]

在语言和文化交流中，此前多为中方主动，而2023年，印尼方也呈现积极主动的姿态。例如3~11月，印尼驻华大使教育文化参赞李健先后赴北京交通大学、华中师范大学、中南财经政法大学、武汉轻工大学、福建技术师范学院、天津外国语大学等高校进行深度的交流对话，就合作办学、职业教育人才培养、文化交流、院校建设等问题与中方进行深入探讨。8月，印尼丹戎布拉大学、丹戎布拉大学孔子学院和印尼高等院校中文系协会共同举办2023年“教育、语言、文学与中华文化”国际研讨会，与泰国、老挝、马来西亚等国学者就相关议题进行讨论，有效促进了国际中文教育的学术交流，深化了多元文化互鉴。[②] 10月，印尼教育部中国项目官员赴滁州城市职业学院参观考察，洽谈教育合作项目。[③] 10月底，印尼国家研究创新署主办“中印尼‘一带一路’合作十周年”学术研讨会，印尼政府相关部门及中国、印尼、新加坡等多国学者参加研讨，就中印尼关系发展历程、主要成果和经验及未来展望进行了研讨。[④] 11月16~17日，印尼特布卡大学代表团访问国家开放大学，就信息技术应用、信息系统管理等问题进行了深入探讨和交流，双方签署了合作备忘录，将在教学、研究、资源、学者互访等方面

---

① 《中国-东盟教育领导力与可持续发展论坛成功举办》，清华大学新闻网，2023年12月4日，https://www.tsinghua.edu.cn/info/1182/108382.htm，最后访问时间：2024年11月5日。

② 《2023年“教育、语言、文学与中华文化”国际学术研讨会在印尼举办》，人民网，2023年8月18日，http://world.people.com.cn/n1/2023/0818/c1002-40059538.html，最后访问时间：2024年11月5日。

③ 《印度尼西亚教育部中国项目官员Zul Setiawan来校洽谈教育合作项目》，滁州职业技术学院网站，2023年10月17日，https://www.chzc.edu.cn/gxxxgkw/info/1849/23596.htm，最后访问时间：2024年11月5日。

④ 《“中印尼‘一带一路’合作十周年”学术研讨会在雅加达举办》，人民网，2023年10月25日，http://world.people.com.cn/n1/2023/1025/c1002-40103483.html，最后访问时间：2024年11月5日。

深化交流与合作。①

职业教育成为中印尼教育合作的引领和标杆领域。两国的职业教育交流合作，既有教育机构间的互动，又有产教联盟的成立，还有校企联合模式，内容涉及语言、文化、专业等各个方面。例如，7 月，根据中国国家发展改革委与印尼海洋与投资统筹部签署的《关于工业化职业培训的谅解备忘录》，苏州工业园区职业技术学院开办首期印尼工业化职业培训班，约 290 名来自印尼的职业教育教师和技术工人接受了为期近 1 个月的培训，课程涉及人工智能和机器人技术、工业互联网、新能源汽车等 9 个专业。② 7 月 15~19 日，中国教育国际交流协会率中国-东盟职业教育合作任务团赴印尼进行访问交流，到访雅加达州立理工学院、印尼高等教育院校联盟、柳工机械印尼有限公司工厂等机构，并举办“2023 中印尼职业教育合作研讨会”，就推进中国-东盟职业教育联合会、鲁班工坊等重要合作项目达成共识。③ 9 月中旬，“中国-印度尼西亚职业教育产教融合创新发展论坛”举办，由柳州职业技术学院、柳工机械印尼有限公司、印尼斯里维加亚国立理工学院共同发起的“中国-印度尼西亚职业教育产教联盟”成立，中国 61 所职业院校、印尼 49 所公办理工学院和社区学院、18 家企业加入联盟。联盟将通过与印度尼西亚院校开展境外合作项目，加强师生交流，推动两国标准、课程、资源共建共享，学分学历互认，促进民心相通。④

---

① 《共谋数字教育合作与发展——印度尼西亚特布卡大学代表团到访国家开放大学》，国家开放大学网站，2023 年 11 月 20 日，https://www.ouchn.edu.cn/News/zbxw/933cb5b309ca4c2ea3465243e5e345d9.htm，最后访问时间：2024 年 11 月 5 日。

② 《首期印尼工业化职业培训在苏州开班》，人民网，2023 年 8 月 1 日，http://finance.people.com.cn/n1/2023/0801/c1004-40048235.html，最后访问时间：2024 年 11 月 5 日。

③ 《安延副秘书长率“中国-东盟职业教育合作任务团”访问印度尼西亚》，中国教育国际交流协会公众号，2023 年 7 月 26 日，https://mp.weixin.qq.com/s/Whdcw7tcmsSPZkg8aST_5A，最后访问时间：2024 年 11 月 5 日。

④ 《中国-印度尼西亚职业教育产教融合创新发展论坛在南宁成功举办》，中国日报中文网，2023 年 9 月 18 日，https://gx.chinadaily.com.cn/a/202309/18/WS6507a5a6a310936092f222dd.html，最后访问时间：2024 年 11 月 5 日。

教育领域的交流合作拓展到了巴布亚省等印尼外岛边远地区。9月初，中国黎明职业大学与雅加达华文教育协调机构及巴布亚省政府合作开展“中文+职业技能”项目，培养复合型人才以更好服务当地经济社会发展。[①]

（二）文化领域多元推进

中印尼两国都具有丰厚的文化底蕴，既有东方文化的共通性，又有地域区隔带来的差异性。因此，需要通过持续深入的文化交流促进双边民众的认知与理解，从而为双边关系的发展奠定良好的民意支持。2023 年开展的文化交流在主体、内容和形式上都呈现多元的特点。

3 月 14~19 日，成都市人民政府外事办公室与印尼驻华大使馆共同主办 2023 成都·印度尼西亚文化（电影）周，通过艺术交流、文化沙龙、影片展映等形式，形象地展示印尼社会文化、介绍印尼的风土人情。[②] 8 月 1~4 日，印尼三一一大学孔子学院与三一一大学爪哇研究中心联合举办 2023 年三大孔院爪哇文化夏令营，西华大学、广东外语外贸大学、重庆交通大学等高校的近 40 名青年大学生跟随爪哇研究中心的主讲老师认识爪哇岛与梭罗市，并从爪哇蜡染、爪哇语、爪哇文字、爪哇传统游戏和童谣、爪哇传统美食与草药等几个方面深入了解了爪哇文化。[③] 9 月 26 日，印尼驻华大使馆与印尼央行北京代表处联合举办了印度尼西亚-中国商务论坛和印度尼西亚之夜活动，推广印尼文化，促进两国经济合作。[④] 10 月中旬，印尼宗教人士代

① 《黎明职业大学举行中印尼职业教育合作研讨会暨“中文+职业技能”项目签约仪式》，泉州网，2023 年 9 月 13 日，https://www.qzwb.com/gb/content/2023-09/13/content_9010139.htm，最后访问时间：2024 年 11 月 5 日。

② 《2023 成都·印度尼西亚文化（电影）周在蓉启幕》，成都市人民政府网站，2023 年 3 月 15 日，https://cdfao.chengdu.gov.cn/cdwqb/c146828/2023-03/23/content_547cc957868a439a8ba6556f04128f51.shtml，最后访问时间：2024 年 11 月 5 日。

③ 《印度尼西亚三一一大学孔院举办的爪哇文化夏令营圆满落幕》，人民网，2023 年 8 月 5 日，http://world.people.com.cn/n1/2023/0805/c1002-40051056.html，最后访问时间：2024 年 11 月 5 日。

④ 《印尼驻华大使馆与印尼央行联合举办活动推广印尼文化并挖掘合作潜力》，人民网，2023 年 9 月 30 日，http://m2.people.cn/news/default.html?s=MV8xXzQwMDg4Mjc1XzEwMDJfMTY5NjA1Nzk3Nw==，最后访问时间：2024 年 11 月 5 日。

表团访问新疆喀什市、伊犁哈萨克自治州、乌鲁木齐市等地。在新疆期间，代表团一行走进清真寺、巴扎、企业、景区等地，了解新疆社会稳定、经济发展、文化繁荣、民族团结、宗教和睦、各族人民安居乐业真实情况。[①] 11 月 15 日，浙江省政府主办、文化和旅游厅承办的“万年一诗”浙江文化和旅游主题展在雅加达举行，本次主题展融合“诗画浙江”和“万年浙江”两大品牌，以丰富展陈展示浙江悠久厚重的人文历史。[②] 11 月底，四川省政府与中国驻印尼大使馆共同主办“文化中国 · 锦绣四川”系列活动，向印尼各界介绍四川省的历史文化，并寻求合作机会。[③]

（三）旅游领域逐渐复苏

受新冠疫情、全球安全局势等多方面影响，此前处于强劲优势地位的旅游交流与合作在 2023 年并未得到全面复苏，而是呈现循序渐进的复苏态势。尽管 2023 年初，印尼旅游和创意经济部长桑迪亚加 · 乌诺已经隔空“喊话”，称印尼“已为中国游客准备好红毯”,[④] 但效果并不显著。根据中国旅游研究院发布的《2023 年上半年出境旅游大数据报告》，内地（大陆）出境游目的地排名中，印尼仅居第 16 位，占比 0. 43%；目的地接待内地（大陆）游客占出国游客比重排名中，印尼居第 12 位，占比 2. 16%。[⑤] 另据印

---

① 《印度尼西亚宗教人士代表团参访新疆 宗教信仰自由在新疆得到充分保障》，人民网，2023 年 10 月 22 日，http：//xj. people. com. cn/n2/2023/1022/c186332 - 40612236. html，最后访问时间：2024 年 11 月 5 日。

② 《耀浙江之辉，与世界同光！“万年一诗”浙江文旅主题展走进印尼雅加达》，浙江省文化广电和旅游厅网站，https：//ct. zj. gov. cn/art/2023/11/20/art_ 1652990_ 59018687. html，最后访问时间：2024 年 11 月 5 日。

③ 《“文化中国 · 锦绣四川”活动走进印尼》，中国新闻网，2023 年 11 月 27 日，https：//www. chinanews. com. cn/tp/hd2011/2023/11-27/1088291. shtml，最后访问时间：2024 年 11 月 5 日。

④ 《全球连线 | 印尼已为中国游客准备好红毯!》，新华网，2023 年 1 月 12 日，http：//www. news. cn/world/2023-01/12/c_1129276402. htm，最后访问时间：2024 年 2 月 16 日。

⑤ 《〈2023 年上半年出境旅游大数据报告〉在线发布》，中国旅游研究院网站，2023 年 8 月 1 日，https：//www. ctaweb. org. cn/cta/gzdt/202308/d08d3bea0fbc4af99ac9873a5560a398. shtml，最后访问时间：2024 年 2 月 16 日。

尼中央统计局发布的数据，2023 年中国赴印尼旅游游客数量为 780.33 万人次。[①]

虽然旅游业并未回到疫情前的水平，但双方积极为此开展活动。比如，3 月底，中国（山东）-印度尼西亚投资贸易与文化旅游交流周在山东德州启动，旨在搭建与东盟国家交流合作的高能级平台，进一步推动德州与印尼的深度合作。本次交流周的主要内容有印尼旅游图片及绘画展、印尼特色产品展销，并组织了参访交流等。[②] 5 月中旬，印尼旅游与创意经济部在上海和杭州举办"美妙印尼中国区旅游推介会"，[③] 并于 6 月底与巴厘岛政府共同主办针对中国媒体的体验游活动，以期通过中国媒体的报道吸引更多中国游客。[④]

（四）科技领域成为新亮点

2018 年印尼启动"印度尼西亚工业 4.0"，以期通过在印尼实施新的制造技术来大幅提振国家经济。因此，佐科政府高度重视科技发展，与中国在科技领域的交流合作也在不断深入拓展，包括高层互动、参访学习、共建实验室、举行对接会等多种形式，涉及农林渔业、智能制造、新能源、物联网等多个领域。

具体而言，4 月 4 日，中国科技部部长王志刚会见印尼海洋与投资统筹部长卢胡特，讨论了深化中印尼科技创新合作的重点方向和具体举措，一致同意在农业技术、海洋合作、卫生健康、科技园区等领域进一步推

---

① 根据印尼中央统计局按月发布的 2023 年 1~12 月旅游数据统计。

② 《中国（山东）-印度尼西亚投资贸易与文化旅游交流周启动》，中国新闻网，2023 年 3 月 23 日，https：//www.chinanews.com.cn/sh/2023/03-23/9977230.shtml，最后访问时间：2024 年 11 月 5 日。

③ 《中国游客们，你们好！美妙印尼欢迎你们!》，Wonderful Indonesia，2023 年 12 月 20 日，https：//www.indonesia.travel/sg/zh-cn/news/new-international-travel-regulations-to-enter-indonesia-as-of-29-november-20211.html，最后访问时间：2024 年 12 月 9 日。

④ 《中国媒体美妙印尼巴厘岛之行启动啦!》，Wonderful Indonesia，2023 年 12 月 20 日，https：//www.indonesia.travel/my/zh-cn/news/chinese-travelers-ni-hao-wonderful-indonesia-warmly-welcomes-you1.html，最后访问时间：2024 年 12 月 9 日。

进合作。[①] 5月18日，《中国-印尼农机装备国际联合研发中心建设》项目在北海签约，这一项目将深化北海市与印尼的科技合作交流，推动印尼棕榈园的全程机械化智慧化工作。[②] 7月19~23日，中国科学院副院长张亚平率团访问印尼国家研究创新署总部及其下属机构海洋研究中心、生物系统学和进化生物学研究中心、茂物植物园等，双方签署了《中国科学院与印尼国家研究创新署科技合作谅解备忘录》，并为中印尼海洋科学联合实验室揭牌。双方围绕人才培养、人才交流计划、国际合作项目资助机制等主题进行深入交流与探讨，就优先召开深海科学、生物多样性等领域双边研讨会与培养青年人才达成共识。[③] 9月18日，中国热带农业科学院农机所与印尼华裔总会签署木薯科技合作协议，旨在全面利用中国木薯机械化先进技术先进模式，加快推进印尼木薯规模化发展，全面提升木薯生产技术水平和产能。[④] 11月6日，格林美股份有限公司与印尼万隆理工学院、中南大学签署《“中国-印尼新能源材料与冶金工程技术联合研究实验室”的合作谅解备忘录》，共建联合实验室，《格林美-万隆理工学院奖学金捐赠协议》签约仪式同时举行，格林美将为万隆理工学院捐赠总额为1000万元人民币的奖学金，支持该校科研人才培养。[⑤] 11月23日，第十一届中国（绵阳）科技城国际科技博

---

① 《王志刚部长会见印尼海洋与投资统筹部长卢胡特》，中国科学技术部网站，2023年4月10日，https：//www.most.gov.cn/kjbgz/202304/t20230410_185476.html，最后访问时间：2024年11月5日。

② 《中国-印尼农机装备国际联合研发中心建设项目签约》，人民网，2023年5月19日，http：//gx.people.com.cn/n2/2023/0519/c404759-40422614.html，最后访问时间：2024年11月5日。

③ 《张亚平访问印度尼西亚并调研国际合作工作》，中国科学院网站，2023年7月24日，https：//www.cas.cn/sygz/202307/t20230724_4941673.shtml，最后访问时间：2024年11月5日。

④ 《农机所深化与印度尼西亚木薯科技合作》，中国热科院农机所微信公众号，2023年9月19日，https：//mp.weixin.qq.com/s?__biz=MzUzNTA3NzExOQ==&mid=2247485069&idx=1&sn=5812c3c04e22a09efb13384c5ba594a2&。

⑤ 《宝企格林美在印尼联合创建三方实验室　开创可持续发展新模式》，深圳宝安网，2023年11月9日，https：//ibaoan.sznews.com/content/2023-11/09/content_30578115.htm，最后访问时间：2024年11月5日。

览会印度尼西亚-绵阳产业合作对接会举行。[①] 11 月 28 日，“智能新时代，科技赢未来”中印尼智能制造行业论坛暨第十一届国际民间交流圆桌会在雅加达举办，来自中印尼智能科技领域的行业协会代表、专家学者、企业家等 200 多人参会，就促进两国智能科技行业共同发展深入交流。[②]

（五）卫生合作持续拓展

在共同对抗新冠疫情的过程中，中印尼两国的卫生合作探索出了良好的运行有效的机制和方式，同时也看到了两国在此领域持续合作的可能性和必要性。2023 年，两国在卫生领域的交流合作持续拓展。首先，通过《中印尼卫生合作执行计划（2023-2025）》构建框架体系。在该文件中，提出建设中印尼疫苗和基因组联合研发中心，加强流行病学和疾病监测实验室网络建设，推动完善全球公共卫生治理等。其次，通过参访、论坛等形式寻求合作机会。例如，印尼乌达雅纳大学与中国亚洲经济发展协会医药卫生交流合作委员会、天津中医药大学第一附属医院通过研讨会的方式签署合作备忘录，在多个领域展开战略合作；举办中印尼医疗健康与生物科技投资论坛、国际医学创新合作论坛等，为相关合作提供平台。最后，通过合作协议具体贯彻落实。4 月 5 日，深圳康泰生物全资子公司北京民海生物与印尼 Biotis 公司签署合作协议[③]，将就全球首个双载体 13 价肺炎疫苗对印尼进行技术转移。[④] 10 月，民海生物获得印尼食品药品监督管理局签发的 13 价肺炎球

---

① 《第十一届中国（绵阳）科技城国际科技博览会印度尼西亚-绵阳产业合作对接会举行》，搜狐网，2023 年 11 月 23 日，https://www.sohu.com/a/738818630_121123525，最后访问时间：2024 年 11 月 5 日。

② 《中印尼智能制造行业论坛在雅加达举办》，深圳侨报数字报，2023 年 12 月 1 日，http://www.sz-qb.com/MB/content/202312/01/content_66673.html，最后访问时间：2024 年 11 月 5 日。

③ 《康泰生物与印尼 Biotis 公司签署合作协议——全球首个双载体 13 价肺炎疫苗将对印尼进行技术转移》，泰康生物网站，2023 年 4 月 6 日，https://www.biokangtai.com/N247.html，最后访问时间：2024 年 11 月 5 日。

④ 《康泰生物：13 价肺炎球菌多糖结合疫苗已纳入印尼免疫规划并签署销售合同》，网易，2024 年 1 月 31 日，https://www.163.com/dy/article/IPQF1KV00519QIKK.html，最后访问时间：2024 年 11 月 5 日。

菌多糖结合疫苗《上市许可证》，2024 年 1 月双方签订销售合同，对民海生物研发生产的全球首款双载体 13 价肺炎球菌结合疫苗向印尼出口的数量、单价、订单总额、发货日期等方面做出了详细约定。

（六）媒体领域走向深度交流合作

媒体是两国民众互相认识和理解的主要窗口，因此媒体领域的交流合作至关重要。2023 年，中印尼媒体间的交流合作表现为发表大使文章、合作举办论坛、相互走访、联合摄制纪录片等形式。具体而言，10 月 17~18 日，中国和印度尼西亚两国同步播出广西广播电视台与印尼国家电视台联合摄制的两集纪录片《海上丝路—天涯比邻》，以每集 34 分钟的时长，从中印尼双边视角，多层面展示新时代双边友谊，立体呈现中印尼各界友好往来的真挚情感，客观体现构建中印尼命运共同体是两国人民的共同心声和普遍期待，真实再现“一带一路”倡议造福世界、造福人类的行动和实践。① 11 月 15 日，2023 年中国-印尼媒体论坛在雅加达举行，两国 30 余家主流媒体代表参加，论坛主题为：高质量共建“一带一路”，建设中印尼命运共同体。两国代表围绕从中印尼命运共同体到亚洲命运共同体、以高质量传播促进“一带一路”高质量发展、中印尼全面战略伙伴十年发展下的民心相通等议题展开热烈交流、深入研讨。② 11 月 22 日，“家园之声”2023 年中国-东盟系列国际媒体采访团在印尼万隆布拉加街举办交流活动。活动期间，来自新华社、中新社、安塔拉通讯社、印尼电视台、雅加达邮报、罗盘报等中印尼两国的记者，及中国留学生、华人华侨自媒体互相分享和探讨了未来媒体与青年该如何搭建两国交流

① 《桂派纪录片・放映馆丨第十期〈海上丝路—天涯比邻〉》，广西壮族自治区广播电视局网站，2023 年 12 月 1 日，http：//gbdsj. gxzf. gov. cn/jingcaizhuanti/bwg/fyg/t17551237. shtml，最后访问时间：2024 年 11 月 5 日。

② 《2023 年中国-印尼媒体论坛成功举行》，中国驻印尼大使馆网站，2023 年 11 月 17 日，http：//id. china-embassy. gov. cn/chn/sgyw/202311/t20231117_ 11182160. htm，最后访问时间：2024 年 11 月 5 日。

合作的桥梁。[①] 12月7日，驻印尼大使陆慷在印尼当地媒体发表署名文章《命运与共 全力打造中印尼关系新的辉煌十年》。[②] 12月11~16日，印尼中爪哇省政府官员及主流媒体代表团一行23人访问福建，走访了福州、厦门、泉州等地，就高水平推进福建与印尼各领域合作进行交流探讨。[③]

四 海上合作务实推进

在《中华人民共和国和印度尼西亚共和国关于深化全方位战略合作的联合声明》中，中国和印尼双方同意进一步加强海上合作，用好中印尼海上合作技术委员会机制和中印尼海上合作基金，深化在海洋科研环保、航行安全、深海探测、防灾减灾、海上能力建设和渔业等领域合作，积极推进两国海警机制化合作。以此为基础，2023年，中印尼海上合作务实且卓有成效。

9月14日，自然资源部第一海洋研究所与中国驻印尼大使馆共同组织中印尼海洋合作研讨会，与印尼国家研究与创新署相关专家就深海矿产勘探与生物多样性发掘保护、海洋生物资源与开发利用技术等主题进行了深入讨论，并就双方开展科研合作达成共识。[④] 9月17日上午，执行远海实习访问

---

① 《"家园之声"2023年中国-东盟系列国际媒体采访团在印尼举行交流活动 中印青年人深入探讨如何加强未来交流合作》，光明网，2023年11月27日，https://world.gmw.cn/2023-11/27/content_36992390.htm，最后访问时间：2024年11月5日。

② 《驻印度尼西亚大使陆慷在印尼媒体发表题为〈命运与共 全力打造中印尼关系新的辉煌十年〉的署名文章》，中国外交部网站，2023年12月11日，https://www.fmprc.gov.cn/web/gjhdq_676201/gj_676203/yz_676205/1206_677244/1206x2_677264/202312/t20231214_11202381.shtml，最后访问时间：2024年11月5日。

③ 《印尼中爪哇省官员及媒体代表团访问福建》，福建省人民政府外事办公室网站，2023年12月21日，http://wb.fujian.gov.cn/jggk/bld/ll/hdbg/202312/t20231221_6364989.htm，最后访问时间：2024年11月5日。

④ 《我所组织召开中印尼海洋合作研讨会》，自然资源部第一海洋研究所公众号，2023年9月18日，https://mp.weixin.qq.com/s?__biz=MzI2MTkxMDk0Ng==&mid=2247497349&idx=1&sn=e084c57d985cf99838e27a6476de287c&chksm=ea518e48dd26075ede627db7e0cf0564333c8e51e002f268f6b16eae4632ee1874cdffed59c6&scene=27，最后访问时间：2024年11月5日。

任务的海军戚继光舰抵达泗水，进行为期 3 天的友好访问。此次访问印尼是按照双方友好协商确定的年度军事合作计划进行的，旨在加强中印尼海上务实合作与互信，为服务构建海洋命运共同体贡献积极力量。① 10 月 15~27 日，自然资源部第三海洋研究所研究团队赴印尼北苏拉威西海域开展了“典型海洋生态系统生物多样性和生态连通性”联合调查与研究航次，其间对该大学的青年科学家进行了典型生态系统样品采集和前处理培训，并与该大学成功举办“中-印尼沿海生态系统保护和管理”研讨会。② 11 月 9 日，在印尼驻华大使周浩黎的见证下，甘肃建投（中甘国际）与印尼合作伙伴正式签署了印尼海上天然气开发项目商务合同，本项目采用工程总承包+融资（EPC+F）模式，合同金额 5.88 亿美元。③ 11 月 13~15 日，中国科学院海洋研究所访问印尼，与山姆拉图朗宜大学续签合作备忘录，与印尼国家研究与创新署启动“我们共同的海洋”中-印尼联合航次印尼海观测活动，该活动在印尼海开展为期 35 天全程 4000 多海里的多学科综合性调查，包括海洋生物、生态、地质和物理海洋等学科的现场观测和采样。④ 12 月 4 日，中国海洋发展基金会与印尼海洋事务与渔业部签署“推行空间规划，助力蓝色经济”海上丝路项目合作备忘录。双方将围绕海洋与海岸带空间规划、蓝色经济、生态保护、人才培训、信息系统、人文交流等开展务实包容、互惠互利合作。⑤

① 《中国人民解放军海军戚继光舰访问印度尼西亚》，中华人民共和国驻泗水领事馆网站，2023 年 9 月 17 日，http://surabaya.china-consulate.gov.cn/xw/202309/t20230917_11144220.htm，最后访问时间：2024 年 11 月 5 日。

② 《我所与印度尼西亚萨姆拉图兰吉大学联合开展调查研究共促中印尼海洋生态领域务实合作》，自然资源部第三海洋研究所网站，2023 年 10 月 30 日，http://www.tio.org.cn/OWUP/html/xshd/20231030/3401.html，最后访问时间：2024 年 11 月 5 日。

③ 《甘肃建投成功签署 5.88 亿美元印尼海上天然气开发项目》，华陇国际建设股份有限公司网站，2023 年 11 月 13 日，http://sinoron.com.cn/show/?id=281&siteid=1，最后访问时间：2024 年 11 月 5 日。

④ 《中国科学院海洋研究所王凡所长率团访问印尼》，中国科学院网站，2023 年 11 月 20 日，http://www.syb.cas.cn/ydhz/hzdt/202311/t20231121_6936456.html，最后访问时间：2024 年 11 月 5 日。

⑤ 《中国海洋发展基金会与印度尼西亚海洋事务与渔业部签署海上丝路项目合作备忘录》，中国社会组织促进会网站，2023 年 12 月 29 日，https://www.chinanpo.org.cn/ds/2312dae3ed.html，最后访问时间：2024 年 11 月 5 日。

五 中印尼关系的展望

中印尼命运与共，双方共同致力于区域与全球秩序的稳定与和平发展，两国关系已经进入新的“蜜月期”。但是，排华历史等遗留问题、纳土纳专属经济区争议、美西方国家对印尼的拉拢，以及印尼国内的政治动向都可能对中印尼关系产生重大影响。历史上印尼国内政治变动曾导致中印尼关系从密切走向断交，因此需要对这些敏感问题随时保持关注和警觉。佐科执政时期，印尼奉行“大国平衡”的务实外交政策，且注重其本身在国内外事务中的中心地位，以及在区域与国际事务中话语权的夯实与提升，因此，历史遗留问题、美西方国家的拉拢都未对中印尼关系产生实质影响，并且随着中印尼关系的不断密切而影响力越来越弱。对于纳土纳专属经济区争议，由于双方并不存在领土主权争端，在两国政治互信的基础上，产生的问题都能够通过对话协商的方式得到妥善解决。

那么，2024 年能够对中印尼关系产生最大影响的因素莫过于印尼的总统大选。这一次总统大选意味着佐科执政的结束，也意味着印尼国内政治格局将发生变动。参选的三对候选人分别为雅加达前省长阿尼斯与民族觉醒党总主席穆海明，国防部长普拉博沃与梭罗市长吉布兰以及中爪哇省前省长甘贾尔与政治、法律和安全事务统筹前部长穆罕默德。从三对候选人的政治背景来看，阿尼斯组合的对华态度需要进一步关注，阿尼斯曾与华人钟万学在雅加达省长的选举期间斗争激烈，且钟万学是佐科任雅加达省长时期的搭档副省长。因此论及继承佐科的政治遗产，阿尼斯在竞选活动中提出了不同政见，明确反对迁都计划。而普拉博沃组合与甘贾尔组合都表示会继承佐科的政治遗产，且二者都有与华直接打交道的经验。2022 年 11 月，普拉博沃作为印尼防长率团访华，作出了落实两国元首共识，继续保持高层交往，强化军舰互访制度，以及推动两军关系不断向前等四项承诺。普拉博沃在印尼政坛深耕多年，有能力弥合不同政党的意见。更为重要的是，普拉博沃的副总统搭档是佐科的大儿子，是佐科作为新兴政治力量的继承者，因此更能确保对佐科政治遗产的继承。甘贾尔曾在任中爪哇省省长时与中国地方政府展开合作。但作为与佐科类似的强干地方政府首脑竞选总统，极有可能面临佐科执政初期面临的来自本政党的掣肘和其他政党的不配合等问题，因此这一组合的对华政策仍然具有较大的不稳定性。

根据最新报道，2 月 14 日，多家民调机构的快速计票结果显示，现任普拉博沃与吉布兰组合赢得正副总统选举。当天晚些时候，普拉博沃宣布获胜并呼吁国民在选举后重新团结起来继续前行。[①] 但是，本次总统选举的官方计票结果将于 3 月 20 日前公布，新任总统将于 10 月 20 日在印尼新首都努山塔拉举行就职仪式。自 2004 年印尼实行总统直选以来，印尼已经成功进行了 4 次总统直选，并未出现选举结果被暴力挑战的情况，总统及国会换届顺利进行，这意味着印尼的大选已经走向稳定成熟的阶段。展望未来，在普拉博沃-吉布兰新政府领导下，未来 5 年，中印尼关系发展不会发生逆转，双方高度互信且密切合作的态势将得到延续，这是由两国根本利益所决定的。

① 《快速计票结果显示普拉博沃-吉布兰组合赢得印尼总统选举》，新华网，2023 年 2 月 14 日，http：//www. news. cn/world/20240214/ec34240581e54f4cbd9ac9510925640c/c. html，最后访问时间：2024 年 2 月 16 日。

专 题 篇

B.13
2023年中国与周边国家经贸关系发展

石先进　苏庆义　邹治波*

摘　要： 受全球经济疲软影响，中国与周边国家经贸发展受到一定影响。贸易方面，中国与周边国家贸易呈双降状态。2023 年中国对周边国家出口总额为 14457 亿美元，下降了 0.6%。中国从周边国家进口总额为 13013 亿美元，下降了 6.4%。在中国经济结构调整、全球经济形势和东盟区域一体化进程加速等因素影响下，中国与东盟 10 国和东亚 4 国的进出口增速放缓，但中国对中亚 5 国和独联体 7 国进出口增长较快。投资方面，2023 年中国对周边国家的投资额为 403 亿美元，主要投向东盟 10 国、西亚 15 国和中亚 5 国，投资结构有所调整，在娱乐、物流和技术等新兴服务业的对外投资增长较快，日本、韩国、新加坡、澳大利亚、沙特对华投资保持较高增长势头。尽管当前全球经济仍然受到增长疲软、地缘政治、气候和环境风险以及

* 石先进，中国社会科学院世界经济与政治研究所助理研究员，研究方向为开放宏观经济与国际贸易；苏庆义，中国社会科学院世界经济与政治研究所研究员，研究方向为国际贸易理论与政策；邹治波，中国社会科学院世界经济与政治研究所副所长、研究员，研究方向为国际政治、国际安全战略、军控与防扩散。

政策不确定影响，但中国与周边国家的合作空间仍然较广阔，2024 年中国将在基础设施、数字经济、绿色发展等前沿领域增加与周边国家的合作，共同防范经贸保护主义风险，加强与周边国家在第三方市场合作，持续推动共建“一带一路”，不断释放共建“命运共同体”的潜力。

关键词： 中国 周边国家 经贸关系

一 中国与周边国家贸易总体进展顺利

（一）与周边国家的份额继续上升

从中国海关总署的数据（见表 1）来看，2023 年中国对周边国家出口总额为 14457 亿美元，比 2022 年下降 0.6%，占中国总出口的 42.8%，份额比 2022 年提高 1.76 个百分点。从区域来看，中亚 5 国和独联体 7 国出口增速较高，分别为 45.5%和 44.8%，份额也分别增加 0.63 个百分点和 1.26 个百分点。东亚 4 国和东盟 10 国出口增速较低，分别为-7.7%和-6.0%，份额也分别减少 0.31 个百分点和 0.22 个百分点。西亚 15 国出口增速适中，为 5.7%，份额略有增加，为 0.44 个百分点。南亚 7 国和大洋洲及太平洋群岛出口增速为负，分别为-5.1%和-5.2%，份额基本不变。

2023 年中国从周边国家进口总额为 13013 亿美元，比 2022 年下降 6.4%，占中国总进口的 50.9%，份额比 2022 年降低了 0.48 个百分点。从区域来看，独联体 7 国、大洋洲及太平洋群岛国家、南亚 7 国进口保持较快增长，分别为 13.3%、6.9%、4.9%，份额也分别增加 0.88 个百分点、0.79 和 0.09 个百分点。西亚 15 国和东亚 4 国进口增速较低，分别为-16.1%和-14.6%，份额也分别减少 1.06 个百分点和 1.40 个百分点。中亚 5 国进口增速基本持平，为-0.4%，份额略微增加 0.06 个百分点。从东盟 10 国进口下降 4.5%，份额略微上升 0.16 个百分点。

中亚5国和独联体7国与中国在"一带一路"倡议下加强了经贸合作，促进双边贸易的增长。东亚4国和东盟10国贸易额下降，一方面受这些地区经济疲软影响，进口需求疲软，另一方面也受到竞争压力、保守主义等影响。从西亚15国出口增速可以看到，这些国家与中国在中东安全稳定倡议下保持了稳定的政治和安全关系，中国向这些国家提供数字经济合作、文化交流等方面的支持，维持了适度贸易增长。

表1　2023年中国与周边国家贸易情况

出口	贸易额(亿美元)	增速(%)	占比(%)	相对于2022年占比的变化(百分点)
对周边国家出口总额	14457	-0.6	42.8	1.76
中亚5国	619	45.5	1.8	0.63
西亚15国	1521	5.7	4.5	0.44
南亚7国	1667	-5.1	4.9	-0.03
独联体7国	1244	44.8	3.7	1.26
东亚4国	3146	-7.7	9.3	-0.31
东盟10国	5370	-6.0	15.9	-0.22
大洋洲及太平洋群岛国家	898	-5.2	2.7	-0.01
进口	**贸易额(亿美元)**	**增速(%)**	**占比(%)**	**相对于2022年占比的变化(百分点)**
从周边国家进口总额	13013	-6.4	50.9	-0.48
中亚5国	278	-0.4	1.1	0.06
西亚15国	2141	-16.1	8.4	-1.06
南亚7国	235	4.9	0.9	0.09
独联体7国	1356	13.3	5.3	0.88
东亚4国	3367	-14.6	13.2	-1.40
东盟10国	3896	-4.5	15.2	0.16
大洋洲及太平洋群岛国家	1740	6.9	6.8	0.79

资料来源：Wind数据库（采自中国海关总署）。

1. 东盟10国

从出口方面看，2023年中国对东盟10国的出口总额为5372亿美元，同比下降5.96%（见表2）。东盟市场对中国出口的重要性依然较高，2023年出口占比达15.89%，是中国面向东南亚的核心目标市场。2023年中国向该地区的出口份额较2022年下降0.22个百分点。中国对大部分东盟国家的出口呈现不同程度的下滑，其中，对菲律宾、缅甸的出口下降最为明显，分别下降16.77%和15.06%。中国对老挝、文莱的出口较快增长，分别增长41.92%和6.04%。中老铁路正式通车，为中老双方经贸往来提供了便利，促进了中国对老挝的出口增长。从出口结构上看，中国对越南的出口占比最高，达到4.20%，但增速下降3.9%，份额比2022年上升了0.03个百分点。对文莱的出口占比最低，仅为0.03%。中国对东盟10国的出口特点是规模较大、增速放缓、差异较大。

从进口方面看，2023年中国从东盟10国的总体进口额为3896亿美元，同比下降4.58%，占中国进口总额的15.23%。在10个东盟国家中，中国从马来西亚进口额度最高，达1028亿美元，较2022年下降6.45%，占中国总进口的4.02%，份额较2022年略微下降0.04个百分点。中国从越南进口的额度较高，为928亿美元，同比上升5.57%，占中国总进口的3.63%，份额略微上升0.38个百分点。受益于中老铁路开通，中国从柬埔寨、老挝的进口增速分别达到12.62%、11.82%，是从该地区进口的国别中增速最高的。向中国出口下降幅度较大的国别为缅甸、菲律宾、文莱，其中缅甸向中国主要出口资源性产品、农产品和木材。随着中国国内经济增速放缓，基础设施建设需求减少、房地产市场疲软，对工业原材料、木材需求减少，中国从缅甸的进口下降16.55%。菲律宾对中国主要出口电子设备、农产品和资源性商品，随着中国经济结构升级，对低端电子产品需求减少，同时自身农业产出增加，中国从菲律宾进口下滑15.45%。文莱主要出口石油和天然气，随着中国国内经济放缓，全球能源价格相对于2022年下降，中国从文莱进口的额度也呈下降态势。

2023年中国与东盟贸易变化的原因有以下三个方面。一是中国经济结构转型。过去一段时间以来，中国经济结构正在加速转型升级，从高投资、高出口向高消费、高质量发展转变。中国对东盟国家的低端制造业产品、劳动密集型产品以及部分资源类原材料的需求较以前有所下降。与此同时，中国经济结构转型也带动东盟国家经济转型，部分国家开始着力发展高新技术产业，对中国出口的产品结构也在不断优化，给双边贸易带来一定冲击。二是全球经济形势的变化。2022 年以来，受地缘政治环境紧张、发达国家货币政策收紧等因素影响，全球经济增速放缓。作为出口导向型经济体，东盟国家的出口大受打击。而中国作为世界第二大经济体，经济增速也有所放缓，进口需求减弱。三是区域经济一体化深入发展。在《区域全面经济伙伴关系协定》（RCEP）正式生效的背景下，东盟国家之间的区域经济合作与一体化水平在不断提高，东盟国家间的产业分工与合作加强，从而也会与中国的贸易结构形成竞争关系，在一定程度上也会影响双边贸易。

表 2　2023 年中国与东盟 10 国的贸易情况

指标	贸易额(亿美元)	增速(%)	占比(%)	相对于 2022 年占比的变化(百分点)
出口				
东盟 10 国	5372	-5.96	15.89	-0.22
菲律宾	540	-16.77	1.60	-0.23
柬埔寨	130	-8.91	0.38	-0.02
老挝	34	41.92	0.10	0.03
马来西亚	900	-5.40	2.66	-0.02
缅甸	116	-15.06	0.34	-0.04
泰国	769	-2.45	2.27	0.05
文莱	9	6.04	0.03	0.00
新加坡	796	-2.98	2.35	0.04
印尼	659	-7.85	1.95	-0.07
越南	1419	-3.90	4.20	0.03
进口				
东盟 10 国	3896	-4.58	15.23	0.15
菲律宾	196	-15.45	0.76	-0.09
柬埔寨	21	12.62	0.08	0.01
老挝	38	11.82	0.15	0.02
马来西亚	1028	-6.45	4.02	-0.04
缅甸	96	-16.55	0.37	-0.05
泰国	511	-9.65	2.00	-0.09
文莱	19	-11.64	0.08	-0.01
新加坡	315	-7.30	1.23	-0.02
印尼	744	-4.44	2.91	0.03
越南	928	5.57	3.63	0.38

资料来源：Wind 数据库（采自中国海关总署）。

2. 东亚4国

从出口来看，2023 年中国对东亚 4 国总出口额为 3146 亿美元，同比下降 7.74%（见表 3）。除朝鲜和蒙古国以外，中国对其他东亚国家的出口出现不同程度下降。其中，对日本和韩国的出口降幅较大，分别为 8.67%和 8.00%。对东亚 4 国的出口占总出口的 9.31%，比重下降 0.31 个百分点，对日本和韩国的出口占比下降最多，分别下降 0.21 个百分点、0.16 个百分点。对朝鲜的出口增速最快，为 126.77%，但占比仍较小。从进口来看，2023 年中国从东亚 4 国进口总额为 3366.9 亿美元，同比下降 14.63%，占中国进口总额的 13.17%。韩国和日本是中国的主要进口来源国，中国从韩国、日本进口额分别为 1625 亿美元和 1608 亿美元，但同比下降幅度较大，分别为 18.79%和 12.99%。中国从朝鲜和蒙古国的进口额很小，但中国从朝鲜的进口同比大幅增长 117.53%，中国从蒙古国进口增长 40.31%。可以看出，中国从东亚主要经济体的进口出现明显的下降，但从朝鲜和蒙古国的进口保持较快增长。

2023 年中国与东亚 4 国的贸易呈以下特点：一是贸易额大、结构相对稳定。无论是从出口还是从进口看，韩国、日本都是中国重要的贸易对象，而且贸易关系相对稳定。二是贸易增速普遍放缓。2023 年全球经济形势艰难，中国经济增速放缓，东亚国家也面临经济下行压力。三是差异化发展，尽管中国与东亚主要经济体的贸易增速放缓，但与朝鲜和蒙古国的贸易大幅增长。

近年来，中国与东亚 4 国贸易变化的原因可以归结为以下几点。从产业结构调整看，中国近年来进行产业升级和结构调整，逐渐向高端制造业和服务业转型，使中国能在某种程度上生产日韩产品的替代品，因此会减少对日韩产品的依赖。从全球经济状况看，经济疲软也是影响中国与东亚地区贸易变化的原因之一，全球经济增长放缓导致双边贸易下降，尤其是日本和韩国等发达经济体，作为全球贸易体系的重要组成部分，经济增速放缓对其出口冲击较大。从区域一体化角度看，随着东亚地区一体化进程加深，一些东亚国家间贸易可能更多地向内部市场倾斜，而不是依赖外部。

表 3 2023 年中国与东亚 4 国贸易情况

指标	贸易额(亿美元)	增速(%)	占比(%)	相对于 2022 年占比的变化(百分点)
出口				
东亚 4 国	3146	-7.74	9.31	-0.31
日本	1581	-8.67	4.68	-0.21
朝鲜	20	126.77	0.06	0.03
韩国	1510	-8.00	4.47	-0.16
蒙古国	35	20.44	0.10	0.02
进口				
东亚 4 国	3366.9	-14.63	13.17	-1.40
日本	1608	-12.99	6.29	-0.54
朝鲜	2.9	117.53	0.01	0.01
韩国	1625	-18.79	6.36	-1.04
蒙古国	131	40.31	0.51	0.17

资料来源：Wind 数据库（采自中国海关总署）。

3. 中亚5国

从出口来看，2023 年中国对中亚 5 国出口总额为 619 亿美元，同比增长 45.47%，对 5 国出口均保持两位数增长，其中塔吉克斯坦增长 65.77%、乌兹别克斯坦增长 64.36%（见表 4）。中亚 5 国在中国出口总额中所占比重为 1.83%，同比上升 0.63 个百分点，占比提升明显。从进口来看，2023 年中国从中亚 5 国的进口总额为 278.3 亿美元，同比增长 0.28%，占中国进口总额的 1.09%，份额略微上升 0.06 个百分点。哈萨克斯坦是中国最大的中亚进口来源国，2023 年中国从哈萨克斯坦进口 163 亿美元，同比大幅增长 10.26%，占中亚 5 国对华出口的 51.56%。土库曼斯坦和乌兹别克斯坦是中国的第二和第三大中亚进口来源国，但 2023 年从这两个国家进口出现不同程度下降。

从原因来看，“一带一路”加强了中国与中亚国家的贸易联系，降低了双边的贸易成本，中国与中亚 5 国之间的基础设施建设项目增多，也促进了双边贸易增长。此外，在保护主义环境下，中国与中亚 5 国寻求贸易伙伴多元化的结果，尤其是在面对西方国家贸易压力增大的情况下，中国和中亚国家合作为地区贸易增长拓展了空间。

表 4　2023 年中国与中亚 5 国贸易情况

指标	贸易额(亿美元)	增速(%)	占比(%)	相对于 2022 年占比的变化(百分点)
出口				
中亚 5 国	619	45.47	1.83	0.63
哈萨克斯坦	248	51.56	0.73	0.27
吉尔吉斯斯坦	200	28.82	0.59	0.15
塔吉克斯坦	37	65.77	0.11	0.05
土库曼斯坦	10	11.59	0.03	0.00
乌兹别克斯坦	124	64.36	0.37	0.15
进口				
中亚 5 国	278.3	0.28	1.09	0.06
哈萨克斯坦	163	10.26	0.64	0.09
吉尔吉斯斯坦	0.8	1.97	0.00	0.00
塔吉克斯坦	2.5	-35.53	0.01	0.00
土库曼斯坦	96	-6.63	0.38	0.00
乌兹别克斯坦	16	-27.50	0.06	-0.02

资料来源：Wind 数据库（采自中国海关总署）。

4. 南亚7国

从出口来看，2023 年中国对南亚 7 国出口总额为 1658.4 亿美元，同比下降 5.14%，占中国出口总额的 4.88%。从表 5 的数据看，印度是中国最大的南亚出口目的地国，2023 年中国对印度出口额为 1186 亿美元，与上年出口基本持平。孟加拉国和巴基斯坦分别为中国第二和第三大南亚出口目的地国，2023 年中国对这两个国家的出口额分别为 232 亿美元、176 亿美元，中国对巴基斯坦和孟加拉国出口呈两位数下降，是对南亚出口下滑的主要原因，分别下降 23.45%、13.35%。从进口来看，2023 年中国从南亚 7 国的进口总额为 234.9 亿美元，同比增长 2.17%，占中国进口总额的 0.18%。印度也是中国最大的南亚进口来源国，2023 年中国从印度进口 186 亿美元，同比增长 6.08%。巴基斯坦和孟加拉国分别为中国第二和第三大南亚进口来源国，中国从这两个国家的进口总额较小，但保持增长。

从原因来看，保护主义、经济疲软和政局动荡是影响中国与该地区贸易的主要因素。印度对华采取保守态度，制约了中国对印度出口，但两国经济的互补性对贸易起到了一定支撑作用。经济下行压力也对双边贸易带来冲击，各自进口需求增长乏力。此外，孟加拉国2022年发生政变，之后又爆发大规模抗议活动，国内形势动荡制约了经济发展，影响了中孟贸易。

表5 2023年中国与南亚7国贸易情况

指标	贸易额(亿美元)	增速(%)	占比(%)	相对于2022年占比的变化(百分点)
出口				
南亚7国	1658.4	-5.14	4.88	-0.03
巴基斯坦	176	-23.45	0.52	-0.13
孟加拉国	232	-13.35	0.69	-0.07
尼泊尔	18	7.37	0.05	0.01
斯里兰卡	38	1.14	0.11	0.01
印度	1186	-0.12	3.51	0.16
不丹	0.6	-62.31	0.00	0.00
马尔代夫	7.8	71.20	0.02	0.01
进口				
南亚7国	234.9	2.17	0.18	0.01
巴基斯坦	35	1.14	0.14	0.01
孟加拉国	10	4.52	0.04	0.00
尼泊尔	0.3	59.31	0.00	0.00
斯里兰卡	3.6	-27.81	0.01	0.00
印度	186	6.08	0.73	0.08
不丹	0.0	1.75	0.00	0.00
马尔代夫	0.0	-50.00	0.00	0.00

资料来源：Wind数据库（采自中国海关总署）。

5. 大洋洲及太平洋群岛国家

从出口来看，2023年中国对大洋洲及太平洋群岛国家的出口总额为897.5亿美元，同比下降5.19%，占中国出口总额的2.66%，份额略微下降

0.02 个百分点（见表 6）。澳大利亚是中国最大的大洋洲出口目的地国，2023 年中国对澳大利亚出口 755 亿美元，增速同比下降 4.43%。新西兰和马绍尔群岛分别为中国第二和第三大出口目的地国，出口额分别为 79 亿美元、35 亿美元，其中对新西兰出口下降 13.71%。从进口来看，2023 年中国从大洋洲及太平洋群岛国家的进口总额为 1724.8 亿美元，同比增长 7.22%，占中国进口总额的 6.75%，份额上升 0.80 个百分点。澳大利亚是中国最大的大洋洲进口来源国，2023 年中国从澳大利亚进口 1550 亿美元，同比增长 10.14%。新西兰为中国在该地区的第二大进口来源国，2023 年中国从新西兰进口 135 亿美元，同比下降 15.52%，份额也略微下降 0.06 个百分点。

表 6　2023 年中国与大洋洲及太平洋群岛国家贸易情况

指标	贸易额(亿美元)	增速(%)	占比(%)	相对于 2022 年占比的变化(百分点)
出口				
大洋洲及太平洋群岛国家	897.5	-5.19	2.66	-0.02
澳大利亚	755	-4.43	2.23	0.00
新西兰	79	-13.71	0.23	-0.02
马绍尔群岛	35	1.04	0.10	0.01
巴布亚新几内亚	13	-8.59	0.04	0.00
斐济	5.2	1.94	0.02	0.00
所罗门群岛	2.4	20.94	0.01	0.00
太平洋其他岛国	7.9	-290.05	0.02	0.00
进口				
大洋洲及太平洋群岛国家	1724.8	7.22	6.75	0.80
澳大利亚	1550	10.14	6.06	0.86
新西兰	135	-15.52	0.53	-0.06
巴布亚新几内亚	36	-5.03	0.14	0.00
所罗门群岛	3.1	1.41	0.01	0.00
太平洋其他岛国	0.7	29.15	0.00	0.00

资料来源：Wind 数据库（采自中国海关总署）。

6. 西亚15国

出口方面，2023 年中国对西亚 15 国的出口额为 1522.3 亿美元，同比增长

5.71%，占中国总出口额的4.50%，比重提高0.44个百分点（见表7）。西亚市场在中国外贸中的地位有所提升，增长速度高于平均水平。对阿富汗、沙特、伊朗和科威特的出口增速较高，分别为129.05%、14.28%、7.50%和6.10%，而对阿曼、巴林、卡塔尔、塞浦路斯、叙利亚和约旦的出口则出现下降，下降幅度最大的是塞浦路斯，下降17.67%。出口占比方面，阿联酋、沙特、伊拉克和伊朗是中国在西亚的主要贸易伙伴，分别占西亚出口额的37.04%、28.57%、9.53%和6.70%。对沙特、阿联酋、伊朗、科威特和阿富汗的出口比重都有所上升，对沙特的出口占比提升0.21个百分点。进口方面，2023年中国从西亚15国的进口额为2140.8亿美元，同比下降16.25%，占中国总进口额的8.37%，进口占比降低1.07个百分点。其中，从阿富汗、巴勒斯坦、黎巴嫩和塞浦路斯的进口增速较高，分别为52.31%、100.00%、1.18%和2.73%，而从也门、科威特、叙利亚、伊朗和沙特的进口下降幅度较大，其中从也门的进口下降97.28%。在进口占比方面，沙特、阿联酋、伊拉克和阿曼是中国在西亚的主要贸易伙伴，从这些国家的进口分别占从西亚进口额的30.04%、18.36%、16.54%和14.67%，从科威特、沙特、阿联酋和阿曼的进口占比都有所下降，其中从科威特进口占比降幅最大，达0.31个百分点，而从阿富汗、巴勒斯坦、黎巴嫩和塞浦路斯进口占比保持不变。

表7　2023年中国与西亚15国贸易情况

指标	贸易额(亿美元)	增速(%)	占比(%)	相对于2022年占比的变化(百分点)
出口				
西亚15国	1522.3	5.71	4.50	0.44
阿富汗	13	129.05	0.04	0.02
阿联酋	564	4.48	1.67	0.15
阿曼	39	-8.39	0.11	0.00
巴勒斯坦	1.7	4.94	0.00	0.00
巴林	16	-12.20	0.05	0.00
卡塔尔	37	-6.97	0.11	0.00

续表

指标	贸易额(亿美元)	增速(%)	占比(%)	相对于2022年占比的变化(百分点)
科威特	53	6.10	0.16	0.02
黎巴嫩	24	-3.64	0.07	0.00
塞浦路斯	10	-17.67	0.03	0.00
沙特	435	14.28	1.29	0.21
叙利亚	3.6	-14.51	0.01	0.00
也门	27	-2.96	0.08	0.00
伊拉克	145	3.39	0.43	0.03
伊朗	102	7.50	0.30	0.03
约旦	52	-9.83	0.15	-0.01
进口				
西亚15国	2140.8	-16.25	8.37	-1.07
阿富汗	0.6	52.31	0.00	0.00
阿联酋	393	-13.06	1.54	-0.13
阿曼	314	-13.08	1.23	-0.11
巴勒斯坦	0.0004	100.00	0.00	0.00
巴林	1.9	-21.19	0.01	0.00
卡塔尔	208	-7.43	0.81	-0.02
科威特	172	-35.04	0.67	-0.31
黎巴嫩	0.6	1.18	0.00	0.00
塞浦路斯	0.4	2.73	0.00	0.00
沙特	643	-17.41	2.51	-0.36
叙利亚	0.02	-31.11	0.00	0.00
也门	0.2	-97.28	0.00	-0.02
伊拉克	354	-10.00	1.38	-0.07
伊朗	46	-28.34	0.18	-0.06
约旦	7.1	-4.71	0.03	0.00

资料来源：Wind数据库（采自中国海关总署）。

从影响贸易变化的因素看，出口方面，受经济疲软和油价下降影响，部分国家能源出口收入下降，从而进口需求也随之下降，尤其对传统商品需求减少，对中国出口造成一定压力。进口方面受国内经济结构调整和经济疲软影响，对这些国家能源进口需求也呈下降之势。

7. 独联体7国

出口方面，2023 年中国对独联体 7 国的出口额为 1244.5 亿美元，同比增长 44.82%，占中国总出口额的 3.68%，比重提高 1.26 个百分点（见表 8）。独联体 7 国市场在中国外贸中的地位有所提升，贸易增长速度远高于平均水平。其中，中国对白俄罗斯、格鲁吉亚和俄罗斯的出口增速较高，分别为 78.17%、56.58% 和 46.13%，而对乌克兰出口出现下降，降幅为 15.90%。在出口占比方面，俄罗斯是中国在独联体的主要贸易伙伴，中国对俄罗斯出口占对独联体 7 国出口额的 89.51%，对摩尔多瓦、亚美尼亚和阿塞拜疆的出口占比则很低，且对俄罗斯、白俄罗斯和格鲁吉亚的出口占比有所上升，其中对俄罗斯出口占比提升最大，提升了 1.15 个百分点，对乌克兰出口占比有所下降，降低 0.01 个百分点。进口方面，2023 年，中国从独联体 7 国的进口总额达到 1355.8 亿美元，同比增长 13.34%，占中国总进口额的 5.31%，比 2022 年提高 0.88 个百分点，中国与独联体 7 国的贸易合作日益密切和深入。其中，俄罗斯是中国在该地区最大的进口来源国，中国从俄罗斯进口额占从独联体 7 国进口总额的 94.11%，达 1276 亿美元，同比增长 13.72%，占中国总进口额的 4.99%，比 2022 年提高 0.85 个百分点，这主要得益于中国与俄罗斯战略伙伴关系的稳定和发展。在独联体 7 国中，中国从白俄罗斯的进口增速最快，2023 年进口额同比增长 44.63%，达到 26 亿美元，占从独联体 7 国进口总额的 1.92%，占中国总进口额的 0.10%，比 2022 年提高 0.04 个百分点。中国从阿塞拜疆和格鲁吉亚进口下降幅度最大，同比下降 30.43% 和 25.61%，分别为 1.7 亿美元和 1.2 亿美元，占从独联体 7 国进口总额的 0.13% 和 0.09%。中国从摩尔多瓦、乌克兰和亚美尼亚的进口额最少，分别为 0.9 亿美元、40 亿美元和 10 亿美元，占从独联体 7 国进口总额的 0.07%、2.95% 和 0.74%，中国与这三个国家的进口贸易规模还比较小，有待进一步扩大和提升。

中国与独联体 7 国的政治互信和战略合作不断深化，为双边经贸往来创造了良好的环境。2023 年中国与独联体 7 国在多个领域开展了广泛的交流与合作，签署了一系列的协议，推动双边关系的全面发展。中国积极参与和推动独联体地区的区域合作和互联互通建设，为双方的贸易便利化和市场拓展提供了有力的支持，与独联体7国共同推进落实“一带一路”，加大在能源、基础设施、工业园区、农业、科技等领域的投资与合作，为双方的贸易增长提供了动力。

表8　2023年中国与独联体7国贸易情况

指标	贸易额(亿美元)	增速(%)	占比(%)	相对于2022年占比的变化(百分点)
出口				
独联体7国	1244.5	44.82	3.68	1.26
阿塞拜疆	16	37.02	0.05	0.01
白俄罗斯	58	78.17	0.17	0.08
俄罗斯	1114	46.13	3.30	1.15
格鲁吉亚	20	56.58	0.06	0.02
摩尔多瓦	2.5	21.96	0.01	0.00
乌克兰	28	-15.90	0.08	-0.01
亚美尼亚	6.0	25.41	0.02	0.00
进口				
独联体7国	1355.8	13.34	5.31	0.88
阿塞拜疆	1.7	-30.43	0.01	0.00
白俄罗斯	26	44.63	0.10	0.04
俄罗斯	1276	13.72	4.99	0.85
格鲁吉亚	1.2	-25.61	0.00	0.00
摩尔多瓦	0.9	11.40	0.00	0.00
乌克兰	40	-4.03	0.16	0.00
亚美尼亚	10	3.87	0.04	0.00

资料来源：Wind数据库（采自中国海关总署）。

（二）中国与周边国家贸易协定进展顺利

1. 中国-东盟自贸区3.0版完成四轮谈判

2023年，中国与东盟国家完成了中国-东盟自贸区3.0版谈判的首轮磋商，将打造更加包容、现代、全面和互利的中国-东盟自贸区。3.0版升级涵盖9个领域，包括现有自贸协定及新兴领域：数字经济、绿色经济、供应链互联互通、标准技术法规与合格评定、卫生与植物卫生措施、海关程序和贸易便利化、竞争和消费者保护、中小微企业、经济技术合作。3.0版升级对双方经贸发展意义重大。一是拓展新兴合作。首次达成高水平数字经济、绿色经济、供应链互联互通章节。数字经济方面，促进基础的“硬联通”和“软联通”，确定了双方数字经济合作的制度安排。二是加强标准和规制领域的互融互通。双方达成各自缔约实践中最高水平的标准技术法规与合格评定程序章节，首次承诺在制定自身标准时可参用对方标准，鼓励承认彼此的合格评定结果，首次就竞争和消费者保护设立单独章节，成立专门委员会，强化竞争立法和执法合作。三是促进贸易便利化及包容发展。双方在海关程序与贸易便利化、卫生与植物卫生措施等方面，较现有双方自贸协定和RCEP实现增值，还通过设立中小微企业和经济技术合作章节，促进包容发展。[①]

中国-东盟自贸区3.0版谈判将对中国-东盟双边经贸关系产生重要影响。一是将全面提升中国-东盟战略伙伴关系水平，使中国-东盟全面战略伙伴关系的内涵更加丰富，合作领域更加广泛，与RCEP等区域贸易安排相互补充，为构建开放型世界经济和建设人类命运共同体提供新机遇，促进东亚区域经济一体化进程。二是助推中国-东盟经贸关系高质量发展，中国-东盟自贸区3.0版谈判将使双方在数字经济、绿色经济等前沿领域合作取得新进展，有利于培育新增长点，使合作更加可持续。三是为双方企业提供更广阔的市场和合作空间，进一步拓宽双方企业的市场准入范围，使双方得到更多实惠。

2. 中日韩启动新一轮自贸区谈判意愿明显

2013年至今，中日韩三国已进行16轮谈判。三国就打造高标准、高水平的自贸区达成共识，目标是在RCEP的基础上建立“RCEP+”的自贸

① 《商务部国际司负责人介绍中国-东盟自贸区3.0版谈判实质性结束相关情况》，中国政府网，2024年10月10日，https://www.gov.cn/zhengce/202410/content_6979243.htm，最后访问时间：2024年12月28日。

区。长期以来，中日韩自贸区谈判进展缓慢，RCEP 的正式生效为恢复三边自贸区谈判创造有利条件。2023 年 11 月 26 日，中共中央政治局委员、外交部长王毅在韩国釜山同韩国外长朴振、日本外相上川阳子共同出席第十次中日韩外长会，中日韩三国表态愿推动谈判尽快重启。朴振、上川阳子积极评价中日韩合作取得的进展，面对新形势三国应重温合作初衷，加强沟通交流，促进各领域合作，三方可在经贸、科技和数字化转型、人文交流、环保、老龄化等领域开展面向未来的实质性合作，不断扩大共同利益。[①]

中日韩自贸区对三边和地区经济发展具有重要意义。中日韩自贸区的建立，有利于三国充分发挥经济互补性，推动贸易投资合作，提高区域经济一体化水平，稳定地区经济发展。同时，中日韩自贸区将构建在 RCEP 基础之上，标准更高，有助于中日韩在东亚经济圈中发挥引领作用，三国在全球市场中的竞争力也将提升。在全球经济面临诸多不确定性的当下，中日韩加强自贸区建设合作，有利于互利共赢，维护产业链供应链稳定，推动亚太地区的区域经济一体化。

3. RCEP 成效显著

2023 年 RCEP 对所有成员国都开始生效。2 月举行的 RCEP 第三次联委会讨论了秘书处设置、经济合作项目、架构建设等内容。[②] 韩国提出了核心矿物供应、数字绿色经济合作等关切，希望尽快召开实施委员会。博鳌亚洲论坛年会认为，RCEP 正式生效一年多来，已经成为亚洲区域经济发展的新动力，推动贸易投资增长，提升区域经济一体化水平。各地积极对接实施有利于融入 RCEP 规则的政策措施，加强区域制造产业升级强链、服务创新助力区域农业合作等议题的研究，发掘 RCEP 产业发展新机遇。此外，中国香

① 《王毅出席第十次中日韩外长会》，外交部网站，2023 年 11 月 26 日，https：//www. mfa. gov. cn/ web/gjhdq_ 676201/gj_ 676203/yz_ 676205/1206_ 676836/xgxw_ 676842/202311/t20231126_ 11187325. shtml，最后访问时间：2024 年 8 月 2 日。

② 《RCEP 第三次联委会以视频方式召开》，中国自由贸易区服务网，2023 年 2 月 23 日，http：//fta. mofcom. gov. cn/article/ rcep/rcepgfgd /202302/51968_ 1. html，最后访问时间：2024 年 8 月 2 日。

港和斯里兰卡表示愿意加入 RCEP。

4. 其他贸易协定正在顺利推进

一是中国和新加坡自贸协定升级即将开始新的谈判。2023 年 4 月 1 日中国与新加坡共同签署了《中华人民共和国商务部和新加坡贸易与工业部关于宣布实质性完成中国—新加坡自由贸易协定升级后续谈判的谅解备忘录》，确认实质性完成两国自贸协定升级后续谈判。[①] 12 月 8 日两国签署升级《自由贸易协定》的议定书，为进一步激发两国服务贸易和投资合作潜力提供制度保障。二是中韩自贸协定升级谈判将有新进展。[②] 在 12 月 4 日举行的中韩自由贸易协定第五次联委会会议上，双方共同审议协定项下货物贸易、原产地规则、技术性贸易壁垒、经济合作等领域实施情况，就韩国跨境电商商品通关效率、电子通信设备认证和部分农产品商品编码归类等问题深入沟通，表示将深化产业链供应链合作，推动中韩自贸协定高质量实施，加快第二阶段升级谈判。三是中国和新西兰、中国和海合会国家贸易谈判也取得新进展。[③] 12 月 19 日举行的中国-新西兰自贸区联委会第七次会议中，双方就推进标准领域认可与合作交换意见，以及以负面清单形式开展服务贸易谈判开展讨论。[④] 2023 年中阿外长表示愿意争取早日达成中海自贸协定，在 10 月的中国-海合会 6+1 经贸部长会上，深化“油气+”合作模式。[⑤] 在双方认为应共同展现灵活性，加快谈判进度，巴林方面对协定持乐观态度，

---

① 《中国与新加坡宣布实质性完成自贸协定升级后续谈判》，中国商务部网站，2023 年 4 月 2 日，https://www.gov.cn/lianbo/2023-04/02/content_5749713.htm，最后访问时间：2024 年 8 月 2 日。

② 《商务部国际司负责人解读中新自由贸易协定进一步升级议定书》，中国商务部网站，2023 年 12 月 8 日，https://www.gov.cn/zhengce/202312/content_6919123.htm，最后访问时间：2024 年 8 月 2 日。

③ 《韩中自贸协定第五次联委会会议举行》，韩联社，2023 年 12 月 4 日，https://cn.yna.co.kr/view/ACK20231204002800881，最后访问时间：2024 年 8 月 2 日。

④ 《中国-新西兰自贸区联委会第七次会议举行》，中国商务部网站，2023 年 12 月 9 日，http://fta.mofcom.gov.cn/article/zhengwugk/202312/54963_1.html，最后访问时间：2024 年 8 月 2 日。

⑤ 《中国-海合会 6+1 经贸部长会取得积极成果》，中国商务部网站，2023 年 10 月 22 日，http://m.mofcom.gov.cn/article/syxwfb/202310/20231003448050.shtml，最后访问时间：2024 年 8 月 2 日。

中海自贸协定的顺利达成，有助于扩大中国与海合会国家的贸易投资规模，促进产业链供应链合作，推动中海双方在能源、科技、绿色发展等领域合作，助力海合会国家实现经济多元化。

二　中国与周边国家仍视彼此为重点投资区域

（一）中国对周边国家投资

1. 对周边国家投资的区域和行业状况

2023 年中国投资重点区域仍然是周边国家，重心仍然在东盟，但西亚地区的下滑和南亚、大洋洲的疲软对总体增速造成拖累。2023 年，中国对周边国家的投资额为 403.23 亿美元，占对外直接投资总额的 44.78%。与上年相比，投资额略有下降 1.27%，但占比仍较高（见表 9）。

从对外投资的地区来看，在周边国家中，东盟 10 国仍然是中国最大的投资目的地，投资额为 192.32 亿美元，占周边国家投资的 47.7%。虽然东盟的投资份额较上年下降 2.93 个百分点，但实际投资额增长 7.03%。东盟 10 国是中国最大的贸易伙伴，也是共建“一带一路”的重要合作伙伴，双方在经贸、基础设施、产能、数字经济、绿色发展等领域有着广泛的合作空间和潜力，而且双方在政治、文化、社会等方面有着良好的互信和友好，中国对东盟的投资一直保持着较高的增长率。西亚 15 国是中国对周边国家投资下降最快的地区，投资额为 126.15 亿美元，下降 16.83%，其中海湾地区受到低油价影响明显，增长乏力导致西亚 15 国的投资份额下降 6.49 个百分点，西亚 15 国形势复杂，安全局势动荡对西亚 15 国的投资带来不利影响。中国对南亚 7 国和大洋洲及太平洋群岛国家的投资分别下滑 51.81% 和 46.88%，该地区经济发展不平衡，印度和巴基斯坦之间冲突，也给中国在该地区国家投资带来较大风险，使得这两个地区的投资份额下降超过 2 个百分点。对东亚 4 国和中亚 5 国的投资增速最快，分别为 688.59% 和 130.16%，但这两个地区的基数都较小，仅占对周边国家总投资的 11.65%，投资激增的原因是对日韩加大了投资，美国企业研究所数据显示，其中对韩国的运输投资从2022年的0.68亿美元上升到2023年的4.46亿美元，投资领域也有所变化，从上年的娱乐、房地产、运输，转换到金属、旅游、技术、运输投资。对中亚5国投资增长130.16%，该地区是“一带一路”的关键区域，中国与中亚5国之间的友好互通，为中国对中亚5国的投资提供重要支持保障。对独联体7国投资额为6.10亿美元。该地区的地缘政治较为敏感复杂，中国对该地区投资面临较大挑战。

表9　2022年、2023年中国对周边国家的投资分布

地区	2022年投资额（亿美元）	2023年投资额（亿美元）	2023年份额（%）	份额变化（百分点）	增速（%）
投资总额	739.80	900.49	100.00	0.00	21.72
周边国家总额	408.41	403.23	44.78	-10.43	-1.27
大洋洲及太平洋群岛国家	34.64	18.40	2.04	-2.64	-46.88
东盟10国	179.69	192.32	21.36	-2.93	7.03
东亚4国	2.30	18.17	2.02	1.71	688.59
独联体7国	—	6.10	0.68	—	—
南亚7国	27.58	13.29	1.48	-2.25	-51.81
西亚15国	151.69	126.15	14.01	-6.49	-16.83
中亚5国	12.51	28.80	3.20	1.51	130.16

注：中国目前尚未公布2023年对外投资的数据，所以采用了第三方机构美国企业研究所（American Enterprise Institute，AEI）的数据。该机构是一个位于华盛顿特区的独立非营利性智库机构，研究政府、政治、经济和社会福利，主要由基金会、企业、个人赞助支持，在全球范围内具有较大影响力。

资料来源：美国企业研究所，https://www.aei.org/china-global-investment-tracker/。

2023年中国对周边国家的投资更加理性，房地产、能源行业占比下降，高新技术和实体经济等领域占比进一步提高。如表10所示，中国对周边国家的投资额为403.23亿美元，涉及15个行业，其中房地产、能源、运输、金属和技术是投资额最高的五大行业，分别占周边国家投资额的11.30%、31.51%、23.0%、9.8%和7.14%。从增速来看，娱乐、物流、技术、化学品和金属是增速最高的五大行业，分别为1283.93%、432.21%、162.98%、

99.32%和78.01%。从行业总投资比重来看，公用事业、旅游、娱乐、消费品和能源是占比最高的五大行业，分别为100%、100%、100%、95.62%和52.88%。

表10　2022年、2023年中国对周边国家的投资行业

	2022年投资额（亿美元）	2023年投资额（亿美元）	占该行业总投资比重（%）	份额变化（百分点）	2023年增速（%）
投资总额	408.43	403.23	—	—	-1.27
房地产	40.22	45.57	60.46	-13.3	13.29
公用事业	7.60	8.10	100.00	20.0	6.58
化学品	5.87	11.70	63.14	16.8	99.32
技术	10.96	28.81	60.06	-5.7	162.98
健康	9.50	8.40	68.71	39.3	-11.58
金融	31.60	—	—	—	—
金属	22.20	39.51	27.41	-0.3	78.01
旅游	2.90	4.30	100.00	0.0	48.28
能源	156.90	127.06	52.88	-15.1	-19.01
农业	2.10	1.00	8.40	-19.4	-52.38
其他	17.90	1.50	10.26	-55.5	-91.62
物流	1.40	7.45	67.12	39.7	432.21
消费品	16.33	24.00	95.62	3.5	47.00
娱乐	0.22	3.10	100.00	93.4	1283.93
运输	82.73	92.73	32.68	-8.3	12.09

资料来源：美国企业研究所。

其中，房地产继续是中国对周边国家投资最大的行业，投资额45.57亿美元，占房地产行业对外直接投资的60.46%。但房地产行业的投资份额较上年下降13.3个百分点。能源行业的投资额最高，达127.06亿美元。但它在能源行业的占比较上年下降15.1个百分点，同时投资额也出现下滑19.01%，受全球能源价格下滑的影响，技术、消费品、健康和物流四个行业的投资增速较快，其中技术行业增速高达162.98%，中国正在增加在周边国家的高新技术和数字经济领域投资的布局。农业和其他行业的投资出现大幅下滑，分别下降 52.38%和 91.62%，这两个领域投资比较疲软。公用事业、旅游、娱乐等行业的投资占该行业总投资的比重均为 100%。

2023 年中国对周边国家投资的行业情况呈现以下几个特点。一是多元化和均衡化投资。中国对周边国家的投资涉及多个行业，反映中国对外投资的多元化，以及对周边国家产业多元化的需求。不仅涵盖传统的能源、运输、金属、房地产等基础领域，也涉及技术、消费品等新兴和高附加值的领域，中国对外投资不再过度依赖于能源等传统领域，而是向新兴和高附加值的行业转移，同时还大力推动周边国家的产业协作，支持周边地区的产业多元化升级。二是差异化投资。从增速来看，娱乐、物流、技术、化学品和金属等行业的投资增速远高于周边国家的平均水平，这些行业具有较高的投资潜力。从份额变化来看，娱乐、物流、健康、化学品和公用事业等行业的投资份额大幅增加。三是风险组合特征明显。由于金融、农业的投资风险上升，对这些领域的投资增速均为负数或零，其中金融是中国对周边国家投资的重要领域，但也是投资风险最高的领域，受到金融监管、汇率波动、债务违约等多重因素的影响，中国对外金融投资变得更加谨慎。四是投资结构也更加灵活。根据周边国家的不同需求和发展阶段，进行有针对性的投资调整和优化，例如在娱乐、物流和运输等行业增加投资，满足周边国家的文化和基础设施的需求，同时在金融、农业等行业减少投资，避免过度竞争和冲突。

2. 各区域重点投资行业

（1）对东盟投资的行业结构

2023 年中国对东盟 10 国投资 192.32 亿美元，较 2022 年下降 35.67%。最大投资额的前三大领域分别是运输业（70.17 亿美元）、金属业（30.51 亿美元）和能源业（27.15 亿美元），如图 1 所示占比分别为 36.49%、15.86%、14.12%。增长最快的前三大领域分别是农业（同比增长 110%）、旅游业（同比增长 250.59%）和物流业（同比增长 468.24%），增速远超其他领域。可以看出中国对东盟投资结构在发生变化，第三产业特别是服务业投资增速较快。

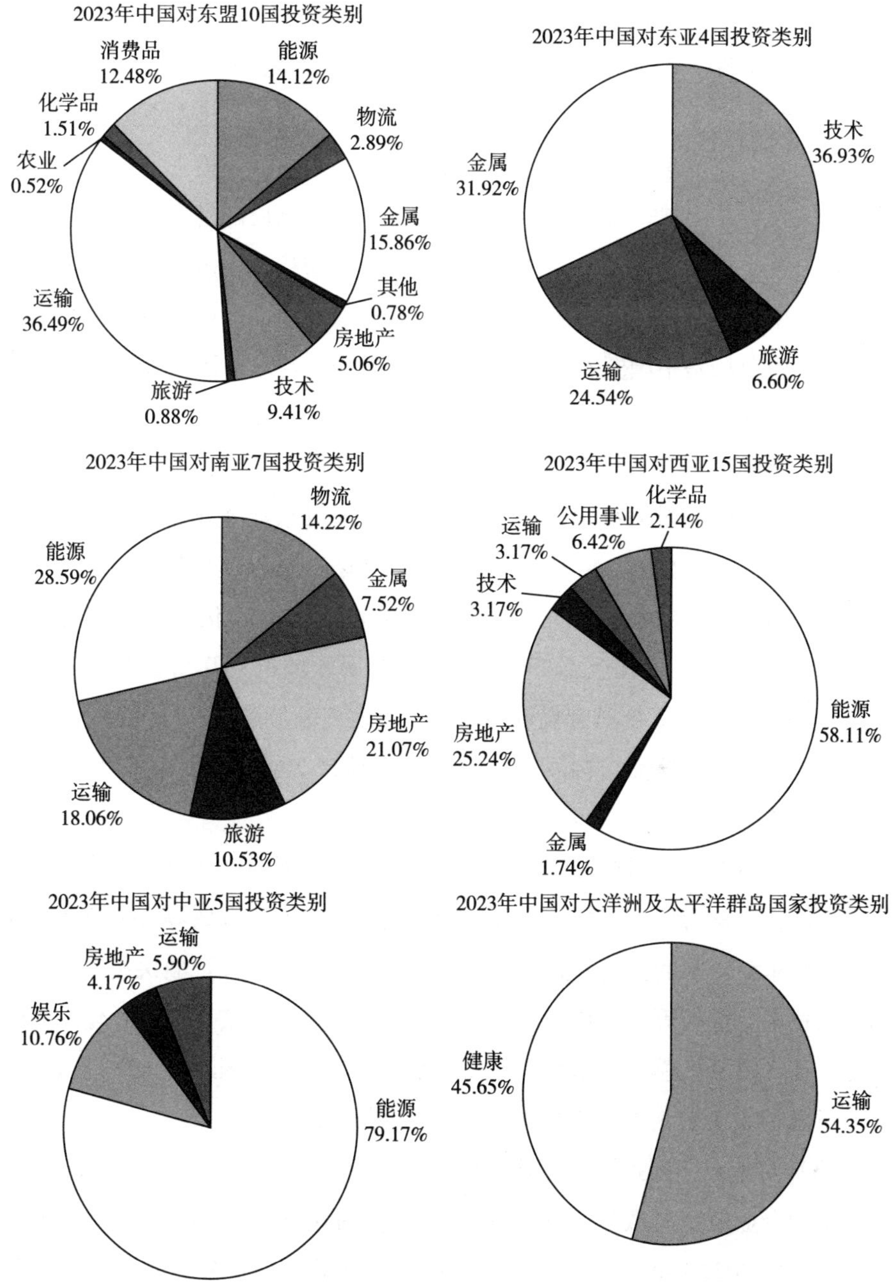

2023年中国对东盟10国投资类别

消费品 12.48%
能源 14.12%
化学品 1.51%
物流 2.89%
农业 0.52%
金属 15.86%
其他 0.78%
运输 36.49%
房地产 5.06%
旅游 0.88%
技术 9.41%

2023年中国对东亚4国投资类别

金属 31.92%
技术 36.93%
运输 24.54%
旅游 6.60%

2023年中国对南亚7国投资类别

物流 14.22%
能源 28.59%
金属 7.52%
房地产 21.07%
运输 18.06%
旅游 10.53%

2023年中国对西亚15国投资类别

化学品 2.14%
运输 3.17%
公用事业 6.42%
技术 3.17%
能源 58.11%
房地产 25.24%
金属 1.74%

2023年中国对中亚5国投资类别

运输 5.90%
房地产 4.17%
娱乐 10.76%
能源 79.17%

2023年中国对大洋洲及太平洋群岛国家投资类别

健康 45.65%
运输 54.35%

图 1　2023 年中国对周边各地区国家投资的行业分布

资料来源：美国企业研究所。

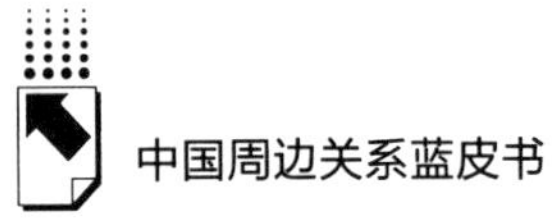

中国对东盟10国的投资有以下特点。一是传统制造业特别是大宗商品相关的投资出现一定幅度的下滑，而第三产业特别是服务业的投资增长迅速，投资结构发生明显变化。二是消费相关行业如农业、旅游业的投资增长较快，随着东盟国家消费市场潜力逐渐释放，为相关行业投资提供机遇，中国对东盟投资正由追求规模主导，向结构优化和挖掘局部潜力主导转变。三是东盟自身经济结构在发生调整，第三产业快速增长，中国企业投资正跟随此趋势，中国经济也在转型升级，通过投资东盟的新兴产业来带动经济结构调整。东盟市场是中国资本境外合作的重点领域，与东盟国家经贸合作有利于部分抵消保护主义的影响。

（2）对东亚4国投资的行业结构

美国企业研究所数据显示，从2023年中国对东亚4国的投资情况看，总体投资额出现明显增长，从2022年的2.30亿美元上升至2023年的18.17亿美元。增长最快的领域是技术领域，从0上升至6.71亿美元；交通运输领域从0.68亿美元增长至4.459亿美元；金属领域也从0增长至5.8亿美元。与此同时，2022年尚有投资的娱乐、房地产领域在2023年投资额下降至0。整体来看，投资结构发生调整，从房地产、娱乐领域转向交通、技术、金属等实体产业。

从中国对东亚4国投资的变化情况可以看出以下两个特点。一是投资结构发生调整，从房地产、娱乐等领域转向交通、技术、金属等实体产业，中国企业对东亚4国的投资开始关注实体经济。二是总体投资额快速增长，特别是在技术、金属等高新技术产业，东亚4国作为高科技产业国际化发展的关键一环，投资规模和技术水平也在不断提升。东亚4国经济发展进入新阶段，中国企业在东亚4国的投资布局相应进行了调整。

（3）对南亚7国投资的行业结构

美国企业研究所数据显示，2023年中国对南亚7国总投资额为13.29亿美元，较2022年的27.58亿美元出现大幅下滑。2022年投资规模最大的领域交通运输业，2023年投资额下降至2.4亿美元；能源领域从7.84亿美元下降至3.8亿美元；旅游业投资也从2.9亿美元下降至1.4亿美元。唯一投资增长的领域是房地产，从0上升至2.8亿美元。整体来看，2022年中国对南亚7国投资比较积极，但2023年投资兴趣明显下降。

从中国2023年对南亚投资情况可以看出：一是总体投资额出现大幅下滑，投资增速放缓，中国企业对南亚地区的投资保持审慎的态度；二是投资领域集中度降低，从2022年的交通运输、能源等大型基建领域，转向2023年房地产投资，但投资重点领域不突出。

（4）对西亚15国的投资结构

2023年中国对西亚15国的投资总额为126.15亿美元，比2022年的151.69亿美元下降16.83%。其中，能源、运输和其他领域的投资大幅减少，房地产、技术和公共事业领域的投资大幅增加，化学领域投资基本稳定。能源仍然是中国对西亚15国投资的主要领域，占总投资额的58.1%，但比2022年的72.7%有所下降。房地产和技术领域的投资占总投资份额分别从6.6%和0.3%上升到25.24%和3.17%，对西亚15国投资结构有所变化。2023年中国对西亚15国投资仍以能源和房地产为重点，能源领域投资下滑明显，房地产投资有较大增长，技术、公共事业领域投资有明显增加。

（5）对中亚5国的投资结构

2023年中国对中亚5国投资总额为28.8亿美元，比2022年的12.51亿美元增加了130.2%。其中，能源领域的投资大幅增加，也增加了对交通和娱乐领域的投资，对房地产、金属和化学品领域的投资大幅减少。能源是中国对中亚5国投资的主要领域，占对该地区总投资额的79.17%，比2022年的28.9%有显著提高。房地产投资占比分别从21.6%下降到4.17%。

2023年中国对中亚5国投资的明显特点是能源领域投资的大幅增长，占总投资额的约80%。其他传统领域投资有所下滑，新增交通和娱乐等新兴领域投资，反映了中国对中亚5国投资的多元化。能源领域投资增长与“一带一路”建设和中亚能源资源有关，有利于加强中亚地区基础设施和产能建设合作。在全球经济面临诸多不确定性的背景下，中国持续扩大对中亚5国投资，尤其是战略性基础领域的投入增长，进一步深化同中亚国家互利合作的政策取向，有利于推动共建“一带一路”和区域一体化建设。

（6）对大洋洲及太平洋群岛国家的投资

2023 年中国对大洋洲地区的投资总额为 18.4 亿美元，较 2022 年的 34.64 亿美元显著下降，但澳大利亚对中国投资保持增长态势。交通运输和健康领域的投资仍然占据主要地位，分别占总投资额的 54.35%和 45.65%，但交通领域的投资有所减少，健康领域的投资保持稳定，房地产、金属等传统投资领域大幅下滑。

如表 11 所示，2023 年中国各行业实际利用外资呈现显著分化特征，制造业吸引外资最多，采矿业增速最快，交通运输业、仓储和邮政降幅最大。从规模看，制造业利用外资规模最大，达 455.3 亿美元；其次是科学研究、技术服务和地质勘查业的 293.8 亿美元；租赁和商务服务业位列第三，为 263.8 亿美元。从增速来看，采矿业表现最为突出，同比增长 232.8%，成为增长最快的行业；其次是居民服务和其他服务业，增长 69.1%；建筑业增长 32.8%。相比之下，交通运输、仓储和邮政业降幅最大，下降 59.7%；公共管理和社会组织下降 50.1%；教育下降 48.3%；农林牧渔业下降 41.9%。高技术产业相关领域表现各异，信息传输、计算机服务和软件业下降 31.2%，而科学研究、技术服务和地质勘查业仅小幅下降 2.6%。传统服务业中，房地产业下降 17.1%，金融业轻微下降 1.4%。

表 11　2022 年、2023 年中国各行业实际利用外资金额

单位：亿美元，%

指标名称	2022 年	2023 年	增速
农林牧渔业	12.4	7.2	-41.9
采矿业	15.4	51.4	232.8
电力、燃气及水的生产和供应业	41.5	45.4	9.4
房地产业	141.5	117.3	-17.1
公共管理和社会组织	0.9	0.5	-50.1
建筑业	17.9	23.7	32.8
交通运输、仓储和邮政业	53.2	21.4	-59.7
教育	1.2	0.6	-48.3
金融业	68.5	67.6	-1.4
居民服务和其他服务业	2.9	4.9	69.1

续表

指标名称	2022 年	2023 年	增速
科学研究、技术服务和地质勘查业	301.8	293.8	-2.6
批发和零售业	145.6	98.9	-32.1
水利、环境和公共设施管理业	7.1	5.3	-24.6
卫生、社会保障和社会福利业	5.7	5.3	-6.6
文化、体育和娱乐业	4.5	4.4	-2.7
信息传输、计算机服务和软件业	238.7	164.3	-31.2
制造业	496.7	455.3	-8.3
住宿和餐饮业	5.2	3.9	-24.3
租赁和商务服务业	330.6	263.8	-20.2

资料来源：Wind 数据库（采自中国商务部）。

（二）周边地区对中国投资状况

2023 年，周边国家中日本、沙特、卡塔尔等对中国表现出较高的投资积极性。2024 年中国日本商会会员企业景气·事业环境认知调查显示，超过半数的在华日本企业在 2023 年对中国追加新投资，51%的受访企业将 2024 年及以后的中国作为“最重要市场”及“三个重要市场之一”，无论是制造业还是非制造业都表现出对华积极的投资意愿。① 2023 年沙特阿美对中国投资超过 329 亿元人民币（约合 46 亿美元），2023 年还与中国合作伙伴签署了 573 亿元人民币（约合 80 亿美元）的合作协议。3 月沙特阿美已签署最终协议，拟以 246 亿元人民币（约合 36 亿美元）的价格收购中国深交所上市企业荣盛石化股份有限公司（荣盛石化）10%的股权。② 卡塔尔投资局亚太区负责人表示，在中国的投资目标池大于亚太所有其他区域加总，

① 《过半在华日企仍将中国定位为重要市场》，日经中文网，2024 年 1 月 16 日，https：//cn. nikkei. com/industry/management-strategy/54580-2024-01-16-09-37-35. html，最后访问时间：2024 年 2 月 7 日。

② 《阿美远东（北京）商业服务有限公司　沙特阿美拟收购荣盛石化 10%的股份，全面扩大在华业务》，阿美中国，2023 年 3 月 27 日，https：//china. aramco. com/zh-cn/news-media/china-news/2023/aramco-to-expand-presence-in-china-by-acquiring-stake-in--rongsheng-petrochemical，最后访问时间：2024 年 2 月 27 日。

而且寻求长期而非交易性的伙伴关系。①

根据 Wind 数据（见表 12），从 2023 年流入中国的外商直接投资看，亚洲国家对中国的投资额为 1326.9 亿美元，占比达 81.3%，是中国利用外资的主要来源地区。东盟 10 国对中投资 102.9 亿美元；新加坡、马来西亚和印度尼西亚是东盟 10 国中对华投资的前三大国。韩国、日本的对华投资额也较大，分别为 35.1 亿美元和 38.9 亿美元。从具体国家来源看，2023 年新加坡对华投资额为 97.8 亿美元。新加坡作为区域金融和航运中心，也是众多跨国公司总部和区域中心所在地，对外投资规模大、实力雄厚。新加坡也高度重视与中国的合作，未来投资空间广阔。中国与日韩经济高度互补，三国合作潜力巨大。

表 12　2022~2023 年中国周边国家对华投资

单位：亿美元，%

指标名称	2022 年	2023 年	2023 年占比	2023 年增速
中国实际外商投资金额	1879.3	1633.0	100.0	-13.1
亚洲国家	1635.7	1326.9	81.3	-18.9
东盟 10 国	119.1	102.9	6.3	-13.6
新加坡	106.0	97.8	6.0	-7.7
马来西亚	11.3	2.1	0.1	-81.3
印度尼西亚	0.4	1.5	0.1	305.4
柬埔寨	0.5	0.6	0.0	13.4
泰国	0.7	0.5	0.0	-22.5
菲律宾	0.1	0.2	0.0	47.7
缅甸	0.0	0.0	0.0	—
文莱	0.0	0.0	0.0	-100.0
越南	0.1	0.1	0.0	41.1
老挝	0.0	0.0	0.0	66.7
日本	46.1	38.9	2.4	-15.5
韩国	66.0	35.1	2.2	-46.7
澳大利亚	4.0	4.5	0.3	12.3

资料来源：Wind 数据库（采自中国商务部）。

① 《卡塔尔投资局：在华投资目标池大于亚太所有区域加总》，财新网，2023 年 11 月 9 日，http://topics.caixin.com/m/2023-11-09/102126608.html，最后访问时间：2024 年 2 月 27 日。

从投资特点来看，近年来中韩日经贸关系得到加强，日韩企业也意识到中国市场的重要性，对华投资意愿增加，投资领域也相对多元化。日本在汽车、电子电器、医药、工业机械等领域具有技术和产品优势。这些领域也是其对华投资的重点领域。日资企业依托技术和品牌优势，深度介入中国相关领域。以往韩国企业主要通过在华投资来发展劳动密集型产业以实现成本优势，逐渐开始向服务业领域扩展，如金融、娱乐、文化产业。新加坡对华投资主要集中在服务业、制造业、能源、矿产和农业等领域，其中服务业占比最高，涵盖金融、物流、信息技术、教育、旅游等多个子行业，对华投资呈高端化、多元化特点，注重引入先进的技术、管理和标准，对华投资的动力源于中国经济的韧性，以及中新两国政治互信和战略合作的基础，双方在“一带一路”、RCEP、南海行为准则（COC）等方面有着广泛的共识。

三　中国与周边国家经贸关系风险与展望

（一）风险

1. 经济增速放缓风险

2024 年 1 月，国际货币基金组织（IMF）更新《世界经济展望》，预计 2024 年全球经济增速与上年持平，保持 3. 1%，其中亚洲新兴市场和发展中经济体增长 5. 2%，增速较 2023 年下降 0. 2 个百分点。中东和中亚地区增长 2. 9%，较 2023 年上升 0. 9 个百分点。① 东盟部分国家需外资推动经济发展，但东盟国家稳定外币的能力较弱，受美国货币政策影响较大，汇率波动和资本外流风险较高，部分国家财政和货币体系脆弱，抵抗通货膨胀的能力较低，这些都对与中国的经贸关系产生影响。东亚国家中，日本经济衰退冲击已显现，2024 年 1 月 IMF《世界经济展望》预测，2024 年日本经济将比上

① 《2024 年 1 月〈世界经济展望〉更新：通胀放缓和增长平稳开拓通往软着陆的道路》，国际货币基金组织网站，2024 年 1 月 30 日，https：//www. imf. org/zh/Publications/WEO/Issues/2024/01/30/world-economic-outlook-update-january-2024，最后访问时间：2024 年 3 月 2 日。

年衰退 1.0 个百分点，下行压力较大，此外受欧美货币政策的影响，日本汇率波动也较大，影响贸易成本。西亚国家中，政治动荡和油价波动严重影响该地区的投资和贸易环境，伊朗等中东国家动荡影响当地中资企业的经营，海合会国家过度依赖石油出口，油价波动影响其经济稳定，波及其与中国的经贸关系。中亚方面，中亚国家汇率波动影响其进口能力，而且还面临制度转型风险。2024 年 1 月 IMF《世界经济展望》预测，2024 年哈萨克斯坦经济增长将比上年收窄 1.7 个百分点，再加上中亚国家贫富差距、就业压力大，存在经济失衡和社会动荡风险。南亚方面，预计 2024 年印度经济增速放缓 0.2 个百分点，此外中印贸易逆差问题也会激化双边经贸争端。大洋洲及太平洋群岛国家中，太平洋岛国依赖旅游业和资源产品出口，经济结构单一，容易受全球经济衰退和大宗商品价格下跌影响，预计澳大利亚经济增速将收窄 0.4 个百分点。

2. 地缘政治动荡风险

中国的周边国家多为发展中国家，很多国家还处在政治转型和经济发展的过程中，内部的社会、经济、民族宗教等问题导致国内政局不稳，影响国际经贸合作。例如，缅甸政变可能会影响中缅经济走廊展开；阿富汗局势动荡，也会使中阿经贸合作和“一带一路”建设面临极端主义挑战；印度的民族主义，也可能使得中印边境出现摩擦，影响中印经贸合作正常发展。周边国家之间存在一些领土和安全问题，如朝鲜半岛的核问题、日本右翼倾向等，也会影响到中国与该地区的合作。

此外，中国周边地区也是美国战略竞争干涉的重点区域。美国作为中国的最大贸易伙伴，也与周边国家有广泛的经贸合作。美国在亚太地区加强了军事部署和联盟建设，对中国边境和海空域进行频繁的抵近侦察，在台湾、涉疆、涉藏、涉港及南海等涉及中国核心利益问题上干涉中国内政，威胁中国周边安全。对中国实施贸易战、技术封锁、金融制裁等措施，试图遏制中国的经济发展，影响中国与周边国家的经贸合作。美国还在推动所谓的“印太战略”和“四方安全对话”，试图拉拢利用中国的周边国家，破坏中国与周边国家的合作氛围。

3. 气候和环境风险

气候变化影响地区经济安全。全球供应链面临气候环境风险，关键部件和农产品供给可能受阻。东南亚、南亚等地区水旱灾害加剧，影响基础设施建设和贸易往来，此外气候变化也导致海平面上升，沿海地区脆弱性增大，威胁东盟和南亚地区沿海城市群。东北亚和中亚地区生态系统退化，影响农林牧业产出。共建“一带一路”国家环境治理能力偏弱，跨境污染问题成本高，增加了中国企业的环境合规风险，制约投资环境。西亚地区极端高温增多，水资源短缺问题严峻，影响区域稳定。

4. 政策波动风险

中国周边国家多数是发展中经济体，而且多数尚处于经济转型的阶段，在政策方面具有一定的波动风险，主要体现在贸易政策、外资政策和环境政策等领域。新兴经济体在面临经济下行压力时，会采取贸易保护政策，出台针对性关税、配额或非关税壁垒，影响中国产品出口并引发贸易争端。一些国家在政局变化后，也可能调整对外贸易政策，对双边贸易带来不确定影响。此外，一些国家可能调整特定行业外资准入，或针对性提高税收政策，增加中国对外投资的合规成本。

（二）展望

1. 与东盟国家的合作前景

面对复杂多变的国际环境，随着 RCEP 的深化推进，中国与东盟国家在经贸领域预计会有以下几个方面的进一步合作。一是数字经济领域合作潜力大。在新基建、5G、人工智能等前沿技术应用中，中国与东盟国家企业可以探索产业互联互通新模式。双方可以共建数字丝绸之路，携手开拓第三方市场。二是绿色低碳经济领域合作空间大。面对气候环境挑战，中国与东盟可深化太阳能、风力发电等可再生能源投资合作，共建区域绿色供应链，合作开发绿色智能城市，推广绿色建筑和交通。三是农业及相关产业带来新机遇。在粮食和食品安全领域，中国与东盟实现优势互补，满足区域内日益增长的食品消费需求，深化农业科技交流，建立区域性粮食安全体系。四是进一步扩大贸易及投资合作。中国已与东盟建立起世界第一自由贸易区，通过中国-东盟自贸区3.0版谈判，可进一步降低贸易壁垒，释放双边贸易潜力，实现深化产业链分工，扩大双向投资。五是加强在第三方市场等领域合作，以应对贸易保护主义，确保全球产业链稳定。中国与东盟可协调参与CPTPP等区域组织谈判，或共同开拓“一带一路”合作伙伴的市场。

2. 与日韩的合作前景

中日韩三国经贸合作前景广阔。一是数字经济领域合作潜力大。中日韩可加强5G、工业互联网、大数据等新技术合作，探索数据安全治理，建立区域性数字规则体系，共同开拓第三方市场。二是绿色技术与产业方面合作潜力大。中日韩可合作开发储能、氢能源、碳捕捉等先进环保技术，推进绿色智能制造合作。三是加快谈判中日韩自贸区，实现开放市场准入、贸易和投资便利化，有利于提升亚洲地区的产业链协作效率。四是扩大人文交流与合作，中日韩可举办更多艺术、设计、时尚等文创交流活动，以增进理解，铺平经贸合作基础。

中国和蒙古国可重点发展矿产资源开发合作。蒙古国拥有丰富的煤炭、铜、金等矿产储备，与中国的资金和技术优势形成互补。同时，在共建“一带一路”框架下，双方在铁路、公路等基础设施互联互通项目上潜力巨大。中国与朝鲜的合作主要集中在经济特区建设、能源供应、劳务合作和边境贸易等领域。罗先经济特区的开发建设为两国经贸合作提供了重要平台，而通过大连、丹东等口岸开展的边境贸易也是双边经济往来的重要组成部分。应充分发挥两国的地理优势，在互利共赢的基础上深化多领域务实合作。

3. 与中亚国家的合作前景

中国与中亚国家经贸合作，除加大传统领域的合作之外，还可以拓展新的行业和领域的合作。一是加快能源资源领域合作进展，随着中亚能源基础设施不断完善，中国企业可以扩大对中亚油气资源的开发力度，投资相关管道和运输设施建设，拓展核电、风电等可再生能源合作，实现多元化发展。

二是仍有较大的基础设施建设合作空间。“一带一路”中亚段铁路、公路、天然气管道建设正加速推进，未来可在运营管理和产业园区建设中加强协作，使基建项目发挥最大经济社会效益。三是扩大农业及相关产业合作。中亚地区农产品质优价低，中国可适度增加优质农产品的进口规模，加大对中亚地区的农业技术支持力度，帮助中亚国家提质增效、实现农业现代化。四是金融合作潜力待挖掘，通过拓展人民币与中亚地区国家的货币互换和本币结算范围，降低企业交易成本。

4. 与南亚国家的合作前景

一是基础设施建设合作潜力大。“一带一路”中巴经济走廊等项目进一步推进，未来可深化铁路、公路、港口、电站等领域合作。中方可引入更多技术和标准，提升项目质量，更好惠及当地。二是扩大双边贸易及投资合作，双边未来可进一步降低贸易壁垒，扩大农产品、轻工产品等贸易，可加强产业园区合作，提升产业链协作水平。三是深化数字经济领域合作，加强5G、物联网、工业互联网等数字基础设施，支持其构建数字经济体系，探索数字支付结算应用，助力南亚“数字化债券”发行。四是拓展绿色产业合作空间。中国可与南亚在可再生能源、节能环保、绿色智能制造等领域开展技术合作，促进南亚经济绿色发展。与南亚国家实现互利共赢，推动“一带一路”建设不断取得新成果。

5. 与西亚国家的合作前景

为推动西亚地区实现经济多元化发展，中国与西亚国家可加强以下领域合作。一是扩大投资合作，支持西亚地区战略性新兴产业发展，可加大在西亚新能源、数字经济、高端制造及服务业的投资力度，共建产业园区和经贸合作区。二是深化基础设施互联互通建设，推动形成综合立体交通走廊。在运输、水利、通信等领域开展项目合作，提升西亚地区的基础产业发展能级。三是拓展金融体系合作，丰富多元化金融产品，在本地区人民币业务和人民币市场体系建设方面可以开展合作，支撑实体经济发展。四是深化在多边机制下的合作，为西亚经济转型发展创造良好外部环境，加强在G20、SCO等框架下的战略协调，构建开放、包容、普惠、平衡、共赢的国际经贸体系。

6. 与大洋洲及太平洋群岛国家的合作前景

一是继续扩大贸易与投资合作。中国推动与澳大利亚、新西兰的贸易协定升级，拓展在农产品、能源、旅游等优势行业持续合作。二是拓展可再生能源合作，中国在风力、光伏发电方面技术先进，可探索与太平洋岛国开展风电和太阳能项目合作，提供设备和运维支持，帮助岛国实现绿色转型。三是持续开展气候变化、防灾减灾合作，继续加强在气候治理、绿色技术、灾害救援等领域的交流合作。四是深化海洋经济领域合作，围绕渔业资源养护、海洋生态修复开展合作，实现可持续发展。

7. 与独联体国家的合作前景

中国与白俄罗斯、俄罗斯有着深厚的经贸合作基础，2024 年可以进一步推动以下领域的合作。一是持续深化贸易和投资合作，进一步加强产业政策沟通，拓宽贸易逆差解决途径，防范经贸摩擦，继续为企业提供贸易投资便利，强化区域产业链协作。二是推动共建“一带一路”取得新进展，围绕中白俄经济走廊、中俄东线等项目，创新投融资模式，加快相关基础设施建设，深化“北极丝绸之路”合作，开拓新的增长点。三是拓展科技创新领域合作，充分利用两国科技创新资源和市场优势，加强前沿技术联合攻关，在人工智能、生物医药、新能源汽车等优势领域开展更多合作项目。四是深化金融合作，推动贸易投资便利化。积极探索人民币在该地区的贸易和投资结算机制，为双边经贸活动提供资金支持。

B.14
美日韩三边安全关系的再塑造与东北亚安全形势前瞻

李　栩*

摘　要：　拜登政府奉行“联盟优先”的外交政策，同时加强实施“印太战略”。在其“印太战略”中，美日韩三边关系的强化是其东北亚战略链条的重点。为了进一步保持在对华战略竞争中的“优势地位”并保持对朝鲜的威慑，美日韩三边安全合作正在加紧重塑。为此，朝鲜也做出长期与美日韩进行对抗的准备，并着力提升自身的国防能力。随着美日韩三边安全关系的深化，相关国家相继调整了他们的对外战略。东北亚阵营化趋势已经逐渐显现。

关键词：　美韩同盟　美日韩三边关系　朝韩关系　东北亚阵营化趋势

拜登政府对外政策的重点是在全球范围内构建其强大的同盟体系。在东亚地区，美韩同盟与美日同盟是其战略重点。为了在中美战略博弈中取得优势地位，进一步遏制中国、俄罗斯与朝鲜，拜登政府致力于构建起美日韩三边关系，并将其作为“印太战略”的重点。这种三边关系不仅是军事层面上的，还扩展到经济与科技领域。虽然美国一直强调其三边关系“不针对特定国家”，但美日韩三边关系无疑加剧了东北亚的阵营化趋势。为了应对美日韩三边关系的强化，朝鲜积极发展自身军事力量，并加强了与俄罗斯的战略伙伴关系，东北亚阵营化趋势越来越明显，该地区的紧张局势加剧。

* 李栩，中国社会科学院美国研究所研究员，研究方向为朝鲜半岛、东北亚国际关系。

一　美日韩三边安全关系的塑造

自冷战结束以来，美国为了应对“朝鲜对日韩的威胁”，一直在构筑美日韩三边安全关系，以维持对朝鲜的威慑。同时日韩也积极发展安全关系，从而为三边关系的发展奠定了基础。1997 年 9 月，日本修订《美日防卫合作指针》，其中一项重要的条款是强调日韩安保合作的必要性。“新的指导方针允许日本自卫队在紧急情况下在‘日本周边地区’为美军提供支持，也就是说一旦朝鲜半岛发生紧急情况，日韩两国有必要就美日联合军事行动进行协商。”[①] 然而，日韩由于长期存在历史问题而互信不足，韩国政府要求美国向韩国通报美日之间的安全合作。在日本的新指导方针中，美日韩三边关系就是要共同应对“朝鲜的威胁”。而在美国看来，通过强化美日韩三边关系，可以为解决朝核问题创造条件，保持对朝鲜的压力，同时日韩之间可以加强互信，在情报上相互合作，同时开启三边军事合作，这种从双边联盟到多边联盟的重塑，无疑会使东北亚的权力向美国倾斜。因此，从 1994 年开始，韩国和日本同意定期进行两国国防部长和参谋长联席会议主席之间的磋商，并开始启动定期的防务工作级别对话。

日韩认为，冷战结束后，朝核问题成为东北亚安全的重点问题，朝鲜的核导发展对日韩安全构成了严重威胁，日韩越来越感受到来自朝鲜的安全挑战，“共同的威胁”使得日韩走到了一起。在美国的主导下，日韩开始就朝鲜半岛的“重大事变”进行对话，实现危机下的紧急磋商机制。在日韩国内，美日韩三边安全关系的走向以及半岛出现危机下日韩如何合作都是两国政府关注的话题。[②] 1997 年 12 月，韩国总统金大中在第 19 次韩美安全协商

① Koji Murata, “The Korean Factor in the US-Japan Alliance: Retrospect and Prospect,” a paper presented in the Joint Convention of the Japan Association of International Relations and International Studies Association, Makuhari, Japan, September 20-22, 1996, p. 2.

② Brian Bridges, *Japan and Korea in the 1990s* (Vermont: Edward Elgar Publishing Company, 1993), p. 55.

会议上呼吁日韩加强安全磋商机制。1998 年 6 月，日韩进行了第一次安全对话。这次对话涉及东北亚安全多边合作机制、美日韩三边军事合作问题以及日韩军事交流。在此基础上，日本提议建立美日韩三边对话小组机制，同时日本同意在涉及韩国主权以及对朝行动上要与韩国事先沟通。① 正如美国所期待的那样，日韩在双边对话中开始累积互信，随着对话的层级不断提高，军事交流也不断活络起来，国防部长之间的对话也建立起来。然而由于韩国进步政党执政，日韩在历史问题上仍龃龉不断。日本对美日双边联盟更为看重，加之美国更为担忧中国对三边关系的疑虑会破坏中美在地区问题上的合作，因此美日韩三边安全关系仅仅维持在一种松散且不为三国所看重的层面上。但不可否认的是，美日韩三边安全关系的建立从一开始就有针对中国的意图。②

随着朝鲜核导能力的进一步提升以及奥巴马政府"亚太再平衡"战略的提出，日本认为需要加强与韩国在安全上的合作。③ 2012 年 4 月 23 日，日韩草签《军事情报保护协定》，此后李明博政府顶不住国内的反对声浪，最终放弃了协议正式签署。但奥巴马政府积极在日韩之间游说，强调美日韩三边情报共享。2014 年，美日韩签订了关于朝鲜核与导弹威胁的情报交流协议。其主要内容是保持美日韩三边涉朝情报的共享。鉴于日韩的紧张关系，日韩不直接交换情报，而是各自交给美国，让美国进行传送，这一机制使得美国可以紧紧抓住日韩两个盟友，但同时一旦出现危机，这种交换机制显然会延误时间。这在朝鲜几次导弹试射中都得到了证明。为此，日韩两国在 2016 年 11 月 23 日签订了日韩《军事情报保护协定》，从而使得日韩的军事合作达到了新的层级——日韩可以不通过美国直接交换涉朝军事情报，但

① Mike M. Mochizuki, "The Future of The US-Japan Alliance," *Sekai Shuho*, February 6, 1996, p. 6.

② "The Guidelines for US-Japan Defense Cooperation," *The Journal of East Asian Affairs*, Vol. 12, No. 1 (Winter/Spring 1998), pp. 307-317.

③ 《韩日防长就签订军事协定达成共识》，韩联社［韩］，2011 年 1 月 10 日，https://cb.yna.co.kr/gate/big5/cn.yna.co.kr/view/ACK20110110004000881，最后访问时间：2024 年 1 月 2 日。

实际上这种情报交换并不充分。韩日都没有完全向对方开放情报，这使得双方相互埋怨和争吵。

然而在韩国文在寅执政时期，日韩在历史问题的争端直接引发在安全领域的对立与报复。由于历史上的劳工问题，日韩纠葛不断。文在寅政府要求日本支付二战强征韩国劳工的赔偿，日本拒绝。两国相互报复开始加剧。日本宣布将韩国移出出口氟聚酰亚胺、光刻胶、高纯度氟化氢三种重要半导体原料“可信赖目的地”白名单。而韩国也将日本移出贸易白名单。不仅如此，2019 年 8 月 22 日，文在寅政府宣布日韩《军事情报保护协定》不再进行延期，这无疑引起美国极大的担忧，美国对韩国进一步施压，以维持美日韩三边安全关系。文在寅政府不得不屈服。由此看来，在美国施压以及朝鲜发展核导的压力下，美日韩仍保持着基本的安全合作关系。日本时任官房长官加藤胜信通过记者招待会表示：“日韩关系恶化是事实，但日本将与美韩以及国际社会紧密合作，全力进行必要的情报收集、分析和警戒监视。”①

随着拜登政府上台，美国强化了其东亚同盟体系。美日、美韩同盟得到了深化。因此，即使文在寅政府在中美之间进行平衡外交，不愿进入拜登遏华的“小圈子”，但最终也接受了日韩《军事情报保护协定》的正常化。在文在寅执政后期，面对美国的联盟外交以及周边局势的不确定性，文在寅也在加强美日韩三边安全关系。美日韩在外交、军事以及国家安全委员会层级上各种对话都密集地展开着。

二　尹锡悦执政以来美日韩三边关系的重塑与提升

2022 年 3 月 10 日，韩国进行了总统选举，保守的国民力量党候选人尹锡悦赢得大选，成为新一届韩国总统。自其执政以来，深化美韩同盟一直是

① “Japan Welcomes S. Korean Intelligence Chief Visit as Chance to Talk,” *China Daily*, November 9, 2020, https://www.chinadailyhk.com/hk/article/148816, accessed: 2023-06-05.

其外交政策的总基轴，韩国的外交政策“一切以美韩同盟为出发点”。[①] 尹锡悦政府全面追随美国的“印太战略”。尹锡悦政府对朝鲜采取强硬政策，提升美韩军演的级别和“先发制人”的战略；加强与北约的合作，积极加入美国在亚太构筑的小多边，改善与日本的关系，提升美日韩三边安全架构。

尹锡悦政府一直强调美韩同盟是“全球全面战略同盟”。2023 年 3 月和 4 月，尹锡悦分别访问日本和美国。访日期间，其积极改善与日本的关系，从而消除美国对日韩关系的疑虑。在其访美期间，美韩签订《华盛顿宣言》等一系列协议，从而使美韩同盟全面纳入美国的“印太战略”之中。美韩同盟走出了朝鲜半岛，进行了全方位的战略提升。美国也极力提升韩国的国际地位，并在经贸、科技、能源、太空以及气候变化等领域与韩国进行合作，满足了尹锡悦提出的使韩国成为“全球枢纽国家”的愿望。美韩战略合作进入一个新阶段。

为了加强美日韩三边安全关系，尹锡悦一上台就把改善韩日关系作为其外交事务优先。在韩日关系中，尹锡悦政府更强化韩日战略合作的价值以及共同意识形态的纽带。为此他不惜推翻前政府在劳工问题上的决定，以加速改善与日本的关系。通过韩日领导人会谈，韩日在各层级上的对话全面得到重启。尤其是军事合作，尹锡悦政府不仅明确日韩《军事情报保护协定》的续订，还积极与日本进行联合军演，并表示分阶段参加“美日印澳四方安全对话”。在经济层面，日韩强化“经济安全”，举行“2+2+2 美日韩经济安全会议”。[②] 尤其是在高科技领域以及供应链问题上，日韩都很积极，表示要进一步协调合作。同时积极响应美国的要求，加入

① “What Yoon's Win Means for Security and Foreign Relations on the Korean Peninsula,” NKnews, March 10, 2022, https://www.nknews.org/pro/what-yoons-win-means-for-security-and-foreign-relations-on-the-korean-peninsula/, accessed: 2024-01-02.

② Yonho Kim, *US-ROK Strategic Communication: Track Ⅱ Dialogue on the US-China Strategic Rivalry and the US-ROK Alliance*, The George Washington University Institute of Korean Studies, May 24, 2022, https://gwiks.elliott.gwu.edu/u-s-rok-strategic-communication/, assessed: 2024-01-02.

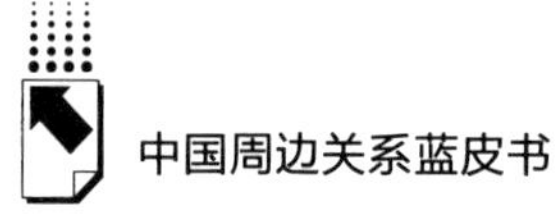

"印太经济框架"。

在美韩同盟深化以及日韩关系急速回温的情况下，美日韩三边安全关系也迅速走近。自尹锡悦政府成立以来，美日韩在国家安全委员会、外交部门、国防部门、情报部门等各层面的会议举行了 30 多次。同时，三方首脑峰会已经机制化。2023 年 8 月 18 日，美日韩三国领导人在美国戴维营举行峰会。三国领导人同意深化在安全和经济方面的关系，会后发布《戴维营精神》（The Spirit of Camp David）、《戴维营原则》（Camp David Principles）和《协商约定》（Commitment to Consult），象征着美日韩三边安全关系进入了一个新的阶段。

首先，美日韩三边安全关系的机制化。在戴维营峰会上，美日韩承诺将至少每年举行一次三国领导人、外交部长、国防部长和国家安全顾问之间的三边会议。不仅如此，每年一度的三边财长会议将启动新的经济安全对话；而美日韩三边"印太对话"将协调三边在"印太地区"的活动。由此可以看出，美日韩三边在决策体系、紧急热线联系和军事演习等方面正在建立起一个强有力的框架。这也是拜登政府外交上的特有方式，希望通过引入"护栏"来保持美日韩三边合作的可持续性。

其次，全面开启美日韩联合军演。2022 年 8 月，美日韩在夏威夷举行三国弹道导弹演习；在日本海附近的国际水域举行联合反潜演习。2023 年 10 月 9 日至 10 日，美日韩在朝鲜半岛南部水域举行了三边海上拦截演习，这是 7 年来的第一次。10 月 22 日，美日韩进行空中军事演习，部署在韩国的美国战略轰炸机 B-52 参与演习。尽管作为美国重要战略资产的 B-52 战略轰炸机以前在朝鲜半岛与韩国空军进行过联合空中演习，但这是该轰炸机首次在韩国的空军基地着陆。美日韩三边在军事演习和情报分享上的合作具有重大意义。如果半岛或东亚地区发生突发事件，三方可以协调一致进行军事应对。目前，三边在军事合作中依然存在沟通不畅或误解问题。然而，增强导弹预警以及数据共享将解决这一问题，而进行多层级的军事演习，也会增强集体应对能力。

再次，美日韩三边加强在供应链和高科技出口管制方面的合作。拜登政府自成立以来，延续特朗普政府对华政策，强调所谓“经济安全”，在科技上筑起“小院高墙”。为此，拜登政府宣布供应链预警系统，并将这种理念在其盟友中积极宣传。为此，美日韩三边进行经济安全对话，其中最为重要的是在关键技术、新技术、供应链等问题上的合作与协调。由于日韩在半导体和芯片上的优势地位，美国要求日韩必须加强三边协调，尤其是在对中国出口先进芯片以及芯片制造设备的出口管制问题上。随着三边在经济安全上对话的加深，日韩加紧了对华高科技领域的出口管制，直接导致了韩国在对华贸易上出现了罕见的逆差。

最后，美日韩三边安全关系在涉华问题上已经开始越来越广泛地协调。随着拜登政府“印太战略”的强化，日韩在涉华问题上越来越与美国保持一致。在台湾问题上，日本在其官方文件中已公然强化“强烈反对中国改变现状的企图”①，甚至声称“在发生紧急情况时支持台湾防卫”②。而尹锡悦也在公开场合不断迎合美国，声称“台湾问题国际化”，反对“单方面改变台海现状”③。2023 年 1 月，韩国国会副议长郑宇泽窜访台湾地区，中国政府表示坚决反对和严正抗议。然而，美日韩并不就此罢休，在此后美日韩三边的各级对话中，都公然提及台湾问题。在戴维营声明中，三国还多次提及“南海问题”。由此可见，美日韩三边安全关系正在将中国作为明确威胁，在涉华问题上强化一致，以图共同遏制中国。

由此可见，美日韩三边安全关系的强化恶化了东北亚的局势，危机爆发的可能性在增加。首先，美日韩三边安全关系的强化必将引起朝鲜的强烈反应。从长远来看，如果三边军事演习变得定期并扩大，随着朝

① 杨伯江、卢昊：《日本新安保战略威胁地区和平稳定》，《人民日报》2022 年 12 月 23 日，http：//paper. people. com. cn/rmrb/html/2022-12/23/nw. D110000renmrb_20221223_2-15. htm，最后访问时间：2024 年 1 月 2 日。

② 《日本国防白皮书首提“台海稳定”重要性 对华政策走向引关注》，BBC，2021 年 7 月 6 日，https：//www. bbc. com/zhongwen/simp/world-57848336，最后访问时间：2024 年 1 月 2 日。

③ 《外交部再谈“韩国需审慎处理台湾问题”：这一点怎么强调都不为过》，澎湃新闻，2023 年 2 月 28 日，https：//www. thepaper. cn/newsDetail_forward_22107835，最后访问时间：2024 年 1 月 2 日。

鲜军事实力的发展，因意外、误算和沟通不畅而引发直接对抗的可能性将继续上升。其次，虽然拜登政府仍强调与朝鲜进行“无条件对话”，但美日韩三边会谈中要求“朝鲜改善人权”、“建立统一和自由的朝鲜半岛”以及明确提出“朝鲜（而非朝鲜半岛）无核化”的言论几乎完全关闭了与朝鲜对话的可能。再次，尽管三边工作组强调协调，但美日韩之间在威胁认知、法律框架以及外交优先上的差异或将阻碍三边今后进行有效的联合行动。最后，也是最重要的，美日韩国内政治的不确定性可能导致任何一方突然退出三边协议。拜登政府希望加入的“护栏”其实并不牢固。在美国，“特朗普的回归”可能导致该协议在一夜之间被撕毁。考虑到韩国和日本的政治格局，这种三边安全合作的脆弱性也是显而易见的。韩国尹锡悦总统任期仅限五年，他的继任者可能来自进步势力，而进步势力对日政策一直是强硬的。因此，美日韩三边安全关系虽然貌似团结，但三国对“威胁”的认知以及美日韩国内政治不确定性将导致三国的安全合作缺乏持续的内生动力。尽管当前三边关系的强化可能会提供暂时的稳定，但它只是把各种安全问题搁置，并没有真正解决问题。

三　朝鲜的应对与朝韩对抗局面的形成

随着美日韩三边关系的重塑与提升，朝鲜也开始积极应对，极力发展自身的军事力量，尤其是其核导能力。朝韩对抗格局正在形成。

在政治上，朝鲜正在与美日韩形成军事对立的局面。2023 年 8 月 24 日，朝鲜国防相强纯男就戴维营会议发表谈话，认为“美国为了实现其过度的全球称霸野心，企图把第一线挡箭牌——日本和‘大韩民国’牢牢地绑在‘亚洲版北约’上且形成反俄反华巨大包围圈”。[①] 2023 年 8 月 29 日，

① 《朝鲜民主主义人民共和国国防相强纯男发表谈话》，朝中社［朝］，2023 年 8 月 24 日，http：//www. kcna. kp/kp/article/q/7814962e12328ec63931b157c5b3d5ce3a49f9b9496249bfc65fb7215ddc04027eb154cf784526073bac04fa047692f8. kcmsf，最后访问时间：2024 年 1 月 2 日。

朝鲜领导人金正恩指出“由于美国等敌对势力鲁莽的对抗活动，如今朝鲜半岛水域变成了世界最大的战争装备集结水域、最不稳定的核战争危险水域”。[①] 9月26日至27日，在朝鲜第十四届最高人民会议第九次会议上，金正恩表示，美日韩“三角军事同盟的建立最终导致了‘亚洲版北约’浮出水面，是战争和侵略的根源”。在这次会议上，朝鲜修改了宪法，将核武力政策写入宪法，也就是“迅速将核武器发展到更高水平，以保障国家的生存权和发展权、阻止战争、维护地区与全球和平”。[②]

在外交上，2023年9月，朝鲜领导人金正恩访问俄罗斯，并与俄罗斯总统普京举行会谈。朝俄两国元首宣布为建立更全面的双边伙伴关系进行努力。“朝俄首脑就旨在实现强大国家建设战略目标的政治、经济、军事、文化等各领域取得的举世瞩目的成果和建设性合作经验、实现国家复兴与造福两国人民的今后发展方向深入交换了意见。而且，诚恳坦率地讨论多项重大问题和当前合作事项，包括朝俄两国在粉碎帝国主义者企图侵夺人类自主进步与和平生活的军事威胁挑衅和强权专横的共同战线上进一步密切战略战术协同且相互鼎力支持和声援，通力合作维护国家主权和发展利益、地区与世界和平安全以及国际正义，并满意地达成协议和共识。”[③] 朝俄的高调互动一时受到国际社会的高度关注。在对美关系上，朝鲜已经做好了与美国进行长期对抗的准备。对于拜登的对朝政策，朝鲜认为这无非是“历届美国政府一直追求的敌对政策的延续”。[④] 为此，朝切断了与美的一切对话渠道，

---

① 《敬爱的金正恩同志为纪念海军节祝贺讲话》，朝中社［朝］，2023年8月29日，http://www.kcna.kp/kp/article/q/624e32649d11c459e48c132588392616.kcmsf，最后访问时间：2024年1月2日。

② 《敬爱的金正恩同志在朝鲜民主主义人民共和国第十四届最高人民会议第九次会议上发表意义深远的讲话》，朝中社［朝］，2023年9月28日，http://www.kcna.kp/cn/article/q/8803817f72619030b57dc18bf3abe408.kcmsf，最后访问时间：2024年1月2日。

③ 《敬爱的金正恩同志与俄罗斯总统普京同志举行会谈》，朝中社［朝］，2023年9月14日，http://www.kcna.kp/cn/article/q/12825c828f2c19519cdc394bec9a51d9.kcmsf，最后访问时间：2024年1月2日。

④ 《金正恩同志发表历史性施政演说〈关于争取社会主义建设新发展的当前斗争方向〉》，劳动新闻［朝］，2021年9月30日，http://www.rodong.rep.kp/cn/，最后访问时间：2024年1月2日。

并不断提升自身军事实力，以回应美日韩军演和美国对朝的“敌对政策”。①

随着美日韩三边安全关系的强化，朝韩对抗局面也随之形成。2024 年 1 月 15 日，金正恩在朝鲜第十四届最高人民会议第十次会议发表施政演说，表示应在朝鲜宪法中将韩国定义为“头号敌国”和“永远的主敌”。应删除朝鲜宪法中“北半部”“自主、和平统一、民族大团结”等措辞。承认“两个朝鲜”、摈弃“和平统一”、拒斥南北交流合作。金正恩强调朝鲜“不希望战争，也不躲避战争”。② 1 月 15 日至 17 日，朝外务相崔善姬率朝鲜政府代表团对俄罗斯进行正式访问，其间与普京和俄罗斯外长拉夫罗夫举行会谈。公报说，双方就朝鲜半岛、东北亚等地区及国际问题进行深入战略沟通、达成共识，并表达了为维护朝俄两国核心利益以及建立基于自主和正义的新的多极化国际秩序进一步加强战略战术合作的强烈意愿。③

而在美日韩一侧，2024 年 1 月 5 日，美日韩三国政府在华盛顿举行了首次三边对话，重申“共同应对朝鲜核导威胁等印太地区主要威胁”。韩国外交部次官补（部长助理）郑炳元、美国国务院负责东亚和太平洋事务的助理国务卿康达（Daniel Kritenbrink）、日本外务省综合外交政策局局长河边贤裕代表三方参加了此次会议。三国会后发表联合声明表示关注朝俄军事合作，并加强三边军事合作以应对不断升级的“朝鲜核导威胁”。

在军事层面，2024 年伊始，朝韩对抗显现出来。1 月 1 日，韩国陆军在“三八线”地区实施实弹射击演练。1 月 2 日，韩国陆军前线部队出动多种自行火炮、坦克、装甲车等武器装备在“三八线”地区进行占领战术集结地、攻克障碍物、机械化部队迅速机动射击等演练。1 月 3 日，韩国海军出

① 《朝鲜劳动党第八届中央委员会第六次政治局会议举行》，劳动新闻［朝］，2022 年 1 月 20 日，http：//www. rodong. rep. kp/cn/，最后访问时间：2024 年 1 月 2 日。

② 《敬爱的金正恩同志在朝鲜民主主义人民共和国第十四届最高人民会议第十次会议上发表纲领性施政演说》，朝中社［朝］，2024 年 1 月 16 日，http：//www. kcna. kp/cn/article/q/f4bf631617198851f067bd66d7f48d18. kcmsf，最后访问时间：2024 年 2 月 2 日。

③ 《外务相助理办公室发表公报介绍朝鲜民主主义人民共和国外务相对俄罗斯联邦访问结果》，朝中社［朝］，2024 年 1 月 21 日，http：//www. kcna. kp/cn/article/q/b9ec5929cf745409270940 5304a677e2. kcmsf，最后访问时间：2024 年 2 月 2 日。

动护卫舰、导弹巡逻艇、导弹驱逐舰、猎杀火箭巡逻艇等舰艇，在韩国管辖的全海域实施对舰射击和海上机动演练。1 月 4 日，韩美两军在京畿道抱川市结束联合战斗射击联演。

为了应对韩军的军事行动，1 月 5 日，朝鲜人民军在西南海域进行海上实弹射击训练。1 月 6 日，朝鲜为“迷惑韩军，测试韩军的侦探能力”，引爆 60 个模拟炮声的炸药包，导致韩方以为朝军再次进行了炮击演习。1 月 7 日，朝鲜人民军调动 5 个连、三个排的兵力和 23 门海岸炮，对西南海域 4 个目标区域进行实弹射击训练，共发射了 88 发炮弹。自 1 月 24 日起，朝鲜开始频繁发射巡航导弹。28 日朝鲜试射了潜射战略巡航导弹“火箭-3-31”。朝鲜最高领导人金正恩指导并现场观摩试射。30 日，朝鲜进行了“箭矢-2”型战略巡航导弹发射训练。按照朝鲜官方报道，这些导弹发射等相关训练有助于检查朝鲜人民军的迅速反击态势、提高战略打击能力，并没有对周边国家安全造成任何负面影响。[1] 而为了应对朝鲜一系列的军事动作，1 月 15 日至 17 日，美日韩在济州岛以南连续 3 天进行海上军演。美出动第一航母战斗群 5 艘军舰，日韩各出动 2 艘主力驱逐舰，参演规模之大近年罕见。一时之间，朝鲜半岛出现了密集的军事行为，朝韩双方互不示弱。

由此可见，朝韩双方都把对方作为主敌，军事进攻性意味非常明显，在这种形势下，一旦一方出现战略误判，冲突就可能爆发。

四　东北亚安全形势前瞻

随着国际格局激烈变化，东北亚的局势也处在新一轮变化中，共同利益以及共同的价值观正在迅速使东北亚地区呈现阵营化趋势，这种阵营化趋势反过来又将把朝韩对抗推向新的高点。虽然对抗格局已经形成，但目前看来，朝韩双方仍非常谨慎，避免出现大规模冲突。东北亚相关国家也在积极

---

① 《朝鲜人民军总参谋部报道：战略巡航导弹发射训练进行》，朝中社［朝］，2024 年 1 月 31 日，http：//www.kcna.kp/cn/article/q/1994c48aee54d7ab17e6e00fd5bccfa1.kcmsf，最后访问时间：2024 年 2 月 2 日。

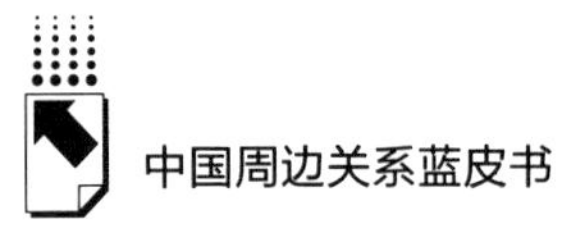

进行外交努力。未来东北亚安全形势可能如下。

第一，在乌克兰危机影响下，俄罗斯在东北亚地区的影响力将急剧提升。随着乌克兰危机的持续，韩俄关系急转直下，而朝俄关系持续回暖，俄罗斯对朝鲜半岛影响力增大。受乌克兰危机影响，韩国追随美国对俄罗斯进行经济制裁，从而导致韩俄关系急转直下，俄罗斯把韩国列入“不友好国家”名单，韩国也向乌克兰出售武器。相比之下，朝俄关系得到极大加强。朝俄政治、安全以及经贸关系也一直维持在高水平。在众多国际场合，朝鲜与俄罗斯保持一致。在新形势下，朝俄关系将更为紧密。俄罗斯在东北亚的作用将不断增强，从而进一步加快其在亚洲对美国及其盟友的抗衡。

第二，美日韩三边关系将不断机制化，但不确定因素依然存在。日韩成为美国“印太战略”的棋子，在军事、经济、科技以及地缘安全上强化协调一致。为此，三国在多个领域的合作将逐渐机制化，一方面，将完备美国的同盟体系以及“印太战略”；另一方面，也会限制日韩对外灵活行动的空间。但美日韩三边关系的不确定性依然存在。日韩脆弱的关系、日韩国内的政治力量斗争与国内法规的桎梏，加之美国总统选举等因素，使美日韩三边关系在长期仍存在变数。

第三，东北亚危机爆发的可能性在加剧，但大国的危机管理也在进行中。朝韩对抗格局的形成使得危机出现的概率大大增加，一旦出现危机，很难避免朝韩双方或某一方误判形势，将其扩大为冲突的可能性。而大国都不愿意被卷入半岛冲突之中，因此，危机也可能引发大国之间关系的协调，或将成为一种新的合作，在阵营化趋势日益明显的东北亚地区不失为一种缺乏互信下的合作。

第四，中韩关系将仍在十字路口徘徊。在美国对华遏制日趋激烈的情势下，尹锡悦政府全面倒向美国，中韩关系处在艰难之中。而中日韩三边经济合作正在成为中韩关系改善的难得机遇。

第五，美国总统选举将成为半岛局势新的变数。随着美国大选日益白热化，“拜登版本”“特朗普版本”都开始出现，如果共和党候选人胜选，美国对半岛的政策将为之一变，从而引发地区大国之间、朝韩与大国之间以及朝韩之间新的互动。

由上可见，东北亚地区的阵营化局面正在逐渐显现。大国竞争以及朝韩对抗局面的形成使得东北亚的紧张局势不断加剧。然而，中国作为维持该地区和平与稳定的重要力量，一直保持坚定立场，避免“新冷战”，反对阵营化，从而使得东北亚总体局势保持在可控状态下。

B.15
2023年美国"印太战略"的推进及影响

仇朝兵*

摘　要：　2023年，美国"印太战略"的推进在四个方面尤为突出：第一，进一步加强与日本、韩国、澳大利亚、菲律宾等印太地区条约盟国的关系，积极推动同盟现代化。第二，深化与印度、越南、印度尼西亚、新加坡等关键伙伴的关系，加大了对关键伙伴的战略投入。第三，推动印太地区同盟和伙伴关系的网络化，美日印澳"四边安全对话"合作日益深入，"澳英美三边安全伙伴关系"如期取得进展；美日韩三边合作开启"新篇章"，美日菲三边合作取得"新突破"，美蒙韩三边合作等进展均值得关注。第四，发展与印太国家的经济关系，塑造地区经济和贸易规则，特别是在推动与印太国家的基础设施合作及"印太经济框架"谈判方面都取得很大进展。拜登政府"印太战略"的推进，将会对印太地区的地缘政治和地缘经济格局产生重要影响，也会对中国的地区安全环境产生消极影响。

关键词：　美国外交　"印太战略"　中美关系

2022年2月，拜登政府发布《美国印太战略报告》，系统阐述了其"印太战略"的主要内容并列举了实施这一战略的行动计划。[①] 2023年是拜登政府"印太战略"推进的关键一年。2023年12月，美国国防部长劳埃德·奥

---

* 仇朝兵，中国社会科学院美国研究所研究员，主要研究方向为美国公共外交、美国与东南亚国家关系和中美关系史。

① The White House, *Indo-Pacific Strategy of the United States*, February 2022, https://www.whitehouse.gov/wp-content/uploads/2022/02/U.S.-Indo-Pacific-Strategy.pdf, accessed: 2024-03-15.

斯汀（Lloyd Austin）在“里根国防论坛”（Reagan National Defense Forum）上演讲时说：“在这个决定性的十年里，2023年将会作为实施美国在亚洲的防务战略的决定性一年而被记住。”① 本报告拟全面梳理2023年拜登政府“印太战略”推进所取得的进展，进而初步分析其未来走向和影响。

一 强化同盟关系，推动印太同盟“现代化”

美国在印太地区的5个条约盟国是推行其“印太战略”的关键支柱。2023年，美国与日本、韩国、澳大利亚、菲律宾等条约盟国的关系进一步加强，合作领域更加广泛，合作程度更加深入，大大推动了美国印太同盟的现代化。

（一）美日同盟：“史无前例的”合作

2023年，美日两国保持着频繁的高层互动和制度化沟通。美日同盟的强化，既体现在战略层面的协调方面，也体现在具体议题领域的合作方面；既体现为两国合作范围的扩展，也体现为合作内容的深化。

高层互动与战略协调。2022年11月13日，拜登总统在柬埔寨首都金边与日本首相岸田文雄（Kishida Fumio）举行会谈，双方决心共同面对历史性挑战，进一步加强美日同盟并使之现代化，应对印太地区之威胁。② 2023年1月，岸田文雄访美与拜登总统发表联合声明强调，美日之间的合作是“史无前例的”，是植根于两国共同的“自由和开放的印太与和平和繁荣的世界这一共同愿景、由包括法治在内的共同价值观引领的”。美日认为，印

① “‘A Time for American Leadership’: Remarks by Secretary of Defense Lloyd J. Austin Ⅲ at the Reagan National Defense Forum (As Delivered),” December 2, 2023, Simi Valley, California, https://www.defense.gov/News/Speeches/Speech/Article/3604755/a-time-for-american-leadership-remarks-by-secretary-of-defense-lloyd-j-austin-i/, accessed: 2024-04-17.

② “Readout of President Joe Biden's Meeting with Prime Minister Kishida Fumio of Japan,” November 13, 2022, https://www.whitehouse.gov/briefing-room/statements-releases/2022/11/13/readout-of-president-joe-bidens-meeting-with-prime-minister-kishida-fumio-of-japan/, accessed: 2023-01-13.

太地区面临日益增长的挑战，需要美国和日本强化各自和集体的力量。拜登总统重申了美国根据《美日安全保障条约》（Treaty of Mutual Cooperation and Security）之第 5 条，使用其全部力量，包括核力量，协防日本的坚定承诺；同时也重申，《美日安全保障条约》第 5 条适用于钓鱼岛。① 双方还重申了两国的经济领导地位，表示支持“自由、开放和基于规则”的经济秩序。双方还表示将与其他国家合作，支持东盟中心地位和东盟团结及《东盟印太展望》；致力于加强美日韩三边合作等。2023 年 5 月，拜登总统与岸田文雄首相在广岛举行会谈。拜登总统重申美国将使用其全部力量兑现其延伸威慑的承诺。双方讨论了以日本修订过的战略文件和增加的防务投资为基础，进一步加强防务合作的途径。双方还强调深化在新兴技术方面的合作。②

双边制度化沟通。美日在政治和安全领域主要制度化沟通机制是“美日安全磋商委员会”（SCC）和“延伸威慑对话”（EDD）。2023 年 1 月，美日在华盛顿举行“安全磋商委员会”会议。双方决心推动双边现代化倡议，以建立一个更有能力、一体化和灵活的同盟，加强威慑，应对不断发展的地区和全球安全挑战。按照各自的新战略，双方决定加快在同盟作用和使命方面的合作，应对当前和未来的安全挑战；双方还决心共同加强美日同盟与该地区内外的盟国和伙伴的联合行动。③

2023 年 6 月和 12 月，美国和日本举行了两次“延伸威慑对话”（EDD）。双方同意继续加强日美同盟的威慑和反应能力；进一步提升双边对话，改进双边合作；通过改进信息共享、训练和演习，深化美日同盟政治、外交和防务合作的途径；承诺改进协调并加强同盟抵御敌国导弹威胁的

① “Joint Statement of the United States and Japan,” January 13, 2023, https://www.whitehouse.gov/briefing-room/statements-releases/2023/01/13/joint-statement-of-the-united-states-and-japan/, accessed: 2023-01-19.

② “Readout of President Biden's Meeting with Prime Minister Kishida of Japan,” May 18, 2023, https://www.whitehouse.gov/briefing-room/statements-releases/2023/05/18/readout-of-president-bidens-meeting-with-prime-minister-kishida-of-japan-3/, accessed: 2024-04-17.

③ “Joint Statement of the Security Consultative Committee (‘2+2’),” January 11, 2023, https://www.state.gov/joint-statement-of-the-security-consultative-committee-22/, accessed: 2023-01-26.

能力和态势。[①]

合作领域的扩展和合作程度的深化。美日同盟的强化，更重要的是体现在两国合作领域的扩展和合作程度的深化方面。2023 年 1 月美日“安全磋商委员会”会议发表的联合声明，详细阐述了两国为推动同盟现代化而在“同盟协调”“和平时期同盟的行动”“同盟的威慑和应对能力”“太空、网络与信息安全”“维持技术优势”等领域将开展的具体合作内容。[②] 1 月 12 日，美国国防部部长奥斯汀和日本防卫大臣滨田靖一签署了《研究、开发、测试和评估项目谅解备忘录》和《供应安全安排》，加强美日在先进和新兴技术及国防供应链方面的合作，维持美日同盟在关键和新兴技术方面的技术优势，提升防务能力和两国军队的互操作性。[③] 1 月 13 日，两国签署《外太空探索和使用合作框架协议》，加强在太空领域的双边合作。美日在推动高超音速武器、与战斗机配合的自动化系统以及先进防空系统等先进技术发展，加强两国防务供应链合作和国防工业基地之间的联系等方面的合作，非常突出地体现出两国合作的层次和水平。此外，美国还通过向日本部署 MQ-9 死神无人机、在日本建立美国海军陆战队濒海战斗团、增加联合演习等，强化两国的军事安全合作，提升军事互操作性。

（二）美韩同盟：从安全伙伴到全球全面战略同盟

美韩关系在 2022 年 5 月尹锡悦就任韩国总统后进一步走向深入。美韩保持着各层级、密集、机制化的战略沟通与政策协调，而且其合作已不再局

① “U. S. -Japan Extended Deterrence Dialogue,” Deember 7, 2023, https://www. state. gov/u-s-japan-extended-deterrence-dialogue-2/, accessed: 2024-03-26.

② “Joint Statement of the Security Consultative Committee (‘2 + 2’),” January 11, 2023, https://www. state. gov/joint-statement-of-the-security-consultative-committee-22/, accessed: 2023-01-26.

③ “DOD, Japan MOD Sign Technology and Security of Supply Arrangements,” January 12, 2023, https://www. defense. gov/News/Releases/Release/Article/3267110/dod - japan - mod - sign - technology-and-security-of-supply-arrangements/, accessed: 2024-04-17.

限于双边和朝鲜半岛，而是扩展到更广泛的地区和全球；两国合作的具体议题领域也大大扩展。

高层互动与战略协调。2022 年 5 月，拜登总统访问韩国并与尹锡悦总统举行会谈，双方发表联合声明强调，美韩同盟的关注“已远远超出朝鲜半岛，反映了两国在民主、经济和技术领域作为全球领导者的关键性作用”。两国决心深化和扩大政治、经济、安全以及人民之间的关系。双方一致同意加强在印太地区的合作，维护自由、开放、繁荣和和平的印太地区；坚定地支持东盟中心地位和《东盟印太展望》，致力于提升与东南亚国家和太平洋岛国的合作。[①] 2023 年 4 月，尹锡悦总统访问美国，与拜登总统举行会谈，纪念美韩同盟建立 70 周年，并发表《华盛顿宣言》。该宣言表示，美韩同盟已从开始的安全伙伴关系成长和扩展为支持民主原则、丰富经济合作并促进技术进步的真正全球性的同盟。[②] 双方承诺建立更加强大的共同防御关系，共同致力于印太地区的和平与稳定。双方宣布建立一个新的核磋商小组（Nuclear Consultative Group），以强化延伸威慑，讨论核战略规划，以及管理朝鲜对不扩散机制的威胁。拜登总统强调美国对韩国的延伸威慑之承诺是以其全部力量，包括核力量为支撑的。美国将进一步提升在朝鲜半岛的战略资产的常规能见度，扩大和深化两国军方之间的合作。尹锡悦表示，韩国将把其各种力量运用于美韩同盟的联合防御态势。[③] 在纪念美韩同盟 70 周年领导人联合声明中，双方表示将增加两国全面全球合作，深化地区接触，扩大两国双边关系；在实施各自的印太战略方面进行合作；致力于塑造包容、自由和公平的贸易体系，并与志同道合的伙伴合作应对威胁，确保美韩同盟和印太地区未来的繁荣；加强在投资、贸易、技术以及人民之间的联

① “United States-Republic of Korea Leaders' Joint Statement,” May 21, 2022, https://www.whitehouse.gov/briefing-room/statements-releases/2022/05/21/united-states-republic-of-korea-leaders-joint-statement/, accessed: 2022-11-24.

② “Washington Declaration,” April 26, 2023, https://www.whitehouse.gov/briefing-room/statements-releases/2023/04/26/washington-declaration-2/, accessed: 2024-04-17.

③ “Washington Declaration,” April 26, 2023, https://www.whitehouse.gov/briefing-room/statements-releases/2023/04/26/washington-declaration-2/, accessed: 2024-04-17.

系等方面的合作，承诺深化和扩大在关键和新兴技术方面的合作。①

双边制度化沟通。在政治与安全领域，美韩通过“一体化防务对话”（KIDD）、“核磋商小组”（NCG）、“延伸威慑战略和磋商小组”（EDSCG）、“安全磋商会议”（Security Consultative Meeting）等多个制度化的对话机制，就两国间及地区安全议题保持着紧密沟通。

2023 年 4 月美韩举行第 22 次“一体化防务对话”，双方承诺将继续加强联合防务态势和能力，以协防韩国，威慑朝鲜半岛上的冲突。双方承诺继续加强科技合作，复兴现有磋商机制，在科技合作方面推动美韩同盟现代化，以适应变化中的安全环境和应对未来的挑战。② 2023 年 9 月美韩举行第 23 次“一体化防务对话”，双方承诺：提升联合研发合作；支持供应链韧性，强化美韩国防工业基地之间的联系，提升美韩同盟防务架构内部的互操作性和可互换性；支持通过地区合作工作组（RCWG）扩大与东盟国家和太平洋岛国的合作；推动将美日韩三边防务合作发展成全面和多层次的伙伴关系。③

2023 年 7 月，美韩举行第一次“核磋商小组”（NCG）会议，美方重申并强化美国使用其全部力量，包括核力量，向韩国提供延伸威慑的承诺。④ 2023 年 9 月，两国外交和防务部门举行第 4 次“延伸威慑战略和磋商小组”

① Leaders' Joint Statement in Commemoration of the 70th Anniversary of the Alliance Between the United States of America and the Republic of Korea, April 26, 2023, https：//www.whitehouse.gov/briefing-room/statements-releases/2023/04/26/leaders-joint-statement-in-commemoration-of-the-70th-anniversary-of-the-alliance-between-the-united-states-of-america-and-the-republic-of-korea/, accessed：2024-04-17.

② "Joint Press Statement for the 22nd Korea-U.S. Integrated Defense Dialogue," April 12, 2023, https：//www.defense.gov/News/Releases/Release/Article/3360919/joint-press-statement-for-the-22nd-korea-us-integrated-defense-dialogue/, accessed：2024-04-17.

③ "Joint Press Statement for the 23rd Korea-U.S. Integrated Defense Dialogue," September 18, 2023, https：//www.defense.gov/News/Releases/Release/Article/3528305/joint-press-statement-for-the-23rd-korea-us-integrated-defense-dialogue/, accessed：2023-09-21.

④ "Joint Readout of the Inaugural U.S.-ROK Nuclear Consultative Group Meeting," July 18, 2023, https：//www.whitehouse.gov/briefing-room/statements-releases/2023/07/18/joint-readout-of-the-inaugural-u-s-rok-nuclear-consultative-group-meeting/, accessed：2024-04-17.

会议，推动了两国关于战略和政策议题的全面讨论。双方评估了两国正在进行的威慑朝鲜核及非核“侵略”的双边合作，同意进一步提升合作，应对朝鲜规避制裁和非法网络活动。①

2023 年 11 月，美国和韩国举行第 55 次“安全磋商会议”。双方签署了 2023 年《定制型威慑战略》（TDS）文件，作为有效威慑和“应对朝鲜核及其他大规模杀伤性武器”和拥有战略影响的非核力量的战略框架。双方同意寻求扩大在共享早期预警系统（SEWS）方面的合作，加强太空和网络合作，加强美韩同盟的国防能力，增强美韩同盟的互操作性和可互换性。②

合作领域的扩展和合作的深化。在高层双边战略沟通与政策协调基础上，美韩在具体议题领域的合作大大扩展，在各个关键议题领域合作的程度也逐步加深，不断推进美韩同盟现代化走向深入。2023 年 4 月尹锡悦总统访美时与拜登总统发布的联合声明列举了在投资、贸易、技术等方面加强两国合作的具体领域：通过深化和扩大在关键和新兴技术方面的合作，提升两国经济安全；深化两国外国投资审查和出口管制部门之间合作，采取适当措施，确保国家安全，同时维持有韧性的全球半导体供应链；加强在量子信息科技方面的合作，完成《美韩对等防务采购协议》谈判，以加强在全球防务产业的合作；建立“美韩战略性网络安全合作框架”，扩展合作，威慑网络对手，提升关键基础设施网络安全，打击网络犯罪，以及确保数字加密货币和区块链应用之安全；通过多种太空合作渠道，在所有领域进一步加强美韩同盟。③

---

① “Extended Deterrence Strategy and Consultation Group,” Media Note, Office of the Spokesperson, September 15, 2023, https://www.state.gov/joint-statement-on-extended-deterrence-and-consultation-group/, accessed: 2024-04-17.

② “55th Security Consultative Meeting Joint Communique,” November 13, 2023, https://www.defense.gov/News/Releases/Release/Article/3586522/55th-security-consultative-meeting-joint-communique/, accessed: 2024-04-17.

③ “Leaders' Joint Statement in Commemoration of the 70th Anniversary of the Alliance Between the United States of America and the Republic of Korea,” April 26, 2023, https://www.whitehouse.gov/briefing-room/statements-releases/2023/04/26/leaders-joint-statement-in-commemoration-of-the-70th-anniversary-of-the-alliance-between-the-united-states-of-america-and-the-republic-of-korea/, accessed: 2024-04-17.

在科技领域，美韩合作在 2023 年已取得一些具体进展。2023 年 2 月，布林肯国务卿与韩国外长朴振签署议定书，修改和延长了《美韩科技协定》，扩大两国科技合作范围。2023 年 4 月，美国白宫科技政策办公室主任、拜登总统首席科学顾问阿拉蒂·普拉巴卡（Arati Prabhakar）与韩国科学与信息和通信技术部部长李宗昊（Lee Jong-ho）举行会谈，寻求加强在量子信息科技方面的合作。① 2023 年 12 月，美韩举行第一次“美韩下一代关键和新兴技术对话”，推动两国政府、产业界和学术界之间提升在半导体供应链和技术、生物技术和生物制造、电池和清洁能源技术、量子、人工智能与标准、数字互联互通和信息通信技术等领域进行广泛、深入的合作。②

在军事安全领域，美韩军方的互动更明显地体现出美韩同盟关系的强化。2023 年 1 月，美国国防部部长奥斯汀访问韩国并与韩国国防部长李钟燮举行会谈。双方强调：将继续增强美韩同盟的能力，以威慑和应对朝鲜的核及导弹威胁，提升信息共享、联合规划和执行，以及同盟措施机制等；进一步扩大和增强 2023 年联合演习和训练的水平和范围；扩大联合野外训练演习并进行大规模联合火力演示。③ 2023 年2 月，美国国防部和韩国国防部在五角大楼举行了第 8 次美韩威慑战略委员会沙盘推演（DSC TTX）。

对于美韩同盟的发展，无论是拜登政府还是尹锡悦政府都做出了极高的评价。尹锡悦总统 2023 年 4 月访问美国时说：“韩美同盟不是一种交易型的

① “Joint Statement of the United States of America and Republic of Korea on Cooperation in Quantum Information Science and Technologies,” April 26, 2023, https://www.state.gov/joint-statement-of-the-united-states-of-america-and-republic-of-korea-on-cooperation-in-quantum-information-science-and-technologies/, accessed: 2023-06-22.

② “Joint Fact Sheet: Launching the U.S.-ROK Next Generation Critical and Emerging Technologies Dialogue,” December 8, 2023, https://www.whitehouse.gov/briefing-room/statements-releases/2023/12/08/joint-fact-sheet-launching-the-u-s-rok-next-generation-critical-and-emerging-technologies-dialogue/, accessed: 2024-04-17.

③ “Joint Statement: Minister of National Defense Lee Jong-Sup and U.S. Secretary of Defense Lloyd J. Austin Ⅲ,” January 31, 2023, https://www.defense.gov/News/Releases/Release/Article/3282748/joint-statement-minister-of-national-defense-lee-jong-sup-and-us-secretary-of-d/, accessed: 2024-04-17.

关系；它的运作不是仅仅为了利益。它是一种价值观同盟，两国坚定地站在一起，捍卫普世的自由价值。它是正义的同盟，是一个捍卫世界之自由、和平和繁荣的全球性的同盟。”①

（三）美澳同盟：“战略合作的新时代”

拜登政府执政三年来，美国-澳大利亚关系在既有基础上取得进一步发展：两国战略协调进一步加强；同盟战略关注视野进一步扩大；两国合作的内容也进一步扩展并日益深化。两国军事安全合作，特别是在促进防务能力和提升美澳军队互操作性方面的合作更加深入。

高层互动与战略协调。2023 年 5 月，拜登总统与澳大利亚总理安东尼·阿尔巴尼斯（Anthony Albanese）在日本广岛七国峰会期间举行会谈并发表联合声明——《我们时代的同盟》。声明强调，两国致力于支持开放、稳定和繁荣的印太和基于规则的国际秩序，将在利用新兴技术、探索太空新边疆、确保和平和未来繁荣、增强网络能力、支持自由和公平的贸易与强化经济韧性等方面积极合作。② 2023 年 10 月，阿尔巴尼斯总理对美国进行正式访问，与拜登总统举行会谈并发表联合声明，宣称“开启了美国-澳大利亚战略合作的新时代”。随着美澳同盟合作达到新高度，两国正在将伙伴关系扩展到新领域。联合声明强调，两国合作的核心是共同致力于和平、开放、稳定和繁荣的印太。双方承诺与印太地区伙伴和组织合作，应对共同挑战，确保该地区的繁荣、联通、韧性和安全；双方还宣布寻求在科学和关键与新兴技术新领域的合作，增强和补充两国的经济合作与贸易，根本的安全和防务关系，气候、关键矿物和清洁能源方面的合作，以及人民之间持久的

① “Remarks by President Biden and President Yoon Suk Yeol of the Republic of Korea at Arrival Ceremony,” April 26, 2023, https://www.whitehouse.gov/briefing-room/speeches-remarks/2023/04/26/remarks-by-president-biden-and-president-yoon-suk-yeol-of-the-republic-of-korea-at-arrival-ceremony/, accessed: 2024-01-24.

② “Australia-United States Joint Leaders' Statement—An Alliance for our Times,” May 20, 2023, https://www.whitehouse.gov/briefing-room/statements-releases/2023/05/20/australia-united-states-joint-leaders-statement-an-alliance-for-our-times/, accessed: 2023-06-22.

关系等。①

双边制度化沟通。美国和澳大利亚在政治和安全领域进行战略和政策沟通的主要机制包括美澳“战略政策对话”（Strategic Policy Dialogue）、“防务政策与战略对话”（Defense Policy & Strategy Talks）和“部长级磋商”（AUSMIN）机制。

2022 年 11 月，美国和澳大利亚在堪培拉举行第 4 次年度“战略政策对话”。双方讨论了印太地区的安全环境和提升多边合作的方式，分享了关于各自战略的看法。2023 年 5 月，美国和澳大利亚在华盛顿举行“防务政策与战略对话”，双方就 2023 年《澳大利亚防务战略评估报告》和 2022 年《美国国防战略报告》的制定和实施、地区安全环境、军力态势进展和机会、应对安全挑战的多边方式、战略能力共同发展以及“澳英美安全伙伴关系”后续发展等进行了讨论。2023 年 7 月，美澳举行第 33 次“部长级磋商”。关于印太事务，双方承诺：共同塑造开放、稳定和繁荣的印太；扩大双边合作以及与地区伙伴和组织，特别是与东盟和太平洋岛国的合作，确保印太地区是开放、稳定、和平、繁荣和尊重主权、人权和国际法的；进一步提升在印太地区的接触。双方还承诺：致力于双边防务与安全合作，确保维持美澳的技术优势，促进供应链安全，增强经济韧性。②

合作领域的扩展和合作的深化。在美国和澳大利亚共同的战略认知和制度化对话进一步加强的同时，两国具体的合作领域及其所涵盖的议题也更加广泛。

2023 年 5 月，拜登总统与阿尔巴尼斯总理在日本广岛会谈后发表的联合声明中特别强调的合作领域包括：第一，签署了通过《澳大利亚-美国气

① “United States-Australia Joint Leaders’ Statement Building an Innovation Alliance,” October 25, 2023, https://www.whitehouse.gov/briefing-room/statements-releases/2023/10/25/united-states-australia-joint-leaders-statementbuilding-an-innovation-alliance/, accessed: 2024-04-17.

② “Joint Statement on Australia-U.S. Ministerial Consultations (AUSMIN) 2023,” July 29, 2023, https://www.defense.gov/News/Releases/Release/Article/3476104/joint-statement-on-australia-us-ministerial-consultations-ausmin-2023/, accessed: 2024-04-17.

候、关键矿物和清洁能源转型协定》促进气候合作的意向声明，合作应对气候变化，采取保护生物多样性行动，推动清洁能源转型。第二，增强两国的防务能力，优先改进推动防务和安全合作所要求的信息共享和技术合作机制。第三，利用新兴技术，深化量子及太空等领域的合作，推动创新并为新兴技术制定负责任的规则和标准。两国还推动了电信供应商的多样化。促进数据通过开放、全球性、互操作、可靠和安全的互联网跨境自由流动。①

2023 年 10 月，阿尔巴尼斯总理与拜登总统会谈后发表联合声明，详细阐述了美国和澳大利亚在“推动先进技术和太空合作”“增强清洁能源供应链和应对气候危机”“促进太平洋地区之繁荣和韧性”“提升防务和安全合作”等方面广泛和具体的合作议题。双方举行了部长级“美澳清洁能源对话”；成功发起“美澳关键矿物工作组”（U. S. -Australia Critical Minerals Taskforce)，确定采取联合行动，增加各自国家在关键矿物开采和加工项目上的投资。10 月 26 日，两国签署太空《技术保障协定》。双方还进行了双边太空框架协定谈判。

在提升防务和安全合作方面，美国和澳大利亚将增加对乌克兰的支持、致力于协作式战机合作、升级美澳同盟；提升双边防务合作，实施 AUKUS 潜艇合作，促进防务贸易合作并保护技术等；支持制导武器共同生产；赞成实施《澳大利亚-日本对等准入协定》(Australia-Japan Reciprocal Access Agreement)，深化演习合作和能力一体化；推动两国间国防贸易管制和信息共享，共同致力于美澳同盟之战略和技术优势最大化，并使 AUKUS 的全部潜能最大化。双方重申共同致力于加强安全标准，以保护敏感技术和信息。②

① “Australia-United States Joint Leaders' Statement—An Alliance for Our Times,” May 20, 2023, https://www.whitehouse.gov/briefing-room/statements-releases/2023/05/20/australia-united-states-joint-leaders-statement-an-alliance-for-our-times/, accessed: 2023-06-22.

② “United States-Australia Joint Leaders' Statement Building an Innovation Alliance,” October 25, 2023, https://www.whitehouse.gov/briefing-room/statements-releases/2023/10/25/united-states-australia-joint-leaders-statementbuilding-an-innovation-alliance/, accessed: 2024-04-07.

（四）美菲同盟：安全合作“新突破”

虽然拜登政府一直在试图加强美菲特殊关系，但直到 2022 年 6 月小费迪南德·马科斯（Ferdinand R. Marcos Jr.）就任菲律宾第 17 任总统后，美菲同盟才取得“新突破”。

2023 年，美国和菲律宾开始讨论并迅速推进美菲同盟的“现代化”。2023 年 1 月，两国在马尼拉举行第 10 次年度“双边战略对话”。双方决定在以下领域寻求合作：第一，培育更强大的伙伴关系。在政策和操作层面进行定期和持续对话，确保在共同感兴趣和共同关切的问题上进行合作。第二，巩固持久的同盟，重振防务与安全合作，确保美菲同盟面对新的和新出现的挑战能够做出有效调整。加强信息共享，到 2023 年底优先完成《军事情报保护协定》（GSOMIA），促进技术转让，提升互操作性。全面执行美菲《加强防务合作协议》（EDCA）；为防务现代化制定《安全部门援助路线图》（Security Sector Assistance Roadmap）。第三，推动塑造以国际法为基础的海洋秩序。①

2023 年 2 月，美国国防部长奥斯汀访问菲律宾，推动扩大两国在多种军事行动领域的合作范围，推动提升两国军队之间的互操作性，增强联合训练演习，推动美菲同盟“现代化”。② 两国宣布了加快全面实施《加强防务合作协议》（EDCA）的计划，在菲律宾增建四个军事基地。2023 年 4 月，菲律宾政府正式公布 4 个新增军事基地的具体位置。

2023 年 4 月，美菲举行第 3 次“2+2”部长级对话并发表联合声明。关

① “Philippines, U. S. Commit to Further Elevate Alliance and Partnership at 10th Bilateral Strategic Dialogue,” January 21, 2023, https://ph.usembassy.gov/philippines-united-states-commit-to-further-elevate-alliance-and-partnership-to-bring-peace-and-prosperity-at-the-10th-bilateral-strategic-dialogue/, accessed: 2023-04-07.

② Jim Garamone, “Austin Visit to Philippine Base Highlights Benefits of U. S-Philippine Alliance,” February 1, 2023, https://www.defense.gov/News/News-Stories/Article/Article/3284587/austin-visit-to-philippine-base-highlights-benefits-of-us-philippine-alliance/, accessed: 2023-04-07.

于印太和世界秩序，双方重申支持不受干扰的合法商业活动和完全尊重国际法，包括航行和飞越自由，以及其他合法使用海洋的活动；坚决反对所谓的在南中国海非法的海上声索、填海造地军事化，以及威胁性和挑衅性行动。关于经济与环境安全，双方承诺探讨提升经济接触的新途径。通过推动基础设施现代化、数字经济，提升农业生产，促进可再生能源和绿色技术发展，提升粮食和能源安全等；合作增强韧性供应链并保护关键和新兴技术。关于美菲与其他伙伴的关系，双方重申支持《东盟印太展望》，并强调印太地区的伙伴关系和各种安排在地区安全架构中应该支持东盟中心地位；进一步推动与东南亚其他伙伴的经济和安全合作；确定了与日本和澳大利亚扩大作战协同（operational coordination）的具体机会，以及继续开展日本-菲律宾-美国三边防务政策对话等。推动美菲同盟现代化，是此次部长级对话最突出的内容。双方发表的联合声明详细阐明了两国关于推动同盟现代化的基本认知和具体举措。①

二　深化与伙伴国关系，加大对关键伙伴的战略投入

发展和深化与关键伙伴的关系也是美国推动“印太战略”之实施的重要内容。在 2023 年，美国与印太地区关键伙伴之间的关系和合作也进一步深化，甚至取得了突破性的进展，特别是与印度、越南、印尼、新加坡、蒙古国等国之间关系的突破和发展尤其值得关注。

（一）美国-印度“全面全球和战略伙伴关系”

近年来，美国与印度关系的发展，最突出的体现是：两国外交互动，特别是高层互访频繁；军事和防务关系进一步深化；科技合作，特别是关键和新兴技术领域合作进一步走向深入。

① “Joint Statement of the U. S. -Philippines 2+2 Ministerial Dialogue,” April 11, 2023, https://www.state.gov/joint-statement-of-the-u-s-philippines-22-ministerial-dialogue/, accessed: 2023-06-22.

双边高层互访和机制化对话。2023 年 6 月，印度总理纳伦德拉·莫迪（Narendra Modi）对美国进行国事访问并与拜登总统进行会谈。双方发表的联合声明强调：“美国－印度全面全球和战略伙伴关系（U.S.－India Comprehensive Global and Strategic Partnership）是植根于新的水平的信任和相互理解的，因将我们的国家紧密联系在一起的家庭和友谊的温暖纽带而变得更加丰富。我们将共同建立一种更加强大、多元的美印伙伴关系，推动实现我们人民追求光明和繁荣之未来的愿望。”① 声明系统阐述了美印合作的愿景。在“规划面向未来的技术伙伴关系”方面，双方强调技术在深化两国伙伴关系方面发挥着决定性的作用，并表示支持建立开放、可获得和安全的技术生态系统；加强太空所有领域的合作；促进美国和印度产业界、政府和学术机构之间更大程度的技术共享、共同开发和共同生产。在“推动下一代防务伙伴关系”方面，声明强调美印“主要防务伙伴关系”已成为“全球和平与安全的支柱”。两国在建立先进和全面防务伙伴关系方面已取得实质进展，两国军方在所有领域都进行了紧密协作。②

2023 年 9 月，拜登总统访问印度，并与莫迪总理举行会谈，重申了两国之间紧密和持久的伙伴关系。拜登总统重申支持印度成为改革后的联合国安理会常任理事国。双方重申支持建立韧性全球半导体供应链；承诺建立韧性技术价值链和连接国防工业生态系统，承诺推动政策和调整监管，促进印度和美国产业界、政府和学术机构之间更大程度的技术共享、共同开发和共同生产机会；重申通过扩大在诸如太空和人工智能等新的和新兴领域的合作和加快国防工业合作，深化美印“主要防务伙伴关系”并使之多样化的承诺。美国重申了与印度在量子领域进行合作的承诺。双方还强调了两国在太

① “Joint Statement from the United States and India,” June 22, 2023, https://www.whitehouse.gov/briefing-room/statements-releases/2023/06/22/joint-statement-from-the-united-states-and-india/, accessed: 2024-04-17.

② “Joint Statement from the United States and India,” June 22, 2023, https://www.whitehouse.gov/briefing-room/statements-releases/2023/06/22/joint-statement-from-the-united-states-and-india/, accessed: 2024-04-17.

空、能源、卫生等领域的广泛合作。①

2023 年 11 月，美国和印度举行第 5 次“2+2”部长级对话。双方强调了美印关系在各个方面取得的实质进展，重申决心推动韧性、基于规则、尊重国际法的国际秩序。双方重申致力于通过广泛的对话和复杂性日益增加的军事演习，加快开展根据 2023 年 6 月的“国防工业合作路线图”（Roadmap for U. S. -India Defense Industrial Cooperation）发起的联合项目，扩大在新兴领域的合作，进一步深化多面向的防务伙伴关系；加强反恐和执法合作；增强科学和技术伙伴关系；扩大卫生和贸易对话，强化人民之间的联系；加强多边外交和互联互通等。②

军事防务关系。美印防务关系和防务合作的发展，范围之广，程度之深，都是突破性的。2023 年 5 月，美国和印度举行第 17 次美印防务政策小组会议（U. S. -India Defense Policy Group），提出了一个包括工业合作、信息共享、海上安全及技术合作的议程。双方重申加强美国和印度军方之间合作和互操作性，致力于在所有领域和所有兵种的合作。2023 年 5 月 18 日，美国国防部副部长凯瑟琳·希克斯（Kathleen Hicks）在五角大楼会见印度国防秘书吉里达尔·阿拉曼（Giridhar Aramane）。希克斯反复强调美国对印度国防现代化目标的支持，并阐述了在美印“关键和新兴技术倡议”（iCET）下共同生产喷气式发动机、远程火炮以及步兵车辆的建议。③ 2023 年 5 月 22 日，美国和印度举行首次美印“先进领域防务对话”（U. S. -India Advanced Domains Defense Dialogue），目的是深化在不断演进的新的防务领

① “Joint Statement from India and the United States,” September 8, 2023, https://www.whitehouse.gov/briefing-room/statements-releases/2023/09/08/joint-statement-from-india-and-the-united-states/, accessed: 2024-04-17.

② “Joint Statement on the Fifth Annual India-U. S. 2+2 Ministerial Dialogue,” November 10, 2023, https://www.state.gov/joint-statement-on-the-fifth-annual-india-u-s-22-ministerial-dialogue/, accessed: 2024-04-17.

③ “Readout of Deputy Secretary of Defense Dr. Kathleen Hicks' Meeting with Indian Defence Secretary Giridhar Aramane,” May 18, 2023, https://www.defense.gov/News/Releases/Release/Article/3399988/readout-of-deputy-secretary-of-defense-dr-kathleen-hicks-meeting-with-indian-de/, accessed: 2024-04-17.

域的协作，特别是在太空和人工智能领域的合作。

2023 年 6 月，美国国防部长奥斯汀访问印度，以加强“主要防务伙伴关系”，并推动在关键领域的合作。美国国防部长奥斯汀和印度国防部长拉杰纳特·辛格（Rajnath Singh）对完成新的美印“国防工业合作路线图”表示欢迎。双方承诺评估阻碍更紧密的产业间合作的监管障碍，并开启关于“供应安全安排”（Security of Supply Arrangement）和“对等国防采购”（Reciprocal Defense Procurement）协定的谈判。双方承诺扩大双边防务合作的范围，以涵盖所有领域；加强所有军种的作战合作，以支持印度作为安全提供者在印太地区发挥引领作用。双方讨论了加强信息共享和提升在海域合作的新机会。① 2023 年 6 月 21 日，两国国防部发起“印度-美国国防加速生态系统”（INDUS-X），以促进国防工业合作并释放技术和制造业方面的新的创新。② 2023 年 11 月，两国国防部参加了在新德里举行的“印度-美国国防加速生态系统”第一次投资者战略会议。

科技合作。2022 年 5 月，拜登总统和莫迪总理发起了美印“关键和新兴技术倡议”（iCET）。2023 年 1 月，美国和印度国家安全事务助理在华盛顿举行“美印关键和新兴技术倡议”第一次会议，双方讨论了在关键和新兴技术、合作开发和合作生产以及深化两国创新生态系统之间的联系等方面进行更大合作的机会，确定生物技术、先进材料和稀土加工技术等领域作为未来合作领域。双方强调致力于通过美印“关键和新兴技术倡议”下的常设机制，合作解决两国国内与监管障碍、商业与人才流动性相关的议题。为扩大和深化两国技术伙伴关系，美国和印度将发起新的双边倡议并欢迎两国政府、产业界和学术界在“强化创新生态系统”“防务创新和技术合作”“韧性的半导体供应链”“太空”“科学、技术、工程和数学才能”“下一代

① “Secretary Austin Concludes India Visit,” June 5, 2023, https://www.defense.gov/News/Releases/Release/Article/3416249/secretary-austin-concludes-india-visit/, accessed: 2024-04-17.

② “Launch of the India-U.S. Defense Acceleration Ecosystem (INDUS-X),” June 21, 2023, https://www.defense.gov/News/Releases/Release/Article/3434923/launch-of-the-india-us-defense-acceleration-ecosystem-indus-x/, accessed: 2024-04-17.

电信”等领域开展新的合作。[1] 2023 年 6 月，美国国家安全事务助理沙利文访问印度，并与印度国家安全事务助理阿吉特·多瓦尔（Ajit Doval）举行会谈，双方宣布了关于“关键和新兴技术倡议”（iCET）合作路线图。6 月 21 日，印度驻美大使塔兰吉特·桑杜（Taranjit Singh Sandhu）代表印度签署《阿尔忒弥斯协定》（Artemis Accords），印度成为第 27 个签署该协定的国家，展示了其对“可持续和透明的太空活动”的承诺。

（二）美国-越南“全面战略伙伴关系”

2023 年是美国和越南建立“全面伙伴关系”10 周年，两国关系从“全面伙伴关系”升格为“全面战略伙伴关系”。双方保持着密切的高层互动和机制性对话。

高层互动。2023 年 3 月，拜登总统与越共中央总书记阮富仲通电话。拜登总统重申了美国对强大、繁荣、韧性和独立的越南的承诺。双方讨论了合作应对诸如气候变化等地区挑战，加强和扩大双边关系，应对湄公河沿岸日益恶化的环境和安全形势等问题。2023 年 4 月，布林肯国务卿对越南进行正式访问。在与越南政府总理范明政会谈时，布林肯重申美国致力于发展美越全面伙伴关系，与越南合作推动塑造“开放、繁荣、韧性、和平的印太”。

2023 年 9 月，拜登总统对越南进行国事访问，与越共中央总书记阮富仲举行会谈并发表联合声明，将美越关系提升为“全面战略伙伴关系”。双方表示，两国将继续深化在“政治和外交关系”“经济、贸易和投资合作”“科学、技术、创新和数字合作”“教育和培训合作”“气候、能源、环境和卫生合作”“解决战争遗留问题”“文化、人员交流、体育和旅游”“防务与

① “Fact Sheet: United States and India Elevate Strategic Partnership with the Initiative on Critical and Emerging Technology (iCET)," January 31, 2023, https://www.whitehouse.gov/briefing-room/statements-releases/2023/01/31/fact-sheet-united-states-and-india-elevate-strategic-partnership-with-the-initiative-on-critical-and-emerging-technology-icet/, accessed: 2024-04-17.

安全”“促进和保护人权”“在地区和全球议题上进行协调”等领域的合作。在“政治和外交关系”领域，双方强调有必要继续深化政治和外交关系，推动在各层级的定期交流和接触，以加强相互理解，建立和提升政治互信。在“经济、贸易和投资合作”领域，双方承诺创造良好的条件，促进各自市场对对方产品和服务的进一步开放，解决市场准入壁垒。在“科学、技术、创新和数字合作”方面，加强科学、技术和数字创新合作，并将其视为美越全面战略伙伴关系的新突破。在“防务与安全”方面，继续利用美国国防部和越南国防部之间以及其他部门之间已经建立的对话和磋商机制，加强在战争遗产、军事医学、联合国维和行动、海上执法和海上安全能力，以及其他共同感兴趣的领域的合作。①

制度化沟通。2023 年 3 月，美国和越南在华盛顿举行第 12 次“美越政治、安全和防务对话”。双方同意继续稳步发展双边防务关系，扩大在网络安全、打击跨国犯罪和参加联合国维和行动等方面的合作。美越“防务政策对话”是两国推动双边防务合作的最高层级的论坛。2023 年 9 月，两国在华盛顿举行年度美越“防务政策对话”，就共同感兴趣的地区议题交换了意见。双方表示支持基于规则的国际秩序并同意以和平方式合作应对和解决地区冲突。2023 年 11 月，美国和越南在华盛顿举行了第 27 次美越人权对话。

（三）美国-印尼“全面战略伙伴关系”

美国和印度尼西亚在 2023 年也保持着频繁的高层互动，两国关系和双边合作也进一步深化。

高层互动。2023 年 2 月，布林肯国务卿与印度尼西亚外长蕾特诺·马尔苏迪（Retno Marsudi）通电话。布林肯重申支持印尼的东盟主席国地位，

① “Joint Leaders’ Statement: Elevating United States-Vietnam Relations to a Comprehensive Strategic Partnership,” September 11, 2023, https://www.whitehouse.gov/briefing-room/statements-releases/2023/09/11/joint-leaders-statement-elevating-united-states-vietnam-relations-to-a-comprehensive-strategic-partnership/, accessed: 2024-04-17.

并支持东盟作为美国-东盟对话关系国家协调人发挥的作用。双方还讨论了美国-印尼战略伙伴关系，“全球基础设施和投资伙伴关系”（PGII）下的新倡议，以及印尼参加“印太经济框架”（IPEF）等问题。2023 年 3 月，布林肯与印尼外长马尔苏迪在新德里“二十国集团”外长会议期间举行会谈。双方强调了印尼担任东盟轮值主席国期间美国与东盟的合作，以及印尼在阿富汗妇女和女童教育等议题上发挥的领导作用。

2023 年 6 月，在香格里拉对话会期间，美国国防部长奥斯汀与印尼国防部长普拉博沃·苏比安托（Prabowo Subianto）举行会谈，讨论了双边关系的优势、共同关心的安全议题，以及印尼的东盟主席国地位。奥斯汀重申致力于发展美国-印尼战略伙伴关系。2023 年 8 月，美国国防部与印尼国防部发布联合新闻声明。美国国防部长奥斯汀和印尼国防部长普拉博沃重申了美国-印尼持久的战略伙伴关系的防务支柱优势。双方决心维护国际法和国际规范，提升两国共同的安全和防务能力。双方重申了印尼军事现代化的重要性，并讨论了两国深化互操作性的共同意愿。①

2023 年 9 月，美国副总统卡玛拉·哈里斯（Kamala Harris）与印尼总统佐科·维多多（Joko Widodo）在雅加达举行会谈。双方强调了美国-印尼关系的优势，并宣布将两国关系提升为“全面战略伙伴关系”的意愿。双方期待深化在经济增长与发展、能源、海洋议题、防务、全球和地区议题、人民之间的联系、数字经济和网络安全、全球卫生，以及建立可持续的未来等方面的合作。

2023 年 11 月，印尼总统佐科访美，与拜登总统举行会谈，宣布将美国-印尼关系提升为“全面战略伙伴关系”，两国关系进入历史性的新阶段。双方发表联合声明强调，在“全面战略伙伴关系”框架下，双方愿意进一步扩大在善治、多元主义、对人权的尊重、法治、主权、可持续法治以及领土完整等所有共同关心的议题上的合作。在推动共同繁荣的经济伙伴关系方

① “United States DoD and Indonesia MoD Joint Press Statement,” August 24, 2023, https://www.defense.gov/News/Releases/Release/Article/3504476/united-states-dod-and-indonesia-mod-joint-press-statement/, accessed: 2024-04-17.

面，拜登总统宣布了一些旨在通过投资关键和新兴技术、中小微企业以及可持续发展推动包容性经济繁荣的计划，推动全球半导体生态系统多样化；提升印尼农村地区的数字联通；投资印尼新兴企业；发起美国-印尼旅游伙伴关系（U. S. -Indonesia Tourism Partnership）。在应对气候危机方面，拜登总统宣布了一些新的气候项目：在可持续的能源和矿物方面进行合作；支持可再生能源微型电网；促进清洁能源转型规划；促进碳捕获和储存；提升东盟内部电力联通；加强东南亚的空气质量；探讨工业增长的清洁能源选项；扩大美国-印尼废弃物管理伙伴关系。在深化安全合作、促进地区稳定方面，扩大网络安全合作；加强海上安全；强化防务合作；提升反恐合作。在人员、文化和教育交流方面，交换教育和文化方面的专家，扩大卫生专家之间的联系。①

机制化对话。2023 年 7 月，布林肯国务卿与印尼外长马尔苏迪在雅加达举行美国-印尼部长级战略对话并发表联合声明。关于政治合作，双方就提升双边关系和建立制度化联系的创新性途径交换了看法。双方重点讨论了促进经济合作，强化供应链，推动能源转型以及促进海上、卫生和防务合作。② 2023 年 10 月，美国和印尼举行首次高级官员外交政策和防务对话。双方就广泛的全球和地区安全议题交换了看法，承诺进一步深化在各个部门的合作。③

① “Fact Sheet: President Joseph R. Biden and President Joko Widodo Announce the U. S. -Indonesia Comprehensive Strategic Partnership,” November 13, 2023, https://www.whitehouse.gov/briefing-room/statements-releases/2023/11/13/fact-sheet-president-joseph-r-biden-and-president-joko-widodo-announce-the-u-s-indonesia-comprehensive-strategic-partnership/, accessed: 2024-04-17.

② “Joint Statement by Secretary of State Antony J. Blinken and Minister for Foreign Affairs Retno L. P. Marsudi on the Second Ministerial Strategic Dialogue,” July 14, 2023, https://www.state.gov/joint-statement-by-secretary-of-state-antony-j-blinken-and-minister-for-foreign-affairs-retno-l-p-marsudi-on-the-second-ministerial-strategic-dialogue/, accessed: 2024-04-17.

③ “Joint Statement on the United States-Indonesia Senior Officials' 2+2 Foreign Policy and Defense Dialogue,” October 23, 2023, https://www.state.gov/joint-statement-on-the-united-states-indonesia-senior-officials-22-foreign-policy-and-defense-dialogue/, accessed: 2024-04-17.

（四）美国-新加坡“美国真正的伙伴”

美国与新加坡有紧密的经贸联系，新加坡是美国在印太地区的一个重要安全合作伙伴，双方对地区和国际事务有广泛共识。2023 年，美国和新加坡保持着密切的高层互动和机制化的沟通，两国合作领域进一步拓宽到从太空到网络空间，到供应链韧性再到清洁能源等广泛领域，特别是在防务合作应对气候变化和科技合作方面比较突出。

防务合作。2023 年 4 月，美国国防部与新加坡国防部举行第 7 次“美国-新加坡中期防务评估”（U. S. -Singapore Mid-Term Defense Review）。双方重申了对美新双边防务关系的共同承诺，强调两国防务合作对于维护地区安全、稳定和繁荣至关重要。双方讨论了广泛的地区安全关切，重申了基于规则的方式管理日益复杂的地缘政治挑战的重要性。2023 年 6 月，美国国防部长奥斯汀在 IISS 第 20 届亚洲安全峰会期间与新加坡国防部长黄永宏（Ng Eng Hen）举行会谈，双方重申了提升美国-新加坡防务关系的共同承诺并讨论了加强双边合作的努力，包括扩大联合训练等活动，承诺进一步提升高端培训和两国军队之间的互操作性。双方还讨论了扩大双边部队态势，以支持更深程度的互操作性和应对印太地区共同的安全挑战。[①] 2023 年 12 月，美国国防部长奥斯汀与新加坡国防部长黄永宏在五角大楼举行会谈。双方讨论了加强美国和新加坡之间防务和安全合作的努力。双方回顾了两国在深化防务合作伙伴关系方面取得的进展。奥斯汀强调了美国国防部对美国-新加坡双边训练关系的支持。

应对气候变化和科技合作。2023 年 6 月，新加坡外长维文（Vivian Balakrishnan）对美国进行正式访问，并与美国国务卿布林肯举行会谈。双方表示，两国将抓住新机遇，加强在从太空到网络空间，到供应链韧性再到

① “Readout of Secretary of Defense Lloyd J. Austin Ⅲ Meeting with Singapore Minister for Defense Dr. Ng Eng Hen,” June 2, 2023, https://www.defense.gov/News/Releases/Release/Article/3415819/readout-of-secretary-of-defense-lloyd-j-austin-iii-meeting-with-singapore-minis/, accessed: 2024-04-17.

清洁能源方面的合作。在会谈后举行的联合新闻发布会上，布林肯说：“新加坡是美国真正的伙伴。”① 在气候合作方面，两国升级了 2021 年 8 月发起的“美国-新加坡气候伙伴关系”（U. S. -Singapore Climate Partnership），致力于应对气候危机并加快国内和印太地区的清洁能源转型，寻求在“地区能源转型”“低排放和零排放技术与解决方法”“基于自然的解决方案和碳市场”“城市脱碳与韧性”“合作加强第三方能力建设”等重点领域的合作。②

2023 年 6 月，美国国家安全事务助理沙利文在白宫会见新加坡外长维文，双方讨论了建立关于关键和新兴技术的双边对话的问题。10 月 10 日，美国和新加坡在华盛顿举行第一次双边太空对话，目的是加强两国双边交流并巩固在民用空间问题上的合作。③ 10 月 12 日，两国在华盛顿举行首次美国-新加坡关键和新兴技术对话（U. S. -Singapore Critical and Emerging Technology Dialogue）并发表联合愿景声明。双方承诺升级两国双边伙伴关系，以确保两国在科技企业之前沿方面的共同努力能够继续服务全球公益。美国和新加坡的合作将聚焦 6 个主要领域：人工智能、数字经济和数据治理、生物技术、关键基础设施和技术供应链、防务技术创新和量子信息科技。两国将推动就各自建设强健的创新生态系统的措施进行密切磋商，以确保新兴技术服务于而不是损害两国共同的安全和繁荣。④

① Antony J. Blinken, “With Singaporean Foreign Minister Vivian Balakrishnan at a Joint Press Availability,” June 16, 2023, https://www.state.gov/with-singaporean-foreign-minister-vivian-balakrishnan-at-a-joint-press-availability/, accessed: 2023-06-21.

② “Strengthening the United States-Singapore Climate Partnership,” June 16, 2023, https://www.state.gov/strengthening-the-united-states-singapore-climate-partnership/, accessed: 2023-06-21.

③ “Joint Statement on U. S. -Singapore Space Dialogue,” October 12, 2023, https://www.state.gov/joint-statement-on-u-s-singapore-space-dialogue/, accessed: 2024-04-17.

④ “U. S. -Singapore Critical and Emerging Technology Dialogue: Joint Vision Statement,” October 12, 2023, https://www.whitehouse.gov/briefing-room/statements-releases/2023/10/12/u-s-singapore-critical-and-emerging-technology-dialogue-joint-vision-statement/, accessed: 2024-04-17.

（五）美国-蒙古国“战略性第三邻国伙伴关系”

美国与蒙古国关系在2023年也取得了突破性的进展。为进一步加强美国-蒙古国战略伙伴关系和经济关系，2023年2月，美国和蒙古国代表在华盛顿举行了第4次双边经济政策对话。双方就共同应对经济挑战、深化双边贸易和投资进行讨论，并决定寻求在关键矿物、清洁能源和数字经济等关键领域的合作。双方重申了增强整体的美国-蒙古国战略伙伴关系、深化在互利领域的经济关系以及通过现有和新的机制寻求合作机会的强烈愿望。双方讨论了在推动蒙古国之经济发展、多元化和独立的项目上合作的潜力，特别是在可再生能源和能源安全、关键矿物、交通、粮食安全、知识产权和数字经济等方面。①

2023年6月，美国国务院负责经济增长、能源和环境的副国务卿何塞·费尔南德斯（Jose W. Fernandez）与蒙古国政府签署谅解备忘录，以联合推动塑造印太地区安全和韧性的关键矿物供应链。

2023年8月2日，蒙古国总理罗布桑那木斯来·奥云额尔登（Oyun-Erdene Luvsannamsrai）访美，与哈里斯副总统举行会谈，并发表了美国和蒙古国《关于战略性第三邻国伙伴关系的联合声明》。该联合声明指出，两国将深化经济合作：合作应对21世纪最困难的经济挑战，探讨提升贸易和投资的机会；在共同感兴趣的领域深化双边经济关系，并寻求在矿产资源部门、清洁能源、粮食安全和数字经济等领域的合作机会。美国表示继续通过使其经济多元化、加强能源安全、提升粮食安全和支持可再生能源转型等，支持加强蒙古国的民主。双方承诺致力于应对气候危机。在促进民主原则方面，美国和蒙古国都致力于通过为公民社会组织赋能来强化各自的社会，以确保各自的民主制度持续有效；加强治理合作，特别是反腐败合作。双方还加强了战略安全合作，正强化其“第三邻国”防务合作。美国致力于与蒙古国合作发展和加强地

① “Joint Statement on Advancing the U. S. -Mongolia Economic Partnership,” February 28, 2023, https: //www. state. gov/joint-statement-on-advancing-the-u-s-mongolia-economic-partnership/, accessed: 2023-06-22.

区安全伙伴关系，通过年度多国联合军事演习提升蒙古国军队的国际互操作性。支持蒙古国对国际维和行动以及在全世界捍卫人权和民主的长期承诺。[①] 8 月 4 日，美国国务卿布林肯和蒙古国总理奥云额尔登签署《开放天空协定》（Open Skies Agreement）和《战略性第三邻国伙伴关系经济合作路线图》（Economic Cooperation Roadmap for the Strategic Third Neighbor Partnership）。

2023 年 8 月 29 日，美国和蒙古国在乌兰巴托举行美国-蒙古国贸易与投资理事会（U. S. -Mongolia Trade and Investment Council）第 7 次会议，讨论深化双边贸易和投资关系的机会。2023 年 12 月 12 日，美国和蒙古国政府代表在华盛顿举行了第 16 次年度双边磋商。双方强调了 2023 年 8 月签署的《战略性第三邻国伙伴关系经济合作路线图》的重要意义，并进一步讨论了促进经济合作的机会，包括通过能力建设、贸易便利化，改善投资环境等。双方强调了关键矿物和清洁能源领域合作的潜力和重要性。双方表示愿意提升在数字领域的合作，以加强互联互通、繁荣和网络安全。双方强调，提升太空合作有助于两国的科学和商业利益。[②]

三　推动同盟和伙伴关系“网络化”

构建美国在印太地区的同盟和伙伴关系网络，是拜登政府重塑其印太同盟体系、推动美国同盟体系现代化之努力的重要组成部分，也是其在全球范围内重振其同盟和伙伴网络之努力的重要组成部分。在 2023 年，美日印澳“四边安全对话”（Quad）的机制化合作进一步推动；澳英美三边安全伙伴关系（AUKUS）合作取得新进展；美日韩、美日菲三边合作也都取得重要突破。

① “Joint Statement on the Strategic Third Neighbor Partnership Between the United States of America and Mongolia,” August 2, 2023, https://www.whitehouse.gov/briefing-room/statements-releases/2023/08/02/joint-statement-on-the-strategic-third-neighbor-partnership-between-the-united-states-of-america-and-mongolia/, accessed: 2024-04-17.

② “Joint Statement on the United States-Mongolia Annual Bilateral Consultations,” December 20, 2023, https://www.state.gov/joint-statement-on-the-united-states-mongolia-annual-bilateral-consultations/, accessed: 2024-04-17.

（一）“四边安全对话”

在 2023 年，“四边安全对话”保持着密切沟通与合作。2023 年 3 月，美国国务卿布林肯和印度外长苏杰生（Subrahmanyam Jaishankar）、澳大利亚外长黄英贤（Penny Wong）、日本外相林芳正（Yoshimasa Hayashi）在印度瑞辛纳对话（Raisina Dialogue）期间举行“四边安全对话”外长会议。通过“四边安全对话”，四国寻求支持该地区在诸如卫生安全、气候变化和清洁能源转型、关键和新兴技术、基础设施和互联互通，可持续、透明和公平的借贷和融资实践，太空合作，网络安全，人道主义援助和灾难救援，海上安全与反恐等当代挑战方面的务实合作。各方重申支持东盟中心地位和统一东盟的团结以及东盟领导的架构，支持太平洋岛国，支持太平洋地区组织，进一步加强与环印度洋联盟（IORA）的合作；致力于合作应对单方面破坏联合国和国际体系的企图，坚决反对任何寻求单方面改变现状或加剧该地区紧张的行动。①

2023 年 5 月，美日印澳四国领导人在日本广岛举行“四边安全对话”领导人峰会。这也是第三次面对面的“四边安全对话”领导人峰会。四方重申了对于“自由和开放”的印太的坚定承诺。联合声明还阐述了“四边安全对话”积极和务实的议程：应对气候危机，采取行动应对气候变化；发表《关于印太地区清洁能源供应链之原则的声明》，为四国在印太地区就清洁能源供应链发展进行接触提供基础；将“四边安全对话疫苗伙伴关系”（Quad Vaccine Partnership）扩展为“四边安全对话卫生安全伙伴关系”（Quad Health Security Partnership），加强在支持印太地区卫生安全方面的协调与合作；继续支持该地区获得高质量、可持续和气候韧性的基础设施投资，宣布新倡议——“四边安全对话基础设施奖学金项目”（Quad Infrastructure Fellowships Program）；致力于通过韧性基础设施发展，改善该

① “Joint Statement of the Quad Ministerial Meeting in New Delhi,” March 3, 2023, https://www.state.gov/joint-statement-of-the-quad-ministerial-meeting-in-new-delhi/, accessed: 2023-06-22.

地区的互联互通，宣布建立新的“四边安全对话电缆联通与韧性伙伴关系”（Quad Partnership for Cable Connectivity and Resilience）；提升四国出口信贷部门之间的合作；强化供应链韧性并改善该地区的数字联通；发布“四边安全对话国际标准合作网络”（Quad International Standards Cooperation Network）和“四边安全对话关于关键和新兴技术标准的原则”，支持以产业界领导的、基于共识的多利益攸关者方式发展技术标准；发起“四边安全对话投资者网络”（QUIN），促进战略性技术领域的投资；支持联合研究，以促进农业领域的创新。四国重申了对更加安全的网络空间的承诺，促进国际数字经济发展等。四国将在全球和地区议题上加强合作。①

2023 年 9 月，美日印澳四国外长在纽约第 78 届联合国大会期间举行“四边安全对话”外长会议。四国重申了“四边安全对话”对自由和开放、包容和韧性的印太的坚定承诺；支持开放、稳定和繁荣的印太。② 2023 年 12 月，四国代表在夏威夷火奴鲁鲁主办“四边安全对话反恐工作组”会议，聚焦提升“四边安全对话”在应对印太地区恐怖事件方面的合作。

（二）“澳英美三边安全伙伴关系”取得进展

2021 年 9 月，美国与澳大利亚和英国宣布建立“澳英美三边安全伙伴关系”（AUKUS），承诺在 18 个月内确定 AUKUS 潜艇伙伴关系的细节。到 2023 年，澳、英、美三边安全合作已取得较大进展。

2023 年 3 月，澳大利亚总理阿尔巴尼斯、英国首相里希·苏纳克（Rishi Sunak）和美国总统拜登在美国加利福尼亚州圣地亚哥举行会谈并发表关于“澳英美三边安全伙伴关系”的领导人联合声明，宣布了澳大利亚通过“澳英美三边安全伙伴关系”获得常规武装核动力潜艇能力的安排：

① “Quad Leaders’ Joint Statement,” May 20, 2023, https://www.whitehouse.gov/briefing-room/statements-releases/2023/05/20/quad-leaders-joint-statement/, accessed: 2024-04-17.

② “Joint Readout of the Quad Foreign Ministers’ Meeting in New York,” September 22, 2023, https://www.state.gov/joint-readout-of-the-quad-foreign-ministers-meeting-in-new-york/, accessed: 2024-04-17.

2023 年起，澳大利亚军事和文职人员将会嵌入美国和英国海军，在美国和英国的潜艇工业基地，加快对澳大利亚人员的培训；最早在 2027 年，美国和英国计划开始常规武装核动力潜艇（SSNs）轮驻澳大利亚；21 世纪 30 年代末，英国向澳大利亚海军提供第一艘 AUKUS 核潜艇（SSN-AUKUS）。21 世纪 40 年代初，澳大利亚为其海军提供第一艘在澳大利亚建造的 AUKUS 核潜艇。①

2023 年 4 月，美国、澳大利亚和英国代表在英国威尔特郡阿佩文（Upavon）观摩第一次“澳英美三边安全伙伴关系”人工智能与自动化测验，目的是推动这些技术用于“负责任的”军事用途。这也是澳大利亚、英国和美国联合开发的人工智能能力（AI capability）首次被部署于联盟自动化系统，用于情报、监视和侦察任务。② 2023 年 9 月，澳英美三国领导人发表联合声明，纪念宣布建立 AUKUS 两周年。2023 年 12 月，美国国防部长奥斯汀与澳大利亚副总理兼国防部长理查德·马尔斯（Richard Marles）及英国国防大臣格兰特·沙普斯（Grant Shapps）举行会谈并发表联合声明表示，面对不断演进的安全环境，AUKUS 提供了推动长期伙伴关系现代化并提升这种伙伴关系，以及合作应对全球安全挑战并促进印太及更广泛的地区之稳定和繁荣的机会。③

（三）美日韩三边合作开启“新篇章”

拜登政府开始执政起就一直在努力推动美日韩三边合作，特别是推动日韩和解。在历次美日、美韩双边外交活动或美日韩三边互动中，拜登政府都

① “Joint Leaders Statement on AUKUS,” March 13, 2023, https://www.whitehouse.gov/briefing-room/statements-releases/2023/03/13/joint-leaders-statement-on-aukus-2/, accessed: 2024-04-17.

② “AUKUS Partners Demonstrate Advanced Capabilities Trial,” May 26, 2023, https://www.defense.gov/News/Releases/Release/Article/3408870/aukus-partners-demonstrate-advanced-capabilities-trial/, accessed: 2024-04-17.

③ “AUKUS Defense Ministers Meeting Joint Statement,” December 1, 2023, https://www.defense.gov/News/Releases/Release/Article/3604511/aukus-defense-ministers-meeting-joint-statement/, accessed: 2024-04-17.

强调美日韩三边合作的重要性。

2022 年 11 月，拜登总统与日本首相岸田文雄、韩国总统尹锡悦在金边举行会谈，并发表了《美日韩印太三边伙伴关系金边声明》。三方同意以三边方式在各个政府层级合作实施各自的“印太战略”（approaches），联合集体的力量，寻求塑造“自由、开放、包容、韧性和安全的”印太。①

2023 年 2 月 13 日，美国国务院副国务卿温迪·舍曼（Wendy Sherman）、日本副外相森武雄（Mori Takeo）和韩国外交部第一次官（副部长）赵贤东（Cho Hyundong）在华盛顿举行会谈。三方重申坚决反对任何以武力或胁迫单方面改变现状的企图，欢迎韩国宣布的《韩国印太战略》，并希望它将会促进在印太地区的三边合作。② 2 月 28 日，美日韩在夏威夷火奴鲁鲁举行了美日韩经济安全对话（U. S. -Japan-ROK Economic Security Dialogue）第一次会议。三方讨论了在关键和新兴技术（包括量子和太空技术）方面进行合作、提升供应链韧性（包括半导体、电池、关键矿物等）、协调保护敏感技术的措施、实施“可信的数据自由流动”，以及协调对经济胁迫的应对等的路径。

在 2023 年 3 月 5 日日韩就改善双边关系采取了重要行动后，拜登总统发表声明表示，“今天大韩民国和日本的声明标志着美国两个最密切的盟国之间合作与伙伴关系突破性的新篇章”。③ 美日和解，将会大大推动美日韩三边合作。

2023 年 4 月，美日韩在华盛顿举行第 13 次“防务三边对话”（Defense

① “Phnom Penh Statement on US-Japan-Republic of Korea Trilateral Partnership for the Indo-Pacific,” November 13, 2022, https://www.whitehouse.gov/briefing-room/statements-releases/2022/11/13/phnom-penh-statement-on-trilateral-partnership-for-the-indo-pacific/, accessed: 2024-04-09.

② “Joint Statement on the U. S. -Japan-Republic of Korea Trilateral Ministerial Meeting,” February 13, 2023, https://www.state.gov/joint-statement-on-the-u-s-japan-republic-of-korea-trilateral-ministerial-meeting-2/, accessed: 2023-06-22.

③ “Statement from President Joe Biden on Japan-ROK Announcement,” March 5, 2023, https://www.whitehouse.gov/briefing-room/statements-releases/2023/03/05/statement-from-president-joe-biden-on-japan-rok-announcement/, accessed: 2024-04-17.

Trilateral Talks）。三方交换了关于朝鲜半岛及更广泛地区的安全环境的评估，并就深化美日韩安全合作的具体路径进行了磋商。[①] 5月，拜登总统在日本广岛会见日本首相岸田文雄和韩国总统尹锡悦，就如何将三边合作提升到新高度进行了讨论。6月3日，美国国防部长奥斯汀、日本防卫大臣滨田靖一和韩国国防部长李钟燮在新加坡举行三边部长级会议。三方同意加强三边合作，以激活数据共享机制，交换实时导弹预警数据，改善各国检测和评估朝鲜导弹发射的能力。三方承诺迅速举行海上拦截演习和反海盗演习，致力于实现防务演习规范化。[②]

2023年8月18日，美国总统拜登、韩国总统尹锡悦和日本首相岸田文雄在戴维营举行美日韩三边峰会，并发布联合声明，发起了新时代的三边伙伴关系。联合声明表示，“在这样一个历史性时刻，我们致力于扩大我们的三边合作，把我们共同的目标提到一个新水平，跨越各个领域而且跨越印太乃至更广泛的地区。……我们将提升美日和美韩同盟之间的战略协调并把我们三边安全合作提升到新高度。”三国将改进沟通机制，促进定期和及时沟通：至少举行年度三边领导人、外交部长、国防部长和国家安全事务助理之间的会议；将举行首次三边财政部长会议；发起年度“三边印太对话”，协调三国印太战略之实施并确定新的共同行动领域。在深化安全伙伴关系的同时，三国将继续增强在经济安全和技术领域的合作，包括在供应链韧性，特别是在半导体和电池方面，以及技术安全和标准、清洁能源和能源安全、生物技术、关键矿物、药物、人工智能、量子计算和科学研究等方面的合作；支持联合和协作科技创新，进一步提升三边太空安全合作对话；塑造人工智能国际治理；清除经济参与壁垒并增进多样

---

① “Joint Statement of the 13th Defense Trilateral Talks,” April 14, 2023, https://www.defense.gov/News/Releases/Release/Article/3363747/joint-statement-of-the-13th-defense-trilateral-talks/, accessed: 2024-04-17.

② “United States-Japan-Republic of Korea Trilateral Ministerial Meeting (TMM) Joint Press Statement,” June 3, 2023, https://www.defense.gov/News/Releases/Release/Article/3415860/united-states-japan-republic-of-korea-trilateral-ministerial-meeting-tmm-joint/, accessed: 2024-04-17.

化、可获得及包容性的经济。①

2023 年 11 月 8 日，日本、美国和韩国在首尔举行三边太空安全对话，其目的是推动外太空的安全和可持续地利用和提升太空系统的韧性。11 月 12 日，美日韩在韩国首尔举行三边国防部长会议。三方决定建立一个促进实时导弹预警数据交换和改进各国监视朝鲜导弹发射之能力的机制，鼓励加快制定一个多年三边演习计划。② 11 月 14 日，美国国务卿布林肯与日本外相上川阳子及韩国外长朴振在旧金山亚太经济合作组织峰会期间举行三边会谈，重申致力于提升美日韩三边合作，加强地区安全，促进经济繁荣，推动塑造“自由和开放的”印太。

2023 年 12 月 7 日，美日韩举行第一次三边外交工作组会议，目的是“反击”朝鲜造成的“网络威胁”。12 月 9 日，美国国家安全事务助理沙利文与日本和韩国国家安全事务助理举行三边会谈，评估了三边倡议取得的进展，并讨论了下一步三边加强经济安全合作的举措，协调三国各自“印太战略”的努力等。12 月 19 日，美日韩举行三边国防部部长会议。美日韩宣布已全面激活了实时朝鲜导弹预警数据共享机制并共同制订了一个多年三边演习计划。③

（四）美日菲三边合作取得“新突破”

美日菲三边合作是拜登政府推动美国盟国和伙伴关系“网络化”的重要一环。美日菲三边合作在 2023 年也取得一些“新突破”。

---

① “The Spirit of Camp David: Joint Statement of Japan, the Republic of Korea, and the United States,” August 18, 2023, https://www.whitehouse.gov/briefing-room/statements-releases/2023/08/18/the-spirit-of-camp-david-joint-statement-of-japan-the-republic-of-korea-and-the-united-states/, accessed: 2024-04-17.

② “United States-Japan-Republic of Korea Trilateral Ministerial Meeting Unilateral Press Statement,” November 12, 2023, https://www.defense.gov/News/Releases/Release/Article/3586406/united-states-japan-republic-of-korea-trilateral-ministerial-meeting-unilateral/, accessed: 2024-04-17.

③ “United States-Japan-Republic of Korea Trilateral Ministerial Joint Press Statement,” December 19, 2023, https://www.defense.gov/News/Releases/Release/Article/3621235/united-states-japan-republic-of-korea-trilateral-ministerial-joint-press-statem/, accessed: 2024-04-17.

2023年6月16日，美、日、菲三国国家安全事务助理在东京举行第一次三边会谈，就改进三边合作的具体方式交换看法，确认了提升三边安全合作的计划。[①] 9月7日，美国副总统哈里斯在雅加达与菲律宾总统马科斯和日本首相岸田文雄举行三边会谈，讨论了南中国海和东海的海上安全环境，并评估了三国提升三边海上合作的方式。三方重申了三边经济合作的优势并讨论了增强经济韧性、促进基础广泛和可持续的经济增长，以及投资强健和多样化的供应链的机会。9月22日，美国国务卿布林肯在纽约联合国大会期间会见日本外相上川阳子和菲律宾外长恩里克·马纳洛（Enrique A. Manalo）。三方讨论了支持经济韧性和深化三边能源、基础设施和数字经济议题等合作，以及提升三边安全合作的途径。12月13日，美国国家安全事务助理沙利文与日本和菲律宾国家安全事务助理通电话。三方表达了对中国在仁爱礁和黄岩岛附近之“危险和非法行为”的关切，并“呼吁”中国遵守2016年7月的仲裁法院的裁决。[②]

（五）美国-蒙古国-韩国开启三边合作

美国、蒙古国和韩国在2023年也开启了三边合作。2023年5月30日，蒙古国、韩国和美国政府在乌兰巴托举行第一次三边会谈。三方就朝鲜发展核武器及其运载工具表达了各自的看法，并呼吁朝鲜全面遵守相关联合国安理会决议规定的义务。三方分享了各自关于地区发展的愿景，并就确保繁荣和和平的未来的集体行动、发展经济、支持联合维和行动、执法和反腐败等

① “Joint Readout of Trilateral Meeting Between the National Security Advisors of the United States, Japan, and the Philippines,” June 16, 2023, https://www.whitehouse.gov/briefing-room/statements-releases/2023/06/16/joint-readout-of-trilateral-meeting-between-the-national-security-advisors-of-the-united-states-japan-and-the-philippines/, accessed: 2024-04-17.

② “Readout of National Security Advisor Jake Sullivan’s Call with the National Security Advisors of Japan and the Philippines,” December 13, 2023, https://www.whitehouse.gov/briefing-room/statements-releases/2023/12/13/readout-of-national-security-advisor-jake-sullivans-call-with-the-national-security-advisors-of-japan-and-the-philippines/, accessed: 2024-04-17.

领域三边合作交换了看法。三方都强调通过提升在能源安全和矿物资源、应对气候变化、交通和供应链、粮食安全、知识产权，以及通过增进贸易和投资机会等方面合作，深化经济伙伴关系的愿望。① 2023 年 6 月 27 日，美国、蒙古国和韩国在乌兰巴托举行首次“美国-蒙古国-韩国关键矿物对话”（U. S. -Mongolia-Republic of Korea Critical Minerals Dialogue），推动关于关键矿物供应链的信息交流与合作。②

此外，美国、日本和澳大利亚也延续着三边合作。2023 年 6 月 3 日，在第 20 次国际战略研究所（IISS）亚洲安全峰会期间，美日澳举行三边国防部长会议（TDMM），这也是第 12 次三国国防部长会议。三方重申了协调三国的战略及三边伙伴关系在实现“自由和开放的”印太方面发挥的重要作用。③

四　发展与印太国家经济关系，塑造地区经济和贸易规则

推动塑造印太地区经济秩序和贸易规则，是拜登政府“印太战略”之实施的重要组成部分。从美国与日本等印太国家之间的双边经济政策磋商、与印太国家的基础设施合作，及其提出和推动“印太经济框架”的努力，都可以看出其推动塑造印太地区经济秩序和贸易规则的强烈企图。

① “The Launch of the United States-Mongolia-Republic of Korea Trilateral Meeting,” June 2, 2023, https：//www. state. gov/the-launch-of-the-united-states-mongolia-republic-of-korea-trilateral-meeting/, accessed：2023-06-22.

② “Inaugural U. S. -Mongolia-ROK Critical Minerals Dialogue Held in Ulaanbaatar,” June 27, 2023, https：//www. state. gov/inaugural-u-s-mongolia-rok-critical-minerals-dialogue-held-in-ulaanbaatar/, accessed：2024-04-17.

③ “United States-Japan-Australia Trilateral Defense Ministers’ Meeting (TDMM) 2023 Joint Statement,” June 3, 2023, https：//www. defense. gov/News/Releases/Release/Article/3415881/united-states-japan-australia-trilateral-defense-ministers-meeting-tdmm-2023-jo/, accessed：2024-04-17.

（一）美国与日本的双边经济政策磋商

美国与关键盟国和重要伙伴就经济政策和贸易规则等进行双边政策磋商，是拜登政府塑造印太地区乃至全球经贸规则和经济秩序之努力的重要组成部分。其中，美日之间的磋商显得尤为突出。

2023 年 1 月 13 日，美国和日本在华盛顿举行第二次“经济政策磋商委员会”（EPCC）副部长级会议，推动双方合作反对经济胁迫，增强更具韧性的供应链，强化能源与粮食安全，促进关键和新兴技术发展，以支持基于规则的全球经济秩序。10 月 19 日，两国举行第三次“经济政策磋商委员会”副部长级会议，讨论了当前及未来在印太地区加强基于规则的经济秩序的行动。11 月 14 日，两国在旧金山举行了第二次“经济政策磋商委员会”部长级会议。两国表示，将继续致力于：提升基于规则的经济秩序，以使两国经济更加具有竞争力并更具韧性；提升两国在经济韧性和经济安全方面的战略协调，进一步降低脆弱性，反对恶意行为；最大限度地协调两国经济、技术和相关战略，促进创新，增强工业基地、供应链和未来的战略性新兴产业，同时加快脱碳努力；战略性推动政策协调，应对新出现的对经济和国家安全的威胁，并提升与其他志同道合伙伴的沟通；强化印太地区基于规则的经济秩序，加强与印太地区的经济接触，应对非市场政策和做法、经济胁迫以及非基于科学原则或科学证据证明的贸易限制，增强透明、韧性和可持续的供应链，促进高质量基础设施和可持续投资及应对不透明的借贷行为，加强个人数据保护与隐私保护。在提升经济韧性与促进和保护关键和新兴技术方面，双方将加强在计算技术，包括半导体、人工智能、量子信息科技等，生物技术、清洁能源技术、先进通信技术、关键矿物、能源安全、粮食安全、网络安全、出口管制等方面的合作。[①]

美日之间还通过其他机制性对话，就经济领域的政策进行对话。2023

① “Joint Statement of the Japan-U. S. Economic Policy Consultative Committee,” November 14, 2023, https://www.state.gov/joint-statement-of-the-japan-u-s-economic-policy-consultative-committee/, accessed: 2024-04-17.

年3月6~7日，两国举行第13次“美日互联网经济政策合作对话”。双方重申了对开放、互操作、可靠和安全的数字互联互通和信息与通信技术的共同承诺，以支持数字经济增长。①

美国与日本之间就经贸领域议题进行的这些双方政策对话，以及与韩国、澳大利亚、印度、东盟等就经贸议题进行的对话，都有助于推动美国塑造印太地区乃至全球经济秩序和经贸规则。

（二）美国与印太国家的基础设施合作

推动基础设施合作是美国及其盟国塑造印太地区及全球经济秩序和规则的一个重要方面。美国与印太国家的基础设施合作，也体现着这一领域的规则竞争和塑造。

2023年4月6日，在老挝万象举行的“湄公河之友”（Friends of the Mekong）高级官员会议上，美国和日本，与柬埔寨、老挝、泰国和越南一道，发布了《日本-美国-湄公河电力伙伴关系行动计划》（Japan-U. S. -Mekong Power Partnership Action Plan），该文件列举了优先技术合作项目和行动，以帮助湄公河国家实现其与清洁能源利用、跨境电力贸易以及国家和地区电力市场发展等相关的目标。②

2023年9月9日，在印度新德里二十国集团峰会上，拜登总统和印度总理莫迪主持了“全球基础设施与投资伙伴关系”（PGII）领导人会议，目的是通过“全球基础设施与投资伙伴关系”，加快投资，促进高质量基础设施项目和经济走廊的发展。美国与沙特王国、欧盟、印度和阿拉伯联合酋长国、法国、德国、意大利发表谅解备忘录，承诺合作建立“印度-中东-欧洲经济走廊”（IMEC），提升亚洲、海湾地区和欧洲之间的互联互通和经济

① “Joint Statement from the 13th U. S. -Japan Policy Cooperation Dialogue on the Internet Economy,” March 16, 2023, https://www.state.gov/joint-statement-from-the-13th-u-s-japan-policy-cooperation-dialogue-on-the-internet-economy/, accessed: 2023-06-22.

② “Japan-U. S. Mekong Power Partnership (JUMPP) Action Plan,” April 2023, https://mekonguspartnership.org/wp-content/uploads/2023/04/JUMPP-Action-Plan-Final-April-2023-Web-3.pdf, accessed: 2024-04-12.

一体化，促进经济发展。欧盟正式与美国联合支持“洛比托走廊”（Lobito Corridor）之发展。“全球基础设施与投资伙伴关系”还推动在印度、菲律宾等国高质量、变革性的基础设施投资。[①] 11月16日，美国商务部部长吉娜·雷蒙多（Gina Raimondo）和总统高级顾问阿莫斯·霍克斯坦（Amos Hochstein）主持“全球基础设施与投资伙伴关系（PGII）印太经济框架（IPEF）投资者论坛”，讨论合作行动和共同的优先关注事项，以增加私营部门在印太地区的投资。美国还宣布了一个新的“全球基础设施与投资伙伴关系（PGII）印太经济框架（IPEF）投资加速器”（PGII IPEF Investment Accelerator）倡议，动员高标准的项目融资，推动“印太经济框架”成员国之可持续的经济增长。[②]

“蓝点网络”在2023年实现了迅速扩容，这也展示出美国与其盟国塑造基础设施合作规则的努力。2023年4月17日，美国、日本和澳大利亚发表联合声明，欢迎英国加入“蓝点网络指导委员会”（Steering Committee of the Blue Dot Network）。5月16日，西班牙加入“蓝点网络指导委员会”。11月22日，瑞士加入“蓝点网络指导委员会”。

（三）“印太经济框架”谈判取得新进展

“印太经济框架”反映了拜登政府野心勃勃地塑造印太乃至全球经济秩序和规则的企图。2021年10月，拜登总统宣布了美国制订“印太经济框架”的意愿，以界定该地区在贸易便利化、数字经济标准、供应链韧性、

---

① “Fact Sheet: President Biden and Prime Minister Modi Host Leaders on the Partnership for Global Infrastructure and Investment,” September 9, 2023, https://www.whitehouse.gov/briefing-room/statements-releases/2023/09/09/fact-sheet-president-biden-and-prime-minister-modi-host-leaders-on-the-partnership-for-global-infrastructure-and-investment/, accessed: 2024-04-17.

② “Fact Sheet: Partnership for Global Infrastructure and Investment (PGI) Indo-Pacific Economic Framework for Prosperity (IPEF) Investor Forum,” November 16, 2023, https://www.whitehouse.gov/briefing-room/statements-releases/2023/11/16/fact-sheet-partnership-for-global-infrastructure-and-investment-pgi-indo-pacific-economic-framework-for-prosperity-ipef-investor-forum/, accessed: 2024-04-17.

清洁能源、劳工权利及其共同感兴趣的领域的共同目标。2022 年 5 月，拜登总统与其他 12 个国家正式发起“印太经济框架”（Indo-Pacific Economic Framework for Prosperity）。12 月，美国与其他伙伴国在澳大利亚布里斯班举行了第一轮全面谈判。

2023 年，美国与“印太经济框架”其他伙伴国又非常密集地进行了 6 轮谈判并取得突破性进展。11 月 13~14 日，美国商务部部长雷蒙多和贸易代表戴琪在旧金山主持第 3 次印太经济框架部长级会议。11 月 16 日，“印太经济框架”伙伴国发表联合声明表示，14 个伙伴国已签署印太经济框架的《供应链协定》（Supply Chain Agreement）、《清洁经济协定》（Clean Economy Agreement）、《公平经济协定》（Fair Economy Agreement）和《关于印太经济框架的协定》（Agreement on the Indo-Pacific Economic Framework for Prosperity）的谈判已接近完成。① 同日，“印太经济框架”伙伴国领导人发表声明强调，通过这些协定进行的合作将会促进工人的权利，提升各成员国防止和应对供应链断裂的能力，加强清洁经济转型方面的合作，打击腐败和改进税收管理效率等。②

（四）在亚太经济合作组织框架内推动美国的经济议程

亚太经济合作组织（APEC）也是美国推动塑造印太经济秩序和经济规则之企图的重要舞台。在 2023 年，美国利用其作为亚太经济合作组织东道国的地位，积极在亚太经济合作组织框架内推动美国的经济议程。

与各经济体合作，美国在推动亚太经济合作组织（APEC）优先关注的可持续性和包容性、数字创新以及韧性和包容的增长等议题上已取得重要成果。通过《可持续和包容性经济体马诺阿议程》（Manoa Agenda for Sustainable and

① “Joint Statement from Indo-Pacific Economic Framework for Prosperity Partner Nations,” November 16, 2023, https://www.commerce.gov/news/press-releases/2023/11/joint-statement-indo-pacific-economic-framework-prosperity-partner, accessed: 2024-04-17.

② “Leaders' Statement on Indo-Pacific Economic Framework for Prosperity,” November 16, 2023, https://www.whitehouse.gov/briefing-room/statements-releases/2023/11/16/leaders-statement-on-indo-pacific-economic-framework-for-prosperity/, accessed: 2024-04-17.

Inclusive Economies），美国与其他经济体合作，试图推进亚太经济合作组织的可持续性和包容性目标，包括通过支持全球应对环境挑战的努力。通过“数字太平洋议程”（Digital Pacific Agenda），美国致力于与其他各经济体合作，塑造治理数字经济的规则、规范和标准，扩大消费者和企业安全的数字接入，支持负责任地设计、开发和部署新兴数字技术。通过《韧性和包容性增长湾区议程》（Bay Area Agenda on Resilient and Inclusive Growth），美国致力于与其他各经济体合作，确保美国在推动长期强健、创新和包容性的经济增长方面取得的进展能够承受无法预测的挑战。①

2023 年 11 月，亚太经济合作组织第 30 次领导人非正式会议在旧金山举行，并发表《金门海峡宣言》（Golden Gate Declaration）。各方重申决心塑造自由、开放、公平、非歧视性、透明、包容和可预测的贸易和投资环境；重申了基于规则的多边贸易体系的重要性；承诺以市场驱动的方式推动该地区经济一体化；继续努力确保创造公平竞争的条件，促进良好的贸易和投资环境。②

拜登政府“印太战略”的推进，还非常重视发展与地区组织的关系，特别是进一步深化与东盟和太平洋岛国论坛及其成员国的关系，利用多边机制来扩展其影响力。同时，拜登政府在“印太事务”上也加强了与域外盟国，包括英国、法国、德国、作为整体的欧盟的合作，以及在北约框架下的合作，包括战略层面的沟通和在具体议题上的合作。限于篇幅，这些方面不作深入考察。

五 美国“印太战略”之未来走向和影响

从特朗普政府到拜登政府，美国“印太战略”之推进在不断走向深入。印太地区是美国大战略的心脏，是其战略重心，在其国家安全战略中

① “U. S. 2023 APEC Outcomes,” November 17, 2023, https: //www. state. gov/u-s-2023-apec-outcomes/, accessed: 2024-04-17.

② “2023 APEC Leaders’ Golden Gate Declaration,” November 17, 2023, https: //www. whitehouse. gov/briefing-room/statements-releases/2023/11/17/2023-apec-leaders-golden-gate-declaration/, accessed: 2024-04-17.

也处于中心地位。[①] 在国际形势波诡云谲、中美全面竞争日益加剧的背景下，美国“印太战略”未来走向及其影响，特别是对中国地区安全环境的影响，尤其值得关注。

（一）美国“印太战略”的本质及其推进体现出的特点

准确把握美国“印太战略”走向和影响，需要恰当认识它所体现的美国对外战略的本质及其“印太战略”之推进所体现出的特点。美国的对外战略，包括其“印太战略”，本质上是一种“以攻为守”的战略。这是由其在全球政治、经济和军事格局中的地位决定的。美国是当今世界唯一真正意义上的全球大国，其对世界事务的关注是全方位、全球性的，全球任何角落的任何议题，都会成为其关注的对象。所谓“攻”，就是通过在政治、经济、科技、安全、外交等领域的激烈竞争，应对对其所谓“领导地位”和“自由主义国际秩序”的任何挑战。所谓“守”，守的是全球霸权地位，或者它自己所谓的“基于规则的自由主义国际秩序”和美国的“领导地位”。“攻”是为了“守”，这是由美国的霸权地位决定的。

拜登政府在 2022 年 2 月发布的《美国印太战略报告》强调，长期以来，美国一直认为印太地区对其安全和繁荣至关重要。在拜登政府统治下，美国将“聚焦该地区的每一个角落，从东北亚到东南亚，到南亚和大洋洲，包括太平洋岛国”。[②] 美国在印太地区的关注也是全方位的。该报告非常明确地表示，“美国致力于塑造一个自由和开放、互联互通、繁荣、安全和有韧性的印太地区。为实现这种未来，美国将强化我们自己的作用，同时加强

① “Remarks at the Shangri-La Dialogue by Secretary of Defense Lloyd J. Austin Ⅲ (As Delivered),” June 11, 2022, https://www.defense.gov/News/Speeches/Speech/Article/3059852/remarks-at-the-shangri-la-dialogue-by-secretary-of-defense-lloyd-j-austin-iii-a/utm_source/substack/utm_medium/remarks-at-the-shangri-la-dialogue-by-secretary-of-defense-lloyd-j-austin-iii-a/, accessed: 2024-04-17.

② The White House, *Indo-Pacific Strategy of the United States*, February 2022, p. 5, https://www.whitehouse.gov/wp-content/uploads/2022/02/U.S.-Indo-Pacific-Strategy.pdf, accessed: 2024-03-15.

该地区自身。这种应对方式的基本特征是，它不可能单独来实现：变化中的战略环境和历史性的挑战，要求与拥有这种共同愿景的国家进行史无前例的合作”①。拜登政府在推进其“印太战略”时，“合作”是其最突出的特点。当然，“合作”首先是与盟国和伙伴在各种议题上进行合作。以“合作”的方式应对其所谓的挑战和问题。

2023 年拜登政府与盟国和伙伴在各种议题上的合作，无论是防务和安全领域，还是政治和外交领域，抑或经济和科技领域，都明显体现着其战略上的针对性。中国是其“印太战略”针对的首要目标。拜登政府发布的 2022 年《美国国家安全战略》报告明确把中国视为“唯一既有意愿，也越来越拥有经济、外交、军事和技术力量重塑国际秩序的竞争者”，认为中国“拥有在印太地区创建一种扩大的势力范围并成为世界上发挥领导作用的大国的雄心。它正在利用其技术能力和对国际组织日益增长的影响力，创造更为纵容其自身模式的条件，并塑造全球技术使用和规范，使之有利于其利益和价值观”。② 2023 年 1 月，国务卿布林肯在美日“安全磋商委员会”会议后举行的联合记者会上说，中国是美日及其盟国和伙伴面临的“最大和共同的战略挑战”。③

拜登政府“印太战略”的本质决定了其未来走向的延续性，也就是继续捍卫美国的“领导地位”及其主导建立的“自由主义国际秩序”；继续扩大和深化与盟国和伙伴的“合作”，强化与对手的竞争，甚至对抗。拜登政府“印太战略”推进的内容和方式可能会“与时俱进”地调整，但其战略方向不会改变。

---

① The White House, *Indo-Pacific Strategy of the United States*, February 2022, p. 7, https://www.whitehouse.gov/wp-content/uploads/2022/02/U.S.-Indo-Pacific-Strategy.pdf, accessed: 2024-03-15.

② The White House, *National Security Strategy of the United States*, October 2022, p. 23.

③ Benjamin Franklin Room Washington, D. C., “Secretary Antony J. Blinken, Secretary of Defense Lloyd J. Austin Ⅲ, Japanese Foreign Minister Hayashi Yoshimasa, and Japanese Defense Minister Hamada Yasukazu at a Joint Press Availability,” January 11, 2023, https://www.state.gov/secretary-antony-j-blinken-secretary-of-defense-lloyd-j-austin-iii-japanese-foreign-minister-hayashi-yoshimasa-and-japanese-defense-minister-hamada-yasukazu-at-a-joint-press-availability/, accessed: 2023-01-26.

（二）对印太地区地缘政治和地缘经济格局的影响

美国将中国作为其国家安全战略的首要关注，拜登政府“印太战略”的推进，美国及其盟国和伙伴与中国之间在各种议题上的互动，已经并将会进一步深刻影响印太地区地缘政治和地缘经济格局，而且这种影响似乎正在变得越来越清晰。

从地缘政治角度看，拜登政府强化与印太地区条约盟国的关系，推动印太同盟“现代化”，深化和提升与重要伙伴的合作，推动印太盟国和伙伴关系网络化等行动，进一步强化了美国在政治、安全领域的影响力，导致该地区国家“集团化”“阵营化”的趋势更加明显。

从地缘经济角度看，拜登政府塑造印太地区经济和贸易规则的做法，也将会对该地区未来经济秩序产生重要影响。经济议题“安全化”“意识形态化”的程度将会继续加深。无论拜登政府与日本等盟国和印度等关键伙伴的双边经济政策磋商，还是“印太经济框架”的推进，以及“蓝点网络指导委员会”的扩容，都将会在一定程度上塑造印太地区的经济秩序和经济规则，进而对区域内国家间经贸关系产生深刻影响，深化其盟国和伙伴的经济一体化，但破坏作为整体的印太地区的经济一体化。

印太地区地缘政治和地缘经济格局的变化，可能会进一步强化区域内各国间的社会文化差异，加剧不同国家民众间的认知偏见和心理隔阂，使原有分歧、矛盾、争端更难以解决。

B.16
2023年中国与周边国家高质量共建“一带一路”的法治机制建设

孙南翔*

摘　要： 2023 年是“一带一路”倡议提出十周年。10 年来，中国与周边国家在共建“一带一路”中取得丰硕成果。近年来，中国与周边国家的经贸合作规模和质量稳步提升，可持续发展、科技合作等领域成为“一带一路”建设的新方向。由于世界经济不稳定因素有所上升以及地缘政治冲突与博弈加剧，共建“一带一路”面临新的挑战。其中，海外利益保护机制不健全、债务可持续与透明度问题以及人文交流相对迟缓等制约共建“一带一路”发展问题逐渐显现。鉴于此，中国与周边国家在高质量共建“一带一路”的过程中，应探索将法治作为高质量共建“一带一路”的标志性特征，加快海外投资促进法的制定工作，增强与国际接轨的债务透明度和可持续发展建设，构建务实管用的“一带一路”争议解决机制，切实以法治方式保障我国主权、安全和发展利益。

关键词： “一带一路”　海外利益保护　法治方式　科技合作

共建“一带一路”已成为深受欢迎的国际公共产品和国际合作产品，[①]自从 2013 年“一带一路”倡议提出以来，在拓展国际经贸往来层面，“一带一路”已见成效。当前，在大国竞争博弈加速升级、贸易保护主义抬头、

---

* 孙南翔，中国社会科学院国际法研究所副研究员，科研外事处副处长，研究方向为国际经济法。

① 《党的二十大报告辅导读本》，人民出版社，2022，第 8~9 页。

地缘政治局势紧张、全球治理失序等多重挑战下，中国与周边国家高质量共建“一带一路”面临严峻的风险。究其根本，“一带一路”倡议提出10年来，中国的海外利益规模更加庞大、保护需求更加迫切，但相应的海外利益保护机制尚不健全，债务可持续与透明度方面存在提升空间。法治是保障“一带一路”行稳致远的基础，也是实现海外利益保护的必然要求。为此，下一阶段应考虑在深度和广度上，推进中国与周边国家高质量共建“一带一路”的国际合作，并切实以法治方式保障中国主权、安全和发展利益。

一　中国与周边国家高质量共建“一带一路”的新机遇、新挑战

（一）高质量共建“一带一路”迈入新阶段

2023年10月，中国隆重举办第三届“一带一路”国际合作高峰论坛。俄罗斯、越南、巴基斯坦、泰国、蒙古国、柬埔寨等20多国国家元首、政府首脑、高级代表，以及国际组织负责人出席高峰论坛。国家主席习近平在第三届“一带一路”国际合作高峰论坛开幕式上的主旨演讲传递团结合作、互利共赢的正能量，为各国携手高质量共建“一带一路”，构建人类命运共同体注入新动力。①

国家主席习近平在谈及共建“一带一路”的经验时表示，我们深刻认识到，人类是相互依存的命运共同体。② 第三届“一带一路”国际合作高峰论坛的顺利召开，为中国与周边国家持续推进高质量共建“一带一路”擘画了蓝图和远景。

① 参见《习近平在第三届“一带一路”国际合作高峰论坛开幕式上的主旨演讲（全文）》，中国商务部网站，2023年10月18日，https：//www.gov.cn/yaowen/liebiao/202310/content_6909882.htm，最后访问时间：2024年2月20日。

② 《习近平：世界好，中国才会好；中国好，世界会更好》，中国新闻网，2023年10月18日，https：//www.chinanews.com.cn/gn/2023/10-18/10096178.shtml，最后访问时间：2024年2月20日。

本次高峰论坛的成果丰硕，不仅总结了共建“一带一路”的成就和经验，而且规划了未来持续发展的清晰愿景和优先事项。高质量共建“一带一路”八项行动中的多项活动与法治建设相关，如主动对照国际经贸规则、反腐败、加强廉洁建设，以及深化国有企业、数字经济等领域改革。在论坛期间，参与各方共同签署了《深化互联互通合作北京倡议》《“一带一路”绿色发展北京倡议》《“一带一路”数字经济国际合作北京倡议》《绿色发展投融资伙伴计划》《“一带一路”廉洁建设高级原则》等制度性安排。此外，企业家大会成功举办，努力为参与方创造更多更好的经济增长机会。本次会议还决定成立论坛秘书处。[①] 这些成果都为高质量共建“一带一路”的未来十年设定了目标与任务。

（二）中国与周边国家的经贸合作质量稳步提升

“一带一路”建设的重点在于推动全球各国实现共同繁荣。其中，加强经贸往来是“一带一路”建设的重要方向。2013～2023 年，“一带一路”的贸易投资规模持续增长，经贸合作领域不断扩展。通过共建“一带一路”，我国的制度型开放进一步夯实，也构建了更广泛的“朋友圈”，与共建国家实现互利共赢。在世界经济发展面临更加复杂严峻的形势下，在“一带一路”共建国家中，我国企业非金融类直接投资 2240.9 亿元人民币，同比增长 28.4%。在“一带一路”共建国家中，我国企业承包工程完成营业额 9305.2 亿元人民币，同比增长 9.8%。同时，新签合同额 1.60 亿元人民币，同比增长 10.7%。[②] 周边国家是我国推动共建“一带一路”的重点地区。2023 年，我国和东盟贸易规模达到 6.41 万亿元，东盟连续 4 年保持中国第一大贸易伙伴地位，我国也连续多年为东盟第一

① 参见《长风万里启新程——全球瞩目高质量共建“一带一路”开启新阶段》，中国政府网，2023 年 10 月 21 日，https://www.gov.cn/yaowen/liebiao/202310/content_6910812.htm，最后访问时间：2024 年 2 月 20 日。

② 《2023 年我国对外投资合作平稳发展》，中国商务部网站，2024 年 2 月 4 日，http://www.mofcom.gov.cn/article/xwfb/xwrcxw/202402/20240203471118.shtml，最后访问时间：2024 年 2 月 20 日。

贸易伙伴。[①]

在世界经济不稳定的趋势有所上升的背景下，“一带一路”已成为我国维护区域产业链供应链稳定畅通的繁荣发展之路。共建“一带一路”在应对全球性危机以及实现人类的长远发展上，发挥着无可替代的作用。2023年，我国与共建“一带一路”国家进出口额占我国外贸总值的46.6%，共计19.47万亿元，增长2.8%，达到10年来的最高水平。作为“一带一路”建设的标志性工程，截至2023年11月底，辐射周边国家的中欧班列已累计开行8.1万列，2023年开行数量已超过1.6万列，运送货物超过173万标准箱。[②] 截至2022年底，中巴经济走廊累计为巴基斯坦带来直接投资254亿美元，累计创造23.6万个就业岗位。[③]“一带一路”已成为推动世界各国携手前进的全球公共产品。

2023年，中国与周边国家经贸合作规模稳步提升，在经贸合作的质量层面不断取得新的突破。绿色转型项目已成为“一带一路”的投资重点。据统计，2023年，我国对“一带一路”投资涉及节能环保类承包工程完成营业额增长28.3%，可再生能源项目成为我国海外投资的关注重点。一批标志性工程和“小而美”项目顺利推进。进一步地，我国与30多个国家共同发布了《数字经济和绿色发展国际经贸合作框架倡议》。2023年新签了绿色、数字、蓝色经济等领域的投资合作备忘录23份。[④] 由此可见，10年来，中国与周边国家共建“一带一路”的规模和质量均稳步提升，真正实现了共同发展、互利共赢的目标与任务。

---

① 《2023年中国与东盟、RCEP其他成员国及“一带一路”沿线国家贸易情况》，中国商务部网站，2024年1月12日，http：//asean.mofcom.gov.cn/article/o/r/202401/20240103466237.shtml，最后访问时间：2024年2月20日。

② 《累计开行8.1万列 中欧班列扩编增吨措施成效显著》，人民网，2023年11月29日，https：//finance.people.com.cn/n1/2023/1129/c1004-40128357.html，最后访问时间：2024年2月20日。

③ 《专访：中巴经济走廊是可持续发展模式典范——访巴基斯坦可持续发展政策研究所经济顾问巴迪亚·绍卡特》，新华网，2023年7月31日，http：//www.news.cn/world/2023-07/31/c_1129777447.htm，最后访问时间：2024年2月20日。

④ 《高质量共建“一带一路”走深走实》，中国一带一路网，2024年2月22日，yilu.gov.cn/p/06PH0TJQ.html，最后访问时间：2024年2月23日。

（三）科技交流与合作成为共建“一带一路”的“亮点”工程

“一带一路”倡议提出 10 年来，科技创新与合作是基础性的、引导性的合作事项，“一带一路”已成为我国与周边国家深化科技开放合作的“桥梁”。2013 年，“一带一路”建设在推动中国与周边国家的科技交流与合作上也有新的突破。

“一带一路”科技交流大会成为重要的平台，持续推动中国与周边国家的科技合作，以共同应对时代的挑战。2023 年 11 月，首届“一带一路”科技交流大会在我国重庆开幕，“一带一路”科技创新部长会议也首次召开。周边国家的科研工作者广泛参与到大会活动中。如在大会主题活动“青年科学家论坛”上，尼泊尔青年科学家蒂斯塔·普拉赛·乔希，向来自“一带一路”共建国家的 100 余名科技工作者演示了最新的水资源研究成果。[①] 我国还连续举办“一带一路”科技人文交流发展论坛与研讨会，组织“一带一路”相关国家的青年科学家来华开展短期科研，并且举办发展中国家技术培训班。[②]

在高质量共建“一带一路”进程中，我国以海外科技合作特色园区作为“纽带”，促进海外市场的开拓，并构建起中资企业与其他国家企业的合作网络。为促进企业技术开发、产业落地以及投融资活动，中国火炬（新加坡）高技术创业中心利用新加坡的环境与资源，探索构建中小型企业的海外服务平台。截至 2023 年 11 月，我国已与 80 多个共建国家签署政府间科技合作协定，共建了 50 多家“一带一路”联合实验室，在共建国家建成 20 多个农业技术示范中心和 70 多个海外产业园，建设了 9 个跨国

① 《首届“一带一路”科技交流大会取得丰硕成果》，中国科技部网站，2023 年 11 月 23 日，https：//www. most. gov. cn/kjbgz/202311/t20231123_ 188892. html，最后访问时间：2024 年 2 月23 日。

② 《发展中国家技术培训班：让中国的科技创新造福全人类》，光明网，2019 年 4 月 18 日，https：//news. gmw. cn/2019-04/18/content_ 32752441. htm，最后访问时间：2024 年 2 月 23 日。

技术转移中心。[①]

在高质量共建“一带一路”进程中，我国不断在科技合作领域提供更多的全球公共产品。我国发起的“一带一路”国际科学组织联盟（ANSO），是首个在“一带一路”倡议框架下，由共建国家的科研机构、大学与国际组织共同发起成立的综合性、实质性国际科技组织。ANSO 的理事会成员单位包括泰国国家科学技术发展署、蒙古国科学院等周边国家的科学指导单位。[②] 2023 年，我国首次提出《国际科技合作倡议》，倡导并践行开放、公平、公正、非歧视的国际科技合作理念，坚持“科学无国界、惠及全人类”，携手构建全球科技共同体，包括坚持崇尚科学、创新发展、开放合作、平等包容、团结协作、普惠共赢等六方面具体内容。[③] 由是观之，科技交流与合作正成为中国与周边国家共同应对全球性挑战、增进“一带一路”共建国家民生福祉的重要举措。

（四）中国与周边国家高质量共建“一带一路”面临的新挑战

1. 周边地区的外部环境日益变化

近年来，反全球化和去全球化的意识有所抬头，特别是俄乌冲突、巴以冲突等导致全球地缘政治博弈加剧，国际政治、安全等秩序受到挑战。

俄罗斯、乌克兰、以色列、巴勒斯坦等是共建“一带一路”的重要国家，也是我国周边国家中的重要经贸合作伙伴。区域性的地缘政治冲突对“一带一路”建设造成了不利影响。例如，作为我国与欧洲陆上货运最主要的通道，一些中欧班列因为俄乌冲突而正常运行受阻，这影响了中欧贸易往

---

① 《共建创新之路 携手合作发展——首届“一带一路”科技交流大会观察》，中国政府网，2023 年 11 月 8 日，https：//www. gov. cn/yaowen/liebiao/202311/content_ 6914194. htm，最后访问时间：2024 年 2 月 23 日。

② 《ANSO 理事会成员》，“一带一路”国际科学组织联盟网站，http：//www. anso. org. cn/ch/gywm/lshcy/，最后访问时间：2024 年 2 月 23 日。

③ 《首届“一带一路”科技交流大会在渝开幕》，新华网，2023 年 11 月 7 日，http：//www. xinhuanet. com/tech/20231107/328e9c894acf484a97a807876749cd4f/c. html，最后访问时间：2024 年 2 月 23 日。

来的安全性和便利度。美国及其盟友对俄罗斯发起的制裁也对商业产生影响，特别是俄罗斯是新亚欧大陆桥的必经之路，制裁提高了交通成本，冲击着我国与周边国家正常的经贸合作秩序。

2. 一些周边国家面临发展建设资金缺口的难题

基础设施建设是“一带一路”建设的重要内容。实践中，“一带一路”基础设施建设存在投资大、周期长等特点。无疑，“一带一路”建设无法单独依靠我国的资本投入，其需要共建国家共同推动。当前，我国与周边国家推动“一带一路”建设仍主要由我国国有的以及政策性的信贷机构、国有企业开展投资。实践中，区域基础设施建设所需资金多，单一的融资模式难以提供全面资金，相对单一的融资渠道和模式难以完全满足区域基础设施建设所需要的资金需求，因此急需创新融资模式、拓宽融资渠道。

周边国家发展建设资金缺口问题，成为高质量共建“一带一路”的重要障碍之一。2018 年，二十国集团（G20）授权成立的全球基础设施中心发布的《全球基础设施展望》报告预测，到 2040 年，为满足经济和日益增长的人口需要，全球基础设施投资需要 94 万亿美元，但全球基础设施投资缺口将达到约 15 万亿美元。若要实现联合国的全球可持续发展目标（SDGs），据测算，全球基础设施投资缺口将扩大至约 18 万亿美元。① 必须指出的是，我国周边国家绝大多数为发展中国家，由于地区冲突加剧以及世界经济不稳定因素攀升，一些国家面临日益严峻的发展建设资金短缺的问题。

3. 海外投资企业面临的合规风险有升高趋势

共建“一带一路”面临各种风险。近年来，“一带一路”海外投资企业面临的风险因素有升高的趋势。主要表现如下。一是，相关国家的政治风险有所提高。东南亚、南亚、中亚、西亚等地区由于具有特殊的战略价值，历来都是大国博弈的重点区域，这些区域也是“一带一路”建设的重点区域。该区域时常存在文化、宗教、种族、民族的矛盾与冲突。同时，由于共建

① Global Infrastructure Hub，“Global Infrastructure Investment Need to Reach ＄97 Trillion by 2040，” https：//forms. iapmo. org/newsletter/green/2017/08/GIHub_ infrastructure. asp，accessed：2024-02-24.

“一带一路”国家大多仍处于经济成长发展阶段，个别国家的政治不稳定因素较为突出，难以有效解决大国博弈和国内政治博弈的难题，这容易引发政治风险。二是，债务违约风险有攀升的可能性。作为“一带一路”建设的重点合作项目，一些大型基础设施建设的债务可持续性风险有升高的趋势。三是，企业安全合规风险加大。一些企业可能因未能遵循法律法规以及行业标准等，遭受法律制裁或声誉损失。[①]“一带一路”建设项目需要尊重东道国的国内法律和相关的国际标准。参与“一带一路”建设的一些国内企业对经营项目面临的风险因素不熟悉，缺乏经营国际项目实践经验，这也导致项目经营面临合规的风险挑战。[②]

二　法治在推进高质量共建“一带一路”中的作用与功能实现

（一）法治在推进高质量共建“一带一路”中的作用

中国国家主席习近平强调，中国走向世界，以负责任大国参与国际事务，必须善于运用法治。[③] 近年来，世界进入动荡变革期，国际竞争越来越体现为制度、规则、法律之争。共建“一带一路”过程中出现的新挑战，迫切需要引入法治“一带一路”的概念和思维，以法治的方式推进和保障高质量共建“一带一路”的成果。“法律之治要求我们用法律的准绳去衡量、规范、引导社会生活。”[④] 法治的实质内涵是，良法善治，“用良法来促

① 《全国企业合规委员会副主席王志乐：共建“一带一路”如何应对合规风险?》，https://m.thepaper.cn/baijiahao_10659231，最后访问时间：2024年2月22日。

② 郑雪平、林跃勤：《“一带一路”建设进展、挑战与推进高质量发展对策》，《东北亚论坛》2020年第6期，第100页。

③ 习近平：《加强党对全面依法治国的领导》，《求是》2019年第4期，第6页。

④ 习近平：《在中共十八届四中全会第二次全体会议上的讲话》（2014年10月23日），中共中央文献研究室编《习近平关于全面依法治国论述摘编》，中央文献出版社，2015，第8~9页。

进发展、保障善治”。[①] 归纳而言，法治的核心要义是“制度治理”。在高质量共建“一带一路”中，切实推进和落实法治有助于“一带一路”的建设的长远发展。

一是，以法治“一带一路”的理念推动我国参与和引领区域和全球治理变革，具有现实必要性。法治理念蕴含守规则、讲程序、公平公正、诚实信用、公开透明等原理原则。这些契合“一带一路”的长远发展需要，唯有在法治框架内充分照顾共建“一带一路”各方的利益关切，该倡议才能从区域走向多边。实践中，坚守法治意味着，坚定维护“以国际法为基础的国际经贸秩序”“推动国际秩序朝着更加公正合理的方向发展”，而不是美国所谓的“基于规则的国际秩序”。“一带一路”法治化有利于维护真正的多边主义，在推进法治化的转向过程中，切实贯彻共商共建共享的基本原则，充分发掘和利用国际贸易投资法律制度中的宝贵资源。[②]

二是，构建“一带一路”共建国家共享建设和发展成果的制度体系，需要法治“一带一路”予以保障。共享建设和发展成果的法治体系包括经贸规则自由化机制、海外投资风险管控机制、涉外法律服务体系建设、涉外法律人才培养等方面。法治“一带一路”的建设会对各共建国国内法治的完善与发展产生积极影响。例如，“一带一路”的高质量发展需要尽快建立海外投资支撑立法体系。法治“一带一路”为消解和防范政治、经贸等风险提供了有效的工具。

三是，跨国民商事争议解决机制的供给不足，需要进一步推进法治“一带一路”建设。争议解决机制的建立健全，有利于和平解决分歧，这对国际秩序至关重要。由于美国的阻挠，世界贸易组织（WTO）争端解决机制上诉机构已停止运转数年，同时，国际投资仲裁机制出现了仲裁员与代理人身份混同、裁决偏向投资者、仲裁员“西化”等问题。实践中，WTO 争

---

① 习近平：《坚持依法治国和以德治国相结合》（2016 年 12 月 9 日），习近平：《论坚持全面依法治国》，中央文献出版社，2020，第 165～166 页。

② 参见孙南翔、王玉婷《从参与到共建：“一带一路”倡议的法治化机制建设》，《杭州师范大学学报》（社会科学版）2023 年第 3 期，第 101～111 页。

议解决的上诉机制因遭到美国阻挠而停摆，仍未有恢复的迹象。国际投资仲裁的主要机构和仲裁员“西化”等问题也难以通过制度改革加以解决，裁决公正性和一致性、仲裁员选任和道德标准等方面的目标仍无法实现。从该层面，“一带一路”应探索建设有效的、符合我国和周边国家共同需要的跨国争议解决机制，特别是弥补当前涉国家的经贸争议解决机制的“缺位”。

（二）高质量共建“一带一路”在法治层面的短板和弱项

1. 海外利益保护的法治机制尚不完善

党的二十大报告指出，要“维护我国公民、法人在海外合法权益”“坚定捍卫国家主权、安全、发展利益”。[①] 一般而言，海外利益保护具有“境外公民安全保护”和“新型国家利益建构”两个语境下的不同内涵，前者指保护境外企业、公民等实体的人身财产免受毁损灭失，后者指国家在传统经济、军事等物质利益之外拓展多边事务话语权、国际制度权益等新型利益。[②] 当前规范“一带一路”海外活动的法律制度包括中国国内立法、东道国法律制度和企业内部的自我规制。总体上，主要的短板如下。

一是，国内立法层面，自“一带一路”倡议实施以来，中国出台了一系列法律文件，涵盖海外投资、对外援助、海外劳动者权益保护等，这些法律文件对规范公民、企业海外活动，保护我国海外利益起到了一定作用，但未形成体系化规范，法律层级普遍较低，法律约束力较为有限。

二是，在涉外执法方面，目前中外合作执法较少形成机制化、规范化的制度安排。我国与其他国家执法安全合作呈现随机性、碎片化的特点。从某种程度上，执法安全合作更多的是一种协约性或者说是外交性的合作模式，双方合作诉求的表达多停留在协议、联合声明、共同宣言等形式上。同时，相比于美欧国家，我国行政执法域外效力的案例较少，现有的案例主要集中

① 《党的二十大报告辅导读本》，人民出版社，2022，第 8~9 页。

② 参见刘莲莲《国家海外利益保护机制论析》，《世界经济与政治》2017 年第 10 期，第 127~129 页。

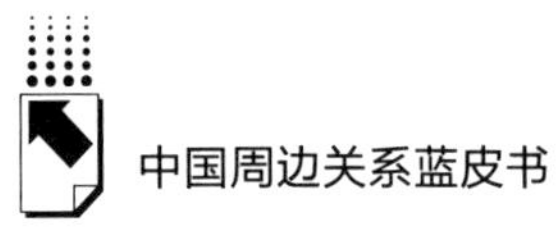

为行政机构在境内对涉外事项进行的管辖。实践中，我国执法机关到境外或者依靠境外机构或国际组织的合作执法和国际执法的案例相对较少。

三是，在涉外司法方面，中国国际商事法庭的成立为“一带一路”参与方提供了商事争议解决方式。但是由于国际商事法庭建立较晚，法理上的准备不够充分，加上我国现行法律所规定的涉外民商事案件管辖制度本身存在着一些与国际惯例不接轨的地方，国际商事法庭在进一步推动共建“一带一路”中存在诸多局限性。

2. 债务透明度和可持续发展成为潜在的挑战因素

债务透明度和可持续发展议题是当前国际社会对债务治理的关切事项。尽管目前有关债务透明度的标准和倡议还处于“软法”的地位，缺少强行性手段确保其实施，但提出标准和倡议的多边机构和组织凭借其在国际上或行业内的影响力，不断提高债务透明度和可持续发展建设的水平。近年来，我国积极推动“一带一路”债务透明度和可持续发展，以开放心态参与国际债务治理，全力推动共建“一带一路”国家提升发展能力，用实践证明了政府债务可以对国民经济增长产生积极影响。

然而，“一带一路”债务透明度和可持续发展建设也面临内外部制度约束等挑战。[①] 在我国和周边国家推进“一带一路”建设中，债务重组和违约的协调解决机制尚不完善，同时国别与制度评估指标的判别标准和数据的可获得性也存在难题。尤其是以美元为中心的全球货币体系以及美国强势的货币政策外溢效果，对“一带一路”债务可持续发展产生一定的冲击。总体上，我国与周边国家在推进高质量发展“一带一路”中，仍缺乏通过法治的方式对债务进行有效管理的机制。

3. 科技创新合作的常态化机制建设欠缺

我国与周边国家在“一带一路”科技创新合作实践中成果显著，但仍面临一定的挑战。在与周边国家的合作层面，中国已建立了一系列科技伙伴

① 参见许潆方《推动债务可持续发展，为“一带一路”高质量发展保驾护航》，《清华金融评论》2023 年第 11 期，第 95~99 页。

计划，但仍集中在科技援助方面，尚未形成体系化的合作机制，在合作规模和合作强度方面，科技创新合作均有待进一步加强。[①] 主要问题如下。

一是，我国与周边国家缺乏在技术创新领域的常态化合作规范。虽然我国与周边国家签署了科技合作备忘录，但除个别发达国家创新能力强、技术竞争力领先外，我国周边多数国家处于工业化发展的初期和中期阶段。在这种背景下，若简单地采用“南北对话”或“南南合作”等传统技术合作模式，难以整体上推动区域技术合作的水准，也不符合互利共赢的宗旨。但是，截至目前，我国和周边国家缺乏为“一带一路”共建国家所量身打造的技术政策工具。

二是，缺乏研究、磋商、制定标准的“一带一路”科技合作平台。与美西方国家相比，我国企业参与国际标准制定的经验仍不足。总体上，我国签署的标准化合作文件多表明双方的合作意向，缺乏实质性的法律规则和合作机制。在亚洲地区，尚未成立有影响力的区域性标准发展组织，特别是在新兴信息技术领域。同时，我国与韩国、日本等周边国家开展科技创新合作也受到域外大国的影响。

三是，我国国家标准、地方标准和行业标准均由政府主导制定，仍存在地方保护和行业垄断的现象。在这种环境下，企业尤其是中小型企业的参与度低。一方面，企业是主要的市场参与主体，若缺乏企业的广泛参与，一国提出的国际标准或区域标准提案时常无法反映真实的市场需求。另一方面，受制于“政府主导标准制定”的惯性思维，我国企业较少参与跨国非政府标准组织和协会活动。这导致我国企业对其他国家企业标准的信息获得较少，也影响了我国将新兴技术领域的国内标准转化为区域或国际标准的能力。总体上，在与周边国家的科技创新项目中，重国企轻民企、重大企业轻小企业，以及重生产型企业轻服务型企业等现象依然存在。[②]

---

① 参见王罗汉《对“一带一路”沿线国家科技合作的现状分析与展望》，《全球科技经济瞭望》2019 年第 5 期，第 17~23 页。

② 参见王罗汉、许竹青《“一带一路”高质量发展的内核、挑战及启示》，《全球科技经济瞭望》2022 年第 9 期，第 72~76 页。

4. 我国与周边国家的法治文化互通建设较为迟缓面临困难较大

法治对接和融合的决定性因素在于，实现法治文化的相通与相融。我国周边国家人口规模大，不同民族文化并存，这增加了推进“一带一路”文化相通的难度。

“一带一路”共建国家间显著存在的文化差异，导致多主体合作中容易产生误解甚至冲突。荷兰心理学家霍夫斯泰德提出“文化距离”的概念，他认为国家间存在相似的文化体系有利于开展贸易，而文化差异会显著增加贸易成本，阻碍双边贸易的开展。若依据霍夫斯泰德提供的文化维度计算“一带一路”共建国家的文化距离，可发现在“一带一路”共建国家中，菲律宾、印尼、新加坡等东南亚国家与我国文化距离相对较小，其他多数国家与我国的文化差异较大。[①] 由于存在不同的贸易、宗教法律等历史文化传统，我国与“一带一路”共建国家在人才共享、科研项目合作等方面面临较高的信任成本以及较大的不确定性。

共建“一带一路”国家中，有大陆法系、英美法系、伊斯兰法系国家，法律传统各异、法律制度不同。实践中，不存在专门适用于“一带一路”的国际规范，专门的“一带一路”法治文化互通机制也较少。因此，通过“一带一路”法治文化的相通和融合，消除贸易投资壁垒，建立完善营商环境的任务仍较重。

三 推进中国与周边国家“一带一路”法治机制的对策建议

（一）加快海外投资促进法律的制定工作

面对新的发展征程，结合进一步推进“一带一路”建设的需要，“一带

① 方慧、赵甜：《文化差异与商品贸易：基于“一带一路”沿线国家的考察》，《上海财经大学学报》2017 年第 3 期，第 61 页。

一路”的法治建设不仅要关注国内法治、涉外法治的建设，也要重视国别法治和国际法治的推广，从而实现全球法治。具体而言，我国可探索将先进的国际经贸规则转化为国内立法，为自贸区、自贸港建设提供充足完备的规则体系，对各国商事主体利益予以平等的保护。

针对海外投资立法，我国相关的立法以部门规章为主，涉及投资审批和外汇管理等。由于立法级别较低等，相关法律的实施效果有提升的空间。为此，为使得我国与周边国家高质量共建“一带一路”有法可依，可加快研究制定海外投资促进法。海外投资促进法可为我国推进海外投资的发展及利益保护提供基本遵循。海外投资促进法一方面应对海外投资作出原则性要求，包括倡导我国海外投资者尊重东道国法律规范，遵守国际法，严格履行环境保护、劳工政策等标准，积极主动承担企业的社会责任；另一方面可对投资形式、审批程序、外汇政策、税收政策等作出总体性的部署和规定。

（二）增强债务透明度和可持续发展的规范建设

当前，在国际金融层面，主权债务透明度和可持续发展领域并未存在具有强制性的规则体系。总体上，透明度和可持续发展原则在债务管理中尚处于“软法”阶段，但必须指出的是，企业的债务透明度和可持续发展问题可通过与 WTO 反补贴协定等规则的关联实现“硬法化”，特别是 WTO 反补贴协定对特定类型的政府资助等行为进行了严格的规范。虽然“一带一路”项目的债务问题被美国等个别西方国家严重夸大，但是少数项目遇到资金困扰也是不争的事实。为了降低债务风险，确保“一带一路”建设的可持续发展，我们应当积极利用各种政策和金融工具，多渠道筹集资金，降低项目的债务风险。总体上，针对个别国家对炮制“债务陷阱”的污名化论点以及我国推进“一带一路”建设的需要，我国可与周边国家共同提高“一带一路”项目的透明度和可持续发展机制建设。

具体而言，我国应重点完善统计业务透明度、借贷业务透明度、债务可持续性评估以及债务风险控制等机制建设。毫无疑问，虽然债务透明度与可持续发展的相关规则和标准目前仍处在“软法”的地位，但我国作为全球第二大经济体，应当积极融入世界经济发展与全球治理。例如，韩国进出口银行作为韩国最重要的官方融资机构，2014 年开始全面推行 3.0 信息公开系统，专门建立独立的信息公开系统，实现了强制信息披露与主动信息披露的互补。我国可借鉴韩国等经验，与周边国家共同推进宏观统计数据的公开，并以实现债务可持续发展为目标，不断提升国际债务管理水平，增强我国和周边国家在全球债务可持续性方面的话语权。[①]

（三）高水平推进与周边国家的科技合作

在健康、绿色、数字技术、创新等新领域实现积极的合作，是加快推动“一带一路”发展的重点工程。鉴于此，我国可积极与周边国家携手推进科技合作。一是，探索建立跨国标准制定机构。我国应循序渐进地推进跨国标准制定机构和机制的建立，以此联合周边国家共同研究、开发、制定国际标准。具体而言，可率先推进与“一带一路”共建国家实现在国际标准领域的对接合作，并探索联合建立新一代信息技术国际标准制定平台。此平台应致力于协调各国的国家标准、研判国际标准发展趋势，并可发布新兴技术规范的“最佳实践”。

二是，加快构建有利于技术进步的开放、非歧视、公平的环境，鼓励市场活力，拓展数字化市场空间。加强与周边国家的交流和相互了解，可减少不必要的经贸限制。同时，应持续开展“一带一路”人才交流与合作的项目建设，培养跨国科技合作的人才队伍。

三是，可与周边国家签署双方人员往来便利化等提升出入境管理效能的双边协定，为高质量共建“一带一路”提供新的中国方案。实践中，应加大对国际高端人才的吸引力度。如与周边国家顶尖研究机构、标准组织和科技企业等建立广泛合作，吸引全球知名专家来我国工作或共同

① 参见顾宾、徐程锦《“一带一路”债务可持续的软法路径》，《上海对外经贸大学学报》2022 年第 1 期，第 20~30 页。

参与技术研发工作。实践中，结合“移民不移家”等新移民模式，可探索商签关于同等投资待遇、教育资源共享、家庭成员入境免签等内容的合作协议。

（四）提升中资企业的法律运用能力

当前，个别中资企业和机构在海外投资中，尚未充分认识到周边国家法律法规、政策规定以及市场准入、金融税收、环境保护、劳工保护、行业标准等方面巨大差异带来的法律风险。面对复杂的外部法律风险，中资企业应自觉提高法律运用能力。

具体而言，一是，中资企业应注重自身的合规建设，并主动承担投资目的国的社会责任。中资企业“走出去”应结合东道国国情，尊重当地风俗与习惯，特别是在反腐败、人权、环境保护、劳工政策等高风险领域做好风险预防工作。二是，在“一带一路”建设中，中资企业需要与海外合作伙伴签订合同，并认真对待合同的条款。随着中资企业议价能力的提升，合同可规定适用中国法律以及中文为合同语言的条款。以合同的方式援用中国法律，将有助于中资企业提升法律争议解决的话语权。三是，当面临不公正的待遇时，中资企业要积极运用法律手段维护自身利益。实践中，若东道国法治完善，中资企业应充分利用当地法律机制，善于利用调解、仲裁及协商友好解决等方式实现自身利益诉求。若东道国法治不完善，中资企业应积极探索利用国际性或投资母国的法律机制，并利用和解等手段及时有效化解纠纷。

（五）推进法治领域的交流互动

针对我国的海外投资，美国等个别西方国家一方面对“一带一路”进行污名化，另一方面制定西方版本的类似计划，企图对抗“一带一路”倡议的影响。实践中，我国个别“一带一路”项目面临有关生态环境保护、劳工权利、跨国腐败等指控，这既包括一些国家政党或政治团体的政治构陷，也包括因为违反所在国劳动标准等而产生的法律纠纷。[①] 这些问题的出现除地缘政治因素外，在一定程度上也是由于我们缺乏对“一带一路”共建国家的法律以及法治文化的了解。鉴于此，应探索将法治作为我国与周边国家推进高质量共建“一带一路”的标志性特征，在符合法治精神的基础上推进“一带一路”的建设。

具体而言，一是，加强法治供给。应采用灵活方式促进海外公民权益保护国际条约的创制，提升司法保护海外利益的有效性。在海外利益保护的国际法层面，应主动提供法律供给，在“一带一路”倡议中，我国需要积极推动法治理念的推广与普及，推动参与双边协定和条约的缔结。同时，妥善解决管辖权冲突问题，增强海外企业和公民的法治意识。二是，整合力量加强对海外投资国法律的系统研究。应充分发挥主管部门、驻外使领馆、国内科研机构和高校、贸促会、律师协会等机构的作用，加强组织协调，突出对重点国别法律的研究，避免低水平重复工作，提升研究的系统性、实用性、协同性。三是，加强法治交流。应探索法治“一带一路”的理论和机制构建。如筹办“一带一路”法治合作高峰论坛，加强与“一带一路”共建国家开展相关国际法律人才培养和交流，巩固和扩大支持和推动法治“一带一路”的平台和人才队伍。

---

① 参见莫纪宏、孙南翔《“一带一路”法律风险的特征及防范对策》，载高翔、〔塞浦路斯〕科斯塔斯·古利亚莫斯主编《“一带一路”倡议：过去、现在和未来》，中国社会科学出版社，2023，第100~111页。

B.17

21世纪海上丝绸之路建设与周边国际合作评估与展望

樊丛维*

摘　要： 21世纪海上丝绸之路作为“一带一路”倡议的核心组成部分，业已成为中国开展国际合作的重要平台。近年来，面对复杂多变的国际环境，中国大力构建双循环发展模式，有序推进21世纪海上丝绸之路建设，积极开展周边合作。以双边关系为基础，中国主动开启高层对话，促进21世纪海上丝绸之路建设与周边国际合作，在中国与相关国家之间实现互利共赢；以多边机制为重点，阐明中国立场与愿景，本着共商、共建、共享的原则促进各方共同发展；以政策文件为保障，通过制度性规范提升合作的合法性、长期性、稳定性；以人文交流为亮点，借助平台优势有效加强相互了解，增进了互信。

关键词： 中国　21世纪海上丝绸之路　中国与周边国际合作　“一带一路”

近年来，中国国内和国际局势发生剧烈变化，21世纪海上丝绸之路建设面临着新的机遇与挑战。在国际层面，在俄乌冲突和巴以冲突的冲击下，国际格局不断变化演进，世界体系进入新一轮的调整期。国际关系尤其是大国关系面临更多风险因素，零和博弈思维沉渣泛起，竞争与对抗态势加剧。与此同时，广大发展中国家在动荡的国际局势中谋求发展、促进和平的呼声

* 樊丛维，中国社会科学院中国边疆研究所（中国历史研究院中国边疆研究所）助理研究员，研究方向为海洋安全与周边国际问题。

不断高涨，这为21世纪海上丝绸之路建设提供了有利契机。在国内层面，中国在2022年初成功举办北京冬奥会，2023年相继举办第三十一届世界大学生夏季运动会、第十九届亚洲运动会，并分别于5月和10月召开中国-中亚峰会、第三届“一带一路”国际合作高峰论坛，通过一系列国际会议向世界传递了中国和平发展、合作共赢的理念，展现出中国将会以开放包容的心态，坚定不移地推进21世纪海上丝绸之路建设，以“亲诚惠容”理念与周边国家开展互利合作。在2022年10月，中国共产党第二十次全国代表大会胜利召开，选举出新一届领导人。这是中国特色社会主义建设过程中的一个里程碑，在中国共产党的领导下，中国特色社会主义现代化强国的建设开启了新的篇章。2023年3月，全国两会召开，选举产生了新一届国家机构领导人和全国政协领导人。2023年是全面贯彻落实党的二十大精神的开局之年。这一系列事件为中国持续推进21世纪海上丝绸之路建设打下了坚实的国内基础。

一　高层对话推动海丝建设

双边对话一直是推进“一带一路”建设的重要形式。中国领导人主动把握各种契机，在多种场合与他国领导人开展合作对话，对双边关系勾勒出宏观框架，将“一带一路”融入两国合作的顶层设计之中，高层对话为推动21世纪海上丝绸之路建设与周边国际合作指明了前进方向。

（一）中国与东南亚国家的高层对话

东南亚是中国发展周边关系的重要方向，也是21世纪海上丝绸之路建设的核心区域，中国一直高度重视该区域发展。近年来，中国领导人与东南亚国家领导人开展多次双边对话，积极推动21世纪海上丝绸之路在本地区的建设。2022年2月6日上午，国家主席习近平会见来华出席北京2022年冬奥会开幕式及相关活动的新加坡总统哈莉玛·雅各布，以北京冬奥会为契机，中国主动开展主场外交。习近平主席强调，要树立高质量共建“一带一路”合作标杆，提升陆海新通道对地区产业链供应链的支撑作用。[①]

标志性工程和重点项目是推动21世纪海上丝绸之路建设的核心抓手，也是惠及各方的重要合作成果，因此受到中国的高度重视。印度尼西亚是东盟最大经济体，2023年担任东盟轮值主席国，在地区合作和区域发展方面发挥巨大作用。中国与印尼频繁开展高层对话，夯实合作基础，推动互利共赢。

2022年3月16日，国家主席习近平与印度尼西亚总统佐科·维多多通电话。习近平强调，要确保雅万高铁如期建成通车，实施好“区域综合经济走廊”“两国双园”等重点项目，高质量共建“一带一路”，为印尼发展和两国合作提供加速度。[②] 2022年7月26日，国家主席习近平与来华进行国事访问的印度尼西亚总统佐科·维多多举行会谈。习近平强调，双方要推进“一带一路”高质量合作共建，取得更多样、更丰硕的成果。按计划高质量建成雅万高铁，推进“区域综合经济走廊”“两国双园”等重大合作项目的落实。[③] 除了这些标志性工程和重点项目，中国与印尼也有意强化全方位合作，以印尼新首都的规划发展和北加里曼丹工业园区为新的合作聚焦点，拓展双方在数字经济和绿色经济等新兴产业的共同发展。国家战略对接是双方深化合作的基础。在本次会晤中，印尼总统佐科表示，印尼愿加强“全球海洋支点”构想与“一带一路”倡议的战略对接。同样是在本次会晤中，中国与印尼宣布构建命运共同体，两国在顶层设计上形成同频共振。2022年11月16日，在印尼巴厘岛举行的G20领导人第17次峰会期间，中国国家主席习近平与东道国印度尼

① 《习近平会见新加坡总统哈莉玛》，中国外交部网站，2022年2月6日，https：//www.mfa.gov.cn/web/zyxw/202202/t20220206_10639392.shtml，最后访问时间：2023年11月20日。

② 《中国国家主席习近平同印度尼西亚总统佐科通电话》，中国国家发展和改革委员会网站，2022年3月30日，https：//www.ndrc.gov.cn/xwdt/ztzl/zgdmydylcntzhz/202203/t20220330_1328029.html？code=&state=123，最后访问时间：2023年11月22日。

③ 《习近平同印度尼西亚总统佐科会谈》，中国国家发展和改革委员会网站，2022年7月28日，https：//www.ndrc.gov.cn/fggz/gjhz/zywj/202207/t20220728_1331928.html？code=&state=123，最后访问时间：2023年11月22日。

西亚总统佐科·维多多举行双边会晤，就两国关系、地区发展、世界形势等一系列重要问题交换意见，在深化双边全面战略伙伴关系以及共建两国命运共同体等顶层设计方面达成新的重要共识。尤其是，双方在本次会晤中专门谈道："共建中印尼命运共同体，打造发展中大国相互尊重、互利共赢的典范，共同发展的样板，公平正义的表率，南南合作的先锋。"① 这为两国的交往赋予了重大时代命题。双方重申了"一带一路"倡议和"全球海洋支点"构想的战略对接，建设好"区域综合经济走廊""两国双园"等新旗舰项目，不断拓展合作领域和合作范围，以科技创新、教育、文旅为重点，强化双边人文交流，增进民心相亲。2023 年 10 月 17 日，印尼总统来华出席第三届"一带一路"国际合作高峰论坛并对中国进行国事访问。国家主席习近平在与其会晤时表示："中印尼坚持共商共建共享，优势互补，共促发展，给两国人民带来巨大福祉，成为共建'一带一路'国际合作的重要样板。"② 中国与印尼领导人的频繁会晤为两国的务实合作奠定了坚实基础，同时也为发展中国家间开展友好外交树立了典范。

中国是泰国最大的贸易伙伴，双方经贸往来密切。当前，双方已经成立了副总理级经贸联委会。2022 年，泰国担任亚太经合组织东道国。2022 年 11 月 19 日，国家主席习近平在曼谷出席 APEC 第 29 次领导人非正式会议期间同时任泰国总理巴育举行会谈。双方宣布，构建更为稳定、更加繁荣、更可持续的中泰命运共同体。③ 这为中国与地区国家携手共建周边命运共同体增添了新的力量。在双边合作与共建"一带一路"问题上，习近平指出：

---

① 《中华人民共和国和印度尼西亚共和国联合声明》，中国外交部网站，2022 年 11 月 17 日，https：//www. mfa. gov. cn/web/zyxw/202211/t20221117_10976699. shtml，最后访问时间：2023 年 12 月 5 日。

② 《习近平同印度尼西亚总统佐科会谈》，第三届"一带一路"国际合作高峰论坛网站，2023 年 10 月 17 日，http：//www. beltandroadforum. org/n101/2023/1017/c132-1144. html，最后访问时间：2023 年 12 月 5 日。

③ 《习近平同泰国总理巴育举行会谈》，中国外交部网站，2022 年 11 月 19 日，https：//www. mfa. gov. cn/web/zyxw/202211/t20221119_10978187. shtml，最后访问时间：2023 年 12 月 5 日。

“要有效对接各自发展战略，推动高质量共建‘一带一路’不断取得新成效”。[①] 中国与泰国在经济上存在较大互补性，结合这一实际，双方在深化双边合作时，不仅要深耕经贸、投资、旅游、产业园等传统合作领域，也要不断开拓数字经济、新能源汽车、科技创新等新兴领域的合作潜力。此外，双方还专门提到了中老泰三方铁路合作事宜。两国以共建命运共同体为目标，持续增进双边合作的外溢效应，一道为地区发展注入新动力。2023 年 10 月，第三届“一带一路”国际合作高峰论坛在北京举行，泰国新任总理赛塔出席并对中国进行正式访问。国家主席习近平在会见赛塔时强调“中泰要做高质量共建‘一带一路’的排头兵”,[②] 这为双边关系定下了新的基调。

越南是中南半岛的重要国家，且与中国同为社会主义国家，两国历史上曾共同抗击外来入侵，结下深厚友谊。2023 年 12 月 12~13 日，中国国家主席习近平对越南进行国事访问，先后同越共中央总书记阮富仲、越南国家主席武文赏举行会谈，并会见越南国会主席王庭惠、越南总理范明政。中越双方“好邻居、好朋友、好同志、好伙伴”的双边关系得以确立，并且就共同构建命运共同体、落实三大全球倡议、遵守国际法和国际准则、全面提升双边合作、维护地区稳定等领域达成全面一致，为提升新时代中越关系、巩固并强化双边友谊注入强大动力。[③]

（二）中国与中东国家的高层对话

中东地区地理区位特殊，同时能源储备丰富，战略地位十分重要。中东

① 《习近平同泰国总理巴育举行会谈》，中国外交部网站，2022 年 11 月 19 日，https：//www. mfa. gov. cn/web/zyxw/202211/t20221119_10978187. shtml，最后访问时间：2023 年 12 月 5 日。

② 《习近平会见泰国总理赛塔》，第三届“一带一路”国际合作高峰论坛网站，2023 年 10 月 19 日，http：//www. beltandroadforum. org/n101/2023/1019/c132 - 1262. html，最后访问时间：2024 年 1 月 5 日。

③ 《中华人民共和国和越南社会主义共和国关于进一步深化和提升全面战略合作伙伴关系、构建具有战略意义的中越命运共同体的联合声明》，2023 年 12 月 13 日，中国政府网，https：//www. gov. cn/yaowen/liebiao/202312/content_ 6920159. htm，最后访问时间：2024 年 10 月 30 日。

地区国家普遍致力于发展本国经济、改善本国基础设施、维护地区稳定，这与21世纪海上丝绸之路的建设宗旨十分契合。以2022年北京冬奥会、第三届“一带一路”国际合作高峰论坛等国际事件为契机，中国积极开展主场首脑外交，国家主席习近平与中东地区国家多位领导人举行会晤，就高质量共建“一带一路”倡议与相关国家达成诸多共识。

埃及地跨亚非两洲，毗邻地中海与红海，境内更是有着世界最繁忙的水道之一苏伊士运河，因而地缘能量巨大，枢纽作用显著，发展潜力无穷。中国与埃及同为世界文明古国，也都是当今世界上重要的发展中国家。两国围绕“一带一路”倡议开展的双边合作成为南南合作的典范。2022年2月5日，在会见埃及总统塞西时，习近平强调：“双方要深化互利合作，继续推动共建‘一带一路’倡议同埃及‘2030愿景’对接。”① 中国还愿同埃及在各类国际机制中引领开展中国与阿拉伯国家、中国与非洲国家的集体合作。塞西总统对于“一带一路”倡议促进埃及经济发展给予了高度肯定，并表示埃及将继续与中国在工业、产业园等领域开展更为密切的合作。

阿拉伯联合酋长国是中国在西亚地区最大的出口国和第二大贸易伙伴，而且，近年来，双边贸易额增速显著，合作成果丰硕。2022年2月5日，在会见阿联酋阿布扎比王储穆罕默德时，习近平表示：“中方愿同阿方加强发展战略对接，支持阿方实施‘面向未来50年发展战略’，积极参与阿方重大发展项目，推进高质量共建‘一带一路’，就落实全球发展倡议保持密切沟通。”② 战略对接再次成为中国与他国开展对话合作，共建“一带一路”的关键词。两国需要不断拓展合作领域，既要在传统的能源合作方面持续深化，又要开辟新能源、高新技术、航空航天等新领域，持续提升中阿合作的含金量。穆罕默德表示：“阿方愿同中方继续坚定相互支持，拓展工业、能

① 《习近平会见埃及总统塞西》，中国外交部网站，2022年2月5日，https：//www. mfa. gov. cn/web/zyxw/202202/t20220205_10639191. shtml，最后访问时间：2023年11月20日。

② 《习近平会见阿联酋阿布扎比王储穆罕默德》，中国外交部网站，2022年2月5日，https：//www. mfa. gov. cn/web/zyxw/202202/t20220205_10639273. shtml，最后访问时间：2023年11月20日。

源、投资、高技术、金融以及疫苗药物研发生产等领域合作，推动‘一带一路’倡议在中东地区更好落地。”[①] 这些数据在全球经济低迷的大背景下显得难能可贵。

卡塔尔能源储量丰富，石油和天然气储量分别位居世界第十四和第三，处于高速发展期的中国能源需求旺盛，与卡塔尔的合作潜力巨大。2022 年 2 月 5 日，在会见卡塔尔埃米尔塔米姆时，习近平表示：“中方支持卡方推进‘2030 国家愿景’建设，愿同卡方就共建‘一带一路’、落实全球发展倡议开展合作。”[②] 共建“一带一路”倡导加强的“五通”就包含了设施联通。中国强大的基础设施建设力量能够充分满足卡塔尔能源设施升级改造的需求，中方愿同卡方扩大在能源与基础设施建设领域的务实合作，建立长期稳定的能源合作关系。塔米姆表示，卡方欢迎中国企业在卡塔尔投资，希望深化与中国在能源、基础设施等领域的合作，主动参与高质量共建“一带一路”合作，增进人才培养、体育等人文交流互动，卡塔尔愿为深化海湾合作委员会与中国的合作关系发挥积极作用。

沙特阿拉伯是中东地区重要国家，经济总量位居中东第一，原油储备位居世界第二。此外，沙特还是石油输出国组织核心成员，阿拉伯国家联盟和海湾阿拉伯国家合作委员会的创始成员国，同时也是 G20 中唯一来自阿拉伯世界的国家，在地区事务中拥有巨大话语权。2022 年 4 月 15 日，中国国家主席习近平同沙特王储穆罕默德通电话。习近平表示：“继续推动共建‘一带一路’倡议同沙特‘2030 愿景’对接，打造两国能源、经贸、高技术等领域高水平合作格局。”并且专门提到“携手打造面向新时代的中阿命运共同体”。[③] 穆罕默德表示，“沙方愿同中方加强高层交往，签署沙特

① 《习近平会见阿联酋阿布扎比王储穆罕默德》，中国外交部网站，2022 年 2 月 5 日，https：//www. mfa. gov. cn/web/zyxw/202202/t20220205 _ 10639273. shtml，最后访问时间：2023 年 11 月 20 日。

② 《习近平会见卡塔尔埃米尔塔米姆》，中国外交部网站，2022 年 2 月 5 日，https：//www. mfa. gov. cn/web/zyxw/202202/t20220205_10639275. shtml，最后访问时间：2023 年 11 月 20 日。

③ 《习近平同沙特王储穆罕默德通电话》，新华网，2022 年 4 月 15 日，http：//www. news. cn/politics/leaders/2022-04/15/c_1128562759. htm，最后访问时间：2023 年 11 月 24 日。

'2030 愿景'同共建'一带一路'对接协议，深化经贸、交通、基础设施、能源等领域合作"。[①] 2022 年 12 月 7~9 日，中华人民共和国主席习近平对沙特进行国事访问。双方再次强调"应深化共建'一带一路'倡议项下共同合作",[②] 并就能源、气候变化、贸易投资、水资源、农业、金融、通信和信息技术、交通和物流、工业、防务和安全等多领域问题进行深入探讨，达成诸多一致。

科威特地处海湾地区，石油储量位居世界第八，在国际石油市场中占有重要地位。中科双方已经建立起战略伙伴关系。2023 年 9 月 22 日，国家主席习近平会见来华出席第 19 届亚洲运动会开幕式的科威特王储米沙勒。习近平强调："中方赞赏科方积极参与共建'一带一路'合作，支持科方实施'2035 国家愿景'。"米沙勒也表示"一带一路"倡议及三大全球倡议基于推动人类和平进步的崇高目标和宗旨，意义重大，科方坚定支持并积极参与。[③]

在高层对话的推动下，21 世纪海上丝绸之路建设近年来在以东南亚和西亚为代表的亚洲取得了积极的进展，本地区的海上丝路贸易指数保持波浪式上升（见图 1）。

二　重要讲话赋能海丝建设

中国一贯提倡多边主义，注重发挥国际组织、机制的作用，主张通过对话协商的方式实现各国互利共赢。近年来，中国领导人在诸多重要国际场合

① 《习近平同沙特王储穆罕默德通电话》，新华网，2022 年 4 月 15 日，http：//www. news. cn/politics/leaders/2022-04/15/c_1128562759. htm，最后访问时间：2023 年 11 月 24 日。

② 《中华人民共和国和沙特阿拉伯王国联合声明》，中国外交部网站，2022 年 12 月 9 日，https：//www. mfa. gov. cn/web/zyxw/202202/t20220205 _ 10639275. shtml，最后访问时间：2023 年 11 月 20 日。

③ 《习近平会见科威特王储米沙勒》，中国外交部网站，2023 年 9 月 22 日，https：//www. mfa. gov. cn/web/gjhdq _ 676201/gj _ 676203/yz _ 676205/1206 _ 676620/xgxw _ 676626/202309/t20230922_11148326. shtml，最后访问时间：2023 年 11 月 26 日。

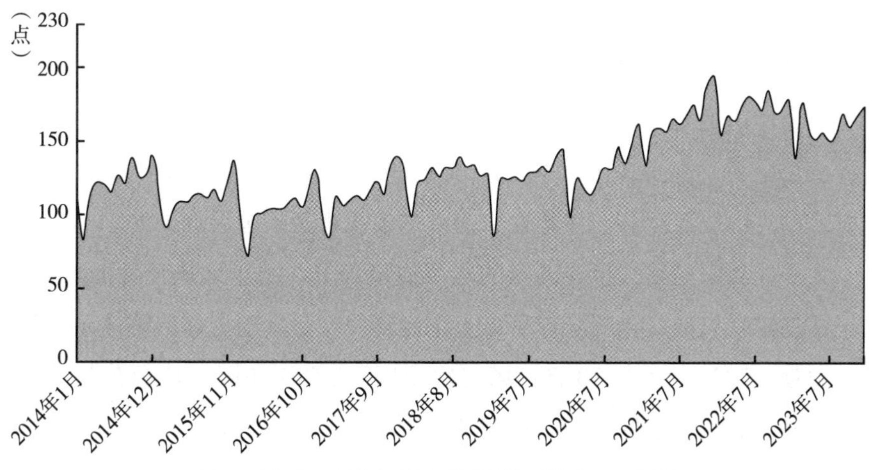

图 1　2014~2023 年海上丝路贸易指数——亚洲

资料来源：《海上丝路贸易指数》，宁波航运交易所网站，http：//www.msri.cn/#/sti/stiarea，最后访问时间：2024 年 2 月 23 日。

公开表明中国立场，展现出建设 21 世纪海上丝绸之路的决心与自信。

2022 年 1 月 17 日，中国国家主席习近平以视频方式出席 2022 年世界经济论坛并发表演讲。习近平在演讲中指出：“中国将继续扩大高水平对外开放，稳步拓展规则、管理、标准等制度型开放，落实外资企业国民待遇，推动共建‘一带一路’高质量发展。”① 这一表态展现了中国坚定不移推进改革开放的决心，凝心聚力推进“一带一路”建设的魄力，彰显了中国作为一个负责任大国的形象，表明中国将持续为世界共同发展贡献力量。

中非友谊源远流长，中国已经连续 15 年成为非洲第一大贸易伙伴，双方在众多国际事务上保持一致态度，共同助力全球发展事业。2022 年 2 月 5 日，第 35 届非洲联盟峰会在位于埃塞俄比亚首都亚的斯亚贝巴的非盟总部召开，中国国家主席习近平致去贺电。在贺电中，习近平强调：“新形势

① 《习近平在 2022 年世界经济论坛视频会议的演讲（全文）》，中国政府网，2022 年 1 月 17 日，http：//www.gov.cn/xinwen/2022-01/17/content_5668944.htm，最后访问时间：2023 年 11 月 22 日。

下，中方愿同非方一道，积极落实论坛会议成果，推动共建‘一带一路’合作、全球发展倡议同非洲联盟《2063年议程》、自贸区建设深入对接，引领中非合作向更高质量、更宽领域发展，续写中非友谊新篇章。”① 这一讲话再次切中了“真实亲诚”的对非政策理念，也指明了双方应以战略对接的方式助力中非命运共同体建设，为中非关系行稳致远保驾护航。

太平洋岛国是第三世界国家的重要组成部分。由于地理环境的特殊性，太平洋岛国在气候变化等全球事务上态度鲜明，是推动全球治理体系变革的重要力量。2022年5月30日，第二次中国-太平洋岛国外长会在斐济首都苏瓦召开，会议由中国国务委员兼外长王毅与斐济总理兼外长姆拜尼马拉马共同主持。来自基里巴斯、萨摩亚、纽埃、巴布亚新几内亚、瓦努阿图、密克罗尼西亚联邦、所罗门群岛、汤加等国家的政要以及太平洋岛国论坛秘书长以线上线下不同的形式参会。中国国家主席习近平发表了书面致辞。与会的太平洋岛国政要纷纷表示高度重视与中国的友谊以及伙伴关系，支持高质量共建“一带一路”合作倡议以及全球发展倡议，期待与中方拓展各领域合作，借鉴中国改革发展经验，助力太平洋岛国推进蓝色太平洋2050战略，改善基础设施条件、提升民生水平、应对气候变化、保护生态环境，实现可持续发展。②

中国坚决践行多边主义，始终维护以联合国为核心的国际体系，并将联合国作为重要的多边平台，传播中国声音，开展国际合作。2022年9月14日，中国常驻联合国代表团同联合国经济和社会事务部共同举行《携手合作，共享美好未来——“一带一路”倡议支持联合国2030年可持续发展议程的进展报告》发布会，中国常驻联合国代表张军在发布会上发表了主旨讲话。他讲道：“‘一带一路’倡议是为落实2030年议程贡献的中国智慧和

① 《习近平向第35届非洲联盟峰会致贺电》，中国外交部网站，2022年2月5日，https：//www.mfa.gov.cn/web/zyxw/202202/t20220205_10639277.shtml，最后访问时间：2023年11月20日。

② 《中国同太平洋岛国召开第二次外长会》，新华网，2022年5月30日，http：//www.news.cn/2022-05/30/c_1128697699.htm，最后访问时间：2023年11月23日。

中国方案，在理念、目标和举措方面与2030年议程高度契合，为落实可持续发展目标提供有力支持、注入强大动力。”[①]“一带一路”倡议以团结共生为底层逻辑构建起全球伙伴关系网络，以互利共赢为最终目标增强区域间互联互通，以可持续发展为路径选择为世界带来希望与未来。如今，“一带一路”已经成为全世界影响范围最广，合作规模最大的多边国际舞台。高质量共建“一带一路”，有助于各国合作化解危机，为各类国内、国际问题提供标本兼治的解决方案。“一带一路”倡议顺应时代发展潮流，满足各国人民的需求，符合各国共同利益。高质量推进“一带一路”建议应本着共商、共建、共享的原则，通过国际合作来实现，需要所有伙伴的广泛参与，共同建设。中方期待同所有合作伙伴一道，坚定不移地高质量建设“一带一路”，为推动实现2030年议程，实现各国全面发展、共同发展、可持续发展作出更大贡献。

亚太经合组织是亚太地区合作层级最高、合作范围最广泛、影响力最大的经济合作机制。中国高度重视这一机制，并借助这一平台积极向世界提供中国智慧。2022年11月17日，在曼谷举行的亚太经合组织工商领导人峰会上，中国国家主席习近平应邀出席，并发表题为《坚守初心　共促发展　开启亚太合作新篇章》的主旨演讲，强调亚太地区要走和平发展之路、开放包容之路、和衷共济之路，并明确提出“中国将积极推进共建‘一带一路’同各方发展战略对接，共同建设高质量亚太互联互通网络”。[②]以此来实现更高层次的互联互通，为加深各国间的交往合作提供坚实的基础，创造优良的环境。

中国不仅在各类国际组织、国际机制中积极阐发中国理念、提供中国方案，而且主动搭建平台，为高质量共建“一带一路”提供主场优势。2023

① 《中国常驻联合国代表：“一带一路”是团结之路、共赢之路、希望之路》，新华网，2022年9月15日，http://www.news.cn/silkroad/2022-09/15/c_1129002950.htm，最后访问时间：2023年11月23日。

② 《习近平在亚太经合组织工商领导人峰会上的书面演讲》，中国外交部网站，2022年11月17日，https://www.mfa.gov.cn/web/zyxw/202211/t20221117_10977222.shtml，最后访问时间：2023年12月5日。

年 10 月 18 日，第三届“一带一路”国际合作高峰论坛开幕，中国国家主席习近平发表题为《建设开放包容、互联互通、共同发展的世界》的主旨演讲。习近平主席回顾了“一带一路”国际合作 10 年来取得的丰硕成果，总结合作经验，并提出了中国支持高质量共建“一带一路”的八项行动，[①] 为“一带一路”的下一步建设指明了方向。在本次论坛期间，各国共形成 458 项成果，中外企业达成 972 亿美元的商业合作协议。[②] 这些成果为世界经济复苏注入了强大活力。

在中国领导人的高度关注下，21 世纪海上丝绸之路建设尽管面临着诸多国际风险，但仍旧成绩斐然，海上丝路贸易总体指数显现出上升的态势（见图 2）。

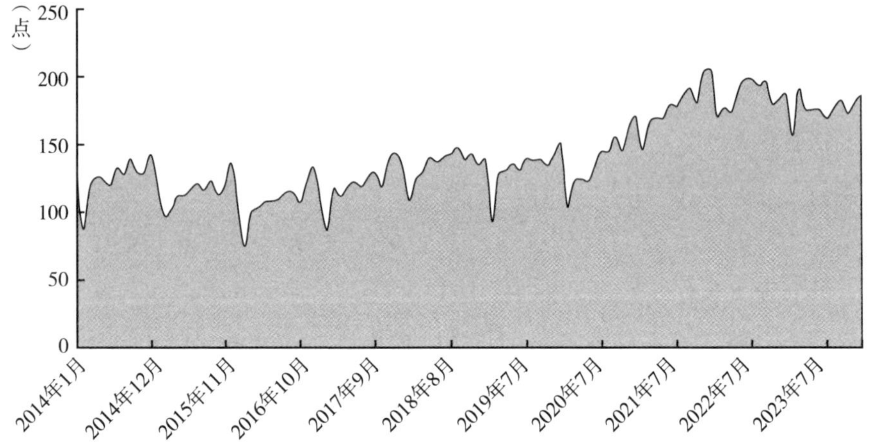

图 2　2014~2023 年海上丝路贸易指数——总体

资料来源：《海上丝路贸易指数》，宁波航运交易所网站，http://www.msri.cn/#/sti/stidefault，最后访问时间：2024 年 2 月 23 日。

---

① 习近平：《建设开放包容、互联互通、共同发展的世界——在第三届“一带一路”国际合作高峰论坛开幕式上的主旨演讲》，新华网，2023 年 10 月 19 日，http://www.news.cn/mrdx/2023-10/19/c_1310746291.htm，最后访问时间：2023 年 12 月 5 日。

② 《习近平在亚太经合组织工商领导人峰会上的书面演讲（全文）》，中国外交部网站，2023 年 11 月 17 日，https://www.mfa.gov.cn/web/gjhdq_676201/gjhdqzz_681964/lhg_682278/xgxw_682284/202311/t20231117_11182039.shtml，最后访问时间：2023 年 12 月 5 日。

三　政策文件奠定合作基石

政策沟通是21世纪海上丝绸之路建设的首要前提和重要目标，因此，政策文件无疑是推进21世纪海上丝绸之路建设的制度保障，表明了中国与有关国家在政治立场与宏观战略上的协调一致，彰显出各方本着共商、共建、共享的原则，通过“一带一路”这个平台实现“五通”的美好诉求。近年来，随着一系列政策文件签署，21世纪海上丝绸之路建设成果更加丰富。

在东南亚方向上，2022年7月26日，中国国家主席习近平会见应邀访华的印度尼西亚总统佐科·维多多。双方会谈后共同发表《中华人民共和国和印度尼西亚共和国两国元首会晤联合新闻声明》，并签署关于高质量共建“一带一路”合作倡议与“全球海洋支点”构想战略对接的合作谅解备忘录以及医疗卫生、绿色发展、海洋、农业、网络安全等领域合作文件。2022年11月11日在柬埔寨金边举行的第25次中国-东盟领导人会议上，与会各方发表了《关于加强中国-东盟共同的可持续发展联合声明》，基础设施互联合同仍是双边合作的重点，在决定的第三项中提到，加强区域间基础设施建设合作，加快落实《中国-东盟关于“一带一路”倡议与〈东盟互联互通总体规划2025〉对接合作的联合声明》，提高双方的互联互通水平，进一步促进双边跨境旅行、物资转运和人员往来及跨境贸易。战略对接一直是“一带一路”合作倡议在全球开展的重要方式，为了更好地实现中国与东盟的战略对接，在决定的第四项中提到，对于东盟印太展望提出的四大优先领域予以支持，推动高质量共建“一带一路”合作倡议同东盟印太展望，开展互利共赢的深度合作，探讨通过全球发展倡议开展发展合作，助力实现《东盟共同体愿景2025》。2022年11月16日，中国国家主席习近平应邀出席在印尼巴厘岛举行的G20领导人第17次峰会期间，与印尼总统佐科·维多多举行双边会晤。在本次会晤中，中国与印尼签署了高质量共建“一带一路”合作倡议与“全球海洋支点”构想战略对接这一顶层设计下的合作规划、提升双边贸易水平与质量的协定，以及教育、农业、数字经济、职业培训、媒体、卫生健康、药用植物、基础设施融资等涉及双方重点关切领域的合作文件。2022 年 11 月 19 日，中国国家主席习近平在参加 APEC 第 29 次领导人非正式会议期间与泰国总理巴育举行双边会谈。随后，在两国领导人的共同见证下，双方签署了《中泰战略性合作共同行动计划（2022—2026）》《中泰共同推进“一带一路”建设的合作规划》以及经贸投资、数字经济、科技创新领域合作文件。在联合发布的《中泰关于构建更为稳定、更加繁荣、更可持续命运共同体的联合声明》中，双方充分肯定了两国在合作机制建设上取得的成效，并在建设命运共同体方面达成高度一致：双方赞同加强战略对话，启动此访期间签署的《中华人民共和国政府与泰王国政府关于中泰战略性合作共同行动计划（2022—2026）》和《中华人民共和国政府与泰王国政府关于共同推进“一带一路”建设的合作规划》，全面推进各领域务实合作取得新的进展，推动构建更为稳定、更加繁荣、更可持续的中泰命运共同体。① 2023 年，中越双边签署多份重要文件，为两国的全面合作构建起战略框架。2023 年 6 月 29 日，中越两国发布《中华人民共和国和越南社会主义共和国联合新闻公报》，一致同意巩固双边关系、推进战略对接、增进民间交往、维护地区稳定、践行多边主义。2023 年 12 月 13 日，中国国家主席习近平访问越南期间，两国共同发布了《中华人民共和国和越南社会主义共和国关于进一步深化和提升全面战略合作伙伴关系、构建具有战略意义的中越命运共同体的联合声明》，该声明明确提出发展两国关系的聚焦方向：政治互信更高、安全合作更实、务实合作更深、民意基础更牢、多边协调配合更紧、分歧管控解决更好，指明了新时代中越关系的前进方向。

在美洲方向上，2022 年 2 月 6 日，中国国家主席习近平会见来华出席北京 2022 年冬奥会开幕式及相关活动的阿根廷总统费尔南德斯。双方举行

---

① 《中华人民共和国和泰王国关于构建更为稳定、更加繁荣、更可持续命运共同体的联合声明》，中国外交部网站，2022 年 11 月 19 日，https：//www. mfa. gov. cn/web/zyxw/202211/t20221119_10978190. shtml，最后访问时间：2023 年 12 月 5 日。

会谈并发表《中华人民共和国同阿根廷共和国关于深化中阿全面战略伙伴关系的联合声明》，签署了《中华人民共和国政府与阿根廷共和国政府关于共同推进丝绸之路经济带和21世纪海上丝绸之路建设的谅解备忘录》《关于农业合作的战略行动计划（2022—2027年）》等多份双边合作文件，合作领域涵盖医疗卫生、农业、贸易、航天、绿色发展、海洋、科技、金融等。2022年11月25日，中国和古巴共同发布了《中华人民共和国和古巴共和国关于深化新时代中古关系的联合声明》，该声明专门就"一带一路"建设写明立场：双方同意深化高质量共建"一带一路"合作倡议，落实合作规划，加强在生物技术、绿色发展、医疗、经贸、金融和网络安全等双方一致关切的领域开展全方位合作，助力古方快速高效地融入倡议，实现两国的互利共赢。中方将继续向古巴提供力所能及支持和帮助，古方对此表示感谢。①

在西亚非洲方向上，阿尔及利亚是非洲面积最大的国家，而中国是第一个承认阿独立的非阿拉伯国家，两国友谊深厚。2022年12月1日，中阿两国政府签署了《中华人民共和国政府和阿尔及利亚民主人民共和国政府关于共同推进"一带一路"建设的合作规划》（以下简称《合作规划》）、《中华人民共和国政府与阿尔及利亚民主人民共和国政府关于重点领域三年（2022—2024）合作计划》（以下简称《合作计划》）。《合作规划》是中阿高质量共建"一带一路"合作倡议的顶层设计文件，对于合作的原则规范、任务目标以及保障机制作出明确规定，推动两国不断深化在交通基础设施和物流、公共健康、财政金融、科学技术、职业培训、信息技术产业、绿色发展、人文交流以及计量、标准化、合格评定和竞争政策等领域务实合作。《合作计划》明确了中阿合作的重点领域和优先方向，助力阿更好地融入"一带一路"合作倡议。2022年12月1日，中国外交部发布《新时代的中阿合作报告》，这篇报告专门对中阿共建"一带一路"进行了详细阐释。阿

① 《中华人民共和国和古巴共和国关于深化新时代中古关系的联合声明（全文）》，新华网，2022年11月25日，http://www.news.cn/politics/2022-11/25/c_1129160818.htm，最后访问时间：2023年11月26日。

拉伯国家地处“一带一路”交会地带，是历史上古丝绸之路的重要建设方，是高质量共建“一带一路”合作倡议的天然合作伙伴。中阿双方共建“一带一路”布局不断完善，成果不断显现。共建“一带一路”全面带动中阿关系发展，双方把共建“一带一路”同地区实际结合起来，把集体行动同双边合作结合起来，把促进发展同维护和平结合起来，优势互补、合作共赢，共建“一带一路”落地之处呈现多姿多彩、生机勃勃的面貌。目前，中国已同全部22个阿拉伯国家和阿盟签署“一带一路”合作文件。双方在能源、贸易、投资、金融、基础设施等领域开展的大型合作项目超过200个，合作红利惠及人口近20亿人。[①] 高质量共建“一带一路”极大地提升了地区发展能力。新冠疫情发生以来，中阿努力防范疫情风险，稳步推进高质量共建“一带一路”。中国同多个阿拉伯国家签署了高质量共建“一带一路”合作倡议规划，并且大力推动共建“一带一路”倡议同阿拉伯国家发展战略规划实现全面对接。埃及“斋月十日城”市郊铁路、中埃（及）泰达苏伊士经贸合作区、中阿（联酋）产能合作示范园、卡塔尔世界杯主体育场、阿尔及利亚东部磷酸盐等项目取得重要进展，成果斐然。中海（合会）自贸区谈判稳步推进，进展顺利。中国同阿拉伯国家在5G、人工智能、大数据、云计算等高新领域合作快速发展，成为中阿合作新增长点。[②] 2022年12月6日，中国政府与巴勒斯坦政府签署《中华人民共和国政府与巴勒斯坦国政府在共建“一带一路”倡议下关于共同关心事项的谅解备忘录》。中巴两国将本着共商、共建、共享的原则，提升双边“五通”层次，开展务实互利的国际合作，共同建设开放、包容、均衡、普惠的经济合作体系，造福两国人民。

2023年，在第三届“一带一路”国际合作高峰论坛上，各方共形成

---

① 《为何在阿拉伯国家眼中，中国是“值得信赖的伙伴”?》，2024年5月31日，中国新闻网，http://www.chinanews.com.cn/gj/2024/05-31/10226596.shtml? from_ source=www.cbg.cn，最后访问时间：2024年10月30日。

② 《新时代的中阿合作报告》，外交部网站，2022年12月1日，https://www.mfa.gov.cn/web/ziliao_674904/tytj_674911/zcwj_674915/202212/t20221201_10983991.shtml，最后访问时间：2023年12月5日。

369 项务实合作项目，其中双边合作文件类 32 项，与国际和地区组织合作文件类 10 项。[①] 多边合作成果文件共计 89 项，其中高级别论坛成果 7 项，专题论坛及企业家大会成果 10 项，政府间合作平台成果 18 项。[②] 这些文件的签署为高质量共建“一带一路”提供了强有力的制度保障，并充分彰显了“一带一路”旺盛的生命力，体现出“一带一路”符合了世界多数国家的发展诉求。

四　平台搭建促进人文交流

民心相通是 21 世纪海上丝绸之路建设的核心旨趣，也是构建人类命运共同体的鲜明特征。中国积极搭建平台，开展多种形式的活动促进中外人文交流，为增进相互了解、提升彼此互信打造出广阔的舞台。

文化能够直接反映出一个国家总体的思想意识特征。文化交流对于民心相通意义重大，近年来中国开展多场人文活动，让更多人了解海上丝绸之路，了解中国。

在国内，中方积极开展各类文化活动，发扬丝路精神，为“一带一路”培育优良的文化沃土。2022 年 4 月 9 日，“首届中非文明对话大会”以线上线下相结合的方式举行。大会主会场设在北京，会议主题为“文明交流互鉴推动构建新时代中非命运共同体”，旨在为中非人文交流营造新媒介，推动中非文明交流互鉴的程度与质量，为推动构建新时代中非命运共同体和人类命运共同体贡献智慧和力量。[③] 大会共设四个分议题，即“文明交往与中

① 《第三届“一带一路”国际合作高峰论坛务实合作项目清单》，第三届“一带一路”国际合作高峰论坛网站。2023 年 10 月 18 日，http：//www.beltandroadforum.org/n101/2023/1018/c134-1212.html，最后访问时间：2023 年 12 月 8 日。

② 《第三届“一带一路”国际合作高峰论坛多边合作成果文件清单》，第三届“一带一路”国际合作高峰论坛网站，2023 年 10 月 18 日，http：//www.beltandroadforum.org/n101/2023/1018/c134-1211.html，最后访问时间：2023 年 12 月 8 日。

③ 《首届中非文明对话大会成功举行》，人民网，2022 年 4 月 10 日，http：//world.people.com.cn/n1/2022/0410/c1002-32395462.html，最后访问时间：2023 年 11 月 22 日。

非友好合作精神”“文明互鉴与‘一带一路’”“文明多样性与中非文明史”“文明传承与青年责任”。本次大会为中非文明交流对话搭建了新平台，从而更好地发挥“一带一路”的文化职能，促进民心相通。海上丝绸之路历史悠远，为世界留下了丰富的文化遗产。为了更好地了解海上丝绸之路的文化内涵，2022 年 11 月 16 日至 17 日，“海上丝绸之路”国际文化论坛在澳门举行，此次论坛以“海上丝绸之路文化遗产保护与可持续发展”为主题。论坛通过专家全面展示海上丝绸之路遗产保护和研究的前沿成果，让与会者及澳门市民了解海上丝绸之路文化遗产的重要性，体会海上丝绸之路丰厚的文化内涵，持续加深海丝沿线地区对海丝遗产保护的交流和合作，增进人文交流，助力民心相通。论坛首日，中国文化遗产研究院、国际古迹遗址理事会、联合国教科文组织驻华代表处等机构，以及印度尼西亚井里汶、三宝垄，马来西亚马六甲等地的专家学者，围绕“海上丝绸之路历史与考古研究、时空界定”“海上丝绸之路文化遗产保护管理国际交流与合作”等议题展开交流和分享。① 文物是历史的见证，能够最大限度展现古时的风貌。为了充分发挥文物的魅力，让人们更加全面真切地体会丝路文化，2022 年 11 月 18 日，2022 海丝之路文化和旅游博览会开幕式暨“让文物活起来：文化遗产与当代智造”主论坛在宁波举行。此次活动主题为“文荟天下 扬帆世界”，坚持“国际化、产业化、数字化、艺术化”的活动原则，彰显海上丝绸之路的文化底蕴，旨在将文博会打造成以文塑旅、以旅彰文的重要平台和关键载体。② 此次活动的一大特征是不设线下展览，而是充分利用数字技术将实体文物展示于线上，共设“滨海时尚”“文化共富”“甬立潮头”“数智文化”四个展馆，全景展现意大利、土耳其、印度尼西亚、泰国等位于不同大洲的不同国家的海洋文化以及共建海丝的历史积淀。2023 年 12 月 8 日，第五届海上丝绸之路国际艺术节在著名港口城市泉州开幕，来自 43

---

① 《澳门举办“海上丝绸之路”国际文化论坛》，新华网，2022 年 11 月 17 日，http：//www. zlb. gov. cn/2022-11/17/c_ 1211701848. htm，最后访问时间：2023 年 11 月 26 日。

② 《2022 海丝之路文旅博览会开幕》，新华网，2022 年 11 月 18 日，http：//zj. news. cn/2022-11/18/c_ 1129140472. htm，最后访问时间：2023 年 11 月 23 日。

个国家的文化团体、艺术界人士等参与其中。

青年是思想最为活跃、对于不同事务接纳度最高的群体，同时也是国际交往的主力军。不同国家间的青年交往能有效加深彼此间的了解与信任。2022 年 11 月 15 日，第六届“一带一路”青少年创客营与教师研讨活动在广西南宁开幕。本次活动旨在为共建“一带一路”国家的师生搭建沟通交流的平台，共同提升青少年科学素质。此次活动主题为“交流互鉴·协同发展”，共设置四大板块，分别为“互动交流”“展示中国”“区域合作”“配套活动”。超过 300 项学习资源汇聚榆次，让参会的师生充分体会中国文化，彰显“一带一路”的巨大成就，开放“云游中国”、中国传统文化体验等百余项线上展示，吸引了来自 57 个国家和地区的 7000 余名中学师生注册参与。① 2022 年 11 月 17 日，首届“一带一路”青年发展高峰论坛在香港举行，论坛由香港“一带一路”总商会和外交部驻香港特派员公署联合主办。此次论坛主题为“落实二十大精神，发挥香港平台作用，助力双循环和‘一带一路’比翼发展”，并且围绕“传承创新开拓”“绿色健康专业可持续发展”“联通融合共赢”设置三个分主题论坛。② 此论坛旨在帮助香港青年了解国家发展战略，助力香港拓展多元发展空间，巩固并强化香港的国际航运、金融中心地位，并为个人发展提供更为广阔的平台。

新闻媒体是引领舆情舆论的主力军，对文化传播有着独特的作用。如何讲好中国故事，同时也让中国听到他国故事是民心相通的核心内容。为此，中国积极组织相关论坛，促进中外媒体与记者的沟通交流。2023 年 10 月 12 日，“2023 年‘一带一路’记者组织论坛”在北京召开。本次论坛主题为“建设美丽丝路 共促繁荣发展”。来自 40 多个国家和地区的近百

① 《促进青少年科学素质提升 第六届“一带一路”青少年创客营与教师研讨活动开幕》，新华网，2022 年 11 月 16 日，http：//gx. news. cn/newscenter/2022-11/16/c_1129131959. htm，最后访问时间：2023 年 11 月 26 日。

② 《首届“一带一路”青年发展高峰论坛举行 助香港青年了解国家发展战略》，新华网，2022 年 11 月 17 日，http：//www. news. cn/2022-11/17/c_1129137578. htm，最后访问时间：2023 年 11 月 26 日。

位记者组织负责人、媒体代表进行了深入研讨交流。[①] 随后，又于2023年10月19日在北京召开2023年“一带一路”媒体合作论坛。中共中央政治局委员、中宣部部长李书磊出席并致辞。此次论坛主题为“加强媒体合作，共创美好未来”。来自70多个“一带一路”共建国家和地区的110多家媒体的负责人和资深编辑记者，中央和国家机关有关部委负责同志，专家学者和企业代表等参加，围绕主题为高质量共建“一带一路”建言献策，发挥媒体的力量助力各国互联互通、增进民心相通、加强文明互鉴。[②]

在国外，中国主动“借船出海”，通过与各类外国机构的互动合作，搭建宣传“一带一路”的国际平台。2022年8月11日，中国-阿根廷“一带一路”合作成果展在位于布宜诺斯艾利斯的阿根廷国家科技展览馆开幕。出席本次活动的阿方官员对于“一带一路”高度认可，认为共建“一带一路”合作必将进一步巩固中阿全面战略伙伴关系，有助于开展务实互惠的双边合作，并且为两国的人文交流和人员往来注入了强大动力。阿根廷科技创新部长费尔姆斯在致辞中称赞中国近年来在科技、公共健康、基础设施建设等领域取得的巨大成就，并感谢中国在新冠疫情出现后同阿根廷开展医疗卫生合作，希望两国在“一带一路”合作倡议下在更多领域深化合作交流，实现互利共赢，共同发展。[③] 本次展出由中国驻阿根廷使馆、阿文化部、科技创新部以及中国商会（阿根廷）共同主办，共分为八大展区，涵盖了基建、金融、卫生、航天等多个方面，充分展现中阿在“一带一路”合作倡议中取得的丰硕成果。2022年11月15日，“海上丝绸之路历史文化数字展”在位于蒙巴萨岛的耶稣堡博物馆举行开幕式，本次活动由中国驻肯尼

---

① 《2023年“一带一路”记者组织论坛在北京举行》，中国新闻网，2023年10月12日，https://www.chinanews.com.cn/gn/2023/10-12/10092727.shtml，最后访问时间：2024年10月30日。

② 《2023“一带一路”媒体合作论坛举行　李书磊出席并致辞》，中国经济网，2023年10月19日，http://bgimg.ce.cn/xwzx/gnsz/szyw/202310/19/t20231019_38756501.shtml，最后访问时间：2024年10月30日。

③ 《中国-阿根廷“一带一路”合作成果展开幕》，新华网，2022年8月12日，http://www.news.cn/2022-08/12/c_1128909904.htm，最后访问时间：2023年11月23日。

亚大使馆和肯尼亚国家博物馆共同主办。此次数字展的内容由中国丝绸博物馆等单位提供，展览设备由东部非洲中国总商会捐赠，通过展示海上丝绸之路在世界多地留下的足迹和经典文物，体现出海上丝绸之路的全球性和包容性。① 2023 年 4 月 3 日，“艺汇丝路——中阿知名艺术家采风作品展”在埃及首都开罗举行，通过艺术作品的展示让当地人民更加了解丝路文化。②

五　21世纪海上丝绸之路建设与周边国际合作展望

近年来，在俄乌冲突和巴以冲突的双重作用下，国际局势更多地暴露出波诡云谲、险象环生的一面。即便面临众多风险与挑战，中国依然在 21 世纪海上丝绸之路建设与周边国际合作领域展现出昂扬进取的姿态，并取得丰硕成果。围绕 21 世纪海上丝绸之路的高层双边对话频繁，多边机制日益完善，政策文件不断丰富，活动交流更趋多样。而在中国国内，2023 年，相继圆满举办北京冬奥会、成都大运会、杭州亚运会，展现出大国风采；坚决反制美国国会众议院议长佩洛西窜台，有力捍卫国家主权；中国共产党第二十次全国代表大会以及 2023 年两会胜利召开，完成党和国家领导人换届。这为 2024 年开展 21 世纪海上丝绸之路建设与周边国际合作筑牢内部基础。

2024 年是新中国成立 75 周年，是全面贯彻落实党的二十大精神的关键一年，同时也是“十四五”规划的攻坚之年，各项建设将步入新的阶段。在中国国内，随着中国共产党第二十次全国代表大会和 2023 年两会圆满落幕，习近平同志连任中共中央总书记、中国国家主席，在推进 21 世纪海上丝绸之路建设和周边合作事项上必然会有着极强的政策连续性、稳定性。在国际层面，俄乌冲突已历经两年，世界各国逐步适应其所产生的形势变化，

① 《海上丝绸之路历史文化数字展走进肯尼亚》，新华网，2022 年 11 月 17 日，http://www.news.cn/culture/20221117/1e03977e5c4b480aa66a5f22662124b4/c.html，最后访问时间：2024 年 10 月 30 日。

② 《“艺汇丝路——中阿知名艺术家采风作品展”在埃及举行》，新华网，2023 年 4 月 4 日，http://www.news.cn/silkroad/2023-04/04/c_1129495011.htm，最后访问时间：2024 年 10 月 30 日。

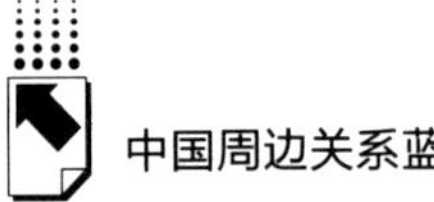

由此次冲突而引发的国际震荡能量可能会趋于平缓。这些因素对于 2024 年推进 21 世纪海上丝绸之路建设与周边国际合作都会是利好条件。但同时应看到，以美国为首的西方国家右翼势力依然强大，对中国的围堵态势不会发生根本性变化。下列行为都有可能出现：在涉台、涉港、涉疆、涉藏等问题上采取动作，扰乱中国内部发展；利用军事同盟关系在中国周边开展联合军演，进行武力炫耀，破坏地区稳定；采取经济制裁，阻碍中国高新产业发展；等等。此外，东北亚、西亚、非洲等地区的内部矛盾也都是不容忽视的风险因素，尤其是巴以冲突的持续发酵会给西亚地区和平发展增添新的不稳定性因素进而对推进共建 21 世纪海上丝绸之路与周边国际合作形成桎梏。这是未来一年开展 21 世纪海上丝绸之路建设与周边国际合作应当注意的问题。

Abstract

In 2023, the momentum for global economic recovery remained weak, while geopolitical conflicts accelerated instability. Localized hotspots were marked by volatility, and regional situations were complex and rapidly changing, with frequent conflicts. The global humanitarian crisis continued to deteriorate, presenting the world with new choices amidst intertwining changes and chaos. In response to these global challenges, Chinese President Xi Jinping issued a call to action: "We must remain calm and composed amid the stormy clouds and respond to global risks and challenges with a sense of responsibility to history, to the people, and to the world, working together to create a peaceful, developmental, cooperative, and mutually beneficial future for future generations." His message provided clear direction for advancing global peace and development.

The year 2023 marked the 10th anniversary of the Belt and Road Initiative (BRI). From this new starting point, China has deepened strategic trust with neighboring countries, enhanced economic and trade cooperation, and promoted regional governance as well as cultural exchanges. In terms of political cooperation, China and its neighboring countries have strengthened strategic guidance and engaged in multi-level diplomatic dialogues to foster healthy and stable regional relations. Economically, China has become the largest trading partner for most neighboring countries, signing high-quality BRI cooperation agreements and advancing regional economic integration. On security cooperation, China has upheld the concept of common security, promoting bilateral and multilateral security cooperation and responsibly addressing regional hotspots to safeguard regional stability. In the realm of cultural exchanges, China and neighboring countries have expanded cooperation in areas such as culture, technology, education, and tourism. Furthermore, in response to emerging issues such as climate change, environmental protection, and the digital economy, China and its neighbors are actively exploring new paths for regional governance.

2023 also marked the 10th anniversary of the Conference on Diplomatic Work with Neighboring Countries and the 10th anniversary of China's Amity, Sincerity, Mutual Benefit, and Inclusiveness diplomatic principle towards its neighbors. Over the past decade, China has placed great importance on diplomacy with its neighboring countries, consistently positioning them as a priority in its overall foreign policy approach as a major power, and practicing the principles of amity, sincerity, mutual benefit, and inclusiveness. On October 24, China released the white paper titled "A New Era of China's Diplomacy with Neighboring Countries: Prospects and Policies," which formally reaffirmed its commitment to building a community with a shared future with neighboring countries, and to jointly creating a peaceful, secure, prosperous, and beautiful Asia where harmony prevails.

Looking ahead to 2024, China's diplomacy with neighboring countries will focus on five key areas: First, upholding innovative international concepts and cooperation initiatives; second, comprehensively expanding its diplomatic outreach in the region; third, taking on the responsibilities of a major power in regional governance and international affairs; fourth, further enhancing and expanding the influence of Chinese civilization; and fifth, firmly and effectively safeguarding national interests.

Keywords: China; Neighboring Countries; High-quality Joint Construction of "the Belt and Road"; Amity, Sincerity, Mutual Benefit, and Inclusiveness Neighborhood Diplomatic Principle; the Neighborhood Community with a Shared Future

Contents

Ⅰ General Report

Abstract: In 2013, at the first Symposium on Peripheral Diplomacy since the founding of the People's Republic of China, China proposed the fundamental principles of its peripheral diplomacy, which are to uphold good neighborliness and partnership with neighboring countries, promote amity, security, and prosperity with our neighbors, and emphasize the concept of "amity, sincerity, mutual benefit, and inclusiveness" in China's peripheral diplomacy. Over the past decade, the vision of a community with a shared future for mankind has taken root in Asia, guiding the in-depth and substantive development of China's relations with its neighboring countries. In 2023, amidst growing uncertainties in global economic recovery and geopolitical turbulence, China's ties with its neighbors have continued to deepen. In political cooperation, China and its neighboring countries have jointly promoted dialogued and exchanges, strengthened strategic communications, and led the region towards amicable relations. Economically, China has become the largest trading partner for most of its neighbors and signed high-quality cooperation documents with multiple neighboring countries for joint construction of the Belt and Road Initiative, promoting regional economic integration. In security cooperation, guided by the core principles of the Global Security Initiative, China and its neighbors jointly advance bilateral and multilateral security cooperation, properly address regional hot-button issues, and maintain regional security and stability. In terms of people-to-people exchanges, China and its neighbors continuously promote interactions in culture, science, education, tourism, and other fields. Furthermore, facing emerging global issues such as climate change, environmental protection, and the digital economy, China and its neighbors jointly explore innovative paths for regional governance. Despite persistent interference from external forces, China's relations with its neighbors have overall demonstrated resilience and vitality, striving to properly address regional hot-button issues. Looking ahead, China will continue to collaborate with its neighbors to build an Asian community with a shared future characterized by peace, tranquility, prosperity, beauty, and amicable coexistence.

Keywords: China; Neighboring Countries; Amity, Sincerity, Mutual Benefit, and Inclusiveness Neighborhood Diplomatic Principle; the Neighborhood Community with a Shared Future; "the Belt and Road"; Regional Governance

Ⅱ Regional Reports

B.2 Evaluation and Prospect on the Relationship Between China and Northeast Asia Countries in 2023 *Zhong Feiteng* / 037

Abstract: This article first summarizes the three major characteristics of the security situations in Northeast Asia in 2023, namely the intensification of camp confrontations, the United Staes'promotion the trilateral alliance among the United States, Japan, and the Republic of Korea, and NATO's expansion in Asia-Pacific region. This is not only the background for China's development of relations with Northeast Asian countries, but also one of the reasons for understanding the changes in relations between other countries and China. From an economic perspective, the overall trend is that Japan and the Republic of Korea are accelerating their "de Sinicization" and significantly reducing trade with China. Meanwhile, China's economic and trade relations with Russia, Mongolia, and the Democratic People's Republic of Korea are developing rapidly, with strong high-level exchanges in politics. In contrast, China's political relations with Japan and the Republic of Korea are weaker, and the leaders have not conducted mutual visits, especially the relationship between China and the Repullic of Korea has declined faster. After the San Francisco meeting between Chinese and Japanese leaders, the two sides reaffirmed the comprehensive promotion of China-Japan strategic relationship of mutual benefit. Despite the high-level meeting occurred, the structural contradictions between China and the United States have been further solidified due to regional tensions. From the perspective of future development trends, the regional situation in Northeast Asia may become more complex and tense.

Keywords: Northeast Asia; Trilaterial Relations Among the United States, Japan, and the Republic of Korea; Camp David Principle

Abstract: 2023 marks the beginning of the "New Golden 30 Years" of relations between China and Central Asian countries. Against the background of profound changes in the international and regional situation, the successful China-Central Asia Summit marked a new level of strategic consensus and practical cooperation between China and Central Asian countries, leading bilateral relations into a new era and laying a more solid foundation for the joint constraction of a China-Central Asia community with a shared future. Looking to the future, China and Central Asian countries will jointly explore a mutually beneficial and win-win path that suits their respective national conditions amist changes in the global landscape, the times, and history. It is necessary to accurately assess the current situation and future trends in Central Asia, deeply explain China's foreign policy to wards Central Asia in the new era, and comprehensively clarify the practical outcomes, policy concepts and strategic goals of China-Central Asia cooperation. This will help further guide broad, multi-level, and high-quality cooperation between China and Central Asiam Countries.

Keywords: China; Central Asian Countries; "the Belt and Road"

B.4 Evaluation and Prospect of Relations Between China and West Asian Countries in 2023

Wang Lincong, Zhu Quangang and Ma Xueqing / 075

Abstract: In 2023, with the gradual mitigation of the COVID-19 pandemic, relations between China and West Asian countries have ushered in new opportunities for development. Led by head-of-state diplomacy, China and West Asian countries have further strengthened political mutual trust and tightened strategic ties; economic cooperation has advanced steadily, with trade, energy, and infrastructure cooperation undergoing qualitative upgrades and the Gulf Cooperation Council's (GCC) investment in China rapidly increasing; security cooperation has been continuously strengthened, with China facilitating the Saudi Arabia-Iran reconciliation, contributing to regional peace and stability; and people-to-people exchanges have unfolded comprehensively, fostering deeper mutual understanding among the peoples. Meanwhile, the West Asian region still faces challenges such as development deficits, security deficits, governance deficits, and interference from the US-driven great power competition. Looking ahead, guided by the high-quality joint construction of the Belt and Road Initiative and the "Three Global Initiatives", this not only facilitates the stability and development of the West Asian region and countries but also further deepens strategic cooperation between China and West Asian countries, pushing relations between China and West Asian countries towards a new stage of comprehensive development.

Keywords: China; West Asia; "Wave of Reconciliation"

Abstract: With the joint efforts of both sides, all-round, deep-level and multidisciplinary cooperation between China and South Asian countries has flourished. China has actively engaged in summit diplomacy, bilateral diplomacy and multilateral diplomacy with South Asian countries, and political relations between the two sides have been further consolidated and developed. As a result of the negative impact of the global economic situation, economic and trade cooperation between China and South Asian countries has decreased, but both sides have attached greater importance to the sustainable and high-quality development of economic and trade relations, and have actively promoted the construction of the Belt and Road Initiative into a new stage of high-quality development. China has taken on its due responsibilities and lived up to people's expectations, and is actively committed to promoting peace and reconstruction in Afghanistan, and has provided much-needed food, medicine, equipment, personnel and other humanitarian assistance to South Asian countries in a timely manner. The friendship of nations lies in the affinity of peoples, and the affinity of peoples lies in the affinity of hearts. China and South Asian countries have carried out a series of humanistic exchanges. It has not only promoted mutual understanding and affinity between the two sides, but also laid a solid foundation of public opinion for the strategic cooperative partnership between the two sides. Political relations between China and South Asian countries will become more friendly, economic ties stronger, security cooperation deeper and humanistic ties closer.

Keywords: China; South Asian; the Strategic Cooperative Partnership

Abstract: In 2023, China's relations with Southeast Asian countries achieved new developments across multiple domains. Politically, frequent high-level visits propelled the construction of the China-ASEAN Community with a Shared Future to go deeper and more substantial. Economically, bilateral trade continued to grow, with deepening industrial chain integration and orderly negotiations for the upgrading of free trade areas. Digital economy and green economy emerged as new highlights of cooperation. In terms of security cooperation, China and Southeast Asian countries achieved positive outcomes in defense practical cooperation and maritime cooperation. In socio-cultural exchanges, cultural mutual appeciation, scientific and educational cooperation, and people's livelihood cooperation progressed simultaneously, fostering closer people-to-people ties. Regionally, both sides have made pragmatic progress in green transformation and maritime governance. Looking ahead to 2024, China's relations with Southeast Asian countries will continue to deepen cooperation across political, economic, and cultural dimensions, jointly addressing challenges and promoting regional peace, stability, and prosperity.

Keywords: China-ASEAN Community with a Shared Future; Agricultural Cooperation; Connectivity; Regional Governance Cooperation

Abstract: On the basis of the "Four Principles of Full Respect", the relations between China and Pacific Island Countries have been developing steadily and in a good way on the whole in 2023. There are six cooperation centers that have been set up and operated. Several meetings were successfully held in 2023, including the China-Pacific Island Countries Agriculture and Fisheries Ministers' Meeting , the China-Pacific Island Countries Fishery Cooperation and Development Forum, the China-Pacific Island Countries and Third Party Cooperation Forum and the first China-Pacific Island Countries Education Ministers' Meeting. The relations between China and the Solomon Islands have made notable progress. Not only were bilateral relations elevated to a comprehensive strategic partnership featuring mutual respect and common development in the new era, but direct cargo charter flights were also established, which providing a new mode of connectivity between China and Pacific island countries. The political mutual trust between China and Papua New Guinea has been "further deepened" and the cooperation under the Belt and Road Initiative has been "re-optimized" and practical cooperation "re-strengthened" . Although China's relations with Fiji and the Federated States of Micronesia had some twists and turns because of the provocation of the United States and the West, but they warmed up in the end .

Keywords: "Four Prineiple of Full Respect"; Solomon Islands; Papua New Guinea; China's Special Envoy on Pacific Island Countries Affairs

Ⅲ Bilateral Reports

Abstract: In 2023, China and Russia have continued to strengthen cooperation in politics, economy and trade, energy, military and international affairs and achieved fruitful results under the circumstances of the Russia-Ukraine conflict, Russia's continued confrontation with the West, intensified competition between China and the United States, and Western pressure on China Russia relations. The leaders of China and Russia have visited each other frequently, and political relations continue to deepen. Significant achievements have been made in economic, trade and energy cooperation: the trade volume between China and Russia has exceeded the $200 billion mark for the first time, and the two countries have reached a political consensus on the construction of the China Mongolia Russia natural gas pipeline project. Military exchanges and cooperation continue to develop, and diplomatic cooperation is increasingly deepening. In the future, China and Russia will continue to eliminate external factors, develop all-round cooperation, and promote the sustained and in-depth development of the comprehensive strategic partnership between China and Russia in the new era.

Keywords: China-Russia Comprehensive Strategic Partnership in the New Era; China-Russia Political Relations; China-Russia Economic and Trade Cooperation; China-Russia Energy Cooperation; China-Russia Diplomatic Cooperation

B.9 Evaluation and Prospects of China-Japan Relations in 2023

Abstract: In the context of the 45th anniversary of the signing of China-Japan Treaty of Peace and Friendship in 2023, the political and diplomatic relations between China and Japan have continued to develop. However, conflicts and differences, especially the Taiwan question, have hindered the deep improvement of the bilateral relations. The economic cooperation between China and Japan continues to deepen, but it has also been negatively affected by geopolitical factors, especially the strengthening of strategic competition with China by the Biden administration of the United States. The China-Japan security dialogue has gradually resumed and increased, but due to the influence of the Japan-US alliance and Japan's security strategy transformation, the security relationship between China and Japan has become more complex. In addition, the Japanese government's insistence on discharging Fukushima nuclear-contaminated water into the sea has become an important factor affecting the deterioration of Sino-Japanese relations in 2023, hindering the process of improving Sino-Japan relations. Looking to the future, China and Japan should take the commemoration of the 45th anniversary of the signing of China-Japan Treaty of Peace and Friendship as an opportunity, adhere to their original aspiration, continue the historical mission of peace and friendship between China and Japan, and make unremitting efforts to promote the construction of a China-Japan relationship that meets the requirements of the new era.

Keywords: China-Japan Treaty of Peace and Friendship; China-Japan Relations; China-US-Japan Relations; Decoupling Nuclear-contaminated Water

Abstract: Although China-India relations have recovered by some means in various fields in 2023, they still face many problems. For bilateral political relations, high-level interactions have increased, and the leaders of the two countries have achieved face-to-face talks under multilateral framework. However, India's tendency to define bilateral relations only by border issues has increased, and it has taken measures on the Taiwan question and South China Sea issues. For economic relations, the total trade volume between the two countries has increased and consensus has been reached on major issues of the international economic and financial order under multilateral frameworks such as the Shanghai Cooperation Organization and the BRICS. However, India's trade measures against China have increased. Bilateral economic dialogues are still at a standstill, and the measures against Chinese enterprises in India have also escalated. For security relations, meetings at all levels that help stabilize the border situation have continued, and the two countries have also made progress on major international security issues under multilateral framework. But the military standoff between the two militaries has been continuing, and India's military preparations and security anxiety against China on land and at sea (Indian Ocean) have not been alleviated too. In the future, the two countries should consolidate achievements on border issues, avoid recurrence of the confrontation on the ground, and further strengthen cooperations under multilateral framework.

Keywords: China-Indian Relations; Border Issues; Security Concerns

Abstract: In 2023, China and the ROK maintained certain political and diplomatic ties, economic and trade cooperation continued to advance, military and security cooperation progressed, and people-to-people and cultural exchanges began to gradually recover. Politically, bilateral relations between China and the ROK have suffered a serious setback due to the Yoon Seok-Youl government's following of the US strategic suppression of China, which has touched on China's core interests, especially on the Taiwan question. Economically, China-ROK economic and trade cooperation has faced certain challenges due to the politicization and securitization of economic and trade cooperation by the Yoon Seok-Youl government, as well as stractwral changes in trade between the two countries. with the ROK Experiencing a trade deficit with China for the first time in 31 years. From a security perspective, the intensification of security cooperation between the ROK and the US, especially the increased deployment of strategic assets by the US in the ROK, has had a serious negative impact on security cooperation between China and the ROK. At the people-to-people and cultural level, Exchanges between China and the ROK have been limited by the values diplomacy of the Yoon Seok-Youl government. Under the background of a century of change and regional turbulence, China-ROK relations are crucial not only for the maintenance of the interests of the two countries, but also for regional peace and stability.

Keywords: China-ROK Relations; ROK-US Alliance; U. S. -Oriented and China-Distant Policy

B.12 The Analysis and Prospect of China-Indonesia Relations in 2023

Xu Liping, *Sun Yunxiao* / 237

Abstract: In 2023, China-Indonesia relations have maintained a high-level operation under the guidance of head-of-state diplomacy. President Joko Widodo's two visits to China and frequent meetings between key leaders have significantly strengthened the political mutual trust between the two nations, laying a solid foundation for comprehensive cooperation. In the economic domain, the opening of the Jakarta-Bandung High-Speed Railway has become a benchmark project for bilateral economic collaboration and a demonstrative achievement of the joint construction of the "Belt and Road Initiative", with profound implications for the long-term development of the bilateral relationship. Concurrently, the "Two Countries, Two Parks" project has gained momentum, with robust momentum in trade and economic exchanges, and financial cooperation entering a new phase of cross-border RMB direct investment. In the realm of people-to-people exchanges, traditional strengths such as education, culture, and media continue to deepen and solidify, while technological exchange and cooperation emerge as new highlights. Building upon a solid foundation laid during the COVID-19 pandemic, health sector collaboration continues to expand. Practical advancements are also witnessed in maritime cooperation, including deep-sea mineral exploration, protection of biodiversity, utilization of marine biological resources, and the development of friendly fleet visits. With the clarification of the results of the Indonesian presidential election, it is anticipated that in 2024, the bilateral relationship will not face significant risks, and the trend towards maintaining a close and friendly relationship is expected to persist.

Keywords: Sino-Indonesia Relationship; Head-of-State Diplomacy; a Community with a Shared Future; Jakarta-Bandung High-Speed Railway

Ⅳ Thematic Topic

Abstract: Affected by the weak global economy, economic and trade development between China and neighboring countries has been affected to a certain extent. China's trade with neighboring countries has declined. China's total exports to neighboring countries in 2023 reached US$1445.7 billion, a decrease of 0.6%.

China's total imports from neighboring countries were US $ 1301. 3 billion, a decrease of 6. 4%. Under the influence of factors such as China's economic structural adjustment, the global economic situation, and the acceleration of ASEAN's regional integration process, the growth rate of China's imports and exports with ASEAN and East Asia has slowed down, but China's imports and exports with Central Asia and the CIS have grown rapidly. China's investment in neighboring countries in 2023 reached US $ 40. 3 billion, mainly in ASEAN, West Asia and Central Asia. The investment structure has been adjusted. Outward investment in emerging service industries such as entertainment, logistics and technology has grown rapidly. Japan, the Republic of Korea, Singapore, Australia, and Saudi Arabia maintain a high growth momentum in investment in China. Although the current global economy is still affected by weak growth, geopolitics, climate and environmental risks, and policy uncertainty, there is still broad space for cooperation between China and neighboring countries. In 2024, the two sides will cooperate in frontier areas such as infrastructure, digital economy, and green development. Increase cooperation, jointly prevent the risk of economic and trade protectionism, strengthen cooperation in third-party markets, continue to promote the joint construction of "the Belt and Road", and continuously release the potential of jointly building a "community with a shared future".

Keywords: China; Neighboring Countries; Economic and Trade Relations

Abstract: The Biden administration pursues an "alliance first" foreign policy while strengthening the implementation of the "Indo-Pacific Strategy". On this basis, the consolidation of the trilateral relations between the United States, Japan and ROK has also become its strategic pillar in Northeast Asia. In order to further maintain its strategic advantage with China and maintain deterrence against DPRK, the Biden administration has strengthened the trilateral security relationship between the United States, Japan and the Republic of Korea, which has become an important part of deepening its East Asian alliance system. To this end, the DPRK has also prepared for long-term confrontation with the United States, Japan and ROK, and is striving to improve its national defense capabilities. With the deepening of the trilateral security relationship between the United States, Japan and ROK, and the continuation of the Ukraine crisis, the formation of Northeast Asia's campization has gradually emerged. The possibility of crisis in Northeast Asia has greatly increased.

Keywords: U. S. -ROK Alliance; Trilateral Relations Among the United States, Japan, and ROK; DPRK - ROK Relations; the Trend of the Bloc Transformation in Northeast Asia

Abstract: In 2023, the Biden administration has made several significant progresses with the promotion of its Indo-Pacific Strategy: its relationships with the Indo-Pacific treaty allies, such as Japan, the Republic of Korea, Australia and the Philippines, have been further strengthened and modernized; its cooperations with key partners like India, Vietnam, Indonesia and Singapore have been elevated to a higher level; its allies and partners have got closely intertwined, with the cooperation among the QUAD members is increasingly deepening, the AUKUS has earned progress as expected, the U. S. -Japan-Republic of Korea trilateral relationship enters a new chapter, the U. S. -Japan-Philippine and the U. S. -Mongolia-Republic of Korea trilateral relationships have seen great breakthroughs; its economic and trade relations with the Indo-Pacific have been strengthened to reshape the regional economic order and trade rules. The promotion of the U. S. Indo-Pacific strategy has exerted significant influence on the regional geostrategic and geoeconomic order, and it may also have some negative influence on China's regional security environment.

Keywords: American Diplomacy; Indo-Pacific Strategy; Sino-U. S. Relations

Abstract: 2023 is the tenth anniversary of "the Belt and Road" initiative. Over the past 10 years, China and neighboring countries have achieved fruitful results in the construction of "the Belt and Road" initiative. In recent years, the scale and quality of trade and economic cooperation between China and neighboring countries have improved, and areas such as sustainable development and scientific and technological cooperation have become new directions for the development of "the Belt and Road" initiative. However, due to rising instability in the world economy and intensified geopolitical conflicts, the joint construction of "the Belt and Road" confronted with new challenges. Among them, problems such as the lack of protection mechanism of overseas interests, debt sustainability and transparency issues, and the relative slowness of people-to-people and cultural exchanges are more obvious. To promote high-quality joint construction of "the Belt and Road" between China and neighboring countries, it suggests to speed up the formulation of overseas investment promotion laws, strengthen debt transparency and sustainable development in line with international standards, and build a practical and effective dispute settlement mechanism and explore the use of the concept of law as a symbolic feature of high-quality joint construction of "the Belt and Road", in order to explore and strengthen the voice in international discourse.

Keywords: "the Belt and Road"; Overseas Interest Protection; Methods of Rule of law; Scientific and Technological Cooperation

Abstract: The 21st Century Maritime Silk Road, as the core component of the "the Belt and Road", has become an important platform for international cooperation. In recent years, facing the complicated and changeable international environment, China has vigorously built a dual-cycle development model, promoted the construction of the 21st-Century Maritime Silk Road in an orderly manner, and actively carried out cooperation with neighboring countries. Based on bilateral relations, China has taken initiated high-level dialogues to promote the construction of the 21st-Century Maritime Silk Road and mutual beneficial cooperation with relevant countries; Focusing on multilateral mechanisms, China has clarified its position and vision, promoting common development of all parties based on the principles of consultation, joint construction, and shared benefits. Through institutional frameworks supported by policy documents, both sides seek to enhance the legitimacy, long-term effectiveness, and stability of cooperation. People-to-people and cultural exchanges are highlighted to strengthen mutual understanding and enhance trust through the platform's advantages.

Keywords: China; The 21st-Century Maritime Silk Road; Cooperation between China and Neighboring Countries; "the Belt and Road"

皮 书

智库成果出版与传播平台

✤ 皮书定义 ✤

皮书是对中国与世界发展状况和热点问题进行年度监测，以专业的角度、专家的视野和实证研究方法，针对某一领域或区域现状与发展态势展开分析和预测，具备前沿性、原创性、实证性、连续性、时效性等特点的公开出版物，由一系列权威研究报告组成。

✤ 皮书作者 ✤

皮书系列报告作者以国内外一流研究机构、知名高校等重点智库的研究人员为主，多为相关领域一流专家学者，他们的观点代表了当下学界对中国与世界的现实和未来最高水平的解读与分析。

✤ 皮书荣誉 ✤

皮书作为中国社会科学院基础理论研究与应用对策研究融合发展的代表性成果，不仅是哲学社会科学工作者服务中国特色社会主义现代化建设的重要成果，更是助力中国特色新型智库建设、构建中国特色哲学社会科学“三大体系”的重要平台。皮书系列先后被列入“十二五”“十三五”“十四五”时期国家重点出版物出版专项规划项目；自 2013 年起，重点皮书被列入中国社会科学院国家哲学社会科学创新工程项目。

中国社会发展数据库（下设 12 个专题子库）

紧扣人口、政治、外交、法律、教育、医疗卫生、资源环境等 12 个社会发展领域的前沿和热点，全面整合专业著作、智库报告、学术资讯、调研数据等类型资源，帮助用户追踪中国社会发展动态、研究社会发展战略与政策、了解社会热点问题、分析社会发展趋势。

中国经济发展数据库（下设 12 专题子库）

内容涵盖宏观经济、产业经济、工业经济、农业经济、财政金融、房地产经济、城市经济、商业贸易等12个重点经济领域，为把握经济运行态势、洞察经济发展规律、研判经济发展趋势、进行经济调控决策提供参考和依据。

中国行业发展数据库（下设 17 个专题子库）

以中国国民经济行业分类为依据，覆盖金融业、旅游业、交通运输业、能源矿产业、制造业等 100 多个行业，跟踪分析国民经济相关行业市场运行状况和政策导向，汇集行业发展前沿资讯，为投资、从业及各种经济决策提供理论支撑和实践指导。

中国区域发展数据库（下设 4 个专题子库）

对中国特定区域内的经济、社会、文化等领域现状与发展情况进行深度分析和预测，涉及省级行政区、城市群、城市、农村等不同维度，研究层级至县及县以下行政区，为学者研究地方经济社会宏观态势、经验模式、发展案例提供支撑，为地方政府决策提供参考。

中国文化传媒数据库（下设 18 个专题子库）

内容覆盖文化产业、新闻传播、电影娱乐、文学艺术、群众文化、图书情报等 18 个重点研究领域，聚焦文化传媒领域发展前沿、热点话题、行业实践，服务用户的教学科研、文化投资、企业规划等需要。

世界经济与国际关系数据库（下设 6 个专题子库）

整合世界经济、国际政治、世界文化与科技、全球性问题、国际组织与国际法、区域研究 6 大领域研究成果，对世界经济形势、国际形势进行连续性深度分析，对年度热点问题进行专题解读，为研判全球发展趋势提供事实和数据支持。

法律声明